朱维铮 作品

朱维铮

学术讲演录

朱维铮——著

浙江大学出版社
ZHEJIANG UNIVERSITY PRESS

图书在版编目（CIP）数据

朱维铮学术讲演录 / 朱维铮著 . -- 杭州：浙江大学出
版社，2020.8
ISBN 978-7-308-20368-5

Ⅰ . ①朱… Ⅱ . ①朱… Ⅲ . ①文化史－中国－文
集Ⅳ . ① K203-53

中国版本图书馆 CIP 数据核字（2020）第 122985 号

朱维铮学术讲演录

朱维铮　著

责任编辑　陈佩钰（yukin_chen@zju.edu.cn）
责任校对　田程雨
封面设计　谢就宇
出版发行　浙江大学出版社
　　　　　　（杭州市天目山路 148 号　邮政编码 310007）
　　　　　　（网址：http://www.zjupress.com）
排　　版　杭州立飞图文制作有限公司
印　　刷　浙江省邮电印刷股份有限公司
开　　本　880mm×1230mm　1/32
印　　张　19.125
字　　数　450 千
版 印 次　2020 年 8 月第 1 版　2020 年 8 月第 1 次印刷
书　　号　ISBN 978-7-308-20368-5
定　　价　78.00 元

二十世紀中外文化與現代化講座論綱

從中國思想文化史

看中國的回應

朱維錚

　　中國與西方世界的交往已有悠遠的歷史。假如用"衝擊"一辭，來形容異質文明互動過程中間引發對方震撼的烈度，那麼它當然是雙向的。

　　誰都知道十七世紀當由法國宮廷開始而瀰漫歐洲別國的"中國熱"，那便中國中世紀文明衝擊西方世界的明證。

　　這場衝擊以國際貿易為中介。自從十五世紀哥倫布為了到達中國的新航路，而誤打誤撞地發現了新大陸，搶先建立美洲殖民地的西班牙人，就將那裏盛產的白銀，源源不斷地輸往遠東，以交換中國的絲綢、陶瓷、茶葉等產品，當然還有中國的服飾、傢俱、園林建築等式樣，於是模擬中國生活方式，便成了歐洲遭受中國文明衝擊的表徵。這一點，香港的金滇昇院士，嘗有十分精確的論證。

编者的话

朱维铮先生的学术演讲，始于一九八三年十月十二日为华东师范大学中国哲学史研究生所作的经学史系列讲座之第一讲《从五经到十三经》，终于二〇一〇年七月十八日在上海图书馆为普通市民所作的"我看上海世博会系列讲座"之《爱国教育家马相伯与土山湾》，历时凡二十七年。从学术日臻成熟的四十七岁起，直到因病逝世前两年的七十四岁止，演讲——成为朱维铮先生除教学和研究之外的重要学术和社会活动。

朱先生演讲的地方大部分在境内，同时他也在美国、德国、日本、新加坡、韩国，以及中国香港、中国台湾等地的讲台上留下了身影；朱先生演讲的听众，大部分是大学里的学子，但也有政府官员、普通市民、中学生和媒体从业者。朱先生演讲的影响力，并不限于教学和研究的圈子。

朱先生演讲的内容，与他的教学和研究方向相合拍，最早是中国经学史、史学史，接着是中国文化史、思想史、学术史，最后是中西文化交流史和中国近代史。除此之外，或应演讲组织方的要求，或按听讲者的专业和兴趣，朱先生会或被动或主动地讲述一些与专业相关的"跨界"题目——如在上海中医药大学的演讲《医人与医国》，就从中国传统文化里医人与医国之间的关系，一直讲到晚清以来西医传入中国在治身病与治国病方面所引起的连带效应。这样的题目，既不乏深度，又充满趣味。有时兴之所至，他会偏离既定讲题，透露一些个人经历，如《新儒家与旧经学》中对自己二十世纪五六十年代作为学生和助教历史的陈述；他还以亲历者身份对当代史进行总结，对自己的过去进行自我反省，比如以下一段沉痛而真诚的自白："最可悲的是像我那一代人，花了那么多的力气写书，写论文，到最后发现只有进纸篓的价值，这是太可悲了。我这个人觉悟得很迟，到了三十来岁的时候，才发现自己应当有一个自己的脑袋，才发现不应当把别人的脑袋来代替我，所以没有人能够来支配我的脑袋。你们有本事把我关起来，哪怕把我宰了，但是有一条，现代的科学技术还没有办法把我的脑袋里我的思想、我的知识、我的学问转移到你那里去，所以你最多能够消灭，但是你不能够盗去，这是唯一属于我的东西。所以我对我那些学生讲，离婚也不可悲，失恋也不可悲，什么事都不可悲，最可悲的就是你没有属于自己的东西。"再如《近十年中国的文化和文化史的研究》《上海的文化研究简况》《三十年来中国的人文研究》诸讲稿，朱先生不仅提供了难得的史料，而且表现出一个历史从业者深切的社会关怀。

很长一段时间，中国从小学到大学都没有演讲术的训练。从古到今，中国从不缺文采斐然的文人学士，却难觅文采与逻辑兼备的演说大师。象牙塔里的学者，一般重视自己的学术专著和论文甚于学术演讲，因为自古期望藏之名山的只是文字。朱维铮先生是不多见的一位大学者，他不仅写得一手好文章，而且还拥有一副好口才。更难能可贵的是，他从不以为演讲是分外之事、是一种负担；相反，他以演讲为乐、以演讲为自己的责任。他那一代学者，经历了太多的人生坎坷，看过了太多的民族灾难。揭示真相和启蒙民众，被他看作一个历史从业者的分内事。在他的晚年，除了频繁的演讲之外，他还与电视结缘，为上海电视台纪实频道《大师》栏目组提供学术支持，也正是出于借助现代媒体传播历史真知的考虑。在他眼里，无论是过度意识形态化的还是过度商业化的历史，都不是真历史，而假历史的危害，已由"十年浩劫"的民族悲剧所证实。讲真话难，不只是官场才有的现象——朱先生因为敢于讲真话，曾经引起某位先圣真假难辨的后裔的责难并威胁告到法院。让学术走出大学的院墙，朱先生乐此不疲，并享受这一个过程。在病房的最后一段时间，他说起小区的门卫认出《大师》里的复旦大学教授朱维铮时，脸上漾起孩子般的笑容。

朱先生那一代的学者普通话讲得好的不多，讲得好的一般也都是北方人。朱先生是江苏无锡人，一口普通话说得字正腔圆，这是他的演讲受人欢迎的一个重要前提。另外一个重要的前提条件是，朱先生很帅！用现在的话来说，他是大学校园里的"男神"。这正是写作和演讲的区别所在——写作只见文字不见人，而演讲首先是看脸听音。朱先生很幸运地拥有这两项优势，由此他在进入不惑之年后的二十世纪八十年代成为复旦大学的一道风景——教室越换越大，即使是在第三教学楼最大的三一〇八教室，也只能容纳两百多人，于是过道、走廊和窗外也站满了听众，听众中不仅有本校的学生和留学生，还有慕名而来的外校学生。

朱先生的演讲如此吸引人，除了普通话说得好和长相帅，二十世纪八十年代有幸听过朱先生演讲的人都不会忘记，他的着装，也是复旦的一景。在大学男生还普遍身穿蓝色中山装的那个年代，朱先生站讲台的标配已经是西装——既有熨烫得笔挺的正装，也有带有休闲特征的灯芯绒西装，甚至还有袖子上打着两块补丁的新式西装，西装里面是鸡心领的羊毛衫或羊毛背心，其颜色是那时尚不多见的雪青色或米黄色，西装外面则是藏青色的带硬垫肩的风衣，冬天再加一条长长的围巾。我私心推测，朱先生的着装风格，除了凸显个性之外，还表征着他的政治取向。因为早在当时的胡耀邦总书记提倡穿西装之前，朱先生已领风气之先，他绝不是一个跟风者；一九八三年"清除精神污染"运动降临校园之际，复旦大学的大门口曾竖起一块标牌——"穿奇装异服者不许进入校园"，当然没人说过西装是"奇装异服"，但"清污"运动的对象就是西方。那么，朱先生的着装，无论是在"清污"之前还是之后，都不再是一个简单的穿衣问题。

俊朗的外表、标准的普通话、领风气之先的着装只是朱先生演讲吸引人的外在因素，而决定演讲成败的内在因素，无疑在于演讲的内容。

艰深的中国经学史，朱先生以一句"经学是中世纪中国的统治学说"（引文均见本书，恕不出注）给出了定义，言简意赅，一语中的。他说，自汉以来中世纪官吏和儒者最热衷也最擅长的伎俩，是"以经术缘饰吏治"，从董仲舒、公孙弘到康有为、张之洞，莫不如是。"学随术变，其实是中外古今一切统治学说的宿命"，"有用即真理"，即成为统治者和儒者共同信奉的政治和学术准则。中世纪经学的变异，从未脱离"君人南面之术"的轨迹。朱先生在不同时期的演讲中反复阐述这些要点，甚至在生命的最后几天里，谈起自己的经学史研究，他谦虚地说，一个人研究一辈子学问，其实有几句话能留下来就不错了；同时他又自信地表示，他在经学史研究上，应该有三句话可以留下来。相信读者诸君在本书第一部分"解经典"里，能时时感受到这三句话的冲击力量和独特魅力。

如果说中国经学史研究显示出朱先生对周予同先生学术遗产的继承

和发展，那么，中国文化史研究则是朱先生独立开拓出的学术新领地。他对文化与文化史的界定分类，对中国文化传统的梳理，对文化与经学、教育、人文、宗教的相关度的剖析，在当时就震聋发聩，在今天仍令人深思。他认为，与经学类似，中国也不存在"一以贯之"的文化传统。传统是一种巨大的保守力量，但保守力量必定不能永存，因为中国本身和外部世界都在变。漫长的中世纪，一路变下来，"造就的某些畸形文化心态，如夜郎自大、盲目排外、猜防士人、怀疑知识、阿Q式精神胜利法等，逐渐影响到民族特别是士人阶层。家长制、独断专制、官僚主义、等级制度等，都在雍、乾二世达到极致，形成一种传统的定型样态。这是中国在走出中世纪之际维护中世纪腐朽黑暗方面的统治文化传统"。在朱先生看来，自五四运动以来，无论是视文化传统为现代化阻碍的民族虚无主义思潮，还是借保护优秀文化传统而抗拒普世价值的狭隘民族主义论调，都是不足取的。朱先生尤其关注文化的继承与创新的相关度，断定"中华文化从来不是封闭体系，内部求同存异，外部吐故纳新，是中华文化历久不衰的奥义"。在本集的第二部分"析文化"中，他的演讲反复聚焦于"传统文化的'学'与'术'""传统文化与人文素质""书院教育的人文传统""文化生态与文化走向"等议题，无不显露出对历史实相的执着探求和国家未来的深切关注——尽管他本人一再申明，作为历史从业者，他只懂历史、只讲历史。

本集的第三、四部分为中国思想史和学术史的演讲稿。在思想史部分，他反复探讨的一个主题是中国、中国人和中国历史的形成过程。他一再申述，"中华民族是多民族的复合体，汉族也如此"，中国的历史绝对不是汉族一家的历史，而是中国各民族共同创造的历史，其中理所应当地包括"非华夏非汉族的各族的国别史和王朝史"，也包括"中国历代与域外诸国诸族交往的过程"。在学术史部分，他对清朝中期的乾嘉汉学给予充分的肯定，认为这一学派不仅坚守了"无征不信"的符合现代科学精神的原则和方法，而且在埋首故纸堆的表象下，正反映出这批学者对雍、乾时期黑暗政治的抵制。他多次引用黑格尔的一句话："一个灰色的回忆不能抗衡'现在'的生动和自由。"因为黑格尔特别抨击的"反思史"，也正切中我们的"以论代史"的病因。中世纪历朝统治者对"以史为鉴"的重视，实际表征的是官方对史学编纂愈来愈严的控制，中国历史上强大的汉、唐两朝君主特别关注修纂胜朝史，正是权力驱使历史成为驯服工具的最好的注脚。无论是从思想史还是史学史的视角，他笔下的人物，从司马迁、班固到康有为、梁启超、章太炎，以至陈寅恪、钱穆，无不留下了他尽可能得"真历史"的努力，而这一努力的朴素出发点是——坚持从历史本身说明历史。

近年来，国学渐成显学，大学竞相成立国学院便是明证。但什么是国学？那些追捧国学的大人先生们热衷于把中世纪的统治学说和被统治者篡改过的学说统统装进"国学"的筐子里，而朱先生对"国学"一词的追根溯源说明，中世纪的"国子学"是官方的教育机构，并非"国学"；国学的历史实际上很短——"'国学'、'国粹'的名目，都是清末由日本引进的"。朱先生明确指出，"国学"在近代中国的形成，不过百余年的历史。而由清末在日本的中国学人黄遵宪、章太炎、宋恕等人到民国时期的胡适对"国学""国粹""国糠""国故"的辩论证明，"国学"不仅历史短暂，而且"国学"从一开始就不是一门单纯的学问。虽然本集第五部分"衡国学"的演讲稿不多，但其学术和思想分量一点也不轻。

自二十世纪九十年代始，朱先生的研究兴趣渐渐趋向明末耶稣会士以及与耶稣会士关系密切的徐光启等汉族士大夫，进而伸展到对复旦大学创始人马相伯和复旦校史的研究,这一研究路径最终呈现为近代中西文化交流史的成果。在朱先生的演讲中,尤其是世博会前夕对普通市民的演讲中,他一再强调,中世纪的中国并非一直闭关锁国,仅有的两次——明初和清初——都让中国吃了很大的亏。而中外之间的贸易,令白银大规模流入,使得中国实行了五百年的银本位货币制度,一直持续到一九三五年为止。这一现象实际表征着世界对中国的贡献,反之亦然。这一时期的耶稣会士更新了中国士大夫的传统知识,改变了中国士大夫的世界观念。在明清易代之际,无论在器物层面还是观念层面,耶稣会士都直接影响了最高统治者和士大夫精英。既然如此,中国自古就是闭关锁国的说法不成立;以此类推,近代所谓"开眼第一人"也就无从说起。本集的第六部分"通中西",就是朱先生对历史上的中国与世界关系的发人深省的再认识。

接着上一个问题,便可逻辑地引出本书中的第七部分"读近代"。正因为中国与外部世界的联系并非一直中断,因此以一八四〇年作为中国近代史的起点就失去了依据,其荒谬在于朱先生在演讲中常说的"腰斩清史"。由此一发不可收,朱先生质疑"落后挨打"论,质疑谁先"开眼看世界",质疑"长期停滞"论,质疑"两炮论"。朱先生的《重读近代史》一书已经出版,读者诸君可以将朱先生的演讲稿与该书对读,必定会有新收获。

本书的第八部分即最后一部分的标题为"求文明",这一标题取自朱先生的《求索真文明》一书。因为这一部分演讲的内容,既描述了朱先生所定义的晚清以来中国人在传统和现代之间的艰难抉择过程,也详细梳理了从戊戌变法到五四运动、从"文化大革命"到改革开放时期百余年来中国人走出中世纪的历程。这一部分的演讲稿,集中体现了朱先生的史家品格和现代知识人的社会关怀。在汉堡大学授予他荣誉哲学博士学位的仪式上，他的致谢辞就是这种史家品格和社会关怀的双重体现："正如陈寅恪所说，'独立的人格，自由的意志'，是中国史学家必须以死坚持的基本权利。我只希望，现在和未来的中国史学家，能够不忘人类文明的共同传统，认知学术无国界，真知无种族，随时汲取他人的智慧，来建构自己的历史认知体系。"

朱先生去世后，受师母和同门委托，我开始整理朱先生的演讲稿。朱先生没有用电脑的习惯，他对演讲稿的撰写又极为重视，只要时间充裕，他都会撰写完整并附有注释的演讲稿；时间再紧迫，他也要抽空拟就演讲的提纲。也正因为手写稿件，写了一半不满意，他就另拟一份演讲稿或演讲提纲，有的演讲稿或提纲就有好几个版本，这样虽为我们留下大量珍贵的手稿，但也为编辑取舍带来难度。作为他的学生，我当然想尽可能全面保存朱先生的遗泽，但同时也须理智避免内容的重复和欠缺。因此，大部分残缺的演讲稿只好舍弃，不同演讲稿的重复之处也做了适当的删节。由于朱先生研究的领域宽广，他演讲的主题又时常会纵横开阔，所以有的演讲内容既可以归入文化史，也可以放到思想史、学术史，目前的归类一定会有不当之处。另外，我在每篇演讲稿的开头添加了演讲的时间、地点和说明（时间、地点不清楚者则特别注明）；有几篇演讲稿朱先生忘了拟标题，只好由我代为拟就。祈愿这样的编辑处理没有损害朱先生演讲的精义，也期待读者诸君批评指教。

朱先生的书法是显示他个性的"朱体"，绝大部分文字都易于辨认，只有极少几处难以确定。向电脑里输入朱先生的文字，如同回到了演讲的现场。这两年来，时常感叹岁月的残酷，很多疑惑已无法向先生请教；有时又仿佛与他促膝面谈，一再为他的学识和胆识所折服。

　　最后，感谢同门高晞、廖梅、邓志峰、姜鹏和好友田一平在辨认字迹上提供的帮助，感谢我的学生黄田承担了大部分的文字输入工作，同时也感谢师母和浙江大学出版社的耐心等待。本书编辑和整理中的所有不当和错误，当然由我一人承担。

　　谨以此书纪念朱维铮先生的七十九岁冥辰。

王维江　谨识

二〇一五年七月二日

目　录

乙　析文化 /093

丙　探思想

丁　论学术

戊　衡国学

己　通中西

庚　读近代

辛　求文明

甲　解经典

从五经到十三经 *

时间：一九八三年十月十二日

地点：华东师范大学

所谓经学，从字面上看，就是关于"经"的学问。现在人们提及"经"，便说指孔夫子的经书，并说"经"有六种，《诗》《书》《礼》《乐》《易》《春秋》，即所谓"六经"。

我们讨论问题，不能从定义出发，只能从实际出发。于是，我们自然会发生疑问，以上流行的说法，符合历史实际吗？

疑问的解答，需要从两方面考察入手：孔子有没有留下六种著作？现存的"五经"——《乐》本无经或已亡佚——是孔子的遗著吗？

关于前一问题，古往今来的学者争论很大。极端疑古的学者，如钱玄同，甚至否认孔子与六经有任何关系。周予同先生不赞同这种说法，以为孔子为了讲学授徒的需要，根据古文献编写过六种教本，即后世所说的"六经"。但这是周先生晚年的意见，可参看他的《六经与孔子的关系》一文。他早年倒比较倾向于老师的看法，见他所著的《孔子》一书（均收入拙编《周予同经学史论著选集》）。

据我的初步考察，以为倘说孔子同六经毫无关系，那是站不住脚的。

---

* 为华东师范大学中国哲学史研究生所作经学史系列讲座，此为第一讲。

孔子晚年整理古代文化遗产，留下五种或六种著作，系统记录虽初见于《史记·孔子世家》，离孔子去世已近四百年，但战国时代不少著作已时而提及某种书名或引用某些经文，例如孟轲便说孔子"作《春秋》"，现在还没有材料可否定他说法的真实性。

不过倘说现存的五经，都是孔子的著作，同样站不住脚。我们现在所见到的经书，都是西汉人传授下来的，是否孔子整理而成的诸书旧貌，都大有疑问。

今本《诗经》，是我国最早的诗歌总集，是西汉时毛公所传，东汉以后才流行。篇目有三百十一篇，但其中有六篇有目无诗，学者称为"笙诗"（即有声无辞，乃宴会上的音乐伴奏曲名），因而实际是三百零五篇，与西汉流传的齐、鲁、韩三家《诗》篇数相同。古诗有韵，且都配乐，可吟可唱，便于流传。秦始皇晚年颁行挟书律，"有敢偶语《诗》《书》者弃市"，但七年后秦朝便在农民起义中灭亡，因而《诗》又在民间传授。如《鲁诗》学派的开山申公培，便受过汉高祖的召见，可知汉初就可诵《诗》。《论语》里已说过"《诗》三百"，而先秦古书引诗，多见于《诗经》，而出于"逸诗"的较少。可知《诗经》亡佚较少，但"逸诗"的存在，也说明它确有亡佚，至于编次是否孔子那时的样子，则不得而知。

今本《尚书》共五十八篇，连序一篇，共五十九篇。它是我国上古所谓虞、夏、商、周四代历史文献的一部选集。但其中有二十五篇，已经宋、明、清学者由怀疑到考定，属于后代学者伪造的古书，清朝学者更指作伪者是西晋的王肃（见丁晏《尚书余论》），故到东晋时豫章内史梅赜才献给朝廷，被学术界称作《伪古文尚书》。西汉所传《尚书》为二十九篇，用当时通行的隶书所写，故称《今文尚书》。另西汉还有用秦以前的古文字书写的《古文尚书》十六篇，据说是汉武帝末鲁恭王坏孔子宅壁所得，又称《逸书》，但已佚，仅存篇目。经清代学者考证，今本《尚书》有三十三篇，属于《今文尚书》；篇数之所以与西汉不同，是因为后人将其中《尧典》分出《舜典》，《皋陶谟》分出《益稷》，《盘庚》分为上、中、下三篇，《顾命》分出《康王之诰》。西汉所传二十九篇，有二十八篇为做过秦博士的伏胜所传。传授时间在汉文帝时，那时伏胜已九十多岁，时间离秦禁"偶语《诗》《书》"已近五十年，由朝廷派晁错到济南据伏胜口授而笔录。《尚书》的文字类似今文，艰于诵习。伏胜又年老口齿不清，由其女传译。所以晁错笔录的是否古书原文，已令人怀疑。而且据说秦以前《尚书》有百篇或者更多，由今本《论语》中引书四处，都不在《今文尚书》之内，可证它决非孔子那时的原本。

现存的《礼》有四部——《周礼》《仪礼》《礼记》（又称《小戴礼记》）和《大戴礼记》，前三部都列为"经"。然而《周礼》晚出，刘歆称其为周公所作，宋以后学者陆续考订，现大致可定为战国时人作品（据毛奇龄《经问》、皮锡瑞《经学通论》说），所记与孔子说的"周礼"是两回事。大、小戴《礼记》，分别为西汉晚期戴德、戴圣叔侄辑录以往儒家的作品汇编，自然同孔子无关。因而西汉人所称的《礼经》，只是指《仪礼》。《仪礼》今本十七篇，乃刘向所传，它是古代贵族各种仪礼的汇编，包括冠（成年礼）、昏、丧、祭（神祇鬼）、射（包括宴宾和宾主习射）、乡（乡里父老出宴）、朝（各级君主接见贵族臣僚的仪式）、聘（外交礼仪）八类。它的作者，或说周公（贾公彦疏），或说孔子（皮锡瑞《经学历史》）。司马迁虽已说礼是孔子所记，但孔子教育学生和儿子只强调"习礼"，同弟子讨论礼也重在它的理论意义，并且斥责重仪式而轻制度的做法，所谓"礼云礼云，玉帛云乎哉"，因而《仪礼》在他手里有没有成书，也难以考订。另外西汉宫廷藏书中还有古文《逸礼》三十九篇，今不传。如果承认此说，则今本《仪礼》至多是个残本。

　　今本《易经》，或称《周易》，除文字外，还有图系，即由阴阳二爻组成的八卦和重卦。八卦相传出于伏牺，也无法证明。重卦作者，或谓伏牺（王弼说）、神农（郑玄说），或谓周文王（司马迁说），而以后说较流行，但都同孔子无关。今本《周易》分经、传两部分。经即卦爻辞。如乾卦，"乾：元亨利贞"，定全卦意义，即卦辞；"初九潜龙勿用""上九亢龙有悔"等释每爻涵义的文句，即爻辞。卦爻辞的作者，向来说是文王（郑玄等），或文王作卦辞、周公作爻辞（马融、陆绩等），到清末皮锡瑞却主张均为孔子作，大受学者驳斥。传的部分，凡七种十篇：《彖辞》上下，解释卦辞（如乾之"彖曰大哉乾元，万物资始"云云）；《象辞》上下，内分解释全卦之象（卦画）的涵义的"大象"，解释每爻象义的"小象"（如乾之"象曰天行健，君子以自强不息"，较之初九爻辞"潜龙勿用"下云"潜龙勿用阳之下也"云云）；《系辞》上下，追述《易》所说的文，学说作用，或释卦义以补充彖象辞；《文言》即"文饰之言"，来释乾坤二母卦，今本附于二卦之后；《说卦》，着重由道德及神学方面解释八卦图象涵义；《序卦》，说明重卦相承相生的顺序；《杂卦》，给重卦的卦义予以分类解说。这十篇号称"十翼"，相传为孔子所作。但此说为东汉古文学家的主张，清代今文学家认为"于古无征"（皮说）；宋代欧阳修等认为彖象辞为孔子作，象辞以下六篇均非孔子作（欧阳修《易童子问》）；近人或以为全部经传与孔子无关（钱玄同说）。据我的意见，《易》是古代占卜书，卦爻辞中许多记录，如"高宗伐鬼方""帝乙归妹"等，均得甲骨卜辞证实，故郭沫若以为属西周作品是可信的，但是否文王、周公创作，则有疑问，因其记载的社会情状多偏于东南方。至于《十翼》，则可能是战国至西汉孔门后学的作品，因将八卦与阴阳五行比附解释，且又混杂术数，只能是吸取阴阳五行说以改造儒学的孔门作品。

《春秋》，是现存的最早编年史，孟轲已说它为孔子所作，自来无异辞，至钱玄同始否认此说，但无证据。今本一万八千字，记鲁十二公二百四十二年事。现已无单行本，而按年分载于三传各章之前。西汉所传古文与今文两种本子的原貌都不可见，自然更不知是否孔子手定的书，或者如王安石所讥已为残缺不全的"断烂朝报"。

由以上介绍，说明除《春秋》外，没有一部是孔子的著作，《诗》《书》只是孔子的选本，《易经》至多可称孔子的校本，《仪礼》则不详。因此西汉经学家把五经说成孔子替后人制定的"圣经"，显然不足信。而今本五经，则没有一部可以断定是秦以前的原貌，当然更不能称之为孔子的经书。

指五经为孔子经书的说法，来自康有为。他的《新学伪经考》，力辩经是孔子著作的专名，宣称孔子以前不得有经，孔子以后的书也不得冒称为经。这是归纳清朝今文经学家的意见，龚自珍《六经正名》已提出如是主张，而廖平《知圣篇》、皮锡瑞《经学历史》都赞同。所以他们特别强调孔门著作有等次区别：孔子所作为经，弟子所述为传为记，弟子后学辗转口传为说。周予同先生以为这是得自佛学的启发，佛学著作就有经（佛说）、律（禅师所说解释戒律的理论）、论（解说教义的后人著作），号称三藏，区别所谓定、戒、慧三学。

然而这本是强分。所谓"六经""五经"之名，始于西汉，时间在武帝立五经博士后。那时称五经，不过指通此五种书籍的顾问官的门类，并没有多大尊敬意味。除五经外，《孝经》之名始于战国末，在汉代与《春秋》同样看重，所谓孔子"志在《春秋》，行在《孝经》"，然而它起先就没立博士，因为皇帝贵族从小便读得滚瓜烂熟，不需要设顾问来附会解释，于是也不入"五经"之列。

况且所谓经原属通称。《国语·吴语》称"挟经秉枹"，是兵书称经。《管子》有"经言""区言"，则教令称经。《论衡·谢短》谓"五经题篇，皆以事义别之，至礼与律独经也"，则法律称经。《汉书·律历志》序庖牺以来帝王代禅为《世经》，则帝系称经。《隋书·经籍志》记有挚虞《畿服经》，是辨疆域的"图经"，则地志称经。至于诸子称经更多。《墨子》有《经上》《经下》；《韩非子》著内外《储说》，标署纲目为"经"；《老子》在汉代有邻氏次为经传；《荀子》中引《道经》"人心之危，道心之微"二语，也不见于"五经"。汉人称自己著作为经，如贾谊著《容经》，扬雄著仿《易》的《太玄经》，与扬雄同时的阳城子长作《乐经》（见《论衡·超奇》）。章太炎曾据这些例子驳章学诚所谓"经皆官书，不宜以庶士僭拟"因非扬雄、王通（著《元经》）的说法，是合于历史的。

清代阮元说孔子赞《易》，始著《文言》，明古代文以耦俪为主，有韵为文，无韵为笔。清末刘师培因袭此说，以为骈俪的韵文称经。章太炎驳之，谓《春秋》经传均称文；司马迁谓"汉兴，萧何次律令，韩信申军法，张苍为章程，叔孙通定礼仪，则文学彬彬稍进"，则律令礼仪均称文。屈原赋有韵，而称《楚辞》。这都表明以文体称经不当。

不过章太炎对经下的定义也未必当："案经者，编丝缀属之称，异于百名以下用版者，亦犹浮屠书称修多罗。修多罗者，直译为线，译义为经。盖彼以贝叶成书，故用线联贯也。此以竹简成书，亦编丝缀属也。传者，专之假借。《论语》'传不习乎'，《鲁》作'专不习乎'。《说文》训'专'为'六寸簿'。簿即手版，古谓之忽（今作笏）。书思对命，以备忽忘，故引伸为书籍记事之称。书籍名簿，亦名为专。专之得名，以其体短有异于经。"原注说古官书长二尺四寸，经与律均官书，传简长六寸谓"短书"。"是故绳线联贯谓之经，簿书记事谓之传，比竹成册谓之仑，各从其质以为之名，亦犹古言方策，汉言尺牍，今言札记也。"（《国故论衡》中《文学总略》）但此说也有问题。古代写书之质料，既有简牍，也有缯帛，更早还有龟甲金版，故范文澜尝说经即金的借字，指铸在金版上的书籍（见《群经概论》，后范弃此说）。而事实上经愈来愈成为所谓孔子著作的专名，怎么解释呢？

周予同先生另提定义："经是中国儒教书籍的尊称，因历代儒教徒意识形态的不同，所以经的定义逐渐演化，经的领域也逐渐扩张，由相传为孔子所删订的《六经》扩张到以孔子为中心的其他书籍，如《孟子》、《尔雅》等。"（《群经概论》一九三三年商务版，第四页）

我以为周先生的定义，长处在于指出了经的范围以孔子为中心，经的领域限于儒家书籍，且有变化过程，但也有缺陷。定义无非是客观事物的抽象概念。抽象概念的形成包含着关于世界的规律性联系的意识。因而，给事物下定义，要注意它的普遍性，更要注意它能反映现象后面的本质，而本质即规律性，是由支配事物的主要矛盾的主要方面规定的。周先生定义的缺陷，正在于还没有脱离直观的现象的范畴，因而不能反映封建时代经典的本质方面。

封建时代经典的本质方面是什么呢？我们知道，自西汉立五经博士并置弟子员，从中选拔官吏，并以"通经致用"作为考核官吏优劣的标准，这以后所谓经就逐渐变成封建国家规定的官方教科书，而且是具有神学性质的教科书。宗教教义的特点是只许信仰不许怀疑，因而被列为经后即一字一句也不许更改，乃至将伪书奉作真经，如《伪古文尚书》即被当作孔子手订的东西而被封建统治者强迫诵习了一千多年，韩愈所谓"曾经圣人手，议论安敢到"，自是实情。从汉朝起，封建阶级的统治理论与实践，都不是以实际生活为依据，而是以所谓经义即经书词句及其官方解释为依据，并以此判断历史的是非、风俗的浮薄、法律的然否、道德的高下、人品的优劣、政绩的善恶，等等。因而，尊崇孔子和儒书，无非是封建统治的观念外衣，而其实质则是将封建专制的君主统治当作万古不变的东西。如果孔子的东西不够用，就用儒家的其他观念，或将其他观念贴上儒家招牌，例如经学便露骨地剽窃阴阳家、法家和黄老学说，并吸收巫教的迷信仪式，纬书竟成为东汉初的指导理论即为一例。

据此，我尝试对经的定义做点修正：所谓经，就是封建统治阶级强迫人们当作宗教教条诵习的先秦、西汉儒家著作，它的解释是中国封建时代的历史、风俗和法律的理论基础。（参拙作《经学与史学》《中国经学史研究五十年》）

但各种经，性质很不相同，数量也有变化。起初是五经：《诗》，西周初至春秋中叶的诗歌总集；《书》，上起传说的尧舜而下迄春秋中秦穆公的历史文件和部分追述古代事迹著作的档案汇编；《仪礼》，先秦贵族政治、宗教和社交生活诸礼仪的记录；《易》，周代占卜书和宗教哲学；《春秋》，春秋时代鲁国的编年史。

五经或六经之外，经名又不断增加，略述如下：

七经：(1) 六经加《论语》；(2) 五经加《论语》、《孝经》，均见全祖望《经史答问》；(3) 五经加《周礼》《礼记》，见清柴绍炳《考古类编》。"七经"名出东汉，见《后汉书·赵典传》。

九经：(1)《易》《书》《诗》《三礼》《三传》，为唐明经科所定，见皮锡瑞《经学历史》；(2) 七经（含三礼）加《论语》《孝经》（见柴绍炳《考古类编》）。名始见《新唐书·儒学·谷那律传》。

十一经：五代蜀主孟昶刻石经数十一，为唐制科九经，加《论》《孟》。

为《孟子》升经之始。

十二经：（1）六经加六纬；（2）《易》上下经加《十翼》；（3）《春秋》十二公，均见陆德明《经典释文》；（4）唐制科九经加《论》《孝》《尔雅》，见晁公武《郡斋读书志》记唐太和间国子石经。名始见《庄子·天道》。

十三经：唐制科九经，宋增《论》《孝》《孟》《雅》。见顾炎武《日知录》。

十四经：十三经加《大戴礼》（见宋史绳祖《学斋占毕》），为宋制。

廿一经：十三经加《大戴礼》《国语》《史记》《汉书》《通鉴》《说文》《周髀算经》《九章算术》，乃清段玉裁主复周官保民书数之遗。见《检论·清儒》。

如今流行的是五经或十三经。应稍加说明：

（1）《周礼》，为周代的政府组织法，又称《周官》，西汉末由刘歆在宫廷藏书中发现。历代学者多有怀疑，清代今文学派斥为刘歆伪造，但实为战国时人对周代制度的理想化蓝图。书分《天官冢宰》《地官司徒》《春官宗伯》《夏官司马》《秋官司寇》《冬官司空》六篇，分记执政（邦治）、教化（邦教）、礼乐（邦礼）、军事（邦政）、司法（邦禁）、建筑（工事）六种政权组织的官守职能。《冬官》早亡，后人补以《考工记》。此书虽晚出，但对后代制度影响甚大。自北周起开始封建制度法典化的过程，经隋，至唐玄宗制《唐六典》而完成，其蓝本即为《周礼》。此后封建王朝官制，均按此模式设置，至清代六部（吏、户、礼、兵、刑、工）仍如此，不同的是在六部上又置宰相总领，而《周礼》则以天官总摄。

（2）《礼记》，西汉末戴圣辑录的礼学丛书，四十九篇。《隋书·经籍志》叙其来源："汉初，河间献王得仲尼弟子所记一百三十一篇。至刘向校经籍，检得一百三十篇，因第而叙之。又得《明堂阴阳记》五种，共二百四十篇。戴德删其烦重，合而记之为八十五篇，谓之《大戴记》。而戴圣又删大戴之书为四十六篇，谓之《小戴记》。"今本《大戴礼记》仅存三十九篇，而《礼记》为四十九篇。它包括所谓七十子后学的作品，时代上起战国，下止西汉，内容十分混杂，包括五礼（吉嘉宾军凶）的仪式、原理、质疑、典故等，但史料十分丰富，大概古代的社会风俗及其各种解释都可从中找到材料，自然以贵族生活为主。

（3）《左传》，春秋及战国初的编年史，时间上自鲁隐公元年，下至三家分晋，凡二百五十九年，比《春秋》多十七年。体例清晰，内容详尽，为古代编年体之实际开始。它也是刘向、刘歆父子校书时发现的，刘歆指为鲁史官左丘明为《春秋》作的传。西汉今文学派否认，清代有学者指为伪书，聚讼至今未决。但西汉文帝时贾谊、张苍均治《左传》，司马迁著《史记》多所取材，斥为伪造不当。但成书时间约在战国初，或疑作者为三晋人。

（4）《春秋公羊传》，以解释《春秋》"微言大义"为主的历史哲学著作。时间上起鲁隐公元年，下止鲁哀公十四年"西狩获麟"。相传为子夏门人、齐人公羊高所传，至汉景帝时由其玄孙公羊寿与门人胡母子都著录成书。全书用问答体，逐句解释《春秋》每条记录的隐秘涵义。例如末则："【经】十有四年，春，西狩获麟。【传】何以书？记异也。何异也？非中国之兽也。然则孰狩之？薪采者。则微者也，曷为以狩言之？大之也。曷为大之？为获麟大之也。曷为为获麟大之？麟者，仁兽也。有王者则至，无王者则不至。有以告者曰，有麏而角者。孔子曰：孰为来哉！孰为来哉！反袂拭面，涕沾袍。颜渊死，子曰：噫，天丧予！子路死，子曰：噫！天祝（断绝）予！西狩获麟，孔子曰：吾道穷矣！"用这则故事，说明孔子有王之德而无王之命，因而只能著《春秋》，托诸空言以明"素王"之志，以待后世明王起而见诸行事。西汉经学家非常相信这一套，包括有见解的司马迁。他们附会五行生克学说，谓孔子期待的明王就是刘邦，因而奉天命"为汉制法"，所制之法就是《春秋》，而《春秋》的标准解释就是《春秋公羊传》。此书在汉景帝时立为学官，首位博士即胡毋子都、董仲舒。汉武帝时"罢黜百家，独尊儒术"以后，《公羊传》成为指导国家政治生活的最重要的经典。董仲舒成为"以《春秋》决狱""以阴阳定法令"的头号理论家，胡毋生的弟子公孙弘以白衣而至宰相，从此奠定经学在西汉的统治学说地位。此书在三国后逐渐湮没，到清代中叶因常州学派刘逢禄、宋翔凤、龚自珍等的提倡忽又盛行，至康有为更附会为变法改制的理论依据。

（5）《春秋穀梁传》，性质及形式与《公羊传》同，但内容较详，补充史实亦较多。相传为子夏弟子、鲁人穀梁赤（一名俶）所传，何时成书不详。汉宣帝时石渠阁会议讨论五经同异，其最大成果即将此书立为学官，与《公羊传》并列为指导国家政治生活的《春秋》解说。其传授始自鲁诗学派开创者申公，至宣帝时立为学官有政治原因，刘向其为穀梁学信奉者。清代学者或以为是古文学。

（6）《论语》，孔门弟子追记孔子言行的著作，间记孔子若干门人的言行，为语录体。今本共二十篇。西汉时鲁人所学的《鲁论》共二十篇，另有齐地流行的《齐论》，多《问王》《知道》二篇，孔壁出现的《古论》，分《尧曰》为《从政》，多一篇，今均佚，或以古论为伪。今本为西汉末安昌侯张禹混合齐、鲁本的《张侯论》及《古论》的混合，编者为郑玄。它是有关孔子的传记和思想的最古而较可信之资料。缺点是只记言行而不记时地，又缺乏因果说明。据我的考证，它主要是孔子五十岁以后从政论学的语录，主要反映孔子晚年在鲁从政失败以后的思想。

（7）《孝经》，孔门弟子的道德论著作。相传孔子传《春秋》于子夏，传《孝经》于曾参，所谓"《春秋》属商，《孝经》属参"。这话出于《史记·仲尼弟子列传》及《孝经纬》，但不可信。不过《吕氏春秋》曾两引经文，蔡邕《明堂论》等曾引魏文侯《孝经传》文，可知战国时已有，也可能是曾门后学所撰。今文十八章，一千七百余字，为唐玄宗所定本，较古《孝经》少百余字。它在西汉盛行，被认为是孔子为后代道德实践立下的准则，所谓孔子"志在《春秋》，行在《孝经》"。它的主题是，"孝"为宗法性的封建等级制度的纽带，君臣关系等于父子关系，因而孝义为忠君的保证，而天子就是以大家长的身份统治子民。这是三纲说的简明教科书，自汉以后自储君至识字平民必读，也正因此而毋须立于学官。

（8）《孟子》，战国时孟轲的语录。今本七篇，均分上下。相传还有"外书"四篇（《性善辨》《文说》《孝经》《为政》），东汉赵岐《孟子题辞》即以为后人伪托，早佚，今本四篇乃明人伪造（见清周广业《孟子四考》）。汉人均以为孟轲自作，但三国后不断有人怀疑，或以为出自他弟子或再传弟子的辑录。自汉以后向来定为子书，但据赵岐说汉文帝时曾立为博士，虽无旁证，不过董仲舒《春秋繁露》受其影响甚深。如西汉经学家笃信"五百年必有王者兴"，以为自孔子作《春秋》至汉武帝独尊儒术，已近五百年，必须改正朔，易服色，封禅定制度，其说盖出于《孟子》。司马迁主持制定的《太初历》，即为改正朔的实现，因而他在《天官书》中说"天运，三十年一小变，百年中变，五百年一大变"，虽有历法天文学为依据，但在理论上深受孟轲说法影响，则是无疑的。因此，《孟子》一直受到封建统治者重视，东汉王充即撰《刺孟》，列于《问孔》《非韩》之后，可知当时孟轲学说的影响已仅次于孔子、韩非。从唐中叶起，出现了周予同先生所说"孟子的'升格运动'"，即将此书由"子"超升为"经"。唐代宗时礼部侍郎杨绾即上疏要求将它列入科举考试必读书之一，与《论》《孝》合为一经（见《通典·选举典》）。唐宪宗时韩愈作《原道》，列出"道统"表，谓尧、舜、禹、汤、文、武、周、孔为传道的系统，而孔子传于孟轲，"轲死不得其传焉"，即以孟轲为孔子嫡传而得孔子之道真谛者。宋陈振孙说，此论一出，"天下学者咸回孔孟"（《直斋书录解题》）。唐末皮日休即要求立《孟子》为科举必试科。五代前蜀孟昶即列《孟子》入"十一经"。至宋仁宗嘉祐间重刻石经，即以《孟子》为九经之一，与《论》《孝》合称三"小经"（王应麟《玉海》说）。王安石变法时也推崇《孟子》，引起他的政敌内部分歧：二程予以大力表彰，司马光则撰《疑孟》。至朱熹出，以《论》《孟》与《礼记》中的《大学》《中庸》，合称《四书》，谓《大学》为"初学入德之门"，《中庸》为"孔门传心之法"，《论》《孟》则为"道统"传人孔孟的精粹，于是《孟子》不但称"经"，且受到理学家异乎寻常的推崇，地位超过五经，而孟轲也成为"亚圣"。至康有为"托古改制"，还不敢触犯这尊神灵，专撰《孟子微》，说孟轲语录尽在发挥孔子托古改制的"微言大义"，企图以此博得尊孔孟、法程朱（惠栋楹联谓"六经尊孔孟，百行法程朱"，说明经学家早不敢触犯理学家）的封建顽固派宽容。

（9）《尔雅》，古代的辞典。今本十九篇，分别解释诂、言、训、亲、宫、器、乐、天、地、丘、山、水、草、木、虫、鱼、鸟、兽、畜十九类事物的名词涵义。解释均以时义释古义，如："初、哉、首、基、肇、祖、元、胎、俶、落、权、舆，始也。林、烝、天、帝、皇、王、后、辟、公、侯，君也。"它同儒家经书没有关系，但《大戴礼记·孔子三朝记》已说孔子对鲁哀公，《尔雅》"以观于古，足以辨言也"。《春秋元命苞》

记子夏问孔子也提到作《春秋》"不以初哉首基为始，何？"因而三国魏张揖便以为作者是周公，而传本或为孔子、子夏、叔孙通等增补（《上广雅表》）。这话宋人就怀疑，清代学者考订书中解释杂取先秦诸书，可知为汉以后小学家所著。汉朝经学家重训诂章句，训诂需查辞书，《尔雅》即为必备书，扬雄、刘歆均信其书即为例证。三国后研究者极多，号称"雅学"，至宋以后衰落，而清代复振。值得注意的是南宋初郑樵作《通志·二十略》，发挥张揖之说，以为其书作自周公，意在解释制礼以导天下的涵义，因以为启示录，作为他着重研究文化形态的护符。可参拙作《论"三通"》（《复旦学报》一九八三年第五期）。这可说明《尔雅》何以会入"十三经"之选。

从上面的简介，可以说明由"五经"到"十三经"，形成不是偶然的。某书被列入"经"，也就是只许信仰不可怀疑的圣贤著作，不是某个君主或学者偶然发起的行为，而是统治思想史发展过程的必然结果。先有事实，后有概念。概念是人脑的产物，但它决不是纯主观的东西。列宁说："作为主观东西的概念（＝人），又以自在存在着的异在（不以人为转移的自然界）为前提。这个概念（＝人）是想实现自己的趋向，是想在客观世界中通过自己给自己提供客观性和实现（完成）自己的趋向。"（《黑格尔〈逻辑学〉一书摘要》，《哲学笔记》人民出版社一九五六年版，第九十九页）这说明，概念以事实为前提，但提出概念的人不满足于事实，"人决心以自己的行动来改变世界"（同上，第二〇〇页），因而他们不断要以新的概念或将旧概念扩大来改变自己的环境。封建时代"经"的领域扩大史，便是很好的证明。

详细的讨论，不是本讲的任务。由于"经"的文字颇难理解，而历代解经的著作又汗牛充栋。为了便于查考，现介绍有关"十三经"的较好注释如下：

（1）《诗经》：清陈奂《毛诗传疏》，专解毛传，以为郑笺文繁义粗，遂弃不用。马瑞辰《毛诗传笺通释》，以考辨真伪，分析读音见长。胡承珙《毛诗后笺》，重涵义。

（2）《尚书》：清孙星衍《尚书今古文注疏》，区别今文和伪古文，辑录汉唐旧注，兼取清王鸣盛、江声、段玉裁等人考证，而撰斥宋至清理学家"臆说"，较完备。

（3）《周礼》：清末孙诒让《周礼正义》，在材料搜集及考证注释方面，至今仍无人能及。

（4）《仪礼》：胡培翚《仪礼正义》，为今存最好注疏，盖治此者极少。

（5）《礼记》：奇怪的是清代经学家无人专攻此书，至今可用的仍只是郑注孔疏。清陈乔枞、俞樾都著有《礼记郑读考》，"皆短促不能具大体"（《訄书·清儒》）。而宋陈澔《礼记集说》，既繁琐又迂腐，不可为据。

（6）《周易》：通行的王弼、韩康伯注均为玄学作品。清惠栋著《周易述》，其弟子李松林的《周易述补》，以东汉荀爽、三国吴虞翻的注释为主，兼采汉代经说及纬书，可参考。近人郭沫若《周易时代的社会生活》，以甲金文研究成果及唯物史观释《周易》义，有突破，但缺陷较多。章太炎《检论》论述易家易义可注意。高亨研究《易》，专重经文而撰十翼，亦有新见。余无足观。

（7）《左传》：流行的是杜预《春秋经传集解》。清代学者不满杜注，重新辑录和研究汉人解说，较著名的有李贻德《左传贾服注辑述》，刘文淇及子毓崧、孙寿曾三世编纂的《左传旧注疏证》，搜集贾逵、服虔、郑玄三家旧注和清人补注，加以疏通考订，惜仅至襄公五年止。章太炎在清末曾撰《春秋左传读》，上追贾谊及两汉学者解释，价值甚高，有姜义华校点本,列《章太炎全集》卷二。近人童书业《春秋左传研究》,亦可参考。

(8)《春秋公羊传》:较好的是清陈立《公羊义疏》,辑录唐以前旧说和清孔广森、刘逢禄等新注,加以疏解。识见不高,但较完备。

(9)《春秋穀梁传》:流行的是晋范宁集解、唐杨士勋疏。清侯康著《穀梁礼证》,用三礼考证传文,被视为佳作,未完成。清钟文烝《春秋穀梁传补注》,近人廖平《穀梁古义疏》,也可参考。

(10)《论语》:清刘宝楠《论语正义》最详备,他以何晏《论语集解》为主,辑录新旧各家注疏,着重纠正皇侃疏、邢昺疏的弊病。近人杨伯峻《论语译注》尚可参考。

(11)《孝经》:清末皮锡瑞《孝经郑注疏》最好。皮为今文学家,主改革,有批判眼光,治学亦踏实。

(12)《孟子》:清焦循《孟子正义》,以东汉赵岐注为主,引用清代注家百余人的说法佐证,在诸注疏中最佳。近人杨伯峻《孟子译注》即据焦书,可参考。

(13)《尔雅》:清邵晋涵《尔雅正义》、郝懿行《尔雅义疏》,同称名作。邵书长于文献考证,郝书追述古字形义至全文,各有长处。郝书近由北京中国书店影印。

总之,研究"五经"或"十三经",我们非利用清人及近人研究成果不可。段玉裁曾述戴震言,谓读书必自识字始,识字必自审音始。古代文字音读字形均与今不同,作为史料引用必明音韵、训诂、考证、辨伪,这是基本功,否则形音义和真伪弄不清楚,则事倍功半,乃至无用。

要能正确解释经典和其他古书,还要会利用工具书:

段玉裁《说文解字注》,王念孙《广雅疏证》,王念孙《读书杂志》,

王引之《经传释词》，王引之《经义述闻》，阮元《经籍纂诂》，俞樾《古书疑义举例》及刘师培、杨树达等补，章炳麟《国故论衡》《文始》《新方言》，王国维、郭沫若、罗振玉、杨树达等甲金文研究，朱起凤《辞通》，周予同、范文澜各著有《群经概论》，等等。

中国经学史的几个问题（提纲）

时间：不详

地点：不详

一　经学、孔学与儒学

（一）两个不等式：经学≠孔学

经学≠儒学

（二）经学是中世纪的占统治地位的理论形态与行为准则。

（三）经学的表征：统治者正式承认具有固定宗教特征；以政府承认的并颁行标准解释的"五经"或其他经典作为理论依据；曾支配中世纪的思想文化领域。

二　儒术与经学

（一）秦汉间相继占统治地位的学说有法家、黄老家、经学，无不强调术，并严格区分学与术。"学者之言觉也，觉者觉悟也。"（《白虎通》）术（術）字本意是大道中具有高粱，有已掌握开辟手段的意思，故术有道的应用的意思。学与术汉人从不混用，参见《史》《汉》夏侯胜传等。

（二）术重实用，学贵探索。汉武帝时罢黜百家不过是罢黜黄老术代之以儒术的一种饰语。所谓儒家致用说的地位，主要靠"术"，而非靠"学"。

（三）"以经术缘饰吏治"，也促进经义本身的研究，归宿即"通经致用"："以《禹贡》治河，以《洪范》察变，以《春秋》决狱，以三百五篇当谏书，治一经得一经之益也。"（皮锡瑞语）

（四）汉代经学主要经典是《春秋》和《孝经》，所谓孔子"志在《春秋》，行在《孝经》"。二者一是汉朝的政治宪典，一是统治者的伦理规范。因而经学家争夺政府承认的斗争，主要集中在关于《春秋》的解释，三传废立的问题。

（五）"儒术独尊"实际是政治斗争的产物，黄老术与儒术相争背后为两个外戚集团斗争，偶然性体现必然性——需要统一，由谁统一。无为而治只维护汉初诸侯割据者利益，新贵族不满。而儒术真正独尊，则是由公孙弘推动和实现，将博士官由顾问官变为教育官，控制候补官员选拔权，而博士官由经学家垄断，从而成为制度。董仲舒只得事后对此举进行理论说明。

三　经学与经学史

（一）公元前二世纪后，经学君临于中国思想文化领域，自始即重术轻学。以后的统治文化领域，重实用轻思想，重经验轻学说，重现状轻未来，将目光专注于君上心思、祖宗成法、百姓规矩，以君主的需要为需要，形成经学研究服从统治术需要的取向。

（二）统治术具有时代特征。已形成的传统常随政权更迭而变得不适应需要，因而一个时期占统治地位的经学形态，不得不让位于新的经学形态。梁启超形容汉以后，"正学异端有争，今学古学有争；言考据则争师法，言性理则争道统，各自以为孔教，而排斥他人以为非孔教"（《清代学术概论》)，从而无所谓一以贯之的传统。

（三）凡经学必以孔子为偶像，从而汉以后的孔子皆为假孔子。梁谓孔子依次变为董仲舒、何休（他不提刘歆，乃维护乃师偏见），变为马融、郑玄（应加上王肃），变为韩愈、欧阳修，变为程颐、朱熹，变为陆九渊、王守仁，变为顾炎武、戴震，大体合乎历史。

（四）经学以通经致用为旨归，它应随中世纪的结束而消逝。周予同先生谓现在经学的研究已无必要，经学史的研究应该开始，是正确的。

（五）经学史应为中世纪统治学说（包括统治术）的历史，从中可见统治阶级的思想如何成为占据统治地位的思想，它的不同形态如何渗入思想文化领域各个侧面。

（六）马、恩指出研究思想历史，必须注意政治进程对于历史进程的真正的历史的干预，对于研究统治思想史尤其适用。因而经学史不等于政治思想史，但必须研究思想与政治的相关度，否则许多问题将纠葛不清。

四 经学史与理学史

（一）由朱熹定型的理学，为唐宋间经学更新运动的产物，理学是新经学。其新，在于对旧经学的怀疑和否定，由荀子系统变为孟子系统。

（二）理学的产生，中心问题是周先生所谓"孟子升格运动"，即孟轲由人升为圣，书尊为经。经学更新运动，准备期很长，上限不仅在啖助、赵匡、陆淳怀疑《五经正义》，武则天时期已开始，刘知幾《疑古》《惑经》可为代表。但转捩点，在理论上为韩愈的"道统"说，在实践上为庆历革新，特别是王安石变法。

（三）由圣名史来看，由孔子之术、周孔之道、孔颜之道到孔孟之道。王安石以孟子得孔子真传，认孟子为孔子的大圣，让孔孟代替孔颜作为正副通天教主，特立孟子"性命"之学，强调"经术正所以经世务"，均为程颐继承，因而王安石相当于公孙弘，程朱实为王安石变法的遗嘱执行人。

（四）整体的经学史，当分所谓汉、宋两大系统。汉学系统内有经今古文学之争，宋学系统内有程朱与陆王之争，实际反映统治学说的变化过程：经今文学—经古文学—郑王南北学—五经正义学—朱熹"道问学"—王守仁"尊德性"。

五　王学、西学与汉学

（一）中世纪的经学到十七世纪初的王学开创了中国统治思想史的倒演过程，其实为统治思想史走出中世纪的过程。

（二）王学的意义不在它有没有跳出封建范畴，而在于它对朱学的批判，承认个性的作用，承认人人在圣道面前平等，"涂之人皆可为禹"，从而王学盛行为晚明接纳西学开了路。

（三）西学的传入，引出的效果非中西学者所逆料，如恩格斯关于历史的定义，既非王学所向往，也非朱子所向往，也非西学所向往，力的平行四边形的对角线乃为清代汉学，将清代汉学说成经学复古是误解。

（四）倒演过程即否定中世纪各统治思想形态的过程，由近及远：否定王学，否定朱子，否定经古文学，否定经今文学。然而一个圈子兜下来，康梁评及宗教均复归于王学，其故何在？值得深思。

关于中国经学史的几个问题（提纲）

时间：二〇〇六年四月

地点：中国台湾

一　经学的界定

　　中世纪中国的统治学说

　　中世纪史，由秦灭六国，至清朝终结

　　所谓经，由通名到专名，分野在西汉

　　汉唐崇《五经》，元明清尊《四书》，均为经学

二　经学史的内涵

　　它涵泳所谓儒家经传的文本史

　　它涵泳所谓先圣先师的圣名史

　　它尤为文本和圣名相结合的统治学说史

三　中世纪经学史的文本

　　西汉的今文经传

　　两汉之际的经今古文学之争

　　通学的出现和北郑南王

孔学、经学与儒学 *

时间：二〇〇八年三月二十日
地点：同济大学学生会

文稿一

---

* 共三份文稿，包括一份提纲和两份演讲稿。

文稿二

当公元前四七九年（鲁哀公十六年），七十三岁的孔丘病逝前，曾向学生端木赐（子贡）悲叹："夫明王不兴，而天下其孰能宗予？"《礼记·檀弓上》

宗者，尊奉也。子贡当时正当盛年四十二岁，富有，官大常相鲁卫，率先为老师服丧六年，曾把孔子比作宫墙高耸的宗庙，不可逾越的日月，"犹天之不可阶而升也"。均见《论语·子张》但他的小师弟卜商子夏、言偃子游、曾参子舆、颛孙师子张等，似乎都不买账，在孔子死后，都自立门户，相互攻击，以致不过百年，赵国大儒荀况著《非十二子》，已指名批判子游、子张，特别是曾参的徒子徒孙孔伋子思、孟轲子舆，均属伪儒。荀之徒韩非指出孔子死后"儒分为八"，嘲笑说没人能判断谁是真孔学。

事情很古怪。孔子死后二百六十多年，当秦始皇卅四、卅五年（前

二一三、二一二），相继焚书、坑儒，使诵法孔子的儒者，成为方士的陪绑，连遭打击。正所谓"反者道之动"吧，秦、楚、汉易代的战争，把楚地边缘的一群"布衣"变成帝王将相。随着汉承秦制，相继在位的汉帝愈来愈渴求建立"天下无异意"的安宁秩序，注目礼教的荀子一派，汲取道、墨、名、法、阴阳各派学术，综合成为"经学"，愈来愈占据统治学说的要津。

号称西汉首出"儒宗"的，是曾任秦博士的叔孙通。人们不知这位山东薛人的师承，但知他在秦末汉初自称儒者，"所事且十主"；然后投到刘邦营垒，并且利用汉廷的无秩序，替刘邦制礼，让这个流氓尝到了做皇帝的尊贵滋味。从此"识当世之要务"而制礼作乐，便成为号称儒者的专利。

西汉初期仍属君相共治。标榜"萧规曹随"的第二位汉丞相曹参，相信"无为无不为"的黄老哲学，既使帝国朝野休养生息，也使皇国上下因循守旧。

经过惠帝、吕后、文帝、景帝四朝，帝国相继度过外患匈奴扰边和吴楚七国内战的危机，使得景、武之际专权的文帝遗孀太皇太后窦氏，更笃信《老子》是治国宝典，而斥责儒家博士读的是"司空城旦书"，并且扼杀了以其孙武帝名义发动的温和改革。因师傅被处死而深感受辱的少年皇帝决意报复，于祖母刚咽气，就召回被罢官的母舅田蚡，再度宣称"罢黜百家，独尊儒术"。参看拙作《儒术独尊的转折过程》，一九八二年

其实，如司马迁记载，汉武帝罢黜的主要对象是黄老学派，"独尊"的范畴也限于充当皇帝顾问的博士官。即使如此，皇帝仍遭到信《老子》的重臣汲黯讥笑："陛下内多欲而外施仁义，奈何效唐虞之治乎！"《史

记·汲郑列传》

不过，倘说汉武帝尊儒是虚情假意，未必尽然。他的亡父景帝已徘徊于黄老术与儒术之间，指定的太子师已是战国末大儒荀况（前三一三—前二三八）的再传弟子。荀况学说外儒内法，隆礼崇今，倡导后王必胜先王，很合武帝胃口。这位青年皇帝尤感兴趣的，是董仲舒、公孙弘之类儒者，更会"曲学阿世"，善于"以经术缘饰吏治"。他的异母兄河间王刘德，同样热心学术复古，首倡"实事求是"，令他猜忌藩国右文都别有用心，于是特别表彰"文学儒者"，彰显意识形态权由己出。他轻率批准公孙弘为博士官设弟子员的建议，着眼点在于培植通晓"君人南面之术"的传人，不料却使候补文官的教育选拔权力，落入官卑位低的五经博士掌中。

五经博士原属汉承秦制的顾问官，虽因缘时会，由自称孔学传人的儒者垄断其位，但仅为太常卿属僚，待诏备员而已。自从公孙弘打着以学传道的名义，将他们的职责转化为教育官，变得位卑权重，未来的公卿大夫均出其门。

这里有必要介绍经学与经术的关系。

学与术，在两汉仍是不同概念。学指探索未知事理而有觉悟，术（術）本指邑中道，引申义为技艺或方法。二者混同，泛指学问，大约始于南宋。

回顾汉武帝时代的文献，经学与经术，决不混同。汉武帝在位五十三年，只有一次问及经学见《汉书·兒宽传》，而说到经术或儒术，在他的诏敕中比比皆是。

所谓经术，特指以五经语言阐释的统治术，所谓"君人南面之术"。五经博士和他们的学生，把"通经"作为手段，目的在于"致用"。清末皮锡瑞概括西汉武帝、宣帝时期通经致用的表征，说："以《禹贡》治河，以《洪范》察变，以《春秋》决狱，以三百五篇当谏书，治一经得一经之益也。"《经学历史》三经学昌明时代，参看周予同注释所谓益，就指"有用"。

经学家能使皇帝或权臣相信自己的经术有用，便可博取高官厚禄。有个《尚书》博士出身的经学家夏侯胜，曾附会《洪范》揭露霍光废君阴谋，反使霍光"益重经术士"，事后就得意地向门生透底："士病不明经术；经术苟明，其取青紫如俯拾地芥耳。"《汉书》卷七五本传

经学既然登上中世纪统治学说舞台，就将焦点集中于适应当世君相的统治术，而且与时俱变，力求色彩与"吏治"时尚搭配得当，那么它的趋向，只能说"学随术变"。

"学随术变"，其实是中外古今一切统治学说的宿命。"有用即真理"，也就无所谓客观真理，归根结底意味着权力即真理，这在中世纪经学的变异中尤其彰明显著。

于是，自汉至清，凡两千年，倘把经学看作传统文化的主流表征，那就只好说没有一以贯之的传统，或者说传统的不变性唯在于变。

怎么见得？近年传统论者偏爱清修《四库全书》，甚至誉作传统文化集大成的奇葩。很好，这里不妨先举《钦定四库全书总目》卷一经部总叙为例，直抄如次：

自汉京以后，垂二千年，儒者沿波，学凡六变。

其初专门授受，递禀师承，非惟诂训相传，莫敢同异，即篇章字句，亦恪守所闻。其学笃实谨严。及其弊也拘。

王弼、王肃，或持异议，流风所扇，或信或疑，越孔颖达、贾公彦、啖助、

赵匡以及北宋孙复、刘敞等，各自论说，不相统摄。及其弊也杂。

洛二程、闽朱熹继起，道学大昌，摆落汉唐，独研义理，凡经师旧说，俱排斥以为不足信。其学务别是非。及其弊也悍。【原注】如王柏、吴澄，攻驳经文，动辄删改之类。

学脉旁分，攀缘日众，驱除异己，务定一尊。自宋末以逮明初，其学见异不迁。及其弊也党。【原注】如《论语集注》误引包咸"夏瑚商琏"之说，张存中《四书通证》即阙一条，以讳其误。又如王柏删《国风》三十二篇，许谦疑之，吴师道反以为非之类。

主持太过，势有所偏，材辨聪明，激而横决，自明正德、嘉靖以后，其学各抒心得。及其弊也肆。【原注】如王守仁之末派，皆以狂禅解经之类。

空谈臆断，考证必疏，于是博雅之儒，引古义以抵隙。国初诸家，其学征实不诬。及其弊也琐。【原注】如一字音训，动辨数百言之类。

要其归宿，则不过汉学、宋学两家，互为胜负。

据《四库全书》告成进书表，以上叙论，当作于清乾隆四十七年（一七八二）以前，距今已逾二百二十五年。但读来依然不感陈腐，至少不比中央电视台《百家讲坛》说经讲史的言论更陈腐。这不奇哉怪也？

我曾指出，经学是中世纪中国的统治学说的表现形式，是自汉至清在中国疆域内多数大小王朝，尤其是所谓一统王朝采用过的观念形态的理论形式。但从历史的角度，讨论经学在中世纪"变"的过程，要算《四库全书总目》的经部总叙比较系统。

当然，《四库全书总目》号称清一统中国后的四世皇帝庙号高宗，年号乾隆"钦定"，是官书。然而清统治以一个少数民族征服汉族等多数民族为特色。满洲崛起，依靠在关外与蒙汉建立的八旗，而八旗内部自始便严分主奴，汉军八旗即满洲八旗的奴仆，而满洲八旗也分上下，由爱新觉罗皇室直辖的上三旗（镶黄、正黄、正白）等级特权均高于下五旗。满洲入主北京伊始，便将以满驭汉体制扩展到被征服的地区，政、军、财、文一切领域都由八旗主导（因而汉军既是满奴，又是汉人之主）。如同中世纪曾在内地建立王朝的北疆民族（如五胡、鲜卑、契丹、女真、党项、蒙古等），满洲一般也不改变被征服各族的传统观念或宗教的形态，却十分警惕重蹈其先辈女真族金朝被汉化的覆辙。因而除了强迫汉、回、蒙、僮等族剃发易服，在外貌上与八旗无别，还采取分裂的文化政策，例如科举满汉不同科，文献满文满语称国书国语，官制满汉双轨制，尤忌汉人染指军权等。

二十世纪主流史学忌谈满汉矛盾，甚至不准出版物称"满洲"，而不顾"满洲"是清统治者自称，直到清亡沿而不改。

不过随着清灭南明、平三藩、收台湾，实现帝国大一统，除了北京及其附近的畿辅，满洲愈来愈陷入汉人汉化的包围之中。从康熙晚年到雍、乾二世，整个十八世纪，满洲大君不得不调整"以汉制汉"的策略，对内对外首先以中国大皇帝的姿态出现，因而在不断告诫八旗勿忘祖宗传统的同时，愈来愈将自己装扮成周秦"正统"、孔孟"道统"的直系。

于是，康熙晚年宣布恢复朱熹理学为国教，却对朱熹那套孔孟之道重加诠释，抹煞其中辨夷夏、扬道论的义理，而变相恢复韩愈辨夷夏的文化尺度，就更应重论。夷夏不再是族类区别（"民不祀非族，神不歆非类"），而被说成文化认同的分野，那么只要标榜同文，便可向征服者俯首，岂非顺理成章？

康熙帝号称宽宏，但晚年借《南山集》案打击尊史蔑经（满洲朝廷颁行的经说）取向，已表明宽容的限度。雍正帝号称严峻，但杀功臣屠兄弟主要打击满洲权贵，兴文字狱而亲撰《大义觉迷录》《拣魔辨异录》，其效应一则打击其父赞赏的"真理学"，一则搞臭其祖曾迷恋的南国禅学，与其父的文化政策。但他借此类案件，掀起文化恐怖主义，效应又如其所预期，令官绅士民无不重足而立，连江南茶馆都贴示"莫谈国是"。

国是谓国家政策是非，非谓官方之事

文稿三

最近几年，国内很多人对孔子及其学说很感兴趣。孔丘先生到底是什么人？以孔子的名义流传下来的学派如何演变？了解清楚这些问题对于提升现代大学生的人文素养十分有必要。

中国人把读经作为官方规定的教育方针和内容，始于孔子去世四百多年后的汉朝；把所谓的孔子的经典作为科举考试必读的教科书比较晚，发端于隋炀帝，正式开始于唐太宗；公元十二世纪，朱熹用毕生力量重新编排了《四书章句集注》——《大学》《论语》《孟子》《中庸》。元朝入主中国以后，将朱熹理学推崇为科举考试学习的蓝本。

元朝按照征服的时间先后区分被征服民族的地位高下，百姓分为四种人——蒙古人、色目人、汉人、南人。色目人，基本上是中亚、中东人；汉人，主要是现江淮以北的汉人、契丹人、女真人、高丽人等；南人，以江淮以南的南宋汉人为主。也就是说，孔子的时代并没有形成汉族，现在的汉族始于南北朝时期。我们的祖先不仅是华夏的子民，还融入了各种各样的中国境内其他民族的血液。现在的汉族是一个混血的民族。

一、经汉学的发展历史

经学，顾名思义，就是研究经的学问。从公元前二世纪末到公元八世纪，经学成为官方统治学说的代称。为了和以后的经学形态相区别，由于始于汉朝，也叫作经汉学。

孔子，名丘，字仲尼。其生年有两种说法：西汉的公羊学家和毂梁学家，都说孔子生于鲁襄公二十一年，司马迁则说孔子生于鲁襄公二十二年。孔子生于鲁襄公二十一年冬十月庚子（夏历八月二十七日）的说法比较可靠。之所以对孔子的生年一直存在争论，与中国的历法一直在变有很大关系。

孔子是个私生子，他的母亲是个受没落贵族凌辱的贫贱妇女。幼年家境如此不幸，迫使他早早地认识了人生。而其生长的鲁国，是周公的封地。周公在西周王朝初期长期担任执政，使鲁国成为唯一能用天子礼乐祭祀天地祖先的诸侯国。这种特殊的政治地位，把鲁国变成了西周时代东部的文化中心。到了春秋时代，尽管鲁国已经沦为二等诸侯国，但是在文化上仍旧保持着最多的周文化传统。

贫穷的家庭生活，没有把孔子塑造为鲁国旧制度的叛逆者，反而使他由对鲁国现实生活的不满，发展到仰慕往古的周礼，甚至认为很久没有梦见周公便预兆着死亡。

孔子生前比较"倒霉"。汉武帝建元六年后，儒生董仲舒提出"罢黜百家，独尊儒术"并被汉武帝采纳之后，孔子才开始登上了"祭坛"。但是由于孔子遵从周公，从汉朝到唐朝初年的几百年中，统治者们遵从的第一号圣人，即"先圣"都是周公，孔子为"先师"。从汉朝王莽开始，一直到唐朝初年，包括唐太宗的父亲唐高祖，很多统治者"篡夺"政权，都是先把自己说成周公，最后再变成真皇帝，这样的事情在历史上发生过很多次。

唐太宗建立了中国历史上最庞大的世界性帝国,他在中年时期,也就是贞观六年(六三二),下令废除国子学中的周公庙,以孔子为"先圣",其弟子颜渊为"先师"。就是说让孔子升座南面,享受救世鼻祖的待遇,而把第一位教师的荣誉让给他的大弟子。贞观十九年(六四五),唐太宗又下诏为孔子增添了一群配享者,都是以解说经典著名的孔门后学。

从汉朝到唐朝,统治者们遵从的圣人从周公、孔子,到后来的孔子、颜回。读的经典相传是孔子生前最后五年回到鲁国以后写定的五部经典,称为"五经"。按照汉朝人排的顺序,依次为《诗经》、《尚书》、《礼经》(《礼经》分为《周礼》《仪礼》《礼记》,汉朝时期是指《仪礼》)、《易经》、《春秋》,每一种经典都有汉朝人的解释。随着时代的发展,每一种经典都发展到不止一种文本和解释。唐朝时期,立为官方经典的,已经多达"九经"。《春秋》分为"三传",即《左传》《公羊传》《穀梁传》;《礼经》分为"三礼",即《周礼》《仪礼》《礼记》。这六部书再加上《易》《书》《诗》,并称为"九经",立于学宫,用于开科取士。

二、孔子与真孔子

孔学,特指孔子的学说。在各种书中,讲孔子的言论很多,相对可信的就是《论语》。

讨论孔子和他的思想,谁都离不开《论语》。因为经过历代学者反复审视,都肯定《论语》保存了孔子言行的原始记录,属于相对可信赖的材料。今本《论语》编定于公元二世纪,上距孔子去世已六百年。它的原始结集虽然可以肯定出于孔门弟子之手,但结集的时间和编者本来就不清楚。它怎样在各个宗派之间抄写流传,到公元前一世纪出现三种文本的过程,也仍然是个谜。

其实《论语》也不完全可信,《论语》二十章,后三篇明显是孔子去世后别人添加的。前面十七章有没有不是孔子的说法,很难定论,有一些明显是他去世以后别人的言论。

即使今本《论语》完全没有经过后人增删篡改,作为研究孔子的原始材料,也有严重缺陷,就是太简单、太笼统、太片面。依据孔子"三十而立"的自述,他在春秋晚期历史舞台上,活动长达四十三年,而今本《论语》的白文,据统计只有一万二千七百字,平均每年记录不足三百字。其中大部分篇章是孔子同他的学生或主人的对话录,却多半不记背景,甚至不记对话者是谁,这就为用它来历史地考察孔子思想带来很大困难。据我考察,今本《论语》保存的材料,大概都是孔子五十岁以后的言行录,充其量只能利用来研究孔子晚年思想,而且也需要先作编年的考订。

孔子到底有没有作过"五经"呢? 汉朝到唐朝的经典是"五经",这"五经"有可能有些部分经过孔子的手,但是绝大部分,恐怕来历很可疑,尤其是汉朝人所作的那些解说,称为"传",是不是符孔子以及儒家的原意,很难定论。

孔子生前应该编过一些教材,因为他是老师。孔子很重视《诗》教,《论语》里关于孔子传《诗》的记录,比记他传授其他经书的情况要多。他经常鼓励和督促他的弟子们学《诗》,对他的儿子孔鲤也抓得很紧。

《论语·季氏》中说:"陈亢问于伯鱼(鲤)曰:'子亦有异闻乎?'对曰:'未也。尝独立,鲤趋而过庭,曰:学诗乎? 对曰:未也。不学诗,无以言。鲤退而学诗。他日,又独立,鲤趋而过庭,曰:学礼乎? 对曰:未也。不学礼,无以立。鲤退而学礼。闻斯二者。'陈亢退而喜曰:'问一得三:闻诗,闻礼,又闻君子之远其子也。'"孔子教书的方式是大弟子教小弟子,入门较晚的弟子没有资格与孔子当面谈话。孔子的小弟子问孔子的儿子孔鲤，孔子教了些什么，孔鲤告诉小弟子之后，小弟子很开心。他说，今天一问就知道三点：诗要怎么读，怎么做人，孔子怎么对待儿子。

孔子说：“《诗》可以兴，可以观，可以群，可以怨；迩之事父，远之事君；多识于鸟兽草木之名。”也就是说，《诗》可以用作常识教科书，学生可以从中学习说话、阅世、应酬的本领，可以熟悉草木虫鱼的名称；《诗》可以用作修身教科书，学生可以从中学习立身处世的涵养功夫；可以用作政治教科书，学生从中学习游说诸侯、办理交涉的本事。

现在读《诗》三百篇，里面确实有很多借诗言志的，也有很多讲述外交辞令的。《诗》开篇就借鸟讲男女关系：“关关雎鸠，在河之洲，窈窕淑女，君子好逑。”后来的经学家对这四句话的解释有很多版本。到底是写男女关系呢，还是借男女关系写君臣？中国人喜欢讲阴阳，阴阳不仅仅是指男女，还指君臣、父子，等等。到现在为止，《诗经》的解释有一千多种。《诗经》到底是不是政治教科书，抑或是外交辞令教科书，还是按照其本色理解，只是当时的民谣，或是当时的士大夫发泄自己的情绪？

原始孔学和经学不是一回事。在孔子去世后，哪些是孔子自身的思想，已经开始有争论了。在战国晚期，即公元前三世纪中叶，韩非已经说过：“孔、墨之后，儒分为八，墨离为三，取舍相反不同，而皆自谓真孔、墨。孔、墨不可复生，将谁使定后世之学乎！”也就是说，现在显学有两派，一为儒学，一为墨学。讲儒家的学问都推崇孔子，讲墨家的学问都推崇墨子。孔子死后，儒家学问分为八派；墨子死后，墨子的学问分为三派。大家都自称真孔、墨。孔子、墨子没法复生，谁知道哪派是真的呢？

三、经学更新运动

公元九世纪以后，经过两宋、元、明、清的发展，儒学分成两支，一支是作为统治学说的经学，主要形态为朱子学；另外一支主要在民间，为陆王心学。

公元十、十一世纪，南方读书人开始不满意统治者所推崇的孔颜之道，不少人提倡和认同北宋范仲淹提出的"先天下之忧而忧，后天下之乐而乐"。士大夫应该胸怀天下，而这个使命不是颜回之辈能完成的。从这个时代开始，所谓的孔颜之道，逐渐转型。

有一个人已经在唐朝后期被关注了，那就是自称孔子后裔"私淑"弟子的孟轲。有人说，孟子是孔子的传人，这种说法并不正确。孟子说："君子之泽五世而斩，小人之泽五世而斩，予未得为孔子徒也，予私淑诸人也。"孟子说自己并没有来得及跟随孔子的第三代传人、孔子的孙子孔伋学习。孔子晚年的一个弟子曾参教导了孔伋。

孟子很有个人风格和骨气，不把诸侯放在眼里。他在那个时代，胆敢提出："民为贵，社稷次之，君为轻。"又说："说大人，则藐之，勿视其巍巍然。"不要看他们堂高三尺，巍巍然的样子，不要怕。孟子说："五百年必有王者兴。"五百年，一定有王者出来应世。从尧、舜，传到夏禹、商汤，传到周文王、周武王，再传到周公，周公传到孔子都是五百年。现在孔子去世了，虽然不到五百年，但是世运到了，假定有人出来平治天下，"当今之世，舍我其谁也？"

从秦汉时期到唐朝中叶，漫漫一千年中，《孟子》一直都被帝王们冷落。它并不在经典之中，一直位于诸子之列。直到唐朝中叶，安史之乱爆发，很多人开始批判孔颜之道。其中，韩愈的批评最为激烈。公元八世纪末九世纪初，韩愈写了一篇名为《原道》的文章。他在文中说：

人天生三等，一等是皇帝，二等是官员，三等是小民。皇帝统治世界，官员供皇帝使用，用以向小民征税。小民的任务是生产粮食、布匹，供养上头两等人，不然就要杀头。虽然韩愈的这个观念被后人屡屡批判，但是韩愈在其中提出来一个从汉朝到唐朝以来从来没有人提出过的道统，它根据孟子的思想引申而来。韩愈说，中国自古以来就有道，从尧、舜传到夏禹、商汤，传到周文王、周武王，再传到周公，周公传到孔子，孔子传到孟子，传授系统到孟子就中断了。孟子什么时候去世，并没有一个确定的时间，大概在公元前三世纪初。韩愈得出历史结论，中国有过千年黑暗王国。

韩愈以后，开始经学的更新运动，孟子的地位逐渐提升。欧阳修在韩愈去世两百年后，首先把韩愈的集子编辑出来。在韩愈的时代，中国还没有印刷术。公元十世纪，因为印刷术的发明和普及，经典刻出来了，关于经典的解说——传、注也刻出来了，还有一些人对经典的体会，也很快流传了。

需要指出的是，宋朝从来不是一个统一的王朝。北宋时期，在中国目前版图里，至少有五个国家，北宋只是其中一个，只占中国领土的四分之一多一些。南宋时期，在中国目前版图里面，至少有六个国家，南宋只是其中一个，连四分之一都占不到。但是不可否认，两宋时期，经济比较发达，对中国文化传承有极大贡献，这与印刷术的普及有极大关系。

把尊孟付诸实践的首推王安石。王安石当权之后，首先在太学里边，把孟子立为学习的榜样，要求太学生们都读《孟子》。王安石把唐太宗时期编撰的《五经正义》中对五经的标准解释都取消了，他选了三部经典，合起来称为《三经新义》——《周官新义》《诗经新义》《书经新义》，把它们作为太学生的必读书和科举考试的教科书。

同时，王安石推行了教育改革，发展官学，还创立了太学"三舍法"，将太学分为外舍、内舍、上舍，学生按程度分为三等——外舍生、内舍生、上舍生，他们经过相关考试，最后可以直接授以官职。这样学校不仅担负养士的任务，而且具有取士的职能了。

很多宋代的理学家都反对王安石变法，但是在经典研究体系上，采用的依旧是王安石的那一套理论。从王安石改革到朱熹完成《四书章句集注》体系——《大学》《中庸》《论语》《孟子》，实际上完成了圣贤体系。

但是就在朱熹的同一时代，陆九渊对《孟子》提出了截然不同的解释。陆九渊打破了圣人特殊论，他说，人生下来都是平等的，人人都可以成为圣人。晚明时期，王阳明提出，每个人心里都有一个真实的本性，只不过平时被蒙蔽了，什么时候顿悟了，就可以成为圣人。王阳明的理论和禅宗的理论有相通之处。

朱子学和陆王心学两派对立很厉害。一派提出"存夜气"，另一派遵从孟子比较狂放的一面；一派在朝，一派在野；一派提倡经过艰苦锻炼才能成为圣人，另外一派承认我们每个人都有成圣的种子，关键在于自己怎么看待自己。

儒学在几千年的发展中，不完全是官方的理论，里面比较复杂，取向不一样，传统不一样。要了解中国的过去，不应该把孔子看成圣人，读孔子的相关论著也不需要当成"圣经"。读经典，经典里有历史，经典里有哲学智慧。我们要看到其中的合理性，也要承认其弊端。

今天讨论传统，我们要知道：

（一）传统一直在变化，不是一成不变的。

（二）在孔子名下的论著，要加以区别哪些是孔子原来的学说，哪些是后来添加的。

（三）分清楚不同时代官方学说和民间学说一直并存，没有一个一直不变的存在。

（四）对于经典本身，有些经典形成早，有些形成晚，其诠释一直在变。对经典和诠释要理解不同时代的诠释是什么，不同时代的传统是什么。

（五）从汉朝独尊儒术、罢黜百家，到一九〇五年取消科举制度，再到官方的经学系统"失灵"，长达两千多年的时间里，统治集团都是根据自己的统治要求选取经典和解释，没有一个理论因为说是孔子说的，它就具有权威性。中国的传统就是学随术变。

（六）中国一直以来尊崇孔孟之道的说法是荒谬的。从独尊儒术到周孔之道，到孔颜之道，到王安石以后变成所谓的孔孟之道。儒学的不同派别，对孔孟之道有不同的诠释。

中世纪的孔子（提纲）*

时间：二〇〇七年六月八日
地点：复旦大学研究生院

甲　百年争论

"订孔"始于一九〇三年春（癸卯，清光绪二十九年）完成的《訄书》
重订本。"国粹"始于同年夏章炳麟的《癸卯狱中自纪》（"上天以国粹
付余"）。"国学"始于一九〇五年在上海组成的"国学保存会"，出版《国
粹学报》。——说始，指其现代意义。三者均出于太炎章炳麟。

民初仅六年，便有两度"帝制复辟"。对孔子和"国学""国故"（其
名始于一九一〇年初刊的《国故论衡》）的争论，与其同步：康有为的"孔
教会"，《不忍》杂志，"定孔教为国教"运动（陈焕章，《孔门理财学》得
美国博士）。陈独秀创办《青年杂志》（《新青年》），一九〇六年二月刊出
易白沙《孔子平议》，谓汉武改良始皇法术，"于是罢黜百家，独尊儒术，
利用孔子为傀儡，垄断天下思想，使失其自由"，有田蚡、董仲舒等"为
之倡筹安会"。章炳麟在袁世凯帝制败后，在江南讲"国学"，谓其内涵为

---

* "北苑阳光大家讲坛"第一期讲座。

经学（哲学）、诸子、历史、文学。马良组织抗议"立孔教为国教"运动，与章、梁发起创办"函夏考文苑"，指名将"说近妖妄"的康有为、廖平、夏曾佑排除在外。

"五四"新文化运动，首先是对"武圣"张勋、"文圣"康有为共谋的清室复辟的直接回应。复辟前夜，民国六年（一九一七）三月，孔教会会长康有为致电总统黎元洪、总理段祺瑞，"请饬全国祀孔仍行拜跪礼"，谓："中国民不拜天，又不拜孔子，留此膝何为！"此前北洋政府已明令全国学校恢复"读经"——民国元年已被教育总长蔡元培建议民国临时总统孙文通令取缔——那以后尊孔、读经与反民国政治的互动关系，可参周予同先生《僵尸的出祟》（一九二六年九月。李零说《论语》，文本据《论语集释》，似不知程树德即民国四年国务卿徐世昌不由教育部而径由政事堂发布的"教育纲要"的编制者，故《集释》实为辩护"读经"必要性的说辞，并非纯考证。钱穆识之）。

蒋介石的"新生活运动"，同样以"发挥国故，保存国粹"为由头，因而痛诋"五四"，指名攻击胡适。

历经百年争论的尊孔、读经和打着"国粹""国学"旗号的时髦思潮，特色可概括为：真无知，假讲学；真利用，假尊孔；真专制，假自由。

谁不梦想和谐世界？子曰："君子和而不同，小人同而不和。"《子路》篇的这则语录，今人引上句，却不引下句，怪哉！

乙 面目变幻

一九〇六年（清光绪卅二年，丙午）九月，章炳麟在东京办国学讲习会，编讲义《论诸子学》（同年《国粹学报》连载，更名《诸子学略说》），首论儒家，就指出孔子有三副面孔：“有商订历史之孔子，则删定六经是也；有从事教育之孔子，则《论语》《孝经》是也”；还有一面，即以王佐自拟而从政的孔子。

其实在自秦至清的中世纪中国，孔子的面目从来变幻不定，即非百变，也有十变，而且同一时空，就有异面并存。可由三个角度考察：圣名史，圣经史，圣教史。而认知三者相关度，一条若隐若现的主线，便是中世纪列朝的“君人南面之术”，我将之概括为“学随术变”。

我对孔子在中世纪形象多变的历史考察，可参看以下拙著（略）。

丙 “神道设教”

“观天之神道，而四时不忒；圣人以神道设教，而天下服矣。”易卦（坤下巽上）象辞这段名言，相传是周公“使百姓”的秘诀，而为孔子作《大传》时所揭示。问题不在周孔所谓的古圣人是谁。问题在于自秦汉起，唯时君才可称“今圣”，也才握有“神道设教”的权柄。

“真孔子”在野，被门徒及八派或十五派儒者，搅得面目全非，韩非《显学》早有质疑。秦博士中有儒者，虽在朝仍各执偏见，对秦始

皇的"法教"不盲从，"人闻令下，则各以其学议之；入则心非，出则
巷议；夸主以为名，异取以为高"，是他们与诸子博士的共同特色。

　　神道设教　由布衣帝王推举的"素王"
　　经学先师　由党锢名士选举的帝师
　　玄言一祖　三玄的易说祖师，老孔庄
　　教化先圣　代替周公而由颜回代言
　　道统教主　四书和孔曾思孟系统
　　群圣大宗　明祖取消圣号到晚明滥封群圣
　　汉人先圣　清代以满为主的文化分裂效应
　　中学主流　晚清中西学冲突的结果

经学与中世纪人文传统（提纲）

时间：二〇〇八年四月八—九日

地点：不详

一　解题

经学是中世纪中国的统治学说。

中世纪指秦灭六国到清朝终结。

人文的中国古典涵义指非天文的一切与人相关的现象，包括人性、人伦、人道、人事、人物、人情、人治、人法、人权等关于人的一切学说和行为。

人，古谓动物之灵，后谓万物之灵。文，古指物相杂形成色的"错画"，如《乐记》谓"五色成文而不乱"，后指人类特有的道、艺、理、法及其文字表征。因而，人文指个体的人结成人类，形成社会，而在不同时空呈现的特定文化。

人文传统，即特定人群在特定时空所形成的某种语言、文字、习惯、风俗、社会结构、政治体制和观念形态的共同表现，经过生产、生活与教化，代代相传的某种纲领性东西。

二　没有不变的人文传统

据考古发现，猴子变人，约在距今三五百万年前。但在中国，出现直立人，至多上追至百余万年前。而现代中国人可以肯定的远祖，即北京周口店的山顶洞人，距今至多万余年。论者每好称汉人为"炎黄子孙"。休说汉人是公元四世纪前后才形成的民族共同体，此后不断吸取周边各族的新鲜血液，由唐至明才通过共同文字结成如今的汉族，就说如今占中华民族人口绝大多数的汉族吧，除了共同文字和共同政体，南北差异，省区差异，地县差异，乃至乡村差异，如此分明，有谁能不告别固有传统而做到"入乡随俗"呢？我的语言能力很差，曾在港台承乏大学客座教席多次，每次时达数月，却因语言不通而总有身在外域的感觉。

三　经学在中世纪的变异过程

（一）由战国显学到宫廷顾问
八儒中的荀学

儒学和儒术，帝师和王佐

韩非与李斯：帝王术的两个侧面

"天下无异意"是帝王术的核心

"焚书"是政策，坑儒乃事件

（二）五经博士
法术、黄老术和儒术互绌

儒术独尊与五经博士

博士由顾问官变教育官

西汉三"儒宗"：叔孙通、董仲舒和刘向

《春秋》的功能与三传

石渠阁会议与权力干预经术取向

刘歆可与孔子比肩（章炳麟《订孔》说）

（三）经今古文学

王莽改制与实用教育

经学与巫术结合，谶纬均依附孔子及其门徒

经今古文争为帝学，古文经学与贵族教育

"通学"同源分流——郑玄和王肃

（四）玄学与经学

玄学修正经学原典

何晏、王弼的《易》《老》研究

嵇、阮薄周孔的政治伦理

名教与自然之辩重构人文与天文的互动关系

佛教屈从人治，沙门与王者，轮回说（神不灭论）与帝王术

北学与南学，北方大族以道教补充郑学，南朝以佛济儒

（五）"学随术变"的传统

伪经伪传因鲜卑化人治而升格

《五经正义》成为科举教科书

明经科与进士科用经学的人文教育没落

宗教开放对经汉学的冲击

三教辩论的帝王术背景

乱世中密教勃兴，宫廷与社会的迷信搅乱人心

《原道》与孔孟原教旨主义

大分裂瓦解旧经学传统

（六）经学更新运动

五百年间族群与异朝林立

两宋唯靠人文凸显文明优越

北宋怎样由拜神到重人

"尊王攘夷"与教育改革

庆历革新和道德重整运动，范仲淹、欧阳修的南国文化

王安石表彰《周礼》和尊孟，一部《周礼》理财居半，废孔颜而尊孟

"三不足畏"和"以史为鉴"，新学与反新学

荆公新学的遗嘱执行人

"四书"和新道统

朱熹、陆九渊和吕祖谦

南北由尊苏而尊朱，一个隐没的文化运动，《诸儒鸣道集》

经宋学系统的建构，真德秀和魏了翁将宋五子供入庙堂

朱子学抢占元朝教化山头，忽必烈竟成天下儒教大宗师

明初二祖对朱子学的改造，孟子其人其书其学的命运

王学的人性论和反名教运动

西教和西学，利氏追步王学的足迹，"圣教三柱石"徐、李、杨

四　十七世纪以来的人文传统

（一）中世纪经学的倒演

（二）清朝分裂的文化政策与尊朱

（三）南国的汉学复兴运动

（四）"内圣外王"遭到颠覆

（五）建构普适的人文传统，康、章与传统经学的终结

经学和商品社会（提纲）*

时间：二〇〇九年十月二十三日
地点：复旦大学

商品流通乃生产与消费的中介。从物产知商品流通

孔门的商人和"言语"科

司马迁说，没有子贡端木赐就没有孔子

晚明王学家谓经典乃子贡子张之学非颜学

商人吕不韦造就秦始皇奇货可居

《吕氏春秋》：秦汉帝国的政典

春秋战国的商人郑弦高越计质范蠡，周人白圭趋时

秦始皇和怀清

汉初商人同法道儒相继结合

汉武帝时代的"平准"和盐铁专卖

桑弘羊（孔仅、卜式）和《盐铁论》

王莽的五均六筦和洛阳大学市场化的教育

重农抑商政策为东汉宦官利用

商业、移民和北朝政局法显求法附商舟

---

* "历史大道"班"中国经学与中国文化"系列讲座之一。

从晚明王学到清初理学（提纲）*

时间：二〇〇九年九月十一日

地点：复旦大学

帝国出了个王阳明

十六世纪的大明帝国。

明武宗正德（一五〇六——一五二一）那十六年，帝国传统秩序被搅乱。

王守仁（一四七二——一五二九），龙场悟道，反宦官又交宦官，事功起家（宁王叛，桶冈反），"破山中贼易，破心中贼难"，阳明洞讲心学。

王学遍"天下"，实在南国。嘉靖成就王学，王门分化见《明儒学案》。隆庆解禁（嘉靖四十五年，隆庆六年）。万历初张居正当国（一五七三——一五八二），反王学六十年，效应适得其反。

从王阳明至利玛窦

哥伦布"发现新大陆"。西班牙美洲殖民地的白银东来。明清至民国实行银主币制五百年（一四三五——一九三五）。"上帝的连队"耶稣会

---

* "历史大道"班"中国经学与中国文化"系列讲座之一。

寻求东方净土。万历八年（一五八〇）利玛窦入华，二十八年到北京。罗马公教站住脚跟。

王学信徒成为近代首批天主教徒，不仅是徐、李、杨三"柱石"。

十七世纪的教难，耶稣会内部传教战略的争论。

"利玛窦规矩"，或说徐光启路线的形成。

欧洲近代科学入华。徐光启改历。《天学初函》。邓玉函和熊三拔、汤若望的西学。《崇祯历书》。

明清易代前后

崇祯十七年（一六二八——一六四四），帝国的西教和西学。

李自成进京，汤若望在京，利类思、安文思在大西政权。

汤若望向多尔衮献"依西洋新法"历书，兼说历法与明清易代的相关度。

清初宫廷中的西洋传教士。《汤若望传》彰显史实。

征服者满洲没有"道统"偏见，它对在华宗教一视同"仁"，政教理由。

康熙朝的文化政策

鳌拜和杨光先。萨满信仰和伊斯兰教。《不得已》映现的"不得已"：征服与统治中夏，终究还需要西洋人制定"好历法"。

康熙擒鳌拜，政争非教争，然而中历、回历均不及西历，促使满洲新主欲明其妙。

康熙前期政治的复杂性，三藩在灭南明中崛起，"明郑"在闽台抗清，荷兰"红毛"夷在南海建立海上霸权，"倭寇"在东海复活，蒙古诸部内讧威胁满洲安宁，青藏喇嘛教向西北边疆扩张，噶尔丹与沙俄勾结内侵，穆斯林势力在西北内外威胁清朝统治。从康熙亲政（从康熙八年即一六六九算起）可谓四面楚歌。

康熙前期的基本国策：军事征服，政治臣服，不强求意识形态，尤其是宗教信仰统一，"以汉制汉"，"以教制俗"，特别以喇嘛教分化制约蒙藏，搞政教互制。在汉地即恢复科举，开博学鸿儒科，打击遗民意识（从而逼出顾炎武"遗民不世袭"论），示南国汉人士大夫以"开明专制"形象（黄宗羲于是有《明夷待访录》，"以俟房之下问"）。

康熙提倡"真理学"

康熙中叶的"储位之争"。康熙多子和长寿，使储君面临恐慌。康熙三十九年(一七〇〇)突罢索额图，满汉不同派系权力争斗趋向白热化。

胤礽说："岂有三十年之太子乎？"康熙多疑（"十麻九刁"），建立密折制度，更增宫廷内外权力争夺的隐蔽性。

由博学鸿儒科形成的经筵制度，类似皇帝主持的内阁和御前大臣的政治学习，对于君主专制重构的影响。

康熙由中年重西学到晚年倡理学，表征意识形态由放眼世界而转入内向。"礼仪之争"中间，梵蒂冈教廷两度遣使入华，干预在华已成主流的"利玛窦规矩"，即传教语言、仪式的本土化，显然是康熙将意识形态天平加上理学筹码的必要理由。

康熙五十年（一七一一），宣布经他改造的"真理学"，乃帝国唯一意识形态。他所称道的"真理学"，以"躬行践履"为唯一衡量尺度，就是说他本人认同的宋、元、明以来关于朱熹学说的诠释，才是"真理学"，否则虽见于程朱语录，用皇帝本人认可的"躬行践履"尺度衡量，凡不合者也属"伪理学"。那尺度迄今在官方政治哲学中生效。

雍乾树立的实践标准

雍正成为康熙末储位之争的黑马。

雍正严打皇族中的西教信徒。

雍正亲撰《大义觉迷录》附说曾静案。

雍正亲抓隆科多、年羹尧两大案。

雍正十三年（一七二三——一七三五）的"硃批谕旨"。

乾隆"干父之蛊"？

乾隆在位六十四年（一七三六——一七九九）的文化业绩：颁行与重修《明史》，立《贰臣传》；收缴民间图书，开四库全书馆；重修八旗史籍，重申内满外汉，阳尊其祖而实承其父，造就"雍乾盛世"。

浪子乾隆。仿其祖康熙六次南巡，所为何者？

十八世纪的中国和欧洲

详下讲。

近代中国的经学与宗教（提纲）*

时间：一九九九年三月
地点：香港崇基学院宗教与中国社会研究中心

壹　清帝国的文化政策和宗教纷争

（一）历史仍待继续清理

清文化史的研究始于清末民初。百年来中文相关论著所显示的成就和不足，以章炳麟、刘师培、梁启超、钱穆、孟森、陈垣、方豪等的论著为例。由一六四四年至一九一一年的清文化史属于一个整体的过程。这个过程在文化和宗教方面所呈现的多元性，为研究者带来难点。

（二）分裂的帝国文化政策

少数民族征服多数民族所建立的王朝面临的传统难题。清沿明制引出的征服者被汉文化同化的危机。满洲统治者企图避免重蹈女真、蒙古先辈的覆辙，由此形成的政治制度和文化政策。从清兴到清亡，帝国文化政策的重心，始终在于保护满洲的固有生活方式和既得政治特权。严分满汉和"以汉制汉"。

---

*　朱维铮先生时为香港崇基学院宗教与中国社会研究中心访问学人。

（三）多民族与多宗教

疆域的一统，迫使清廷面对不同的宗教传统。满洲的萨满信仰在军国大事中的作用。满蒙联盟引发的潜在危机，使清廷特尊藏传佛教，"宠佛以制其生"，以实现在政治上"众建以分其力"的弱化蒙古目的。回部纳入帝国版图，则使清廷面对伊斯兰教激进主义的宗教对抗。"改土归流"又引发西南诸少数民族的种种原始信仰怎样对待的问题。更令清廷困惑的，无疑是占人口绝大多数的汉族的复杂信仰体系，除了士大夫的儒教，还有在民间广泛传播的佛、道二教和地方性巫术信仰，以及由明末起便在江南和京畿传播的基督教。

（四）难以统一的意识形态

信仰是意识形态的核心，早由秦以后全部中世纪中国史所证明。信仰未必形成严格意义的宗教，但必须以超越性的类宗教形式现身，才能成为意识形态的体现，也早由全部中世纪中国经学史所证明。一六四四年满洲统治者率八旗入关，开始统一全国，由灭南明、平三藩、收台湾，到征服新疆、制服金川，历经顺、康、雍、乾四世才实现政治一统，却发现意识形态一统更难。那关键，就在于清廷既要维护满洲的萨满信仰传统，又要尊崇喇嘛教以作为"羁縻"蒙藏诸族的手段，更要推崇道学以收服"先进于文明"的汉族士心，而得士心便意味着获得"四民"对帝国统治的精神认同。然而军国重事必待秘密请示"堂子妖神"，皇帝当着全体王公大臣与喇嘛教首领平起平坐，御前天文学家兼占星大师均由西洋传教士充任，而朱熹关于孔孟之道的诠释更被君主当作推行极端个人独裁的饰辞，诸如此类事实，都表明清廷提倡"尊经崇儒"，不过是所谓君人南面之术，作为专用来对付被征服的多数民族的一种"治心"手段。清帝国实现"大一统"，时达两个半世纪以上，但经清一代，从没有实现意识形态的真正一统，这是由历史表明的基本事实。

（五）清代文化与宗教研究的方法论问题

"关于基督教与近代中国文化的研究史表明，我们在历史的事实没有从矛盾的陈述中间清理出来以前，便急于作出价值判断，在方法论上就陷入理论先行的覆辙。这样先立论，后求证的结果，必定是削足适履，在历史材料上不堪一击。"

以上引文，见于五年前我为拙编论文集《基督教与近代文化》所作的代前言。目前讨论本课题，在方法论上，我仍然坚持拙见。

贰　清代的汉学与反汉学

（一）"朱子学"成为帝国意识形态

清沿明制，以明初所定四书、五经和性理诸"大全"，作为科举取士的教科书，起初为了"以汉制汉"而已。康熙五十年（一七一一）以后，康熙帝命李光地等重修《性理精义》《朱子全书》，并模仿明太祖"大诰"，将他强调必须躬行践履的朱子学说精华，撰成《圣谕十六条》，刻石于各级官学。雍正帝继撰解说一万字，成《圣谕广训》一书，颁行全国，命府、州、县、乡必须朔望向士民宣读。于是朱子学成为满汉同遵的帝国意识形态，由康、雍、乾三朝的文字狱可得反证。满洲君主由此也取得教主地位，如忽必烈被尊"儒教大宗师"。

（二）反理学思潮在江南泛滥

江淮流域在明中叶已成理学异端活跃的地区，由《明儒学案》《宋元学案》可证。王学因明亡清兴而遭受重创。顾炎武所谓"舍经学无理学"，经毛奇龄、阎若璩、胡渭等的发挥，至十八世纪初在江南学界已居主导地位，但部分不等于整体。清初江南同样是理学重心，张履祥、吕留良和陆世仪、陆陇其，政治态度相反，学问取向却一致。清初江南也是西学重心，康熙至乾隆百年禁教期间，天主教在江南民间的传授从未中断。

（三）汉学诸派

汉学的名目，可能起于康熙中叶的臧琳著作。至迟到雍乾间，汉学与宋学（朱子学）的壁垒已经分明，惠栋虽承父祖，标榜"六经尊服郑，百行法程朱"，但他的《太上感应篇注》，表明他认同的行为准则，已非程朱倡导的伦理教义。他终老诸生，也使他成为非功利的通经楷模，与有类似遭际的江永，同成为汉学吴皖二派的鼻祖。二派分别由钱大昕、戴震得以光大。然而没有扬州盐业集团官绅首领的支持，惠、戴不可能潜心问学；没有四库全书馆总裁纪昀等的荐举，戴、钱等也难以同宋学抗衡。汉学的全盛，与乾嘉之际的封疆大吏毕沅、阮元的提倡密切攸关，因而兼取吴皖二派所长的扬州学派勃兴。

（四）汉学家是古非今的效应

清代汉学诸派，都以清理传统经典为首务，共同态度如钱大昕所说，"实事求是，护惜古人"。实事求是，意味着还经典形成过程和历史诸注脚的各自本来面目，然而，"以孔还孔，以孟还孟""以郑还郑，以朱还朱"，等等，也就意味着否定官方经解的反历史品格。效应必定是学者对古经古注的考证愈清晰，读者对圣经贤传的信仰愈淡漠。康、雍、乾三代无不追求君主握有发明天理的绝对权威，结果适得其反。

（五）两极相通

满洲君主用理学而憎恶"讲学家"，会使汉学家否定伪经伪传的考证大得人心，以致乾隆中叶的朝廷舆论，也倾向于废除《尚书》的伪古文伪孔传的经典地位。这使上书房师傅庄存与大为惊慌。此人受命教育皇子，深知"危微精一"学说，出自伪古文《大禹谟》，而清沿明制的治国方略，其依据也多半来自《尚书》的伪经伪传。在这位常州人看来，体现既得利益的经术，显然较诸真"理"的经学更重要。通过他的活动，伪经伪传得以不废，而此人也成为汉学异端，即清代所谓经今文学的鼻祖。

（六）反汉学在晚清

乾嘉间相继出现的汉学三派，都以复古为通经致用的途径，因而历史的批判愈深，现实的趋向愈明。戴震企图用证明孟轲真"理"，批判雍正"以理杀人"，表明汉学家绝未忘情现实。扬州学派的汪中表彰荀卿、焦循用西学解释易学，都凸显汉学具有现实品格。因而戴学传人龚自珍，在认定帝国非"自改革"便无出路之后，转向刘逢禄的新公羊学，凭借经义以讥弹时政，便不难理解。戴望在太平天国失败后，热衷于表彰实践《周礼》的颜李学派，无疑意在言外。因而，对于包括桐城派方东树在内批判乾嘉汉学的思潮，从文化史角度重作研究，似乎完全必要。

（七）中国经学的近代行程

请参拙著所收同名论文（《晚清学术史论》，第三——二、一三——六一页）。

经学的两端——汉代经学、清代经学

时间：不详

地点：不详

主讲人：朱维铮

对话人：余敦康（中国社会科学院研究员）

严绍璗（北京大学比较文学与比较文化研究所所长）

葛兆光（清华大学教授）

朱维铮：中国经学史的历史到现在最多也不过一百多年，但中国经学的存在时间却很长。在我看来，经学不等于儒学，更不等于孔学。简单地说，中国经学是中国中世纪的统治术。我正是从中国中世纪统治术的角度，来看中国经学史。它正式登上历史舞台应该始于西汉汉武帝建元六年（前一三五），那年发生了一件事就是"罢黜百家，独尊儒术"，这也就意味着原来在野的、比较零散的经学，正式被纳入中国中世纪帝国的意识形态体系中。此后，经学经过很多的变化，其形态，按照《四库全书总目提要》的说法，就是从孔子后"儒家凡有六变"。经学有两个大的系统：一个是经汉学系统，通常叫汉学；一个是经宋学系统，通常叫理学。它们各自有自己的发展过程，形态在不断地变化。如果要在这里讨论经学历史形态的变化，不太可能，因为它太复杂。

　　我想今天与各位一起讨论中国经学史的两端。开始的一端，从汉武帝时代开始，到东汉末为止，时间三百多年。这是经学正式作为统治学说登上历史舞台，成为比较固定的一种意识形态的原始形式。另一端，按照我的想法，从十七世纪中叶，也就是明清之际算起，是中国中世纪经学解体的时期。这个过程在晚明已经有端倪了。经过清朝两百多年的发展，它的终结，说早点，在光绪三十一年（一九〇五）。这一年，在张之洞的主持之下，废除了科举制度，于是按照美国学者余英时的说法，经学变成了"游魂"。但它最终受到比较强烈的冲击和批判是在清末民初，大概地说，从一九〇〇年到一九一九年的"五四运动"。

　　在我看来，过去的经学史研究，不管是用儒学史、儒教史或者是孔学史的名义所进行的，都有一个共同的缺陷，就是过多地注意了学派的继承和分化，而忽视了经学是儒学的一个特殊形态，我叫作儒学的"遗翼"。所谓的经学和原始儒学、民间儒学都不一样。我以为"罢黜百家，独尊儒术"不是一个既定政策，而是一个偶然的宫廷政变的产物，是汉武帝时代新的权贵集团和老的权贵集团的斗争结果。独尊儒术比起秦朝的尊重法术、汉代初的尊重黄老术有更大的偶然性。假如当时没有一个很能干的丞相公孙弘（他的出身很低，学问也不大），在经学变成统治学说以后，把立为学官的五经博士从皇帝的顾问官变成教育官的话，所谓的经学能否成为稳定的统治学说就很难说了。他让博士招学生，给学生官做，实际是把候补文官的教育权、选拔权和推荐权给了五经博士，这样经学才成为制度化的东西。公孙弘，历史上很少提到他，总是把"罢黜百家，独尊儒术"的功劳归为董仲舒的建议。其实据我的考证，董仲舒的《天人三策》就是对既成事实的说明，"罢黜百家，独尊儒术"并非根据他的建议而来。

我们现在把汉武帝时代以后的经学叫作汉代经学，其实，这个"汉代"包括了三个朝代：西汉、新、东汉。这三个朝代，是经学开始成为统治学说到定型的过程。这个过程有以下几个特色：

1. 确立了一批孔门经典。从秦始皇颁布"焚书令"到汉惠帝废除"挟书律"差不多有二十年。这二十年间，除了法家著作和《周易》以外，其他的都不能流通，这使得人们的记忆很模糊。我们可以想象这给以前流行过的各家经典带来了什么样的影响。第一个所谓的现存的经典，主要是在西汉"挟书律"废除以后出现的。前不久，陆续出土了一批竹简，比如郭店楚简，学者们都很兴奋，我不知道在座几位如何。我的一些朋友发表了文章，认为填补了从孔子到孟子的一百年的空白，等等。但据我看来，靠不住，最大的靠不住就是编年无法确定。这里就不说了，因为我也挨了很多骂。

2. 经有五类，分别有不同的传。比如当时立为学官的《诗经》就有三家不同的传；《春秋》三传，当时立为学官的只有《春秋公羊传》，《春秋》反而成了《公羊传》的附属。所以经是依附于传而通行的。

3. 立为学官的经典无论如何要证明自己有用。有用的意义自然不一样，有宗教的价值，有政治的价值。但有一点是必需的，就是经典要对统治术，即"君人南面之术"，做出恰当的解释。中国经学的发展过程中，学说虽然不断改变，但都是因统治术的需要而变化，所以如果说经学有某种传统的话，这就是"学随术变"的传统。

4. 正因为中国经学具有"学随术变"的传统，所以它立为学官的经传的门类就越来越多。汉武帝立五经博士，博士立了几个经，我们并不清楚。但我们知道，发展到他的曾孙汉宣帝末年（黄龙元年）的时候，博士官已经增加到十四个。

5. 博士不断增加，造成一种经有好几种传，博士对待同样的事物的解说必不同，于是造成争论。从西汉末、新朝到东汉初，经过长期的争论，我们发现，不论是今文经学还是古文经学，都共同趋向于神秘主义。

南北朝时期，出现了南学和北学。隋朝的统一使南学、北学又重新整合。唐朝统一后，经学上北统于南，表征为孔颖达的《五经正义》。当然由于传统经学已经不能适应后来的统治术的包装需要，所以在《五经正义》出来后，武则天时代，就有人攻击批判，最有名的是王元感和刘知幾。

从刘知幾到韩愈，也就是安史之乱前后，就已经出现了一个趋向，我称之为"经学更新运动"，它的表征，也就是周予同先生在他的《群经概论》中所说的"孟子升格运动"。在汉代时，《孟子》并非经典。到唐代，突然提出了怎样对待孟子的问题。结果孟子的书就变成了经，孟子就变成了圣。韩愈在《原道》中提出，中国古代就存在着一个道统，这个道统从尧、舜、禹、汤、文、武、周公一直传到孔子，从孔子传到孟轲，"轲之死，不得其传焉"。也就是说，在中国出现了一个类似欧洲的"黑暗中世纪"。我以为，韩愈提出了一个严重的问题，他居然认为孟子以后的统治学说都是假的，那个时代在思想上、学术上都是黑暗时代，所以出现了"经学更新运动"。表征是经典换了，由五经变成了四书。圣人也换了。汉武帝以后的每一个皇帝，虽然也讲尊孔，但从来不给孔子一个单独的圣人地位，只承认孔子之术，并没有把孔子当作一个圣人。东汉以后的头号圣人是周公，下面的先师才是孔子。比如嵇康《与山巨源绝交书》中说"非汤武而薄周孔"，可见当时提倡的是周孔之道。唐太宗很担心他死以后，有人学周公，所以他做了一个重要的决定，把周公赶出国子学，到周武王座下陪吃冷猪肉；提升孔子做玄圣，确定了颜回为第二号圣人。这个理由非常简单。唐朝人对道教经典都很熟悉,《庄子》中说"夫子步亦步,夫子趋亦趋,夫子驰亦驰,夫子奔逸绝尘,而回瞠若乎后矣"。唐太宗希望底下的人学颜回,所以从唐太宗时期开始,"周孔之道"变成了"孔颜之道"。又经过了几百年才变成了"孔孟之道"。我们有些学者总说中国自古是"孔孟之道",我说要加上一个时间限制,所谓的"孔孟之道"最早不过是从公元十一世纪算起,之前的不是。有意思的是,"孔孟之道"并非最先在宋朝得到官方正式承认,倒是与之对立的金朝首先承认了朱熹的那一套理论,把朱熹重新建构的取四书而代之的五经作为主要的经典。用他关于四书五经的诠释作为官方教科书,也就是强迫信仰的体系,则是在元朝元成宗恢复科举制以后。经学成为"孔孟之道"被尊崇,不过几百年左右。

历史发展到了十七世纪,中国思想界中开始起了重要变化。所谓的经学已经走到头了。这个时期在明朝的东南地区思想比较活跃,表征是王学出现了许多派别。另外早期的耶稣会也在此处传播西学。而东南地区,也是清代汉学的故乡。所以我以为,要考察学术史,除了注意时间外,也要注意空间,也就是学说的区域性问题。过去过多地注意了学派,很少注意到区域性问题,这是一个缺点。中国的经学,假定我们从汉代算起,它的第一个形态是今文经学,然后是古文经学,然后是通学,通学分裂为南北学,南北学又合为以《五经正义》为表现的唐学。之后,又一个转折点,形成经宋学系统,它最初被承认的形态是程朱理学,又叫作道学。朱子学比较僵化后,在其中又出现了一个比较活跃的准统治学说——王学。发展到了王学,经学走到了尽头。

意外的是,这一时期,中国出现了一个天翻地覆的政治大变动——明亡清兴。一个入关前三十年还没有自己文字的民族夺取了政权。满洲人入关后，在他们看来，汉人和西方人并无差别，都是被征服者。他们选择大一统意识形态的表征，经历了相当长期的过程，特别表现在康熙时代。康熙曾和他的大臣认真讨论过要用什么东西维系道德人心。有人建议用西学，基督教士也非常希望康熙成为东方的"君士坦丁大帝"。但是选择统治的意识形态并不在于某种主观愿望，而在于实际的政治进程。康熙中年以后连续发生了所谓的储位危机，在处理储位危机的过程中，康熙皇帝发现稳定道德人心不能用西方的基督教，而要用中国的理学。所以我们看到，从康熙五十年（一七一一）开始，他的注意力转移到提倡理学上来。比如封孔子为"万世师表"，不过他只说孔子是"师表"，却没有讲他可以做皇帝的老师。还有一个重要的决定是重新提倡朱熹理学。不过他做了一个重要的规定：所有的真理都被朱熹讲光了，现在所有的大臣都只要"躬行践履"就是了。当然有一个人还对朱熹的话有最终解释权，就是皇帝。因此我们看到从康熙到乾隆的御纂的圣训多得很，对经典重新加以解释，但作为统治学说的经学再也没有生气了。同时因为朝廷不允许讨论经学的是非，于是学者只有两条路可走：或去做八股，考举人、进士，或去研究过去的经典。这一点章太炎一九〇四年在重新修订的《訄书·清儒》中讲得很清楚："清世理学之言，竭而无余华，多忌，故歌诗文史梏；……家有智慧，大凑于说经，亦以纾死。"

　　意外的是，这一时期，经学以民间的形态，而非以统治学说发展起来。学者们对经典的研究也就是对文本的整理、解释空前繁盛，于是音韵、训诂、辨伪、校勘等学问发展起来了。一方面，官方的理学枯竭了；另外一方面，民间的所谓的经学发展起来了。民间的经学家，因为做的都是些很朴实的工作，所以称为朴学；因为他们要恢复汉代经典的原貌，所以后人又叫汉学。这个汉学实际是一个否定的过程。早期的如顾炎武等经学家很关注政治，他们要追究明亡清兴的原因。于是最先追究到王学，这些人"无事袖手谈心性，临危一死报君王"，应该否定；然后再追究，朱熹学派也该否定；唐学一塌糊涂，也该否定；再追究，东汉经学也该否定；西汉董仲舒那派，也该否定；再往上推，就要孔子来为神州长夜负责了。我们看到，一九〇六年章太炎从监牢里出来后，跑到东京，他发表的演讲和一些东西，已经提出否定孔子。他说有三种孔子，只有一种是可以承认的，就是删订历史的孔子或者说作为教育家的孔子。作为政治家的孔子趋炎附势，所以他底下也是这样的人；作为宗教家的孔子也不够格。我们知道，五四运动时代的新青年，他们基本上都是章门弟子或朋友。所以说五四时代青年的观点完全是他们自己的创造也不对，陈独秀就是以章太炎为会长的光复会的分支机构岳王会的创始人。新青年的一派中，除了胡适（他后来也基本同意章太炎的说法），其他的很多人，都和章太炎有师承关系，比如钱玄同、周氏兄弟。所以五四的那批人基本上沿袭了清代汉学不断否定以往的中世纪经学的路子。上面就是经学从明末清初到清末民初这一段历史的一个简单的描述。

中国经学最终受到批判是在五四；但五四以后，经学解体没有？至少在一九四九年以前，通过袁世凯、北洋军阀和蒋介石的新生活运动证明，不管你叫它为"僵尸"也好，"游魂"也好，它没有死，或没有完全死亡。所以我以为，如果要完全考察一九四九年以前的历史，往上追溯，大概地说，从公元前二世纪的晚期到公元二十世纪的前半期，这段时间是经学发生、发展、解体的过程。在我看来，对它的两端——发生和解体的考察很重要。明末清初以后出现的汉学系统实际是个反经学的系统。范文澜曾经说过，到了清末，经学山穷水尽。他认为清代是经学时期，我以为这要重新考虑；到底清代的汉学是经学发展到顶点的形态，还是解体过程的形态，还要讨论。

总之，中国经学史作为儒学的一翼很值得研究，作为中世纪统治学说，就更值得研究。既然经学有学随术变的传统，那么我们一直作为正面意义提出的所谓"通经致用"，从经学的历史看，是不是值得称道，也有问题。我们对于传统文化的概括，从经学的发展的历史角度看，至少在它作为道的表征的角度看，我以为至少经过了四个阶段，孔孟之道是最后一个阶段。它不能作为所谓中国有一以贯之的传统的表现。再说中国有没有一以贯之的传统？我想从经学作为中国统治学说史的研究所展示的历史来看，恐怕说中国有自古以来不变的所谓一以贯之的传统，这个结论是不对的。现在有些人，热衷于宣传"长期停滞"，或者叫"超稳态"，至少从经学史的研究来看，恐怕不符合历史事实。

余敦康：我和朱先生在经学史研究当中，有一个基本的分歧，就是总体价值评估的问题：他把经学看得很低，但我把经学看得很高。我认为，经学的历史可以追溯到远古，有了经学才有孔学，有了孔学才有儒学，经学是最重要的。经学的五经中，《易经》，根据记载，从伏羲画八卦开始，比孔子早几千年；《尚书·尧典》记述的是尧舜时期，离孔子也有几千年；《诗经》，至少在孔子以前，其中的《商颂》《周颂》都很古；《礼经》也很古；《春秋》，孔子很可能整理过。五经是中国在夏商周时期文化的结晶和总结，就是中国的经典。既然有经，当然有学了，就是王官之学。周代、商代都有王官，《尚书》中讲商代"有册有典"，也是这个意思。所以经学早就有了，孔子无非对这些经典进行删改修订。先秦的诸子百家都和这些经典有非常密切的关系，但有的是批判，有的是不太重视，只有孔子把这些经典当宝贝。先有了经学，孔子利用这些经典建立了孔学，孔子的学生又建立了儒学。所以朱维铮先生说经学产生于汉武帝时期，我是大不同意的。

第二个问题，我很感慨，中国几千年来，这么个大的民族，难道没有经典？没有哪个有文化的民族没有自己的经典，我到外国看到许多旅馆总是摆一本《圣经》，这就代表他们的文化。黑格尔曾经说，一个有文化的民族就像一个庙堂。如果庙堂里没有他的至上神，就不是庙堂，所以经典是很重要的。雅斯贝尔斯曾提出过一个轴心期的理论：在中国春秋战国时期，全世界只有四个地方有自己的文明：希腊、印度、以色列和中国。这些文化向外辐射，形成了文化圈。中国文明向外辐射，形成了东亚文明。这些文化靠什么传播？就是经典。希腊思想传播到西欧，后来以色列的基督教也靠《圣经》传播到西欧。到公元六、七世纪，伊斯兰教兴起，形成了伊斯兰文明；还有印度的佛教。所有这些都靠经典支撑。假如一个民族连这些经典都没有了，这个民族也就没有了。文化的灭亡等于民族的灭亡。我们知道，现在的伊朗已经不是古代的伊朗，现在的伊拉克也已经不是古代的伊拉克了。经典没有了，文化也就转型了，变样子了。而中国有五经，沿袭了几千年，这些经典在中国历史上发挥的作用是非常重要的。

朱维铮先生说，从清代经学就已经被颠覆了。梁启超在《清代学术概论》中说，中国也有类似西方的文艺复兴，就是清代学术。刚才朱维铮先生谈到南北朝时期，这个时期相当于西方的罗马帝国时期，那个时候罗马帝国受到日耳曼的进攻，土崩瓦解。西方就是从那个时期进入中世纪，古代希腊、罗马的文化没有了。中国在南北朝却发生了拓跋族汉化，魏孝文帝拼命地学经学，特别重视《周礼》，按照《周礼》来建立国家治理结构。因为拓跋族本来是游牧民族，用游牧民族的社会组织来统治北方社会根本不可能，所以经典在这里起了很大作用。清朝满族入关前三十年连文字都没有，靠什么统治这么一个广大的地区？一定要用经学。经学就促进了满族的汉化。

中国文化的模式的根基、价值系统就是经学，西方基督教的根基就是《圣经》，伊斯兰国家的基础是《古兰经》，印度的模式就是印度教。所以文化模式在全球化的过程中，不是被摧毁了，而是加强了。全球化的过程越是深入，就越促使本民族传统文化的复归，否则就成了无家可归的流浪汉了。

这么说，周予同先生和朱先生搞的难道就不行吗？我觉得可以。刚才朱先生也说了经学有很多学派，比如汉代的今文经学、古文经学，清代的吴派、皖派、常州派。朱维铮先生也可以称作一派，叫"朱派"，从批判的角度来颠覆。因为经学面临着非常严峻的文化转型，由前现代向现代转型，转型过程中有很多的痛苦。为了转型，必须有人批判，有人建设，这两方面并行不悖。可以有改革派，也可以有保守派。经学的庞大的系统中，有各个派，才能推动经学的前进。经学会不会亡？我说经学不会亡，除非十三亿中国人全死光了，经学才会亡，这就是我的观点。

严绍璗：经学我是外行。朱先生是我二十年前的老师。经学，就像朱先生刚才说的，很神秘。朱先生讲到经学是中世纪的统治术，这是发人深省的。他提到五四新文化对于传统的批评实际上是经学内部的演变和结果，这一点是搞新文化的人一般不注意的。

按照我的想法，经学实际上是儒学发展过程中逐渐被提纯的适合封建大一统的一整套文化系统；是以被认定的儒家经典为核心，包括一系列对于经典的解释和阐述在内的文化形态。儒学是一个大的根目，经学是里面一个核心的根目。它的外延很可能是模糊而且多变的。

作为一个文化形态，经学具有两个层面的话语形态：理论话语形态，也即在一系列经典著作中阐明的思想，还有表现在现实生活中的具体的行为话语形态。比如表现为以儒家经典作为理论文本，以尧、舜、禹三代作为它的政治理想，以三纲五常作为它的道德规范，从而宣传创建一种仁政之治的理想社会。从这些理论话语形态的表现看，它表现为一种精英文化的形态。但作为文化形态，它一定会在现实生活中表现出来，具有行为话语形态。经学的一些构造者、实践者、推行者在实际推行其理论话语形态所表述的思想的时候，会表现出和理论话语非常不一致的地方，也就是鲁迅先生在很多文章中痛骂的东西，最后归结为"吃人"二字。经学在中国历史上，其理论话语和行为话语是很矛盾的，这种矛盾就带来了中国知识分子人格的严重分裂：在理论表述上可以非常理想化，行为上却表现得很卑劣。

经学的历史已经过去了。在二十世纪八十年代后期，在我们创建自己的民族新文化过程中，我们大量地强调回归传统、回归孔学、回归儒学。因此带来一个问题，我们该如何评估经学遗产在今天的创建新文化中的作用。随着历史不断地向前发展，今天我们社会的生存形态和过去相比已经非常不一样了，我们今天文化的根究竟是在我们的经学、儒学之中呢，还是在我们今天的生存形态之中？假如我们的根还是在以往的经学和儒学文化中，那么回归是可以实现的，但是如果我们文化的根是在我们今天的生存形态中，那么经学对于我们就是一个瘤。这其中包含了什么？比如其中是否包含了不属于过去而是属于未来的因素？我并不是一个民族虚无主义者，我是非常喜欢我们的民族文化的。但是文化具有很强的时代性，一种文化总是和一种生存形态相关联。经学文化既然作为儒学文化的核心，儒学文化又是中国历史文化的主体，那么这就成了一个我们所不能回避的问题。单纯地鼓吹回归，或单纯地批判、打倒都没有什么意义。我们是到了一个可以安静下来讨论问题的时候了。

　　与此相关的，关于传统的儒学，包括作为核心的经学，到底有没有国际性的文化意义，这是个很宏大同时具有很大难度的课题。我们有时候讲东西文化对比，但是其实这是很难做到的，因为东方有很多国家和民族，西方也有很多国家和民族，我们讲的东西文化比较究竟是什么，其实讲的人往往也不一定清楚。我们现在经常讲，东亚就是儒学文化圈，不仅是研究者，领导人的讲话中也经常讲当前东亚地区经济的快速发展，得力于共同的儒学文化圈。但这里有个问题，如何来论证东亚文化是儒学文化圈？如何评估儒学对于像日本、韩国这些国家的历史发生了多么大的作用？按照我的想法，其实我们不存在一个东亚儒学文化圈，只存在一个东亚汉字文化圈，东亚地区的国家和民族是以汉字文化连接起来的，而不是以儒学文化连接起来的。

　　我们可以以日本作为一个例子。日本在公元二、三世纪逐渐开始形成大和民族，从那时到公元九世纪，日本从中国所获得的文化中就有儒学文化。儒学成为日本摆脱野蛮、建立国家的思想和立国原则。但是同时中国社会的多元文化也已经在日本流行。比如道家思想、阴阳家思想、兵家思想等，而且道家思想当时在日本宫廷和民间的影响是远远超过儒家的。十一世纪开始，日本社会发生了变化，儒学对宫廷中的影响慢慢淡化下来，而集中在寺庙。十二世纪末，它与中国的宋学、禅宗密切结合起来，流传在日本的禅宗寺院中，我们称之为"五三文化"，存在了几百年的时间。到了十六世纪，日本出现了统一的幕府国家，儒学开始成为适应幕府政治的意识形态。这个时候的日本儒学和我们所说的宋明理学是不一样的，它的儒学是以神道为核心的。但只过了一百多年，儒学的内部就反叛出表现日本民族觉醒的国学与其相对抗。日本国学是以弘扬日本民族文化、日本精神为基础的，是和儒学相对抗的。到了明治维新，面对日本的近代化过程，特别是日本的西方化过程，儒学和国学又重新结合起来，变成了"国粹主义"。日本在工业化三十年以后，就走上了法西斯主义的道路。以儒学为基础的国粹主义就成了日本法西斯主义的基本核心。我们今天很多学者多不明白这个道理，始终认为儒学对于东亚地区产生了很积极的作用。日本法西斯主义理论的魁首、先驱叫北一辉，他的工作室叫"孔孟社"。他死后，他的学生大川周明，继承了北一辉的思想，被称为"东亚思想魔王"。他被战后远东军事法庭判为甲级战犯。他对日本发动第二次世界大战有四个基本理论，其中之一就是重建东亚以尧、舜、禹为楷模的"王道乐土"。我们知道许多日本军国主义的高级将领都有关于孔孟思想的著作。一九〇六年，日本的陆军元帅带着他的参谋本部向孔子进行祭祀，然后开赴东北前线，与俄军作战，确保他们在东北的利益。以上这些，都表明儒学是日本军国主义的核心。但是让我很困惑的是今天中国人对于日本军国主义的军事侵略深恶痛绝，但对于支持这种行动的日本儒学却毫无反感，而且在很多论述中加以描述，儒学如何推动了日本近代化的发展。这些问题对于我们今天研究当代儒学是一个非常严峻的问题。我们是不是应该站在学理的立场上而不是意识形态的立场上认真总结中国儒学和经学的发展？总结它们有价值的地方，揭示它们在今天需要抛弃的腐朽部分。

今天听了朱先生的讲演，我觉得他和我的想法是有很多相同之处的，不过和余先生的想法是有些不一样。余先生对于经学的评价很高，认为经学思想就是中华民族的核心思想所在。我认为中国自先秦以来就是一个多元文化的国家，儒学是其中之一，即便在经学成为统治思想的时候，多元文化仍然在非统治层面上传播着、活跃着，所以呈现出中华民族的多元形态。假如我们今天还要继承历史文化中有价值的部分，那么我们应该面对整个多元的中国历史文化，也包括儒学和儒学的核心经学。

葛兆光：朱先生开始提到，经学的历史很长，经学史的历史很短。当经学成为历史的时候，经学逐渐可能被作为一个历史问题加以研究，所以，才有了各种不同的命名，比如周予同先生把经学称为"僵尸"，余英时先生称为"游魂"，朱先生称为"百足之虫"。"百足之虫，死而不僵。"那么，经学为什么死而不僵？刚才朱先生没有去谈经学的一些技术层面的东西，其实从严格意义上说，它是用训诂对经进行解释；甚至解释再解释，称为疏；还有各种各样的阐发，就如《皇清经解》所记载的那样。

一九〇五年以后，虽然这种方式已经很少见了，但它还是以其他形式保存下来。我以为，我们的经学虽然在形式上已经死亡了，但它的内容，作为一种资源，却并没有死亡。当中国一九〇五年仿照西方确立现代学科教育制度以后，经学的很多内容，作为一种资源就出现在许多学科中，比如《诗经》和它的各种注疏解说作为文学史的资料，会出现在很多文学的讨论中；《尚书》《春秋》三传就会出现在很多历史著作中；《周易》会出现在很多哲学史的论述当中；"三礼"现在也成为社会学、人类学的研究资源；小学作为解经的研究方式，就成为现在的语言文字学的最主要的资源。所以，我不太愿意说经学终结之类的话。我总感觉经学作为一种资源，在被需要发掘出来以后，会以其他的形式出现，有时会借尸还魂。甚至包括我们理解真理的方式和习惯，可能在某种意义上也有经学的痕迹。

对于经学如何评价呢？我的看法：其实经学在早期，或说在整个两千年的历史中，都有可能成为这样一种东西，就是作为一种思想或学术存在。先秦时代它是显学，从郭店楚简、上海博物馆所藏的楚简、马王堆帛书中可以看到它在当时流传甚广，有很多人在解释。当它在没有和权力结合的时候，我认为这是非常合理的。当它没有成为官方的、钦定的、用来考试的、背后绑着一大堆制度化的东西之前，其实它是可以当作批评的资源的。我总以为，孔子在那个年代，其实是有很多类似现在知识分子的悲哀和忧虑的，所以他才会在那种"礼崩乐坏"的时候去批评很多东西。但是问题在于，当经学成为意识形态，和权力结合的时候，它就成了考试的工具。考试是一种不等式的较量，必须严格地"疏不破注"，于是思想再也不可能冲破框框。所以清人王鸣盛说"治经断不敢驳经"。于是本来很复杂的思想就慢慢变成了很简单的思想，变成了类似于"三纲五常""圣谕六条"一类的东西。可是它的学术就有可能变得很复杂。经被注得越来越复杂，就像现在的某些学术一样，讲的和我们所关心的问题毫无关系。所以，我们要分清楚经、经学和儒学之间一些微妙的差别。就是说当它作为批评政治的资源的时候，我以为是很了不起的。但因为政治是现实、妥协、利益、计算，政治里面没有真理、情感，当经学成为这样的东西的时候，它也就失去了原来的面目。

所以，经学史的研究，为我们提出了一个重要的问题：现在的学术和思想能不能始终严格地和政治保持界线，不要使自己成为政治意识形态，始终保持一种批评的能力和活力。

这里还有一个问题，要向朱先生请教。刚才您讲郭店楚简一类的考古发现不大能证明什么，因为它的年代不明。这一点我不太同意，因为我看了许多包括没有发表的竹简和一些专家的论证，觉得这些竹简还是能够告诉我们一些东西，还是能够重写先秦学术史的一些东西，我不知道朱先生何以说它们的年代不明。

　　朱维铮：我看过他们有关的全部的东西。我一直有一个比较顽固的见解：研究历史当然需要从材料出发，但不同的材料所反映的历史事实并不是全面的，历史的事实应当从矛盾的陈述中间清理出来。

　　现在有些学者判断郭店楚简解决了从孔子到孟子那一百年思想的空白。我不赞成这个观点，理由就是现在这些竹简编年无法证明。至于上海博物馆的那些竹简，几年前，我已经和他们说过，那里有假简。我很留心读有关郭店楚简的所有文章，但它们到现在还不能说服我。这种观点的根据有两个：一个是碳14的测定，但这并不可靠，因为它的误差是在上下两百年；另一个是郭店楚墓本身无法证明它们系这一时期的竹简，它们是参照包山楚墓的可以编年的东西，但这个参照系并不可靠。至于葛先生刚才提到的这些竹简中所蕴涵的学术、文化意义，我是完全承认的，我所不赞同的就是我认为现在有些东西说得过了分。

　　其实中国文化哪里只是儒家呢？我们先秦时代有那么多丰富的文化。刚才余先生提到的那四个轴心国家的文明中，除了中国文明以外，其他的全部消亡了。没有一个固定的经典，没有一个僵硬的程式，恰好是中国古老文明到今天还保留了很多旧形态的原因，因为它比较灵活。现在我们讲的中国文化其实是汉文化，但这个汉文化吸收了很多周边的文化，它已经不是原来的形态了。但也许正是这个原因，才使得中国的文化，在今天仍受到世界的注目。但是中国文化的核心到底是不是经学？恐怕我到现在还有疑问。

　　我同意葛先生的观点，经学虽然死了，但是它作为资源不断分散在其他地方。这一点没有问题。问题倒在于，今天我们是不是因为实用的需要把一些没有把握的东西拿来大大地宣传。比如前两年大大地宣传二十一世纪将是孔子的世纪、儒学的世纪。这个观点在我看来，至少得不到证明。比如在欧洲有些人对孔子很迷恋，但这只是少数人。到过欧洲的人就会发现，找到他们都很不容易。有些人写了几篇文章，就说他们对于我们的儒教、儒学很迷恋。恐怕不能这么以偏概全。在我看来，我们恐怕存在一些误解。即使是在日本或韩国，他们说的字眼是一样的——"儒学""国粹"，但内涵和我们所理解的是大不一样的。

作为一个搞历史的人，希望能够弄清楚历史是什么。作为我这样一个已经过了退休年龄的"老家伙"，感到还没有解决许多困惑。所以我特别希望有更多的人从不同的角度来研究同一个问题，这也是我今天敢于在各位面前"献丑"的原因。

近代经学史研究相关问题 *

时间：一九九九年七月九日

地点：台北"中央研究院"中国文哲所

主持人：周予同先生（一八九八——九八一）是钱玄同（一八八七——九 三九）的学生，曾经负责《教育杂志》的编辑，因此写了不少传统教育方面的文章，尤其是和近代教育相关的研究文章，同时也做过有关中国学制史方面的研究，例如：《中国学校制度》（一九三九年）、《中国现代教育史》（一九三四年）。至于周先生研究经学史，首先从"疑经"开始，做的是"辨伪"的工作，再从经史的关系入手，最后才做经学史的研究。之所以做经学史研究，主要是当时政府将经学史研究纳入十二年的建设规划中。朱维铮先生编纂《周予同经学史论著选集》是有感于当时出版的书，大多数是"遗集"，所以希望能为周先生出版一本"生集"，没想到书交到出版社以后，就产生了一些问题，无法如期出版，等问题解决后，周先生就在出版社通知可以出版的前几天过世，编纂"生集"的愿望也就落空了。原因是周先生有个习惯，是文章发表之前，总要交给自己的学生帮忙整理一下，而且很客气地共同署名发表，某位学生就因此获得共同署名的机会，而得到不少好处。在"文化大革命"前，周先生有一

---

* 主持人为林庆彰先生。

些稿件,也交给这位学生整理,周先生自己并没有留下副本(周先生在"文化大革命"前曾自焚手稿),后来要出书,向那位学生要稿件,没想到那位学生声称那些稿件已经在"文化大革命"抄家的过程中遗失(实际上没有被抄家),所以无法交出。甚至还以他和周先生共同署名发表的文章"著作权"未明的名义而到处投书,想要阻止周先生《选集》的出版,因而延误了出版的时间,使得原本是"生集"的书变成"遗著",所以朱先生才在《周予同经学史论著选集》(一九九六年七月)的《增订版前言》中说了一些重话。后来又发现那位学生已经将周先生和他署名整理的稿件,用自己的名字在台湾发表了。朱先生虽是周先生的亲密学生之一,但当时最大的兴趣,是在辽、金、元等边疆民族和汉民族的关系,并无意做经学史的研究。然而由于受"文化大革命"迫害的感受特别深,觉得现代中国人许多阴暗的负面行为,实际上和古老的传统有关联,尤其自秦始皇统一中国(前二二一)以后,直到清朝灭亡(一九一一),被统治者利用的只是"经术"而已。

朱先生每两年在复旦大学开一次"经学史"的课程,有一些学生选修,也有一些学生做出了研究成果,一般来说成绩并不是很理想,倒是有一位法国留学生,名字叫陈艾兰,做的是《公羊传》何休注的研究,成绩不错。至于大陆其他儒学研究所或学者的儒学(经学)研究,有很多是配合政府政策的"政治化的儒学",并不是纯粹的学术研究。真正的学术研究是不能跟着政府当局的喜好走的,这样的研究才能接近历史真相。

朱先生在学术上引起最大争论的是有关孔子的研究。这件事是因为朱先生为蔡尚思先生(一九〇五—二〇〇八)润稿时[*],帮蔡先生补了一

* 编者按:指《孔子思想体系》,上海人民出版社一九八二年版。

章孔子的传记。没想到蔡先生的书出版后，许多传统儒学研究者即针对朱先生补充的文章之观点，提出相当多的批评。朱先生不愿蔡先生为他"背黑锅"，因此发表了一篇质疑《论语》是否可信的文章。其实这是清人早就已经提出来的老问题（如崔述，一七四〇——八一六），没想到惹火了匡亚明老先生（一九〇六——九九六），令他到处找人要他们写文章批驳，因此成为一九八三年以后现代经学史研究中一个争论的问题。不过"总批判"（案：蔡先生有《中国传统思想总批判》和《中国传统思想总批判补编》，一九五〇年）* 是对传统的见解加以批判，但绝不是对传统的"总否定"，这是他们误解的原因。其实为孔子作比较详细的传记是周先生生前的志愿之一，周先生早期曾在开明书店出版过一本薄薄的小书《孔子》（一九三四），唯其中无法处理的事情不少，因此希望能写出更详细的《孔子传》，可惜一直未能完成。朱先生不过是替周先生完成一项遗愿而已，没想到却引起这么大的争论。

现代新儒学真正的祖师爷应该是熊十力先生（一八八五——九六八）。《读经示要》（一九四四年完成，一九四五年出版）系由徐复观先生在抗战时帮熊先生出版的书，这本书对现代新儒学渊源研究有相当重要的价值，因为这本书基本上是熊先生为回答徐复观（一九〇三——九八二）、牟宗三（一九〇九——九九五）等学生的问题而写的讲稿，是熊先生早期较有系统讨论传统经学思想的书，更是徐、牟等走入新儒家研究的重要诱因之一。想探讨现代新儒家思想渊源者，不应遗漏此书。一九五〇年以后，和熊先生联络来往的仅有王元化（一九二〇——二〇〇八）、周予同两位先生，熊先生当时的处境是非常困苦寂寞的，

---

* 编者按："补编"并非独立成书，而是作为附录收入上海古籍出版社二〇〇六年出版的《中国传统思想批判》中。

不过他在"文化大革命"刚开始就已过世。当时朱先生对熊先生的学问并没有什么兴趣，因此有关周、熊两位先生交往的详细情形，以及周先生对熊先生学问的意见或评论，周先生既没有留下文字记载，朱先生也因为没有兴趣，所以也没有做任何记录，现在要重新回忆也无法完全说出来，真可惜。至于王元化先生是否有留下记录，则不得而知。

朱先生自认研究经学史和以往诸如皮锡瑞（一八五〇——一九〇八）《经学历史》等比较不同的地方是：

（一）从材料的研究着手。最近应出版社之邀编辑一套《传世藏书》，其中有关经学史的《经学卷》，共收书二十一种，每书之前均有"提要"和"说明"：从汉代的伏生《（尚书）大传》开始，一直到章太炎（一八六九——一九三六）的《国故论衡》（一九〇五年出版）止，中间加入了明代邱濬（一四二一——一四九五）的《大学衍义补》。朱先生认为从目录学、小学等入手来研究经学史才是最正确的道路。资料是研究历史的根据，也是历史的表征，因此历史资料的收集、应用非常重要。朱先生认为，经学史的资料可以用各个不同朝代的著作为代表，这就是从在编纂的《传世藏书》中《经学卷》诸书前提要或说明中可以观察到的重要内容。

（二）切入点不同。经学成为经术，而经术则是统治思想的学说核心，这是中国中世纪（前二二一——一九一一）经学的真相。以往的经学史研究都是对各种经书的解释或相关历史发展过程的研究，从经的定义、经传的演变、诠释的内容、门派的形成和传承衍化等来谈，这类工作当然是必要的工作。经学历史的研究必须有切入角度，例如：皮锡瑞的《经学历史》非常简单，与孔子相关者，即为经学；马宗霍（一八九七——一九七六）系章太炎的学生，其《中国经学史》比较平庸，有关唐宋之交的经典研究则较佳；本田成之的内容错误较多，评论亦多不准确；范文澜（一八九三——一九六九）是黄侃（一八八六——一九三五）的学生，其《群经概论》一依古文经学家的方法来研究，因此较重视考证的工作，也比较繁琐，这本书由顾颉刚先生（一八九三——一九八〇）主持的"朴社"出版。范氏的见解拘泥于古文经学家的说法，见识不高；周予同的《群经概论》则较偏向今文家，具有改革的倾向。五四时代大学的研究学风，大约可以分成两派：南方倾向保守，北方见解较开放。范、周二位先生的两本《群经概论》，正好代表当时研究经学史的两种取向，他们共同的问题是对经典由来和经典的历史发展研究不足，对经学的发展与派别的研究也不足。朱先生认为自己的研究比较倾向于将经学看成中国中世纪的统治学说。

（三）经学史与科举考试的联系。中国的经学发展与唐以来的科举制度联系在一起，所以张之洞（一八三七——一九〇九）在一九〇五年废科举时，其实也同时废掉了经书、经学，亦即废去经学成为统治学说的基础。统治学说史一开始即以"后说"否定"前说"为发展的常轨，所以"独尊儒术"，其实是这个过程中正常发展的结果：首先是汉代初期的黄老家取代秦代的法家，成为统治学说；其次是汉武帝（前一五六——前八七）时儒术取代黄老而成为统治学说，因此所谓"罢黜百家"是指罢黜黄老，实际上汉武帝也未全用儒家人物。至于经学能成为统治学说，公孙弘（前二〇〇—前一二一）的功劳甚大，公孙弘的学术渊源今天并不清楚，从史书中引录的文章来看，他的见解非常肤浅，是否为儒家人物恐怕需要重新斟酌。公孙弘最大的功劳是建议汉武帝招收博士弟子员，并且以此为朝廷任官的基本条件，亦即将博士官由顾问官变成教育官，并且成为候补文官制度中的必由之途；而博士官全由今文经学家专任，于是经学家垄断了候补文官的教育权，《汉书·儒林传》所谓"自此以来，公卿大夫史，彬彬多文学之士矣"，从此以后更影响了一般的教育内容，经学因而也成为中国唯一的统治学说。

（四）"学"与"术"不同，而"学"随"术"变。就中国传统封建社会来看，"学"是可以讨论的，而"术"则不能讨论。在汉代的文章中，汉人对经学和经术、儒学与儒术是分得非常清楚的，他们对"学"做了不少发挥，在后代也同样容许许学者继续发挥，至于"术"则是做官必备的学问，《汉书·夏侯胜传》所谓，"经术苟明，其取青紫如俯拾地芥耳"，可以为证。"学"是探讨未知的事物，因此可以研究。中世纪的学术研究形成一传统：重视经术，故经学虽有研究，但随术的取向而变化，主要研究的书籍之选择、学问门派的消长变化，均与术有密切的关系。后汉刘秀（前六—五七）虽因王莽（前四五—二三）重视古文学而立今文博士，但到其子明帝（二八—七五）时已开始重视古文学，所以教导皇亲国戚的"四姓小侯学"（《资治通鉴》曰："帝［刘庄］崇尚儒学，自皇太子、诸王侯及大臣子弟、功臣子孙，莫不受经。又为外戚樊氏、郭氏、阴氏、马氏诸子立学于南宫，号'四姓小侯'。置《五经》师，搜选高能以授其业。"）中的老师，多聘古文经学家任之。古文学家贾逵（三〇—一〇一）甚至在《左传·昭公二十九年》"有陶唐氏既衰，其后有刘累"之文中，为汉代皇帝找到祖先最早的来源——刘累，说明这是"汉为尧后"而居"火德"的历史直接证据，这是"经术"而不是"经学"。从西汉今文学、东汉古文学、郑玄（一二七—二〇〇）及王肃（一九五—二五六）的融合古今学、北学与南学，发展到隋唐经学，隋朝的统一在政治上是北统一南，在文化上却是北方文化深受南方的影响；北宋和金朝亦同，金朝吸收南宋文化，因此朱熹（一一三〇—一二〇〇）的学说在金朝首次成为官学，盖南方文化自由度高，所以发展程度也比北方多元。唐代《五经正义》以后，开始出现经学革新运动，例如《四书》中的《孟子》，从唐玄宗（六八五—七六二）时开始受到重视，其升格为"经"，到朱子时完成，而统治学说也由过去的以《五经》为主，改由《四书》取而代之，程朱的地位亦取代了郑玄的地位。在这个经学诠释改革过程中的枢纽人物是王安石（一〇二一—一〇八六），他的《三经新义》有很重要的影响。

（五）经学在明朝正德（一五〇六—一五二一）以后的发展，形成一个自我否定的过程。朱先生在台湾商务印书馆出版的《未完成的革命》一书中，已说明过这一变化过程。经学发展到明代正德、嘉靖年间以后，即变成一不断被否定的过程，亦即梁启超（一八七三—一九二九）所谓"借复古为解放"的过程：首先否定左派王学，然后是王学、朱学、唐学、古文经学、今文经学，到晚清章太炎的《诸子学略说》即否定了政治化的孔子。而《新青年》的编辑则多为章氏之弟子。周先生认为经学不必研究，而经学史应该马上展开研究；朱先生以为如果不研究经学，根本就无法深入研究经学史，因此认为经学与经学史均应该研究，这是他和周先生在研究的主张上稍稍不同之处。

最后，朱先生认为他的经学史研究有下列几个特点：

（一）从文献整理开始。

（二）经学系统治学说之主轴。

（三）经学有"学随术变"的传统和特点。

（四）经学发展到晚明开始了自我清算的历史倒演过程。

问题与讨论

林庆彰：朱先生谈到周予同、熊十力，在经学流变方面，又给我们很多的启发。在座各位是否有宝贵的意见想与朱先生讨论?

　　张寿安:听完朱先生的演讲,感觉好像上了一堂课,而且课程的内容相当丰富。不过,我想提出两个问题向朱先生请教。第一个就是我非常赞成朱先生所说经学作为一种统治术的观念,但是就文化层面来说,经学有时不一定要与科举制度扯上关系,也就是经学具有在一般民众中的生活性质,即文化层次。是否可以请朱先生说明这一文化层面与"学随术变"的关系?另外就是"学随术变"在官方的层面确是如此,如公孙弘、董仲舒将儒家的经典变成一种统治术的时候,也造成了科举制度中所谓的官方的经书定本,如朱熹的学说在科举制度中的重要性。但是在这期间,知识界也有某些反动的声音,特别是像朱先生所提到的在晚明到晚清的这段时间中,知识界的反动力量是相当大的。是否可以请朱先生说明知识界的反动力量与"学随术变"的关系?

　　朱维铮:关于文化层次与"学随术变"的关系,所谓"十里不同风,百里不同俗",我认为是"因俗而制"。中国的疆域是相当广大的,许多风俗是由它本身的生活及文化所形成的,后来有些人便将这种风俗及文化放进儒学中一起研究,在我看起来正好是倒过来的,是先有这个风俗,然后有人用所谓儒学中的观念来解释它,也就是给它一个解释体系。这就是经学成为统治学说之后,地方上掌管文教的官员所给它的一种解释。然而这种解释形成之后,它会起一个导向作用,也就是说,将这个风俗纳入这个解释体系之中,以符合统治学说的目的。这是我不太赞成的一个观点,如果说以某一种东西来改造它,这个地方的风俗就会变了,这是不太可能的,因为风俗是一种长期形成的过程,所以有些东西并不能从这个角度来解释。至于"学随术变"与知识界反动势力的关系,我比较倾向章太炎的解释。章太炎说中国知识分子向来有两类人物:一类是替统治者说话的人，是追求富贵利功的人，这种人多与统治者在一起；还有一类是与统治者进行抗争的人，比如像经今、古文学的抗争运动。但是统治学说的要求并不是要去求出真理，所以知识界的反动势力升起后，同时也是一个变化统治学说的过程，因此"学随术变"的理论与知识界的反动势力并无冲突。

林月惠：非常谢谢朱先生让我开了很大的眼界。在这里我有三个问题想要请教朱先生。第一个问题就是，朱先生提到周予同先生说"经学史的研究才开始，但是经学的研究不必"，你不赞成前面的说法，而如果说经学的研究有它的一个价值，那么以朱先生的看法，我们研究经学的时候，要如何去定位，以及经学与现代学术之间的对话，要从何处去找一个切入点？第二个问题就是，朱先生认为经学史是一个中世纪的统治学说史，在这里我们可以看到朱先生对它有一个很强的批判，那么朱先生在用"中世纪"这个词时，是不是与西方的"中世纪"来做一个对照？第三个就是，朱先生刚才提到熊先生的晚年十分穷困寂寞，常常去看他的就是周予同先生，因为我们对熊先生的晚年并不是很清楚，那么熊先生与周先生的对话中透露了哪些讯息出来，能不能请朱先生为我们解答？

朱维铮：第一个关于经学的研究还有什么价值，我是这样想的，我总觉得中国的文化有非常丰富的传统，这些传统都是作为我们民族文化遗产的一部分，我们应该加以认识、加以研究。至于说到这些研究对于今天有什么用，我就不知道了，因为根据我的考察，若是以历史作为借鉴的，从来没有一个成功的，就像司马光自我讽刺地说，他所写的《资治通鉴》，只有一个官员读过，其他人都把他的书撕碎了，也就是说，这面镜子是失败的。其实我比较欣赏黑格尔在《历史哲学》中的一番话，黑格尔说我们"现在很多的人，总想把历史的经验和教训介绍给现在的政府、君主与国家，但是却没有一个政府、君主及国家可以把历史的经验当作借鉴的"，所以历史的事件只能当成一种很重要、必要的回忆，也就是说，对于我们现在不管是经学还是其他历史经验，都是如此。

林月惠：我想我的表达可能让朱先生有些误解。我并不是站在一个实用的角度说经学对我们现在有什么作用，而是我觉得一般在中文系谈经学的时候，往往感觉到经学是一个封闭的语言系统、封闭的讨论系统，无法展现经学的活力，我实在无法理解这究竟是出了什么问题。似乎是只有研究经学的人才可以互相讨论，在经学领域外的人就无法与研究经学的人互相讨论，这种现象究竟应该如何去突破，如何去吸引更多的人？

朱维铮：这个不是我的能力所及，但我觉得我们研究学术的任务，有一点就是要让现在的人知道，我们有哪些东西仍然还在活着。如果我们可以将这个提出来讨论，我想现在的人也许会比较容易感兴趣。关于您问到的"中世纪"的问题，我所说的"中世纪"，主要是从君主专制成为政治的主要形态开始，也就是所谓统一王朝的开始，一直到它的结束，因此我是就政治形态来说，从秦代的统一开始算起，一直到清代的灭亡。至于说经济及文化方面，我以为可以有不同的理解。至于熊十力先生与周予同先生晚年的关系，因为周先生所有的手稿在"文化大革命"开始的时候都烧光了，根本没有留下任何东西，所以相当可惜。

周昌龙：我非常佩服朱教授的博通，把整个经学史作一个贯通的诠释，如数家珍，使我大开眼界。在这里我有一个概念上的怀疑，就是朱教授所讲的"统治学说"的概念。因为我阅读周予同先生的经学史著作，其中有一个观念，就是他认为到了新文化运动之后，甚至更早，经学时代就结束了，之后就是国学时代的开始，所以章太炎已经是国学大师，而非经学大师了！我想周先生与朱教授的观点也许会有些相同的地方，是不是都将经学看成统治阶层的学说，所以面临一个新的时代，政治环境、社会组织和经济结构改变了，也就造成了一个时代的结束？如果我们将经学是统治阶层学说的概念，修正为经学是维持社会秩序的学说，我想问题的结论可能会不一样。因为作为维持社会秩序的话，这是一个广义的统治，所以每一个时代作为典范性的学说，其实都是对上一个典范的挽救、反动、补充或是破坏。我们看到了王学破坏朱学，后来的人又破坏王学，如果用梁启超的理论将历史反推回去，这里面就会出现问题，因为反王学并不等于反经学，这是两个不同的概念，梁启超反王学的目的是为了建立一个新的经学。所以我想不管是王学也好，朱学也好，甚至是清儒的经学与后来的新经学也好，我想除了学术的目的以外，背后应该还有一个共同的目的，就是如何维持社会的秩序。如果我们以这个想法来看，我想经学到今天更有它的时代意义。因为我们在面临了西方的冲击之后，怎样来重组我们的政治、经济、社会秩序，这些问题都是当务之急，而这些问题并不能单从西方的政治学、经济学、社会学的理论来解决，因为我们有一个本土的问题，而这个本土的核心问题，就是以经学为代表的文化价值的问题，与这个价值所散发出来的制度与组织层面的问题。所以我认为近代的经学，仍然有它的时代意义。

朱维铮：我是一个学历史的，所以我想如果能够把一个历史事件尽量地说清楚，就已经很不错了。至于如何去改造社会，我想作为一个公民，每个人都有他自己的见解，但是我们自己的研究和社会改造的关系，我想是相当复杂的，因为中国历代的经学家，都认为自己的说法能够达到经世济民的目的，比如说戴震，他对现实的问题相当关切。但是这些人如何将自己的研究与改造现状结合起来，这恐怕是有点问题的。另外，我并不将经学当作统治阶层的学说，而是统治学说，就是站在统治地位的一种学说，这个学说如果不弄清楚的话，我想对中国其他历史方面的东西，都不太能够厘清其中复杂的关系，这就是我做历史研究的目的，同时也是为了认识我们的过去。我想这需要大家的努力。

乙　析文化

中国文化百年略述（提纲）[*]

时间：一九九七年十—十二月

地点：海德堡大学

第一讲　回首中世纪

一、漫长的中国中世纪

二、意识形态的安宁术

三、"儒术"的变异

四、从来存在中西古今问题

五、别胡汉与辨夷夏

六、统治思想的倒演

七、"传统"的定型

第二讲　十九世纪的"自改革"思潮

一、"太上皇"的遗产

二、入梦：从期待"咸与维新"到吁求"自改革"

三、异梦："经世""自强"，还是"改制"？

---

* 任海德堡大学汉学系客座教授时所作的系列演讲提纲。

第五讲　基督教与近现代中国文化

一、利玛窦和徐光启，汤若望和杨光先

二、满洲君主为什么最终选择朱子学

三、十八世纪的汉学与西学

四、马礼逊和他的后继者

五、从"教难"到"教案"

六、《万国公报》、广学会和戊戌新政

七、皈依基督的民族主义者

八、教会学校的教育改革

九、没有了结的文化课题

第六讲　从上海文化看文化转型

一、上海怎样成为近代中国文化中心

二、畸变中的都市文化

三、上海市民：在祖国的外来人

四、上海租界：反传统的自由港

五、上海模式：中国特色的西化和半西化

六、上海效应：取消洋特权便可能"现代化"

七、上海悲剧：由人学到学人

关于文化传统（提纲）[*]

时间：一九八七年九月十六日

地点：华中师范大学

一 传统文化与文化传统

（一）从文化史角度廓清基本事实或基本概念，是沟通互有歧见的学术讨论的第一步，否则学术争鸣必将沦为"聋子的对话"。见拙撰《传统文化与文化传统》（《复旦学报》一九八七年第一期）。

（二）两个概念：传统文化，指"文化"属于"传统"的范畴，属于历史；文化传统，指所说的传统属于文化的那部分，更多属于现状。

（三）因而它们分别属于两个相关学科的研究对象，即文化史和文化学。

二 死文化与活文化

（一）对"传统"的一种诠释。统，古代生产实践的专用术语，丝之总束曰统，衍化为相似内涵的不同概念：王统、道统、法统、正统、闰统等。传统即指世代相传至今而不曾断绝的某种根本性东西。

---

* 应华中师范大学研究生会邀请而作的演讲。

（二）对"文化传统"的一种诠释。文化社会学（特别是马林诺夫斯基学派）称之为社会所累积的经验，作用在于维持社会所公认的合宜的行为规范。此种诠释，较诸文化心理学（主要是弗洛伊德、荣格等）用"文化心理积淀"说进行诠释，似更合理。

（三）社会所公认的合宜的行为规范，不仅是心理状态，更是经验在观念上的凝聚（辫子问题在清初和消亡后都是大问题，汉人在心理上的取向正好相反，便是好例）。因而所谓合宜不合宜，必定随着社会所累积的经验而起变动，仍旧、变形或更新。马克思说观念性的东西不过是在人们头脑中变了位并变了形的物质性东西，在我看来仍是真理。

（四）随着社会累积的经验起变动，历史上的传统文化形态，有的失却存在依据，消逝了或变异了，在后代生活中已难觅踪影，我称之为死文化；有的曾被先辈和后辈都认为是合宜的，即往古所累积的最佳经验，这种传统的文化形态，属于历史遗存，尽管现在已变了位并变了形，但仍是活文化。

（五）消逝了的传统文化，未必不足道。如汉唐文化的开放特征；如文艺复兴时期，人们从阿拉伯人还保存的古希腊古罗马文化遗存中，找到抵抗黑暗中世纪文化的依据。我们为什么不可以在更高意义上发扬虽已消逝但在本质上有生气的先代传统呢？

三 自变量与因变量

（一）在社会生活中，文化的位置，乃部分，非整体。社会生活中存在"三个世界"（借用波普尔科学哲学的术语），文化属于"世界三"，即沟通物理世界和心理世界的中介性结构，底部毗邻于物理世界，往往凝结为物化形态；上部毗邻于心理世界，往往升华为观念形态，而语言（有形声的如文字、口语，非文字的如图案、工艺）便是沟通结构的素材。

（二）因此，我将"文化"一词界定为精神和精神的物化样态。它是中介，因而在传统世界中便是因变量。两个世界的任何变动，都会使传统文化扰动、改型，乃至新旧更迭。但如恩格斯所说，思想一旦形成，便会开始自己的独立行程，而对物质世界发生这样那样的影响（经济上落后的国家在哲学上仍然可能奏第一小提琴）。因而文化虽是因变量，在沟通两个世界中并非处于被动消极状态，而在一定情形下可起积极的促动作用，即是说也是自变量，自身也处于生成、定型与转化的一个过程。

（三）这一过程的定型样态，便是通常所说的传统文化。五个特征：时间的连续性，空间的限定性，结构的稳定性，外观的凝聚性，作用的有效性。综合组成的定型样态，实际体现着物质变动与精神变动基本相适应的现状。如果承认两个世界都在变动，不可能永保平稳与稳定，则传统文化中必然蕴涵着自身走向反面的对立因素：连续与间断，有界与无界，稳定与不安，凝聚与消解，有效与失控等。

（四）这就使中国有"一以贯之"的文化传统说不能成立。传统是一种巨大的保守力量，但保守力量必定不能永存，因为两个世界都在变（在世界中间的中国，可以发生心理世界改变先于物理世界改变的情形。经济基础决定上层建筑，乃是通观世界历史的结论。实际上中国内部各民族关系也是如此，显例如常见的"汉化"）。

四　正面与负面

（一）我们的文化史研究重新起步不久，对于传统文化，无论是古典的、中世纪的还是近代的定型样态，研究得都很不够。我曾指出，目前对于传统文化的估计，无论结论如何，"总令人感到是用理学传统代替全部中国文化传统，用中国进入近代前夜的文化传统代替全部中国文化传统，于是不能不发生用逻辑推论代替客观历史的问题"。见拙撰《中国经学与中国文化》(《中国传统文化的再讨论》有摘要，全文载于《复旦学报》一九八六年三期。)

（二）所谓理学传统，即中国走出中世纪之前占统治地位的文化传统。它的理论成熟于两宋之际，而以朱熹为代表，故称程朱理学，或按日本人称为朱子学。它占统治地位，始于金元，厉行于明清，明清两代都特别强调"躬行践履"。它虽一度受到理学异端即王学的挑战，但民族冲突又使它成为清代君主"以汉制汉"的工具。清代统治者对于"躬行践履"所作的解释，正是清代一个压迫民族统治多数民族的经验的累积，也即当时所谓公认的行为规范的理论外衣。清朝借用政权力量执行成功了，造就的某些畸形文化心态，如夜郎自大、盲目排外、猜防士人、怀疑知识、阿Q式精神胜利法等，并逐渐影响到整个民族特别是士人阶层。家长制、独断专制、官僚主义、等级制度等，都在雍、乾二世达到极致，形成一种传统的定型样态。这是中国在走出中世纪之际维护中世纪腐朽黑暗方面的统治文化传统。如认为是中国传统文化全部表征，那是对历史的误解。

（三）占统治地位的文化传统，也不等于近时还活着的全部文化传统。不能把被统治者看成只配接受统治思想灌输的"芸芸众生"。如果坚持生活的实践的观念是第一性的观点，那么即使单靠逻辑，也能推出起码有两种传统并存的看法（李泽厚称反传统也是一种传统，有见地，但"反传统"的提法太模糊，如说反统治地位的传统也是文化传统的一个侧面，便对了）。历史表明，在清代利用强权推行朱子学的同时，便存在着反理学的传统，无论在理论上和实践上都存在。吕留良曾企图用真理学反对清朝统治者的假理学，并且采取了"合法"的通俗手段，即注评八股选本——清代文官或预备文官考试的通俗教材——的形式，弄得雍正、乾隆都对他极为恼火，就是例证。包括民间流传的种种异端邪教，许多很落后、很原始、很迷信，但如从反对占统治地位传统的一种文化传统的角度来看，那也应承认它的历史合理性，尽管我们不能肯定这种东西。

（四）因此对于过去存在过、现在仍存在或有痕迹的文化传统，必须区分正面和负面。至少存在过的两个侧面，是正面和负面。不妨沿用历史习惯称占统治地位的传统为正面，但要小心，正面传统不等于积极的、进步的，负面传统也不能等同于只有负面意义。从历史意义上看，正面和负面，不是固定的、不变的，而是可以转化的。当居于负面地位的传统变成正面地位时，它原先所具有的某些破坏中世纪统治文化的意义，很可能便丧失了。太平天国用洋迷信反对土迷信，在定都南京后如何成为太平天国本身的破坏因素，历史已有证明。义和团用土迷信反洋迷信或对洋人的迷信，如何很快被统治者利用变成维护旧传统的工具，也是历史所证明的。我们不能认为太平天国或义和团都属于被压迫者，而对他们在地位改变后那些丧失历史合理性的传统也加以赞颂。在这方面，五四新文化运动倡导者特别憎恶义和团思想，是合理的，不能回避或否定。

五　新传统与旧传统

（一）从十六世纪以后，中国跨入走出中世纪的曲折历程。经历了复杂的冲突：地域的（经济文化发达的东南地域同闭塞落后的北方地域的冲突，晚明宦官与东林之争实为两种文化的冲突），民族的（满族代替汉族统治中国，满汉冲突以东南地区最激烈，实为晚明冲突在民族斗争形式下的继续），国际的（外国军事入侵，世界资本成为本国封建主义，民族资本主义"两反"或夹在中间，近代化都市文化与原始型山沟文化）不断冲突、交战、同化、变形。因为现存的文化传统，也有新旧外来成分。

（二）新传统不等于外来传统，外来传统不等于反旧传统。例如自唐代确定的文官制度，包括科举、考诠、回避等制度，直到清朝仍然沿袭，尽管弊窦百出，但到十九世纪初仍优于欧洲。英法文官制度便是仿效中国制度建立的。这些制度中的合理成分，被二十世纪以来的历届政府逐渐否定了。从干部终身制到"大锅饭""铁饭碗"，实为二十世纪二十年代后学苏联的消极影响，属于盲目照搬照学外来传统的弊病，不能归咎于固有传统，尽管它是新传统。

（三）无论新旧固有传统，还是新旧外来传统，都决非一块铁板。我们往往将汉族文化传统说成整个中华民族文化传统，而忽视中国是个多民族多文化国家的事实。比如所谓儒学，直到现在还为不少民族所排拒，蒙、藏、维吾尔、傣等，长期有自身社会所累积的经验，据此有自己的公共行为规范。直到中华人民共和国成立，由于采取正确的民族政策，否定强迫同化的反动政策，结果反而加速了少数民族同汉族文化融合的进程。我们怎能在文化研究中无视多元文化的事实呢？同样，外来传统也有各式各样。以宗教而论，在西方的新教文化与旧教文化本自不同。以地域论，欧洲文化、美国文化与日本文化也不一样。同一种文化，其包括的因素也有各种差异。问题需要鉴别，既否定抗拒认识文化传统的民族虚无主义，也否定抗拒文化世界化趋势的狭隘民族主义。

六　更新与创造

（一）免疫机制的双重作用。

（二）创造社会主义新文化。

传统文化的"学"与"术"*

时间：二〇〇三年四月二日晚
地点：复旦大学

文稿一

一、解题

学、术二名，战国已通行。《论语》首章"子曰"首语即"学而时习之"。孟谓三代均有"学校"。荀有名篇《劝学》。道家虽与儒家立异，却也收徒讲学，今本《老子》四十二章："人之所教，我亦教之。强梁者不得其死，吾将以为教父。""教父"，帛书老子甲本作"学父"，可知"学"与"敩"即古"教"字同义。故东汉章帝时统一经学概念（关键词），将"学"界定为"学之为言觉也，觉悟所未知也"，见《白虎通·辟雍》；稍后许慎作《说文》，即简释"学，觉悟也"。

"术"，《说文》定义为"邑中道"，或为其字本义。但战国诸子说"术"，已用引申义。《庄子·天下》"道术将为天下裂"，即指术为行"道"的手段。韩非曾说法家有三派，申不害重术，商鞅重法，慎到重势，并谓术为君主设计。因而后世称作"君人南面之术"，也即说统治术。但那时别的

---

* 复旦博雅论坛讲座，共两个文稿。

学派也讲术，相传纵横家的祖师鬼谷子，就特别研究捭阖、抵戏、飞箝、忤合、揣摩、权谋等术，设计窥探人主心意、迎合时君需要、博取权力富贵的阴谋诡计。至于兵家，更讲用兵权谋，两《孙子兵法》大半语此。所谓传统文化有物质、精神、政治、心理、宗教等不同层面。从思想文化史角度，对待传统文化进行研究，便不可忽视"学"与"术"的区别。

二、儒学和儒术

（一）秦统一六国，靠法、术、势结合。商鞅变法，改人治为法治，结果死于自改之法。但法度已立，故孝公、商鞅虽死，秦国仍能乱而不衰。但秦行君主专制，已规定法治的取向，是君主集权，非以术驭臣不可，而术有效与否，决定于君主个人权势。所以秦始皇死，强人政治结束，帝国迅即灭亡。

（二）秦始皇晚年用李斯议"焚书"，令中不许臣民读书，"士有欲学法令者，以吏为师"，企图恢复春秋前"学在官府""宦学事师"的传统（《左传》记赵有人将饿死，谓"宦三年矣"，即投入官府学习，三年未能"得谷"）。为愚民而"禁私学非法教"，倒行逆施，导致诸子学派普遍离心，乃秦短命一大原因。

（三）楚汉相争，项败刘胜，肇因之一在于项羽迷信"当今争于气力"（韩非语"上古竞于道德，中世逐于智谋，当今争于力气"，有人称其为古典进化论，然秦、楚相继灭国，即为其论悖史注脚）。刘邦虽不读书（唐人章碣《焚书坑》诗曰"坑灰未冷山东乱，刘项原来不读书"，曾受毛激赏），却是为达目的不择手段之信徒，其用尚阴谋之张良、陈平，又用叔孙通"起朝仪"，便是明证。其后吕后、文帝皆维持现状，推崇黄老术，并非真信《老子》，由帛书《老子》倡"为学者日益，闻过者日损，损之又损，以至于无为，无为而无以为，取天下者，恒以无事，及其有事也，不足以取天下",在今本《老子》四十八章中,"无为而无以为"一语,被改作"无为而无不为",可证。前者表明"无为"乃维持现状,后者则表明"无为"乃意在改变现状,可知后语必为"儒术独尊"后所改。

(四)现状终难维持,故文帝时贾谊作《过秦论》,便呼吁改革。景帝初晁错上疏,又指出农民离乡轻家,实为动摇帝国统治基础的最大隐患。果然,吴楚七国叛乱,表面理由是反"削藩",实则七国诸侯均利用境内农民对于赋税劳役日趋严重的不满,而以局外人身份(诸侯国均由中央委任的国相治理,诸侯但衣租食税,故可将祸首归于中央),发动反帝国中枢的叛乱。其根据便是黄老术。

(五)吴楚乱平,表征用黄老术煽动群众的策略失败,但控制君权的文帝遗孀窦太后仍笃信《老子》术。于是出现武帝初"罢黜黄老"的失败,于是又出现窦太后死,其孙汉武帝"独尊儒术"取得成功。

(六)汉武帝"独尊儒术",着眼于"术",而非"学"。因而他立五经博士,对于其"学"不感兴趣,由他在位半世纪,仅留下两次过问"经学"的记录(一为向法吏的兒宽问《尚书》,一为判决董仲舒反对江公立《穀梁传》为学官的争论)可证。

(七)我曾指出,公孙弘将五经博士的职责,由皇帝的顾问官,转换为教育官,从此"儒术独尊"获得制度保证。因而昭宣之际夏侯胜私谓学者苟明经术,"取青紫如俯拾芥耳"。此语由宣帝叹息汉家制度本"以霸王道杂之",其子元帝却尊儒术,导致外戚坐大,到王莽终以尊儒术实现"革命"而建立新朝,可证。

(八)因而自公元前二世纪末叶以后,帝国权力更迭,在意识形态上无不标榜"尊儒崇道",实则所尊并非儒学,而是儒术。所谓崇道,所倡的也非五帝三王之"道",而是后人加诸孔子的"内圣外王之道"。

其道内涵，与其说是在"学"，毋宁说是在"术"，在于韩非曾全面论述过的"君人南面之术"。

（九）西汉以后意识形态化的儒学，通称经学，那被经学家反复论过的统治术，其实早就融入道、法、纵横乃至墨家学说，只可称经术。

三、学随术变的中世纪传统

（一）马克思据西欧史概括的五种社会形态，当年是否可用于东方历史，在马克思本人便感困惑，由他答俄国社会民主党人查苏里奇函五易其稿可知。

（二）倘说马克思对于沙俄公社传说无法定性，仅以"亚细亚生产方式"含糊应之，则可反证他在鸦片战争期间，将中国社会形容为千年如一的"密封棺材"，不过蹈袭黑格尔《历史哲学》的说法。黑格尔说中国历三千年始终处于人类历史的"童年"，早已被中国史研究否定，因而马克思乃至列宁、斯大林对中国历史的判断，也只可视作一家之言。有人迎合斯大林关于中国历史的"长期停滞"论，充其量也只可视作一家之言。

（三）前述战国至秦汉，中国主流学说，已形成重术轻学取向，因而自秦统一到清崩溃，时达两千一百年，如说这期间存在"一以贯之"的传统，那就只能说它唯一体现就是"学随术变"。

（四）如前所云，在中世纪，"术"主要指君人南面的统治术，"学"则指统治者认可的经学。由自汉至清的经学史来看，由唐初《五经正义》显示终结的经汉学，到南宋朱熹《四书章句集注》表征完成的经宋学，那中间近五百年，"圣名"经历了周孔、孔颜到孔孟的更替；"圣经"则由汉唐五经（《易》《书》《诗》《礼》《春秋》）变为宋明四书（《大学》《中庸》《论语》《孟子》）；"圣道"则由朱熹代替了孔子的权威，至此后"宁道周孔误，莫言郑服非"，自此后"宁称郑王非，不言程朱误"，由此朱子实际压倒孔子。但尊朱最烈的明初，朱元璋、朱棣父子真的笃信朱熹学说吗？由明成祖命奴才胡广重修《四书》《五经》两部"大全"，可窥一斑。

（五）明初二祖非但重释《四书》《五经》朱注，还强迫举国文士诵习朱元璋的语录，所谓《大诰》及其续编三编。凡经"语录"训练者，都知道它的历史意义不敌其现实意义，因而举国士人，将近百年，无人敢公开对两部"大全"表示怀疑，也不难理解。

（六）但怀疑是存在的。最简单的理由，就是乞丐僧人朱元璋，篡夺韩林儿的帝位，到底合法乃至合理与否？不消说，从血统、首义到驱鞑任何方面来看，朱元璋都堪称"摘桃"的野心家。其子朱棣，甘冒天下之大不韪，发动军事政变，夺取其侄建文帝的合法皇位，更表明这个大明帝国，自始就陷于昏天黑地。因而明中叶的陈献章，一旦躲入"王化"薄弱的南粤故乡，便向朝廷尊崇的朱子学发起挑战，似乎不难理解。

四、晚明王学的分化和解体

（一）嘉靖朝禁王学，反使王学播扬。

（二）徐阶和高拱。

（三）隆庆朝王学平反和万历朝王学复盛。

（四）自诩"经世"的王学面对西学"致用"的冲击。

（五）徐光启由王学改宗西学，借口"易佛补儒"。

（六）由利玛窦到汤若望，晚清之际耶稣会士被迫以术代学。

（七）清康熙帝面临意识形态选择，怎样由崇西教而转向倡理学？

（八）补述康熙朝二度废储的文化涵义。

五、述史应区别学与术

（一）"学""术"混用，始于两宋。"学术"一词，首见于《宋史·吴潜传》。

（二）《汉书》已说"不学无术"，可知汉新王朝更迭之际，人们已明白区别"学"与"术"。

（三）依据新朝的学派记载，并依据东汉初三朝的学术历史，在东汉初的学说史当别论。

文稿二

我们知道，所谓的"学术"这个字眼已经使用了很长时间。其实，在中国传统的词语里面，"学"和"术"并不是一回事情。"学"和"术"两个概念，起源于什么时候，这里不作文字学的考证。有一点可以肯定，公元前五世纪到前三世纪，这两个字眼在我们的文化典籍里面已经相当流行。比如，《论语》第一章第一节的第一句话就是"学而时习之，不亦乐乎"。这个"学"是什么意思，孔子并没有解释。

从孔子以后的原始儒家的学者们，都很喜欢讲"学"。孟子说，三代就已经有学校。我们不知道他的根据是什么，因为孟子说话真真假假。不过用现在的一些观点来说，孟子很有点后现代的味道。所谓后现代史学，就是对一段历史，各人有自己的解释，想怎么解释就怎么解释。当然我是不赞成这种现代性的，所以我只能够留在前现代。荀子也专门作过很有名的一篇《劝学》。

道家虽然与儒家"立异"，但道家也收徒讲学，他们的"学"与"教"，有些相通。《老子》四十二章说："人之所教，我亦教之。强梁者，不得其死，吾将以为教父。"马王堆汉墓出土的帛书《老子》，"教父"二字写为"学父"。我们已经习惯了"教父"，都看过描写美国黑手党的电影。"学父"没怎么听说过，我比较同意"学父"就是后来人说的师傅的说法。公元前一世纪，东汉章帝时，为了统一经学概念的解释，隆重地举行了一次大规模的学术讨论会——白虎观会议，把当时的关键词编了一部词典，叫《白虎通》。对于学的解释是："学之为言觉也，觉悟所不知也。"（《白虎通·辟雍》）这个"学"和我们后来讲的学习有点相似，但不完全相似。它特别强调"悟"，强调要悟出原来不知道的。以后不久，中国出现了一部到现在为止我们都在使用的古老的字典——许慎的《说文解字》，它用了白虎观会议时下的定义："学，觉悟也。"（《说文·卷三下》）

《说文》对"术"的解释是："邑中道也。"（《说文·卷二下》）邑是人居住得比较多的地方。这是"术"字比较古老的含义，战国时代用的"术"不少已经是引申义或转义了。比如最早概括中国古老学术史的《庄子·天下篇》（《庄子》中的某些篇章不是庄子本人写的）提出"道术将为天下裂"。我们且不论"道术"是什么意思，但有一点非常明白——"术"是行道的手段。

其他学派也讲"术"。讲得最多的大概是法家。根据韩非子的话，法家有三种取向：申不害言术，商鞅言法，慎到言势。（《韩非子·定法》）韩非讲得很明确，申不害讲的"术"，是替君主设计的，就是君主如何观察、控御下面。"法"是臣子替君主服务的。后来我们讲"术"，是"君人南面之术"，即统治术，就是从法家韩非那里来的。

当然还有些学派讲"术"，就有点等而下之了。比如据《汉书·艺文志》的说法，当时有"九流十家"，九流里有一家叫纵横家，以苏秦、张仪为代表。后来马王堆汉墓出土了《战国纵横家书》。研究发现，苏秦是燕国的特务，令人吃惊。司马迁的《苏秦列传》《张仪列传》把苏秦说得十分了不起，凭着他的舌头就能佩上六国相印。据说苏秦、张仪的老师是鬼谷子。《鬼谷子》大概是晚出的书，里面讲到的"术"对政客非常有用，"纵横捭阖""头尖底细"，还有所谓的"杵合"。我们现在讲"揣摩"，《鬼谷子》里就有"揣术""摩术"。《鬼谷子》总结了不少东西，让我们今天看起来相当地吃惊。我们假定鬼谷子是公元前三四百年就有的人物的话，中国人搞阴谋诡计真是了不起。当然后来法家也研究这套东西。比如《韩非子·说难》，讲怎么游说人主，什么情况下游说会失败被杀，什么情况下游说会成功。可见现代人未必比古代人聪明。还有所谓"权术""谋术"都是纵横家仔细研究的过。马王堆出土的《战国纵横家书》里相当多的篇幅是讲这些东西的。

当然兵家也是非讲"术"不可。中国现在有两部《孙子兵法》，一部孙膑的兵法，一部孙武的兵法。兵家要讲战略战术，否则就得吃亏。

中国古代各家都讲"术"。相对来说，在秦统一以前，也就是公元前五到前三世纪时，讲"术"比较少的是儒家。到了公元前二世纪，也就是汉武帝的时代，所谓的儒家——这时的儒家已经和原来意义上的儒家不同，吸收了很多别的东西，这批儒家主要讲"术"。比如汉武帝，过去讲他"罢黜百家，独尊儒术"，这是个很长的过程，我写过专门考证的文章（参《中国经学史十讲》，复旦大学出版社二〇〇二年版）。汉武帝在位五十多年，问"学"只有两次，问过所谓的"儒学"和所谓的"经学"，但他大量讲"术"。因此司马迁在总结叔孙通、公孙弘时用了一个很恰当的字眼，形容汉武帝时代的作为以及这些人所以能在汉武帝时代受到重视的最集中的长处——"以经术缘饰吏治"。"缘饰"就是衣服上的花边，花边可有可无，有的话衣服漂亮点，没有的话衣服也照穿。所谓"经术"的作用就是这样。这套"术"发展到后来，所谓"儒学"变成了"经学"，"儒术"变成了"经术"。这不仅仅是概念问题。有些人以为中国有可以超乎各个时代之上的儒学，事实上没有这么回事。所谓的"经学"，就是中国中世纪的统治学说；所谓"经术"，就是中国中世纪统治学说的一种缘饰。这种"经术"发展到后来，当然会随着政治、统治上的变化发生变异。

我们再来看"学"。秦始皇的焚书令发生在他晚年（"焚书"和"坑儒"不是一回事情，"坑儒"是一次性的事件），其中有一条，禁止民间读书，"若有欲学者，以吏为师"（《史记·李斯列传》），这表明秦始皇在教育制度上企图复古。所谓"以吏为师"本是孔子、老子以前的教育制度——"学在官府"。孔子晚年自己作了个思想小结，"吾十有五而志于学，三十而立，四十而不惑，五十而知天命，六十而耳顺，七十而从心所欲不逾矩"（《论语·为政》）。我曾经考证过，"十有五而志于学"，是学做官，就是在官府里服役学习做官的本领。首先考证这个问题的是章太炎，根据刘歆的《七略》，概括出"诸子出于王官说"，出发点就是古代学在官府。他举例，《左传》把"学在官府"的现象概括成"宦学事师"。秦始皇时代，"以吏为师"只实行了很短时间，因为不久秦始皇死了，秦二世继位，当年就发生了陈胜、吴广起义。但这个做法提醒以后的君主非常注意控制候补文官的教育权。因为"学"和"宦"联系在一起，我们的教育——本来是启发人觉悟的"学"——从公元前二世纪起，和政治结下了不解之缘，特别是和官僚教育结下了不解之缘。后果就是"学"和"术"开始密切联系起来。当然"学"和"术"也有区别，正如我以前曾说过的，"学贵探索，术重实用"（参《中国经学史十讲》）。

当然，"术"在后来形态也有变化。以"术"取胜变得越来越重要。

秦始皇那个时代及其以前，都有点相信韩非的说法："古人亟于德，中世逐于智，当今争于力。"（《韩非子·八说》）在战国时代确实是谁的力气大谁取胜。秦朝在那个时代的人眼里，是那么野蛮，那么不文明，最后它赢了，当然是"当今争于力"的明证。"当今争于力"失败的最典型的一个例证是项羽，"力拔山兮气盖世"，看看他夸耀自己的力气有多大！有一次项羽和刘邦对阵，项羽说：现在天下乱哄哄，干脆我们两决斗，谁赢了谁就拿天下，怎么样？刘邦说：我才不上你得当呢！吾宁斗智不斗力。刘邦虽然是个草包，但是流氓出身，黑社会的经验不少，项羽一点办法没有，最后只好自杀了事。从刘邦开始到后来，所谓的"黄老术"和所谓的"儒术"，有一个共同点非常明显，就是这些术应用到政治的时候，经常提倡为达目的不择手段。刘邦用的人差不多都是这样，像张良、陈平，都很善于阴谋权术。张良很聪明，他知道刘邦用人的时候对人很客气，不用的时候"狡兔死，走狗烹"，所以后来张良就躲起来了。刘邦和秦始皇专用"法术"不一样，要搞阴谋诡计他就要用张良、陈平这些人；要过皇帝瘾，底下乱哄哄，要大家守点规矩，就用儒家叔孙通；另外他要找人打仗，不管儒家、道家，只要能打就行。只讲"术"不讲"学"，这是一个非常明显的例证。

"学"原来是为了明道，到后来就出现了老子曾经预言过的"为学日益，闻道日损"（王弼《老子注》第四十八章）——学得越多，对道的信心和认识就越浅薄，这就是所谓的"道"和"学"开始分裂，这个分裂不应该从战国时候算起，应该从中世纪的开端算起。

在西汉时代，对"术"的需要已经压倒了对"学"的认识。《汉书》里面曾经讥笑，说有些人"不学无术"，可是忘了一条——有些人"有学无术"，这就是一些迂夫子；还有一些人"不学有术"，通常就是那些政客。

汉武帝时代"独尊儒术"，着眼于"术"而不是"学"，有些人就要表现他的"学"很有"用"。"通经致用"这句话现在有些人还很喜欢讲。清末的皮锡瑞在某种程度上挖苦地说，黄河出了问题，皇帝派人去治河，送给他一本《尚书·禹贡》，以《禹贡》治河。汉武帝时有个酷吏张汤，他知道汉武帝要粉饰，所以每到判断疑难案件的时候，就去找董仲舒，从经典中找出一个例证，证明他的判断不仅古已有之，而且符合古代经典的意思。董仲舒从《春秋公羊传》中找出了不少例证来附会，这在当时叫"《春秋》决狱"——以《春秋》作为断案的尺度。比如说当时有个案件，一个人的父亲病了，他去抓药，结果父亲吃药后死了。他的目的是好的，但效果是坏的。董仲舒提出，《春秋》中记载过一个案件（汉朝人认为《春秋》是孔子写的）"许氏子弑其君"。低贱的人杀高贵的人，儿子杀老子，臣子杀君主，都叫弑。许国的国君生病了，他的儿子（许氏子负）请医生熬药，按照当时的规矩，儿子给父亲吃药或者臣子给君主吃药，一定要先亲尝一口，以证明没有毒。这个太子可能太性急或太粗略，没有亲尝一口，结果他父亲吃药以后就死了。在孔子看来（如果《春秋》是孔子改编的话），不管心里是怎么想的，不管是孝还是不孝，该亲尝而不亲尝，这就等于存心杀人。这个原则就是所谓的"春秋诛心"。董仲舒为证明他的《春秋》研究有用，当然和张汤相配合，从经典中找出许多判案的依据。"《春秋》诛心"立下一个非常有名的传统，另外，心里有意见不说，但嘴巴动了一下，就证明对皇帝不忠，心里不服气，也要处以极刑，叫"反唇之刑"。孔夫子对"孝"规定了两条标准，第一条叫做"无违"——天下无不是之父母；第二条叫"色难"——心里边也不得反对（《论语·为政》)。这可就有点难办到了。有些人一定说孔子都是正确的，一定说后来的坏的东西都是陋儒、贱儒、小儒搞的。他们不承认这一条的话，孔子这个学派怎么能够生存下去呢？

还有一个例证，也被当作经典有用的一个证明。霍光在汉昭帝以后，立了一个王叫昌邑王，一个纨绔子弟，从地方上到长安以后，整天享乐，斗鸡走狗，奢侈淫乐，被霍光废了。然后霍光就去问昌邑王的师傅王吉：昌邑王荒淫到这个地步，你作为他的师傅，怎么也不劝告他啊？他师傅答说：我每天都选读《诗经》劝告他(《汉书·霍光金日磾传》《汉书·宣帝纪》)。把《诗经》作为劝谏的书，这就是当时所谓的"通经致用"。这种所谓的"致用"，其实就是研究怎么样把所谓的"学"作为形式来缘饰权术。

在中世纪的中国，所谓的"尊儒"，尊的是什么呢？尊的并不是所谓的"学"，而是"术"。不同时代，不同君主，有不同的做法。比如说汉武帝"独尊儒术"，它看中的是用经典缘饰的"术"。还有一些人认为历史著作可以作为统治术来利用。举个例子，唐太宗李世民，绝不是什么孝子，他本来是老二，有个同母所生的哥哥李建成，很能干。李世民掌握了一部分军权，为了夺取帝位，发动了有名的"玄武门之变"，把老皇帝吓退位了。为了证明自己的行为合法合理，他就下令重修历史。他看中了西晋。司马炎是所谓的开国皇帝，司马炎立的太子(晋惠帝)是个白痴，他听见外面蛤蟆叫就问大臣，蛤蟆是为公叫还是为私叫；听说外面饿死了人，他就问为什么他们不吃肉粥。有人劝司马炎废掉这个太子，另立一个能干的。司马炎考虑再三没有废，结果后宫外戚弄权，史称"八王之乱"。晋朝立国是很吃力的，从司马懿到司马师、司马昭，"司马昭之心，路人皆知"，花了那么大的力气，才夺取了曹家的帝位，统一西晋，以后不过三十年就亡了。现在《二十五史》里的《晋书》，题名唐太宗御撰，因为李世民亲自给陆机、王羲之两传做后论，还给《武帝（司马炎）纪》撰后论。他批评司马炎，立主是大事，不废太子，使得晋朝丢掉了百世的基业。太子李建成决不是白痴，但唐太宗利用历史著作批评了他的父亲。把历史当作实现政治目的的工具——"术"，唐太宗玩得很成功，但是也有不成功的地方，从十八家晋史中我们还能看到历史的真相。

有些人无"学"，但有"术"。如赵匡胤黄袍加身做皇帝，利用"杯酒释兵权"的这种术，让手下交出兵权。这种"术"与"学"没有关系，这是"不学有术"，这种"术"某种程度上将生活经验扭曲运用到统治术上。

同样的例证是朱元璋。朱元璋大字不识几个却非常有心计。出身乞丐，贫农当不成只能当雇农，雇农当不成只能当和尚，正所谓"英雄不怕出身低"。朱元璋在用人之际绝对不问信仰、出生，只要能为我所用就行，但他每时每刻防止底下的人威胁他的最高指挥权。我们看《明史》或元末的历史会觉得很奇怪，每场战役朱元璋都要写封信给前线的指挥官，指挥他们该如何打仗，原来如果将来战败了就是因为不听他朱元璋的话，战胜了也是因为他朱元璋的决策。这就是他的控御之术。他用图谶、迷信、天文证明自己应该当皇帝，当上皇帝之后，就严禁民间私习天文，以防底下人仿效。朱元璋虽然不学，但常叫人给他讲历史，最注意的就是成功之后怎样收拾底下的人。刘邦杀功臣在某种程度上还是被迫的，因为他的功臣的确很跋扈。朱元璋可是为了防患于未然，他发动了两个大案子，胡惟庸案和蓝玉案，都是为了很小的事情。这就是所谓"不学有术"的典型。"学"和"术"有时确实可以联系在一起，但很多的时候没有必然的联系，"学"是"学"，"术"是"术"。

假定有一种传统可以顽强地保留在文化里，这个传统就是我过去说的"学随术变"。占据统治地位的学说，比如《五经》（不是五部书，是五种书），后来不断发展，有的本来不是经典，到了后来变成经典。汉代的礼经是《仪礼》，到西汉晚期宣帝的时候，新立了两个博士，都是《礼记》博士。"记"都是后学的东西，而不是圣人传播的。到了唐朝，《礼记》变成了经，《仪礼》反倒不重要了。虽然还是叫《五经》，但内容不断变化，尤其是诠释在不断变化。唐太宗还做了一件对后代影响很大的事情——用《五经正义》来统一对《五经》的解释。但是从唐朝开始，《五经正义》就不断受到攻击。攻击的开端是武则天，她想当皇帝，就纵容一些人批判《五经正义》。到王安石时代"五经"只剩"三经"，其他的都被变相地废掉了。王安石变法失败后，他所立的《三经新义》一直成为争论的对象。王安石起了很大作用的是，提升了孟子的地位。唐朝人就开始提高孟子的地位。唐太宗时代，孔子是先师，圣人是周公。唐太宗怕有人学周公，废了他的儿子，自己坐在龙椅上执政，所以废掉周公，把孔子升级作先圣，让最听话的颜回作先师。因此唐宋时很多人讨论颜回。最有名的是韩愈的《原道》，提出中国古代有一个"道统"，尧、舜、禹、汤、文、武、周公、孔子、孟轲，"轲死也，不得其传也"。所谓"尊孟"，一直到王安石时才变成事实。以后经过程颐、朱熹，造就了一个孔、曾、思、孟的传授系统，虽然后来被几朝所尊崇，但总有点不踏实，《大学》到底是不是曾参的作品？《中庸》到底是不是子思的作品？后来湖北郭店偶然找到一批竹简，有人以为填补了孔子到孟子之间的空白。这种考证不可信，因为编年根本无法确定。在我看来，程颐、朱熹提出了问题，经过了八百多年（朱熹死于一二○○年）还没有解决。

在"学"的变化的背后，考察实际政治进程对于治学之道的干预，可以发现，"学"的变化随着统治术的变化而变化。可能有人批评我这是决定论，但我以为中国历史上统治学说所昭示的规则就在于此。我不太赞成把哲学当作虚无飘渺、超越任何社会变异、越过人的实际行动可以自己行走的东西。有人不肯放弃"历史为政治服务"的口号，我一直很反对。历史就是历史，它已经过去了，历史不会重复。一定坚持要历史为什么服务的话，只有一个办法，就是扭曲历史。"文化大革命"就是一个非常鲜明的例证，图书馆里那些曾经辛辛苦苦写出的"儒法斗争史"，还会有人愿意看吗？

　　最早的"学""术"并提的文献例证是在北宋时（《宋史·卢前传》），以后"学""术"合流，二字一起使用，很难加以区分，但不能掩盖"学随术变"的本质。有人说宋代理学出现以后，中国才有真正的超脱政治的哲学。我不太赞成。在我看来，所谓的宋明理学，特别是程朱系统的理学，他们在建构学说、改动学说形式的时候，眼睛紧紧盯着实际的政治进程。这种状况就使后来"学"和"术"这两者结合得更紧密了。

传统文化与人文素质

时间：二〇〇〇年十二月五日
地点：上海财经大学

一

上海财经大学新成立人文学院，主事诸贤给我出了一道试题，唤作"中国文化与人文素质"。我虽忝居人师，却很怕命题作文，况且我的专业为史学，怎能当众回答主要涉及文化与道德相关度的现状的这道试题呢？

但我所以贸然同意前来面试，一个理由在于近年经济学界有个热门话题，引起我的很大兴味。那话题的中心，便是市场经济讲不讲道德。《读书》杂志一九九八年第六期刊登了一篇《"不道德"的经济学》，促使经济学和伦理学两界的多位学者参与争议。其实这个问题早就已经提出过。比如近代经济学的鼻祖亚当·斯密就是一个道德哲学的教授，他有一本很重要的著作《道德情操论》，讨论的就是道德领域内所谓同情心与经济领域内的利己主义两种价值取向如何调和的问题。马克斯·韦伯在《社会科学方法论》中也指出经济学应该"价值中立"，此命题在中国的学术界引起讨论。大致有三种意见：一说中国经济学界无视道德的作用，落入了"现代化的陷阱",造成了巨大的贫富差别、城乡差别和地区差别;一说市场经济自出娘胎便没把伦理道德当回事,如弗里德曼所声称的"经济学中不存在价值判断",因而天生属于"不道德的经济学";当然还有第三种中庸之见,以为马克思的《资本论》既已指出资本来到世间每个毛孔都滴着肮脏的血,则市场经济实难用合乎道德与否作为价值判断尺度,同时又以为社会主义的本性在于为全民谋福祉,因而社会主义市场经济如不讲道德,势必导致以权谋私、富以贿成、官商勾结、刻剥平民。怎样调和这样的逻辑与事实的二律背反呢?

作为经济学的门外汉,我对这个问题十分感兴趣,因为看起来中国学术史、思想史这些领域与此关系较远,其实关系却很近。比如《史记·货殖列传》引《管子》,"仓廪实而知礼节,衣食足而知荣辱",说的就是经济和道德的问题。司马迁的观点是先解决经济问题,才能解决好道德问题,倒是与现在主张"不道德"的经济学的意见相似。司马迁是为工商业者作传的第一人(《史记·货殖列传》),而《史记·平准书》中提出的一些经济问题,被韦伯誉为中国的资本主义萌芽,把通常人们所说的到明清才出现的资本主义萌芽提前到了公元前二世纪,可见历史中也有经济学。

诸位都是现在的或未来的理财能人与经济行家,我不敢班门弄斧。但"人文"一词,无论中外古今有多少歧义,都与道德伦理有关。我是个历史研究者,而我以为历史属于过去,既不同于正在进行式的现在,更不同于变幻莫测的未来。历史学的终点就是未来学的起点。我没有能力来评价现状、估量未来,所以我把讲题私改为"传统文化与人文素质",重在讨论历史。

二

　　谁都知道中国的历史悠久，有文字可考的文明史便有近四千年；地域广袤，在近代备受外国侵略者强加的不平等条约宰割以后，仍有九百六十万平方公里；民族众多，已认知的现代民族便有五十六个；而且变动复杂，自秦至清，统一的或半统一的王朝史，便留下二十五部正史，其中涵盖的大小王国或诸侯国更难以胜数。

　　如此纷繁的时地人事，当然都属于中国的传统。单从文化史的角度来看，要在汗牛充栋和极其矛盾的古昔记载中间，清理出可以征信的历史头绪，谈何容易。宋代学者就曾经感叹："一部十七史，从何说起！"但马克思说过："历史事实是从矛盾的陈述中间清理出来的，真理是由争论确立的。"历史学家的任务就是从这些浩如烟海的历史记载中清理出历史事实来。

　　就拿统一的问题来说，有人认为中国统一的时间很长。但是按照现在的版图，作为大一统定型的空间界定，那就要说真正的统一在十七世纪末十八世纪初的康熙时代才完成。现在的中国疆域在此之前还不曾被一个集中于中枢的帝国权力系统完全控制过。比如宋朝，我们现在都把它当作一个统一王朝看，其实它的北面相继有契丹人建立的辽朝和女真人建立的金朝，西北有党项人建立的西夏王朝，西南还有大理国等。即使在北宋疆域最大的时候，也不曾将政权范围拓展到幽蓟十六州。有兴趣者可以去看一看谭其骧教授主编的《中国历史地图集》。

　　所谓的传统文化也不等同于汉文化。经过唐末五代到宋辽夏金长期的分离和战争，到十三世纪末叶，中国重建了大一统帝国，历经元明清三朝，中国内部的凝聚力更强了。凝聚的力量的一大表现，便是不同民族的文化互动，我们的传统文化其实是这一文化互动的过程体现。即使是汉族，它的形成也较晚，一直到公元四世纪以后才有近代意义的"汉族"。此前中国生活着许多古老的民族，黄河中下游的是华夏族，华夏族周围的就是东夷、南蛮、西戎、北狄。现在有人自称"炎黄子孙"，其实也许倒是当年那些蛮夷戎狄的后代，即使是"黄帝"的来历也有异说。清末民初就流行过"中国人种西来说"，那些提倡反满革命的思想家如章太炎等相信，远古的黄帝族是从古巴比伦迁徙过来的，把原住民蚩尤族赶到了边疆去，就是现在的苗族、瑶族。十多年前，云南还出过一套书，试图证明彝族文化才是中华文明的开端。我重提这些观点是想指出一点：传统文化起源有种种不同的推测。中华文化蕴涵着复杂的成分，并不等于汉文化。

另外，中外文化史家讨论大一统国家的文化与文明的表征，除了语言文字、产业流通和权力机制等以外，都很重视都城文化。北京是中国的首都。正如以往史家曾注意过的，北京从十世纪中叶成为辽朝的南京，历经金元明清相继建都，持续了九百年。而除明朝永乐后两个世纪外，大半时间都是北方少数民族建立的王朝的政治中心。因此，倘以首都文化表征中国文化，那就不能无视至清末为止的北京是契丹、女真、蒙古、汉人和满人诸族世代共同创造的。金克木先生曾将北京比作"中国文化的一座既新又古的大观园"，"能看到旧中之新和新中之旧，一中之多和多中之一"（《旧学新知集》，第一五九、一六〇页），是很有见地的。

然而，承认中国文化是不同民族的文化互动的历史创造，不等于否认不同时期、不同区域有某种文化居于支配地位，主导着同时期、同区域的文化互动。

马克思曾说，历史上的民族冲突有个法则，即文明较低的征服者，总是被文明程度较高的被征服者的文明所征服，或者说在文化上被征服。以前我曾经用这一点来解释中世纪中国的民族关系史和王朝更迭史。但治史愈久，愈感到不能将它当作一个硬性框架，去剪裁历史事实。在中国史上，边疆民族入主中原，常发生两种情况："用夏变夷"的被同化史，固然不乏其例，如北魏孝文帝强制鲜卑族实现汉化等；可是"用夷变夏"同样不乏其例，如继北魏而建立北齐的高欢，本是汉人，却在统治区域内推行鲜卑化政策，并将中原的非鲜卑族一律鄙称"汉儿"。"汉族"的称谓通行，便从这时开始，这在《颜氏家训》中有生动的反映。元的文化程度也低，却是依征服先后区分人的等次，最高一等是蒙古人，其次是先被征服的西域"色目人"。本由女真族建立的金朝及西夏、渤海、高丽等族居民统称"汉人"，列为三等，原南宋统治区和大理国所治各族则概称"南人"，地位最低。清初满洲贵族一面严分满汉，一面强制改明俗为满俗，强令明朝各族臣民剃发易服，也就是用较低文明同化较高文明。因而黄仁宇说"落后战胜先进"才是中国王朝史的常态。

正如前面已经指出的，汉族也是历史形成的，是由秦以前居于黄河中下游的华夏族和周围的夷蛮戎狄诸族混同形成的。倘说后世占人口大多数的汉族都是炎黄子孙，那是晚清提倡"排满革命"后才普及的观念。秦统治者原属西戎，汉朝由原来自称南蛮的楚人所建立。三世纪末四世纪初"五胡乱华"，中国发生民族大迁徙，在北称胡，在南称汉，实则由空间概念演化成族类概念。其后隋唐统一，政治上北方统一南方，文化上南国优于北国，经济则由重心南移而使畿辅靠东南供养。于是胡汉整合，界限越来越模糊，终于使朱熹所称大有胡气的唐朝帝室也以汉人自居。大概因为民族混合的背景，它的族类意识也很开放。当时很多出将入相的高官，依据后来的汉族中心论，都是"外国"人。即使是像元朝将人分四等，似属民族歧视，其实也是区域歧视。而清朝的八旗内，还有蒙古八旗和汉军八旗，也享有与满洲八旗类似的征服者的特权待遇。为满洲人打前锋、战胜明军的，制造"扬州十日""嘉定三屠"等恐怖事件的，都是明朝的降军，而攻城的利器则是夺自明军的红夷大炮。这一点通行的历史教材说得很少，却是历史的实相。

由上可知，中国文化其实包含着许多边疆少数民族的文化，所以，将中国文化等同于汉族文化，或者依据清雍乾时代涵义已大变的夷夏观念来断言中国历史上的民族传统，都很难经受历史的验证。

三

讨论中国的传统文化，离不开孔子和儒家。的确，自从公元前二世纪后期，汉武帝宣布"独尊儒术"以后，直到一九〇五年清政府废除科举制度，那中间二千余年，凡以黄河中下游到长江流域为统治腹心地区的"列朝列国"，多半都标榜尊孔崇儒，因此我们的学者常说传统文化始创于孔子，域外的学者也常把中国称作"儒教中国"。

这合乎历史昭示的事实吗？又合又不合，就是说外观相像，却与历史的实相不合。

稍知中国思想史、哲学史的，都必定注意到这样的通行写法，即依据不同时代盛行的思潮，将春秋以后的主导学说，依次称作先秦诸子、两汉经学、魏晋玄学、隋唐佛学、宋明理学、清代汉学，或者再加上近代西学。这中间唯有两汉经学与宋明理学，才可说是儒学。先秦诸子，也就是通常所说的诸子百家，其中的显学有四家：道、墨、儒、法。魏晋玄学标榜三教合一。隋唐佛学实际上是佛教中国化的产物，其中最重要的就是禅宗。清代汉学则是对以往的统治学说的一个清算。至于近代西学，那更是从西方传入的了。因此算得上儒家的经学和理学，在时间上合计只有一千年，另一半时间所谓儒学徒具形式，其中隋、唐、元、清都曾属于世界性帝国，占主导地位的思潮，却都属于汲取外来学说而重新建构的学说。

从思想史的角度来看，可作以上区分。但从儒学史的角度来看，由公元前一三五年汉武帝"独尊儒术"，将原始儒学变成意识形态化的经学，并特重经学中适应统治术即所谓"君人南面之术"的成分，那以后也唯有经学才是自汉至清的中世纪诸王朝都承认的统治学说。而经学只是儒学的一翼，不能涵盖历史上的全部儒学。即使是经学，同样由于必须适应中世纪各朝各代统治术的实用要求，在不断变换它的内涵和外延。起初是西汉的今文经学，而后是东汉的古文经学，三国杂糅今古文的通学，西晋灭亡后分立的南学和北学，隋唐南北合一的唐学，唐宋间经学更新运动产物程朱理学即"道问学"，宋明间由理学的异端变大宗的陆王心学即"尊德性"。到清初开始清算王学而进行的对以往经学诸形态的否定过程，用梁启超的话说，便是"以复古为解放"。由顾炎武、戴震、龚自珍、廖平、康有为到章炳麟，一路追寻传统文化的原教旨，又一路对由近至远的原教旨予以否定性批判，最终到清末否定孔子。而五四时期的"打孔家店"，便是它的延续，这就是我曾指出的"学随术变"的传统。

再比如中世纪的圣名史。汉武帝时代，董仲舒提倡"孔子之术"，认为孔子是为汉制法的"素王"。到王莽自居当代周公，便将孔子降为先师，颂扬"周孔之道"。以后的僭主无不自居为周公，比如王莽、曹操、司马懿以及南北朝各代的众多僭主。这使唐太宗决意拔本塞源，将周公逐出太学，而升孔子为先圣，以颜回为先师，因为颜回是孔子弟子中最听话的一个。于是唐宋时同作为士人表率的是"孔颜之道"，有大量的文章讨论"孔颜乐处"，也说是孔子表扬颜回"一箪食，一瓢饮，在陋巷，人不堪其忧，回也不改其乐"的所谓安贫乐道。表彰颜回，在君主专制以个人独裁为取向的态势下，只能意味着要求士人都安分守己，听从专横的专制君主摆布。这引起自认为明天道而堪作帝师的儒者抗议，于是要用孟轲代替颜回。从韩愈经王安石到程颐和朱熹，通过周予同先生所指出的"孟子升格运动"，实现了圣经的改造，用"四书"代替"五经"，构成了孔、曾、思、孟的道统，即所谓"孔孟之道"。意外的是这个道统首先被金元少数民族王朝承认，在朱熹死后百年立为功令，成为科举取士的准则。可见，"孔孟之道"作为中国传统文化的徽号，是十四世纪初叶以后的事，到清末历时六百年，怎能说它是中世纪一以贯之的传统文化表征呢？（参看拙作《中国经学与中国文化》）

孟子的思想是古典儒学中富于批判精神的一派，比如《孟子》说"民为贵，社稷次之，君为轻"，还说武王伐纣不算"弑君"。这能否称作民本主义，当作别论，但显然使那些将国家视为个人私产的专制暴君恼怒。所以当年朱元璋读到这几段，不禁暴跳，要把孟子赶出孔庙，最后虽然没有实行，仍然下令删了《孟子》中的八十多节，明初的科举考试用的都是这本《孟子节文》。明清君主好讲理学，都旨在将他们不断阉割过的"孔孟之道"，用来培植士人的奴才精神，使他们成为专制者需要的"四民之首"。

在朱熹构建道学体系的同时，也认定所谓四书表征孔孟之道的陆九渊，已向这体系提出挑战。同朱熹特别强调《大学》是曾参所传孔门"初学入德之门"相形，陆九渊更认同孟轲，以为《孟子》强调"尽信书不如无书"、欲兴王道"舍我其谁"等，才映现孔孟道统的真精神。因而他抨击朱熹的格物致知说，讥笑《四书集注》是"支离事业"，而宣称知行不可分离，都起于"吾心"，所谓"六经皆我注脚"。很难判断朱陆之争，哪一家更接近儒学的原教旨。清代有学者早已指出："朱子道，陆子禅。"朱学实与道教典籍《周易参同契》之类讲究炼内丹的修行方式有亲缘关系，而陆学则直接袭用禅宗南派的"顿悟"学说。

朱熹一派的经传诠释在元代已被列为科举取士的钦定教条。朱元璋不仅崇拜《大学衍义》，更憎恶孟轲好为王者师的言论，因此陆学长期只被某些在野的学人欣赏。然而明帝国从上到下在腐败下去，朱元璋的子孙们，凭借专制君权，在胡作非为方面，不断刷新明初二祖的纪录，闹得国无宁日，这使那些仍以天下安危为己任的士大夫由不满朱学而转向陆学。王守仁，即王阳明，不经朝廷授权，先发制人，镇压了宁王政变，更使他发展的"心学"，赢得了南国士人的赞赏。因此到晚明，提倡"人皆可作尧舜"的王学，便成为评价人文素质的另一重标准。

同属理学体系的朱子学和阳明学，作为对立的价值系统，哲学意义怎样估计？从来分歧很大，这里不想讨论。二十世纪八十年代中叶，我在《十八世纪的汉学和西学》《阳明学在近代中国》等拙文中（均见拙著《走出中世纪》），曾从尝试打通中世纪和近代的思想文化史的角度，指出由历史所昭示：第一，王学曾在十六、十七世纪占据中国思想文化领域的中心位置达百年以上。第二，十六世纪末利玛窦等传教士输入的近代西学，在中国士绅中赢得了解的同情，首批人物徐光启等都原宗王学。第三，清初的理学大师黄宗羲、孙奇逢等都出自晚明王学。第四，王学虽然在十八世纪末被清廷禁锢，却在十九世纪中叶后又"复活"了，显然受到日本明治维新倡导者崇拜阳明学，即王学的影响。当时甚至还有在日本的中国留学生根本就不知道阳明学来自中国。中国思想史上这类数典忘祖的现象还不止这一件。比如欧洲的文官制度，原型来自中国，我们的论者便很少提及。欧洲学者对中国由崇拜转为蔑视，在哲学上是从黑格尔开始的。现在我们的论者对这一转变的历史过程也知之甚少。有人说林则徐是"睁眼看世界的第一人"，说容闳是"中国的第一位留学生"，表明他们的识见高超到根本无视历史实相。早自明末清初耶稣会士来华，中外文化一直保持交流，而且在十八世纪的时候就有中国人去欧洲学习。康熙皇帝了解西学是大家都知道的，被他废掉的太子胤礽也了解西学，那时满洲皇族中有不少人对欧洲的语言和宗教满怀敬意，但我们的论者对此也多半视而不见。第五，清末在改革实践中对立的两派领袖，主张变法维新的康有为、谭嗣同，鼓动排满革命的陈天华、孙中山乃至章太炎，都明白赞赏王学提倡的人格精神或良知学说。至于五四前后不少著名的学界政界人物，都毫不掩饰地称颂王阳明，早为人所共知。

　　以上历史事实，表明我们关于传统文化的讨论，远没有穷根究底。程朱理学虽然在中世纪晚期一直是官方钦定的意识形态，但至少作为中世纪经学的最后形态，王学或者说陆王心学，在近代仍然活着。如果忽略这五百年王学的崛起与中衰、似成绝响又奇迹般复活的历史，又怎能对中国走出中世纪、走向现代化的人文素质更新史，有实事求是的描述乃至评价呢？

四

　　传统文化既然属于历史，既然它的不同形态都与特定时空的权力结构相联系，既然它在统治文化层面上呈现出"学随术变"的特征，那么它在不断变异的历史过程中，有没有超越具体现象的一般色彩呢？

当然有。由前面的历史陈述，已可看到至少有三个方面是共同的：第一是权力结构共同追求"大一统"；第二是大一统的文化理念共同表现君主必兼教主，即秦统一当年（前二二一）便由李斯代皇帝设计的"安宁之术"，所谓"天下无异意"所体现的原则；第三是大一统的社会秩序共同依靠人文教养作为价值尺度。

这三点都不是儒家的专利，先秦诸子都有类似主张，只是在汉以后的诠释，都采用所谓儒家经传的术语表达而已。前两点暂不讨论，这里只说后一点。

"观乎天文以察时变，观乎人文以化成天下"，见于《易·贲》象辞的这个诠释，表明"人文"的传统涵义，与古老的天人感应说有着密切的联系，所谓"小利有攸往，天文也；文明以止，人文也"。用白话来说，那涵义就是依据天象所指示的"文明"之道，在人间统治中所选择的某种非武力形式（贲卦为离下艮上，表征山下有火，如用温和方式行事，可避免火山喷发，也即"文明以止"，懂这个道理就可使天下得治，所谓"以礼让为国"）。这样的"人文"概念，内涵与欧洲文艺复兴时期的人文主义（Humanism），显然有异，后者强调人的精神与想象力，即中国人所说的人性修养（参看拙作《何谓"人文精神"？》）。

很难对"人文"给出抽象的界定，也许本来就没有这样的界定，正如"人文"一词在古汉语和欧洲语言里内涵各异那样。由于二十世纪以来，特别是"五四"以来，中国学界使用的"关键词"已与西方同行渐趋一致，就是说正在远离自己的母语而向西方"话语"靠拢，因而我们不妨用欧洲文艺复兴以后关于"人文主义"的界定作为参照系，来检验一下传统文化对于人文素质的要求。但这里不作对应比较。韦伯的《儒教和道教》(见江苏人民出版社一九九五年中译本)已作了这样的对比,特别是《结论:儒家和清教》那一章。此书中关于清教伦理的剖析很精彩,因为简要、有针对性,读来较诸《新教伦理与资本主义精神》更有兴味,对西方的伦理和宗教也有一比较全面深刻的了解。但我实在不敢苟同韦伯书中对于"儒教伦理"的许多见解,他在此书中试图证明的就是中国人的人文素质不能符合现代化的要求。尽管西方汉学界称他是"伟大的外行",但外行终究是外行。一位只能借重西方汉学的成果来判断中国传统文化得失的学者,不论怎么伟大,对自己考察对象的认知到底有限。比如书中述及中国史,引用最多的文献就是乾隆帝《御撰通鉴纲目》的早期(一八六五)法译本,当然很难做到确切了解。将韦伯为我们展示的新教伦理与我们自己所了解的儒家伦理相比较,大概就能对中西方不同的"人文"概念有一比较正确的认识。

今天我们先不谈西方的"人文",还是回到中国传统的"人文"上来。正如前面所说,在中国古代的典籍中首先提到"人文"的是《易传》。无论《易传》与孔子有没有关系,但"观乎人文以化天下",作为一种复古的理想,一种裁量社会是否重视周公创造的等级秩序的价值尺度,在孔子创办的私学中已见雏形。孔子的"四教",所谓文、信、忠、行,都是道德、知识、教育的混合物。寓德育于智育(文),以修身作为学习齐家治国的起点(行),把是否"言忠信"当作知书达礼的前提(忠、信),要求学生成为"克己复礼"的躬行君子,最终做到"学而优则仕",这不正是早期儒家特重人文教育的出发点和归宿吗?著名的孔门四科:德行、政事、言语和文学,能不能解释成近代通行的分科教育体制的早期模式,那是另一回事,然而四者全属于人文教育,却无疑义。

孔子指望得君得道,仅留下一串失败的记录,然而他以培养"君子儒"为宗旨的教育活动,却获得悠远的效应。不论有心无意,他实行"有教无类""因材施教"等方针,既打破了学在官府的旧传统,又为各国权力者造就了大批能干的新官僚。这批新官僚,多半来自平民或武士阶层,不是血统贵族,因而罕有做君主的野心,最高目标是成为帝师王佐;他们缺乏家族荫庇,因而只能靠本人的才智,替任何信用自己的君主或僭主效力。前一点符合孔子的愿望,后一点却背离"君子儒"的要求,因此孔子曾对使"季氏富于周公"的冉求表示愤怒,对将守礼看作权力妨碍的宰予借口痛斥,即对忠于自己的子路、子贡的违背传统的行为也要指斥。但这四人恰是孔门政事、言语(外交)二科的学长,也是战国以后新官僚的楷模。孔子死后,正是由于子贡、子夏等既尊师道又悖师道,才使儒家成为显学,并经过孟、荀到叔孙通、董仲舒,终于使迎合时君南面术的"孔子之术"定于一尊。

儒术所以没有重蹈秦代的法术、汉初的黄老术的覆辙,很快被改朝换代而更新的帝王权术需求击倒,却似乎成为不受王朝更迭影响的常青树,秘密仍在于"术"。汉武帝时代一名牧猪奴出身的丞相公孙弘,利用青年皇帝酷好以经术缘饰吏治的偏见,说服皇帝同意给五经博士设置弟子员并用官位作优秀生的奖励,由此将博士由顾问官变作教育官,开始控制候补文官的教育、考试和推选的人事权。中世纪的各类法典,无不重视"决事比",即用先例决定律令的涵义。于是,自汉至清,候补文官及士人资格,必须通过各级所谓儒学教官主持的考试,而考试的教材和题目必定出自钦定的儒家经书,致使号称孔子手定的"五经",由朱熹编定的"四书"(用至今难明作者的《大学》《中庸》以及《论语》《孟子》构建的所谓道统的范文),便成了测量应试者人文素质的评价标准。

中世纪中国的教育，主要属于官方儒学教育，是对孔子的教育主张的继承与改造。继承的是强调人文教育，改造则体现于因应"后王"统治术所作的制度更新（参看拙作《孔子与教育传统》，此不具论）。传统的人文教育，由七世纪初便与科举制度密切联系在一起。科举制原是对门阀制的否定。起初设科很多，明经、进士、三史、天文、算学等，包括人文和技术诸领域。虽都要求"致用"，却不以"明经"唯一有用。相反更向非世家子弟开放的进士科，考试的重点在于诗歌和策论（政见），以及言、身、书、判，即从政必需的口才、相貌、书法和处理诉讼等才能。因而进士科很快压倒明经科，成为唐宋科举取士的主渠道，不仅使国家获得大批能干的官员，也使社会的整体文化素质大为提高。虽因统治层面的腐化招致内乱外祸不断，但在世界史上，唐代文化和两宋科技的发达程度，远非同时代的其他文明能望其项背。

不过进士科过度看重美文的修养，也将科举制引向负面。对经典的蔑视导致"尊王攘夷"的观念淡漠，对礼法的轻视造成君主独断的权威受到威胁，追求文名使行政官僚系统效率锐减，文武官员都关注私利更使帝国的社会基础发生动荡。因而从晚唐到北宋，不断有人把改革儒学教育当作移风易俗以重建"天子"权威和政权力量的前提。王安石变法就曾把变"学究为秀才"当作重要内容。这次改革因改革集团内部的腐败和守旧势力顽强抵制而失败，却对中世纪文化传统发生转折性的影响。历时近五百年的"孟子升格运动"，经韩愈、王安石、程颐到朱熹的努力，终于使原来的官方儒学教科书《五经正义》被《四书集注》所代替，而使孟轲代替颜回，成为体现孔子遗志的楷模，而相传是曾参所著的《大学》、子思所著的《中庸》，则被朱熹分别定作"初学入德之门"和"孔门传心之法"。《大学》开篇"大学之道，在明明德，在亲民，在止于至善"，以及接着叙述的"自天子以至于庶人"都必须懂得的修养次序"古之欲明明德于天下者，先治其国；欲治其国者，先齐其家；欲齐其家者，先修其身；欲修其身者，先正其心；欲正其身者，先诚其意；欲诚其意者，先致其知；致知在格物"，被称作"三纲领八条目"。经过南宋朱熹学派的重要传人真德秀《大学衍义》的诠释，再经明帝国开创者朱元璋定为功令，这三纲八目便成为中世纪晚期评价士绅人文素质的具体尺度。

至于我们现在了解最多的，也是经常被批判的中国人文传统中的负面成分，其实是比较晚出现的。比如说专制主义，比如说"不在其位，不谋其政"，有言责才能讲话，不是御史、谏官就不能发表意见，这都是在十八世纪才严格起来的，尤其是十八世纪的两个皇帝——雍正和乾隆时期。雍正在位只有十三年，但是他所规定的那套东西，倒成了后来的定制，比如禁止西方传教士在中国活动，结束了康熙时代相对开放的对外政策，造成了后来闭关自守的局面。茶馆里提倡"莫谈国事"，起于雍正乾隆时代；官僚们明哲保身，也是起于雍正乾隆时代。可见这些后来不断遭到批判的中国传统的负面因素其实起源都很晚。

五

近代以来中国的遭遇，往往使中国人对本国的历史产生恶感。其实中国的历史并不糟糕，起码世界各大古老文明中，只有中华文明才延续到今天。然而延续并不等于一成不变，中国的传统其实一直在变。中国的传统也不是一片漆黑，中国传统中的负面成分其实从十八世纪中叶才渐居主流。只有坚持从历史本身来说明历史，才能对中国的传统文化有实事求是的了解。历史如果有什么用处的话，恐怕它的用处就是为了让我们更加清楚地明白我们的过去，由此更加清醒地面对我们的现在。

　　抱歉！应贵院邀请，与诸位共同讨论传统文化与人文素质的相关度问题，却没能力贡献刍荛，相反留下一堆疑问。由于受到经济学要不要重视道德问题的启发，我不由得联想到类似争论在中外文化史上屡屡发生，并想到王阳明和韦伯似相反实相通的不同见解，以及对中国历史的种种似是而非的观念，于是冒昧提出上述疑问。这些问题也许把各位心中的中国历史的形象弄得糊涂了，但我倒觉得怀疑正是走向真实的开始。

书院教育的人文传统[*]

时间：不详

地点：不详

中世纪的人文传统，体现于教育方面，有个突出特色，便是十世纪后逐渐遍布汉土的书院。

据南宋王应麟《玉海》说，"书院"始于唐玄宗开元六年（七一八）设置的丽正修书院，不久改称为集贤殿书院。那不可信，因为当时集贤殿只是宫廷图书馆兼档案馆，掌院学士乃朝廷的顾问官，犹如武周的北门学士，不过权力小很多。

通行说法，以为书院可以上溯到唐德宗贞元年间（七八五—八〇四），曾任太子宾客的李渤，退隐后在江州（今九江）的庐山五老峰下读书。据朱熹说曾立学舍。这也不确切，因为名士立学舍收徒讲学，早在东汉中叶已很盛，况且李氏兄弟既未立书院之名，在李渤死后（八三一后）便无以为继。

另说最早的书院，当数湖南衡州的石鼓书院，始建于唐宪宗元和年间（八〇六—八二〇）。这更不可信，因为相传当时衡州人李宽在石鼓山建屋读书，并未留下收徒讲学的记载，而正式建立书院，时在北宋太

---

[*] 为白鹿洞书院讲坛所作的讲稿，有两处残缺。

宗末（九九五—九九七），比白鹿洞、嵩阳二书院都晚。

较可信的说法，见于周予同先生的《中国学校制度》一书。他以为中唐以后禅风大盛，佛教徒聚集修行讲学的丛林，吸引了众多士大夫的向往。晚唐社会动荡，驱使更多士人避居山林，有的便仿效禅院建立精舍，逐渐形成以儒学相标榜的书院。

以往学者多以为唐文化最活跃的因子是佛学。所谓唐宋间的经学更新运动，援佛入儒是重要表征。但从人文教育更新的角度看，考察禅林讲学何以对晚唐和南唐时期民间教育形式发生重要影响，那就应该重视早在民国十九年（一九三〇）周先生提出的这一见解。

书院起于民间，或者说起于在野的士绅聚徒讲学，但必得重视教育文化的地方官员乃至国君的支持，才能延续。南宋淳熙六年（一一七九）吕祖谦作《白鹿洞书院记》，说这个书院创于南唐（烈祖升平四年，九四〇），却到北宋太宗赐《九经》，使肄业生徒有书可读，才具有规模（事在太平兴国二年，九七七），正是强调官方支持，是书院得以创立并可持续的缘由。

但也正如吕祖谦描绘的："国初斯民新脱五季锋镝之厄，学者尚寡；渐而向平，文风日起，儒先往往依山林、即闲旷以讲授，大师多至数十百人；嵩阳、岳麓、睢阳及是洞为尤著，天下所谓四书院是也。祖宗尊右儒术，分之官书，命之禄秩，锡之扁榜，所以宠绥之者甚备。"绥者，安抚也。就是说，北宋前期，朝廷对于在野的书院，以拉拢或招安为主，还没有设官学控制，因而相对于官办学校，书院讲学尚有一定自由。在吕祖谦、朱熹看来，这是宋仁宗时代二程、张载能够凭借书院建构"正学"的条件。

于是可以理解，时至南宋，"中兴五十年"，力争"道统"的各派学者，尽管对"道"的诠释和实用取向，分歧很大，却多半憎恶王安石的新学，特别是王安石的教育体制改革。如前引吕祖谦《记》所说，南宋初二程、张载的学说，不再受严厉打击。事实呢？"晚进小生，骤闻其语，不知亲师取友，以讲求用力之实，躐等陵节，忽近慕远，未能窥程、张之门庭，而先有王氏高自贤圣之病。如是洞之所传习，道之者或鲜矣！然则书院之复，岂苟云哉？"

这不仅说出了南宋孝宗淳熙六年（一一七九）朱熹利用知南康军的权力，恢复颓废百年的白鹿洞书院的隐衷，而且提出了十二世纪末叶以后，书院体制面对的两种取向：是走在野讲学相对自由之路呢，还是走在新学名义下统死思想之路？

很不幸，历史表明，恰是后一种取向，在元明清相继实现"大一统"时期，成为书院教育的主流。当然，人文传统也变了位、变了质。

承蒙本次研讨会主办方的盛意，命我参与白鹿洞讲坛开讲活动，并承乏第一讲。我很惭愧，仅略知白鹿洞书院史，况且规定用一小时，要陈述这座著名书院千年演化过程，更属力不从心。只好大而化之，略陈陋见。

作为中世纪后半的书院史表征，白鹿洞书院史，其实可看作经宋学的兴衰史的缩影。

从清末皮锡瑞到民初周予同，都指出中世纪经学应该作历史研究。周予同先生对于分疏经学和经学史，而经学史必须区别汉宋两大体系，经汉学史必须分疏两汉和清代的经今古文学等，尤有筚路蓝缕之功（详参拙编：《周予同经学史论著选集》增订本，上海人民出版社一九九六年版）。

我相信马克思的唯物史观，特别是马克思研究历史的两点方法论原则，即真理是通过争论确立的，历史的事实是从矛盾的历史陈述中间清理出来的。

　　因而，当三十年前我决定转向考察中国经学史，在章太炎和周予同先生的卓越论著启示下自以为有以下心得：一为经学是中世纪中国的统治学说；二为西汉武帝宣布独尊儒术以后，经学便以学随术变为主导取向；三为经术或儒术，必随王朝的、民族的、区域的、等级的乃至君主、僭主个人的既得权益变异而变化。因此，自汉至清，没有什么一以贯之的儒学传统，没有什么信仰单一的儒教，没有什么可以脱离"识时务"的实用需要的超越性新儒学（请参拙著：《中国经学史十讲》，复旦大学出版社二〇〇二年版及以后诸版）。

　　将经学作为"传道授业解惑"的教义，是自汉至清全部官方教育的共同取向。所谓集经宋学大成的朱熹"道问学"，虽因悖离时务，在朱熹生前曾遭"庆元党禁"，但他为王朝未来利益设想的思想体系，首先受到南宋敌国金朝的女真族统治者欣赏，以致南宋末理宗朝急忙以表彰朱熹祖述的"宋五子"，与敌国展开尊朱竞赛。竞赛的结果，是"用夷变夏"的元帝国，把朱熹及其门徒的"四书""五经"诠释，当作以汉制汉的科举教科书。

　　这里不可不提在元末造反起家的明太祖。这个凤阳乞丐僧人，曾以"驱除鞑虏，恢复中华"的口号，赢得清末孙中山为首的排满革命派激赏，被写入同盟会纲领。于是民国肇建，人们很快忘记明承元制，并将种族歧视变为等级优劣。孙中山坚持有先知先觉，将平民大众当作必经"训政"才可赐予民主人权的愚民，由《建国大纲》可证。

　　在清朝满洲列帝，及民初大总统孙中山、袁世凯等人看来，民主实为"民之主"。他们都表示重视教育，却无不强调教育必须为现实政治服务。于是八百年前朱熹制定的《白鹿洞书院学规》，便出乎逆料地具有了超时代意义，直到反共起家的蒋介石，鼓吹所谓新生活运动，仍将其奉作道学政的圭臬。

既然如此，我便斗胆同意光明日报社诸贤的指授，以我所知的白鹿洞书院史为例，说点中世纪书院史的私见。

据清雍乾间王懋竑的《朱子年谱》，南宋孝宗淳熙六年三月晦（一一七九年四月九日），朱熹就任知南康军，州治今江西星子县，至淳熙八年三月初一（一一八一年三月十七日）任满，做州官将近两年。时间虽短，除了修堤治水、开仓救荒以外，还留下一个德政，即在上任后七个月，下令修复荒废百年的白鹿洞书院，并自兼洞主，颁布了《白鹿洞书院学规》等文件，又请他的姻亲吕祖谦写了《白鹿洞书院记》。

洞主朱熹收了多少门徒？公余赴洞讲了些什么？均不详。但知淳熙八年二月（一一八一年二月十六日后），曾在鹅湖会上与他辩论的"尊德性"大师陆九渊，率徒来访。朱熹请他至白鹿洞书院演讲，题为《论语》"君子喻于义，小人喻于利"章。据说朱熹表示满意，请陆九渊写成讲义收藏。但由事后朱熹的函件语录，可知他对陆九渊讲义基本否定。但无论如何，这表明朱熹的学识气量，不像后人形容的那么狭隘。*

---

* 编者按：此稿后有残句"由于朱熹在死后获得的过大声名，使教育"，显属未完稿。附识于此，待后补。

中世纪的教育和文化（提纲）

时间：二○○二年十二月二十一日
地点：华东师范大学教育系

甲　旧话重提

（一）二十年前《孔子思想体系》，释"吾十有五而志于学"，受到杜维明的批评。

（二）十年前《孔子与教育传统》英文稿，论述孔子与中世纪儒学教育等，受到秦家懿否定。

（三）"真理是通过争论确立的"。许美德驳秦文没有说清楚中世纪中国教育文化史。

乙　还要从孔子说起

（一）孔子有过三重贡献，见章太炎《论诸子学》。

（二）早年孔子创办私学，属于"非世卿"的一个侧面。与此同时，雅典普及初级教育，渐次形成力求受教育者身心均衡发展的希腊教育传统。

（三）晚年孔子（前四八四—前四七九）专注"文学"教育，由孔门四科学长名单可知，德行、政事、言语三科均属于晚年居鲁前所设。此时希腊也出现柏拉图学院、吕克昂学校和犬儒学校等，均较孔门稍晚。

（四）孔子办教育，宗旨在培养"君子儒"，承认现实地位是衡量血统贵贱和道德高低的尺度；主张"有教无类"，但不问出身在于建立宗法性的关系；教育内容的基调为"学礼"，分文、行、忠、信四教：（1）诗书礼乐知识的文教；（2）以言语为主的忠、信二教，对君上讲服从曰忠，对自己要讲说话的场合和影响曰信（孔曰："言必信，行必果，硁硁然小人哉"，可证信教非指言行一致，而指学做政客）；（3）守礼君子的修身知识曰行教。

（五）教育方法的改革，如因材施教、启发式教学、重修身轻工艺、讲实用而轻玄想（对鬼神敬而远之，"不语怪力乱神"等），都在中世纪留下深刻影响。

丙　中世纪的官方儒学教育

（一）秦始皇、李斯恢复"学在官府""以吏为师"的传统，汉武帝从公孙弘议，将五经博士职能由顾问官改为教育官，因使"儒术独尊"获得官方垄断候补文官教育选拔权的保证。王莽、刘歆貌似废除经今文学的垄断，实则将经古文学的民间教育纳入官方控驭的范畴。东汉光武、明、章三帝相继致力确立了君主对于官方教科书的最终解释权（由西汉宣帝石渠阁议奏到东汉章帝的白虎观议奏均"临制称决"）。此后中世纪教育都在"尊儒学道"名义下展开，隋炀帝、唐太宗相继建构的科举制度，使教育体制全部纳入为现实政治服务的轨道。

（二）中世纪官方儒学教育，在形式上的共同表征：（1）共同方针均为培养忠于现政权的官僚；（2）目的均在"致用"；（3）途径均为"通经"，即自幼至壮通晓官方的经典诠释；（4）"通经致用"的测量尺度，均为适应现政权需要的"经术"；（5）考量通晓"经术"与否的标准，均为善于附会官方经传所谓圣贤言论，以替现政权进行道德的或政治的辩护、粉饰和阐释。

（三）马克思《资本论》第二版跋指出，法、英二国资产阶级夺取政权以后的经济科学给自己敲响了丧钟："现在，问题已经不是这个理论还是那个理论合于真理，而是它于资本有益还是有害，便利还是不便利，违背警章还是不违背警章。不为私利的研究没有了，作为代替的是领取津贴的论难攻击；公正无私的科学研究没有了，作为代替的是辩护论者的歪心恶意。"恕我直言，当我通读近年层出的中国教育史论著，常常联想到一百三十年前马克思的这段话，其间联系，似非偶合。

丁 从大学到书院

（一）自汉以后，官方的最高学府，都设在京城，统称太学。至迟从新朝起，太学生便与候补文官同义。但东汉就有与太学并立的四姓小侯学，后者是贵族子弟学校。隋唐的太学向非贵族子弟开放，然而进士、明经二大科的区别，却迫使贵族子弟纷纷趋向于平民开设的进士科，致有"三十老明经，五十少进士"的说法。晚唐牛李党争，据陈寅恪考证，最终牛胜李败，也表明李德裕为首的贵族世袭体制败于牛僧孺一派平民体制。

（二）九世纪赵氏家族在中原重造一统。很少有人注意，当时赵宋王朝，除长江流域的南唐、吴越诸国外，统治范围从来没有达到今北京在内的幽燕十六州，也没有达到大渡河以西即云贵一带。从当今中国版图来看，两宋只是越来越小的割据政权。

（三）与北宋对立的辽朝，早已统治北中国。继辽而兴的金朝，已将统治范围扩展到江淮领域。相对于辽金，两宋绝不可称为一统王朝。

（四）人们常称今北京为中世纪晚期中国的政治文化重心。但就史论史，自唐末五代以后，今北京的建都史，长达千年，但其中除明永乐后二百余年外，有近八百年作为"异族"的首都。这是否是"用夷变夏"的表征呢？

（五）十八世纪末仍以高年不肯退休的太上皇乾隆帝，曾向英使马噶尔尼说，帝国无物不有，不需借鉴外夷。

（六）那以后文化论代替种族论，成为文明衡量基准。

（七）南宋后书院勃兴，表明学术下移速度加剧。

戊　否定之否定

（一）明清之际的怀疑传统思潮。

（二）西方传教士带来的天学和人学。

（三）东南的人文背景。

说说火药

时间：不详
地点：不详

一　火药改变世界

改变了战争技术。在中国成为王朝更迭的决胜武装，在欧洲将中世纪的骑士阶层炸得粉碎。

改变了能源结构。赖炸药，矿物能源开采变得容易，单纯依靠人力、畜力、水力、风力的状况，渐被地下资源替代。

改变了地域沟通。高山不再使人阻隔，开路变得比较容易。

改变了天人关系。没有火药便没有火箭。如今航天器的动力，虽已不是火药，但火箭仍是将航天器送上太空的主要工具。

改变了休闲环境。烟火。

二　谁发明了火药？

是中国人，而不是某些欧洲论者所称的英人罗吉尔·培根，或同在十三世纪的德国僧侣黑贝特霍尔德。说见冯家昇、李约瑟。

是中国中世纪的炼丹术士。炼丹术，欧洲称炼金术，都是为了寻找长生不老药，为了发现点铁成金的"哲人之石"，而从事的矿物化合试验。中国的炼丹术士早知硝石、硫磺的腐蚀性能，企图利用二者易变性能将其合成驻颜药，而熬制的火力则利用木炭。不想丹炉倾覆，使三者在高温中接触，发生爆炸。意外屡因此发生，也就意外发现了火药。

中国有明确记载，见于《道藏》所收《真元妙道要略》，其书著成于唐宣宗大中四年（八五〇）前后。正如李约瑟、鲁桂珍《关于中国文化领域内火药与火器史的新看法》（译文载《科举史译丛》一九八二年第二辑）一文所说："后来，在公元一〇四四年（北宋仁宗庆历四年）的《武经总要》中，记载着三种关于火药的配方，它们是所有文明国家中最古老的配方。"

可知早在罗吉尔·培根（一二一七——二九二）提及火药前四百年，至少二百年，中国文献已有火药及其配方的明确记载。

三　火药怎样用于战争

学会用火，是人类告别动物界的决定一步。

由于用火，现代人的祖先发现了保护自己、改造环境的最佳手段。火既然可以驱兽、烧荒、照明、熟食、取暖，不谨慎可伤害自己，当然可以殃及异己，于是在同类相残中也用火攻。*

---

*　编者按：此篇疑属未完稿。

医人与医国 *

时间： 不详

地点： 上海中医药大学

上海中医药大学早就是中医药文化研究的重镇，驰誉海内外，现在正式成立"中医药文化研究中心"，可谓实至名归。

至迟在公元前五〇〇年，中国的医药学，就已开始构成独特的学术体系。还在四十年前，我不得已而通读中医学古文献，以后又因研究章太炎学说，而探究他晚年的医论，从而对中医药的文化遗产，产生求知兴味。我的父母都是西医，家族中从业西医者各行都有，自幼常读欧美医史论著，被灌输了西医胜于中医的许多偏见。不想五十五年前开始习史，专业趋向中国古代史，就被战国以来古籍中众多改革人士，都宣称"不为良相，便为良医"，而感到吃惊。难道医人与医国，在传统中竟有那样紧密的联系吗？

鸦片战争前四分之一世纪，青年龚自珍便称："何敢自矜医国手？药方只贩古时丹。"他的传统医国药方，就是"自改革"，由统治者自上而下主动实行的体制改革。他没有做成医国手，却显然给后来中医学带来启迪。晚清所谓洋务首领李鸿章，很崇拜龚自珍，在中年以后却迷信

---

* 原文无标题，标题为编者所拟。

西医，理由就是龚自珍的政治预言"五十年后言定验"。那么龚自珍关于医时为大的说法，也可用于衡量中西医的优劣吗？当然李鸿章错了，西医没救他的命。

不过时至晚清，由西方医学传教士输入的医术，也确实显得优胜。林则徐匿名求助美国传教士医治疝气，以后欧美传教士在内地广施医药，进而如英国德贞深入北京上层社会，都证明晚清朝野已承认西医较中医高明。

高明原与沉潜相对。刚克高明，柔克沉潜，原是传统由医人到医国的哲理。由晚清到民初，历时百年，中国各派政治力量都相信有枪就有权，所谓刚克，但效应无不适得其反。直到从土改到"文化大革命"，吃尽"高明刚克"的苦头，才转而追寻以柔济刚的权术。不待说，学随术变，终究统治术失却觉悟未来的导向，不得不在进退失据中反复折腾，不知伊于胡底。

但我还是对中医药学的文化史意义深感兴味。古希腊哲人已将人体比作小宇宙，以为通过人身的生理病理的变化，便可洞察宇宙流转的奥秘。传统的中医学有同样认知。我曾指出《史记》复述扁鹊说"病有六不治"，与其说是分析身病，不如说是针砭国病。但愿"上医医国"，真为治国者认知。

作为中国历史学的从业者，我的专业是中国思想文化史，特别集中于中世纪中国的经学史，也即我尝试解说的中世纪中国统治学说史。这段历史，长达两千多年，有一点堪称主旋律，那就是中国人总在期待出现良医。单看百年来中外朝野的无数报刊或书籍，便可知治心早已凌驾于治身之上，谁都巴望医国手。*

---

* 编者按：此篇疑属未完稿。

近代经学与文化

时间：一九九八年十二月三日
地点：复旦大学

一　什么是文化？

中国地域很大，民族很多，要具体说什么是中国文化很难。这里的文化指的是较为狭隘的汉族文化，在更小的范围上定义为统治文化，过去当时的京师文化，其实这仅仅是汉族文化的一部分。

撇开定义先看几个例子。

其一为洗澡。法国人不爱洗澡的习惯带动了香水工业的发展，这是一种文化现象。

其二为痰盂。欧洲人在中国处于明末清初时还随地吐痰，后来发明了痰盂造就一大进步，后又以"不吐痰"为更大进步。当痰盂传至中国时却成了礼仪的象征，同时又被欧洲人指为不文明。本是雅致的东两，竟成了未脱野蛮的标志，原来是纠正野蛮的代表身份的东西反成了后进于文明的东西。这也是文化的一种变迁，文化难以把握也有一个这样的原因。

其三为马桶。这种小事可显出文化差异。

其四为心理上的罪恶感。在日本某些人看来以往的侵略是否是一种罪恶我们不可知，这涉及一个民族心理的问题。因为西方的骑士、日本的武士以及中国的战将都将在沙场上建功立业视为光荣，这是一种共有的文化心态（当劫掠被视为一种生产方式时，农业民族就无法抵抗游牧民族的侵略，对于游牧民族而言，这种侵略是理所应当的）。

二　我们面对中国文化时的困惑

其一，中国古代和近代的传统其实是不一致的。

其二，近代我们不但面对传统的变异，还面对一个在技术、发展程度上各方面都比中国高的参照系，即西方，它是中国历史上即使异族入侵时也没有过的。这个自认为文明程度高于中国的西方文明不屈服于历来溶解其他文明的中国文明，两者冲突带来的影响是巨大的。

其三，我们的观念形态给历史研究造就很大问题。在中国往往有个怪现象：越是乱世，思想越活跃，历史越说得清楚；越是治世，越说不清楚。这种观念形态给我们认识历史文化真实的进程带来很大限制。

其四，我们在不同的文化环境中常有信息的误读，这会造成对文化的不了解。

其五，我们对很多材料陷于无知的状态。

其六，我们头脑中的偏见常常作祟。社会舆论常影响我们的思考，而不能对自己的历史和文化有个清晰的认识，其中有一个影响就是经学。

三　关于经学

经学不等于"孔学"，也不等于"儒学"，也不等于"神学"。

经学是中国中世纪统治学说的总称。可上溯至公元前一三五年（汉武帝建元六年）到一九〇五年（清光绪三十一年）。

经学中的"经"不断增多且有变化。最早为"五经"，后增至"十三经"，到一二〇〇年后定义为朱熹诠释过的"四书"。

其一，经学形态。有汉学（唐、宋）和"宋学"（元成宗时被正式定下），朱熹的理学一度被认为是"伪学"，但后来终被奉为经典，戏剧性地始于他一再强调"华夷之辨"的夷族。

其二，经学学派。汉学有西汉的今文经学（董仲舒），东汉古文经学（刘歆），三国时混合今古经文的通学（郑玄），后由唐初的孔颖达综合。又有宋学，其中有程朱理学（朱熹）和陆王心学（陆九渊、王阳明）。

其三，经学的内涵，主要是统治术，体现在"修身、齐家、治国、平天下"上。所谓"学术"在古代是有严格区别的："学"是指研究不知道的东西，而"术"则是指必须遵循的道路。经学研究的是"君人南面之术"，诠释的是那个时代的统治术。从汉至今的巨大变化中，所支配的统治学说必然不一致，其中有一个"学随术变"的传统。经学中确实有学的一面，但其主体为统治术。

其四，经学的内容如此不一致，却能在中国长期成为统治学说的原因。中国人对于权术的智慧已达到很高的程度。它的传承得益于中国的候补文官考试制度（经学之前的统治术，例如法家学派、黄老之学都很短命，而经学得以长期传承下去，其原因是汉武帝以来统治阶层把经学的东西进行社会灌输，使之成为一个意识形态）。

经学是与中国历史的变异联系在一起的，理学的弊端曾让康熙一度想以西洋基督教取代之，但缺少环境，故康熙未成为在西方将基督教变为国教的君士坦丁大帝。到了雍正、乾隆时期的经学再度变化，经学已涉及统治者如何看待自己的社会结构和社会问题，不仅仅是读书人的事了，这就牵涉到一个文化观念问题。

中国的经学在近代中国的巨大影响，使任何一种变革都会冲击其本身，求强、求富、革命等各种变革都会冲击经学制度，例如科举废除的影响是引起读书人的逻辑思维方式、所关心的事、行为方式的大大改变，使一批读书人茫然失措，故一个意识形态的变化极难。

四　文化观念

中古的文化是指"文治教化"，而近代文化的概念已改变。孔子曾定义"文明"为"见龙在天，天下文明"（见《易》），而英、法等国家因资本主义萌芽较早，自认文明优于其他文明。文明到底在哪里是一个未解决的问题。

所以文明与文化的观念不得不变，外在表现是文化、经济、军事、政治、对外关系等的变异，从中我们可以看到中国近代经学的变异，也可以从中国的经学看到中国文化的变迁。

近代中国的文化和宗教（提纲）[*]

时间：不详

地点：不详

甲　近代与近代文化

（一）近代：总的世界历史进程，自十六世纪算起。中国史学界一般以鸦片战争为起点，下限或至"五四"，或至大陆解放。

（二）文化：众多的诠释。我倾向于模糊概念：人类精神及精神的物化形态。分类简述。

（三）近代文化：在近代中国起作用的世俗文化。依中国文化与世界文化相联系的角度，表征：工业化、都市化、生活现代化、信息技术大发展。范式：近代科学、技术、工业和民主。

乙　近代文化与晚清社会

（四）晚清：进入十九世纪的清朝—十八世纪文化传统的连续和间断的矛盾：政治上，顽强维护中世纪晚期形态；经济上，亚洲式的军事—

---

* 在《上海宗教志》编纂班上的讲授，有两处残缺。

工业综合体萌生，但成为西方列强个别控制下的殖民经济形态，地方权力的增强日益削弱以满族君主制为核心的集权朝廷。

（五）社会结构两极分化，畸型的都市化和更贫困的中世纪式农村。西方殖民主义者或割据或共占沿海都市，向农村渗透，而农村……*

壹　近代中国文化的四个阶段

贰　共同的和特定的表征

叁　不同宗教与共同文化的相关度

肆　五洋杂处和多元宗教

文化不等于文化史，它是现代的世俗的文化，但仍受传统（包括宗教等）影响。

特征：工业化、都市化、生活现代化、通信技术大发展。

它导致许多宗教功能消失，也导致迷信和独裁的消失。

但现代化不能代替精神慰藉，只要个人和社会乃至世界，都缺乏安全感，缺乏和平保障，缺乏个人基本权利（财产、生命等）的保障，诉诸超自然的权威仍是必然的——前十年，农村经济发展了，迷信和旧传说也出现了，便是例证。

十九世纪的世界：欧洲的民族主义、殖民主义、帝国主义发展到顶点，列强争相掠夺世界，掠夺亚洲，掠夺中国，那是事实。马克思《资本论》描述的"资本"的形象，即使西方多数学者也不能不承认这是事实。

---

* 编者按：原稿此处有残缺，以"……"代之。

从鸦片战争到八国联军（正好是十九世纪结束）。

近代中国文化的历程，从整合的角度来说，可以概括为从趋同到趋异。

中国自古便是多民族国家。直到十七世纪，多民族始终意味着政出多族。即使在盛唐和大元，统一帝国的疆域都超出清朝，但域内的大片地域，仍然存在多个政权，它们同中央王朝之间只是藩属关系，在各自属境内拥有行政自主权，就是说保持着相对独立性。

这种政出多族的现象，随着十八世纪康、雍、乾祖孙三代北讨西征，而有了根本变化。虽然新疆设行省还要迟得多，是十九世纪七十年代的事，但今天中国版图的稳定，则在十八世纪七十年代已成为不可移易的事实。

十八世纪是满族在中国政治上占主导地位的鼎盛时期。恰好在这个世纪末年，即一八〇〇年，作为清帝国全盛最后象征的乾隆皇帝在君临中国第六十四年时死去。他的死亡，表征一个畸型时代的结束。这个时代，是从一六四四年清朝入关开始的，已经历五帝一百五十六年（乾隆六十年让帝位于其子嘉庆，续称太上皇四年）。这个时代之所以是畸型的，因为从多尔衮保顺治帝入关起，满族统治集团便极力推行反同化政策。为了避免它的先辈鲜卑、契丹、女真、蒙古等，最终为文明程度较高的被征服民族所同化的覆辙，而率先强迫被征服诸族移汉风以就满俗。这个政策，从形式上取得了成功，薙发易服推行于全国，便是例证；但从根本上说又失败了，八旗子弟普遍丧失骁勇善战传统，即为明证。

清帝国反汉化政策的失败，是中世纪中国文化整合效应的最后一例，仿佛在为马克思关于文明程度是理解征服者最终被征服的尺度一说，提供新的历史依据。

照马克思的尺度，中世纪中国的文化整合，总的趋向可称作趋同——趋向于认同汉文化。对于历史上的非汉族来说，趋同的代价总是以本族特质文化的消失而换取汉族普遍文化的扩展。

然而，经过十九世纪前四十年的不死不活时期，或如龚自珍形容的"万马齐喑"时期，世界历史的进程却迫使中国文化的取向发生逆转：趋同变为趋异。

一八四二年清帝国被迫与英帝国订立城下之盟，令满洲权贵惶然，更令清朝臣民愤然。鸦片战争刚结束，一位以鼓吹"经世"著称的湖南学者魏源，便接连刊行《圣武记》《海国图志》——前者站在代后圣立言的立场上，亟欲唤起满洲权贵的尚武精神；后者则企望帝国统治者变"以汉制汉"为"以夷制夷"，仿效当年"师明长技以制明"转而"师夷长技以制夷"。魏源或许不知道，仅仅半世纪前，"今上"即道光帝的祖父乾隆帝曾给英王特使马戛尔尼一道国书，傲慢地声称天朝上国什么也不缺，因而当魏源步武林则徐，承认"喊夷"船比大清坚，炮较大清利，如不"师夷之长技"便不能"制夷"……

由于《海国图志》在刊行后不久，迅即引起朝野注意，咸丰初年的国防大臣（兵部左侍郎）王茂荫甚至建议皇帝，将此书列为所有亲王大臣、宗室八旗子弟的必读书，因此魏源的议论，恰好表征清朝统治集团由内而外的文化认同取向。不但满族亲贵，而且汉族士大夫，信心都开始发生动摇，至少在物质文明层面，不敢再唯我独尊，而趋向于学习已经陌生的异质文明。

岂止龚自珍、林则徐、魏源。徐继畬，一名顽强反对林则徐的地方大员，所著《瀛环志略》，洞悉"夷"情和筹划"夷"务，都高出于《海国图志》。同时代还有何秋涛等人，他们都得出了大致相同的结论。倘说在汉族士大夫中趋异也形成取向，不确实吗？

中国文化早有趋异的传统。太远的不说，自汉至唐，举国上下都愿意吸收最好的东西，在物质上和在精神上都一样。汉武帝听说大宛有汗血马，不惜发动一场战争去夺取。随之而来的不仅有宝马，还有一系列物种，苜蓿、胡瓜、葡萄、胡桃，等等，以及西域的乐器和乐舞。佛教最初入华，是汉明帝去请来的，随之而来的是佛经的翻译和佛教文化的传播。四〇二年，后秦君主风闻西域鸠摩罗什对佛经深有造诣，同样不惜发动一场战争将他"掳"到长安，此后十年中国便有了《观无量寿佛经》(净土宗主要经典)《般若经》《大般若智度论》，以及大乘的《法华经》《维摩诘经》。

　　吸收异质文化需要宽容，而宽容来自在文化上的自信。汉武帝时代"罢黜百家，独尊儒术"，据我考证，那是一场宫廷政变的产物，那以后各家人材仍在朝廷中活动。而不宽容的……*

　　中国文化从来是一种复合型文化。多民族的国家，多生态的环境，多等级的社会，多层次的信仰，造成文化与政治一样，既统一又多元，所谓一中有多，多合为一。

　　不待说，近代中国文化同样是一与多的整合。但整合的趋向，则与中世纪不同。中世纪中国，尤更其是中世纪晚期的中国，文化整合的趋向是"万流归宗"，即趋向于汉族文化。即使是少数民族统治者在政治上占主导地位的时代，如元、清，无论统治民族如何防范，最终都不免于被汉文化同化的命运。**

---

*　编者按：此处文稿有残缺，以"……"代之。
**　编者按：此篇似属未完稿。

在二十世纪中国的"文化"概念（论纲）

时间： 一九九五年三月一日

地点： 美国 I. U. The Poynter Center

中国学者围绕"现化化"问题进行的文化争论，在二十世纪至少已有三度：清亡（一九一一）前十年，国民党建立全国政权（一九二七）前后，中国实行改革开放（一九七八）以来。

三度争论，焦点都在中国文化的未来取向，但形式都是回顾历史，而回顾的重心，都在于怎样估计儒学传统。因此，每一度争论，都似乎是前一度争论的回归。当然，关于"文化"的概念也始终纠葛不清。

纠葛的原因之一，在于"文化"（Culture）的近代涵义，是在本世纪初由日译欧语转介入中国的，它与中国传统的"文治教化"的诠释很不相同。这一点，早由兼通中西文化的学者所指出。可是，中国的文化学者多半墨守传统涵义，而西方的汉学家则多半按照欧语的涵义予以诠释，如此则双方的交流，无疑是"聋子的对话"。最新的例证，便是哈佛大学的亨廷顿教授《文明的冲突》一书在"儒家文化圈"中间引起的否定回应。

我不以为东西方文化没有互相理解的可能，但互相理解的首要前提，在于排除成见。从十九世纪中叶以来，关于中西文化的讨论，总以西方文化"先进"，中国文化"落后"，当作衡量尺度。这意味着文化上的社会达尔文主义。然而历史表明，文化的多元性，犹如政治的多极性，在人类社会中属于总体趋势。历史学不同于未来学，在研究中虽不排除假设，却更重视证据。既然历史已经证明异质文化的存在是事实，而已有的"现代化"模式都已弊窦丛生，那就不能否认非"西化"模式的存在价值。人类社会必将趋于"大同"，未必只是哲人的空想，但至少在目前还不能承认只有欧美模式才是人类社会未来的表征。

由近代中国的历史可证，尽管从十九世纪中叶以来，中国学者关于"文化"概念的界定，多半已采用英语"文化"的涵义，就是说把"改进""栽培"看作人类文化的共同趋向，然而这种"世界主义"的理解却往往在形式上表现为"民族主义"。奇特的是如辜鸿铭、王国维、陈寅恪等，都属于近代中国受"西化"教育最多的人物，反而排斥"西化"最烈。这是矛盾，却是事实。我们当然可以从主体方面追溯原因，可是从不同文化的吸收与转换的角度，能否做出超越既有见解的诠释呢？看来这尤其值得我们思索。

就概念史而言，关于"文化"一词的界定，据说已达数百种。中国学者对于这一概念有多少种诠释，至今难以统计。本来，没有统一的概念，在中国应说是文化研究"进步"的表征。十五年前，中国开始讨论文化问题，首要难题便是"文化"的定义。当时我曾提出，"没有定义也许正是定义"，这当然是"东方式"的折衷说法，却为同行所认可。近年中国学者所用的"文化"概念，仍然异说纷纭，却都相互理解。或许这正应了中国民间的一则谚语，"草鞋没样，边打边像"。

困难在于，文化概念往往不属于纯学术领域。尤其在中国，概念的涵义，经常随着政治气候而变动。最近中国某些颇有影响的学者，再度拾起七十年前曾经盛行的"国学"概念，用以强调中国文化的所谓本土性，并把这种本土性的表征说成孔子以来在中国历史上"一以贯之"的儒学传统，甚至宣称它才是未来世纪的文化取向。而西方某些学者，强调"文明的冲突"，显然也并非出于非政治的考虑。这就增加了概念研究的复杂性。因此如果要探究"文化"概念在东西方学者中的不同理解，排除学术以外的附饰语言，或许是必要的。我们关于东西文化问题的对话，能否更多地从历史考察方面寻求共同点呢？

二十世纪前半的中国文化（提纲）

时间：二〇〇九年十月二十日晚

地点：复旦大学张江校区

一　百年乱世，只说昨天

国名三改

权力四更（单说"中央"）

一统成梦

后半难说

二　国体与政体

"洋人的朝廷"

"可怜换得假共和"

军政和训政

"走俄国人的路"？

哪个政权更腐败？

三　无文的文化

失落了的"文艺复兴"

枪刺下的文化教育兼说东西文化争论

日本、苏俄与文化异态

文化保守主义的阴魂："读经"与辜、梁

"新生活运动"的彷徨

抗战和分裂（日苏劫掠北疆，国共同床异梦，谁先制造"两国论"）

"胜利"后的大内战

蒋介石"行宪"走向末日

是人民的选择，还是历史的错位？

文化也"一边倒"？

昨天没有画上休止符

文化人类学在中国 *

时间：一九九五年九月五日

地点：不详

我不是文化人类学家。因为从事中国文化史研究并主持编辑"中国文化史丛书"的缘故，比较关心这一门学科在中国的发展，所以可说一点它的历史和现状。

西方的人类学被介绍到中国，始于二十世纪初，是作为进化论的附带物，由梁启超、严复等译介的。正式倡导人类学研究的，是曾赴德国攻读哲学和人类学的蔡元培，他在一九一七年至一九二七年任北京大学校长期间，设置人类学专题讲座；任中央研究院院长时，又提倡人类学和民族学研究。他的工作，就见于有一批年青学者赴国外研究人类学。

二十世纪三四十年代，一批留学生和在中国讲学的外国学者，在中国纷纷从事人类学研究，形成平津（燕京、清华、南开、辅仁）、沪宁（中央、金陵、复旦，外加厦大）、岭南（中山、岭南）、滇蜀（四川、云南及战争中迁去的西南联大等）几个中心。

但研究者的背景，使学科的名目不同。平津以英国功能学派的传播

---

* 为日本大阪大学文化人类学讲习班访华团的演讲提纲，另有附录《补述：祖父江孝男〈简明文化人类学〉读后》。

为主，称社会人类学（吴文藻、费孝通）；沪宁主要介绍的是美国博厄斯学派，称文化人类学；而在欧洲大陆如德国等留学的，则称民族学。

五十年代，中国高等教育和社会科学研究大调整。依苏联的体制，凡原属社会研究的统称为民族学；凡原属体质人类学研究的仍称人类学，但归并入生物科学；凡属于历史的则分别归属于考古学和民族史。而社会人类学、文化人类学等名目，则由于社会学和文化学研究被迫取消而消失。

名目虽然消失，研究仍在继续。北京和各大区都建立了民族学院、民族研究所，专门从事中国少数民族研究，并在五十年代至六十年代初，进行过全国性的少数民族语言、历史和社会调查。考古人类学也依附于考古文物研究，而在材料方面取得进展。但体质人类学则陷于困难状态，仅有几所学校还设置此专业。

八十年代恢复了人类学研究。一九八一年成立中国人类学学会，中山、厦大相继成立人类学系和研究所，但北方和西南等仍在民族学名目下继续进行，上海则无专门的研究单位，如复旦的文化人类学，只在文博学院设置相应的课程。

关于从事研究的理论和方法，也由于学术背景的不同，而很早便有区别。最早在中国流行的是英国的社会人类学。与马林诺夫斯基（B. Malinowski）共创功能学派的拉特克里夫 - 布朗教授（A. R. Radcliffe-Brown）曾在三十年代，应吴文藻、费孝通邀请到中国讲学。费孝通又译马林诺夫斯基的《文化论》（商务印书馆一九四四年版），因而平津西南传播的是功能学派方法。

但同时在南方，主要是相继在复旦、厦大任教的林惠祥努力，从三十年代起传播的是美国博厄斯（F. Boas，又译鲍亚士）学派的文化人类学。曾相继在北京、西南任教的吴泽霖，在教学中培养了许多人。林氏于一九三四所著《文化人类学》，是中国人自著的第一部文化人类学著作。林氏从事的台湾高山族调查，所搜集的两套高山族社会生活器物服饰标本，是中国第一个完整的文化人类学标本（现分藏于厦大人类博物馆和复旦文博学院）。

然而中国共有五十六个民族。其中五十五个少数民族，以及其他不明族属的群体，大部分分布在边疆和内地。直到二十世纪初，还只有西方少数传教士和探险家，深入过他们的地区。只是到四十年代，才有个别学者，包括少数民族学者，深入西南少数民族聚居地区，从事观念、风俗、法律和社会结构的调查，如马学民在川滇彝区，方国瑜在纳西族、彝族地区等，还有就是林惠祥在高山族地区。

五十年代末，全国人民代表大会民族委员会组织各少数民族地区展开社会调查，编写各民族史志，这项工作后由中国科学院民族研究所主持。除台湾的高山、阿美等族外，对中国的所有民族都进行了调查，积累了丰富的第一手资料，出版了大量的民族志。虽然调查采用的主要是苏联民族学研究方法，带来调查方式上的偏颇，但对于中国各民族状况，至此才有了基本的了解，并推动了相关学科的建立和发展。惜乎调查因"文化大革命"而中断，调查成果也受到很大损失。

近十年来，文化人类学或民族学的研究，有很大发展。

第一，基本理论。不再仅限于摩尔根（H. Morgan）的《古代社会》所示范的原始社会分析、血缘家庭论等，而吸收了国外若干新的理论和方法。例如美国文化人类学派相继提出的方法论，包括克伯（A. L. Krobel）的文化层次论，韦斯勒（C. Wissler）的普遍文化模式（Universal Culture Pattern, 分文化丛、文化型、文化束、文化区）论，本尼迪克特（R. Benedict）的四种文化模式（Magolomaniac 夸大狂型、Apollonian 阿波罗型、

Dionysus 酒神型、Paranold 妄想狂型）等。本尼迪克特的《文化模式》《菊花与刀——日本文化的诸模式》等书，在中国颇有影响。而法国列维－斯特劳斯（Clanbe Levi-Strauss）的结构主义人类学，以及英国利奇（E. Leach）的新结构主义人类学的方法论，在中国也甚受注意，但主要影响不在人类学，而在文化学。很可惜，中国尚未建立从中国实际研究中提炼出来的文化人类学或民族学理论，虽然已有尝试，如童恩正、刘尧汉等。

第二，具体成果。最大量的是现代各少数民族史志，但多限于素材推导式的初稿。较好的研究成果，出现于西南诸少数民族研究，尤其是彝族文化，虽然多采用摩尔根方法，但提供了较全面的概述，如马学民主编的《彝族文化史》等。用文化人类学或结构主义人类学见解进行研究，则有大量论文，其中最令人感兴趣的是属于群体形成问题，例如始祖与家庭，亲属与继嗣，年龄，共同利益与社会分层问题。汪宁生、宋兆麟、严汝娴等都作了很好的研究。相关学科如考古人类学、语言人类学以及宗教学、文物学、思想史、文化史等，也都非常注意由少数民族共时性文化中体现的历时性文化问题。由亲缘学科引出的民俗学研究，其实也包含了大量文化人类学的信息。

第三，存在问题。首先是近十年切实的田野调查，反而比五六十年代为少，而中国诸少数民族现代化进程加速，使得各民族保存的"原初形态"，消退速度因而加剧。此后田野调查愈来愈难，不得不依靠文献研究而在研究室中思索的倾向将会增加。缺乏田野调查的文化人类学研究，将如无源之水，变得枯竭。其次是中国文化人类学，起步时即继承了西方人类学研究的共有缺陷，那就是倾向于搜集保留原初形态最多的民族或群体。最初是为了发现典型性，后来竟流于搜秘猎奇，以为不特别不足以引起轰动效应。因为以占人口最大多数的汉族，虽然不同区域不同层次不同职业不同历史的作用，在汉族内部引起的差异极大，但至今尚无以汉族作为文化人类学研究对象的（近代有改变，就是区域文化史研究的开展）。再次是理论缺乏独创性。中国是世界上统一最久而民族最多的大国，考古资料丰富，语言资料丰富，群体形成既独特又相互影响的形态资料丰富，社会一体化的经济体系、政治组织与社会控制、宗教与巫术、艺术生活形式等资料丰富，都是无与伦比的。照理应该从中国的实际出发，创造出中国独特的文化人类学理论。然而从二十世纪初至今，在中国相继起最大影响的人类学理论，都是外来的。这许多理论虽然对中国文化人类学研究有参照作用，但吸收不能代替创造。例如中国的婚姻与家庭同时存在的形态之复杂，就是用任何一种外来理论都不能完整诠释的。中国学者已意识到这个缺陷，问题是创造非但需要时间，还要实事求是。中国最近对刘尧汉的"中华民族始祖彝族"说的争论，便是显例。最后，随之而来的方法论问题，前已述，不赘论。

我非专家，只是旁观者。我的介绍，只能供列位参考。

一九九一年九月，上海

附 录

补述：祖父江孝男《简明文化人类学》读后

我不熟悉日本的文化人类学的学科史。我只读过祖父江孝男的《文化人类学入门》——中译本改题《简明文化人类学》（季红真译，作家

出版社一九八七年版）。据书后所附滨口惠俊的"解说"，祖父江教授是
"作为文化人类学新手们的旗帜"在日本登场的，但中译本的内容提要
却说他是"日本当代文化人类学的奠基人"。两种说法，不知孰更切合，
或都切合，都不切合。无论如何，我对日本当代文化人类学总算有了一
点皮毛式的知识。

祖父江孝男的这本书，侧重于"心理人类学"，这是由美籍华裔学
者徐烺光教授发明的名目。祖父江教授在前言中，明确表示"社会结构
论与亲族论等不包括在内"，就是说他的著作明白不同于在日本占主流
的社会人类学（见滨口"解说"）。将弗洛伊德—弗洛姆学说引入文化人
类学研究，是第二次世界大战后美国的时髦。战后行为科学研究的发展，
非但吸取了弗洛姆学说，而且显然受到维纳《控制论与社会》的影响。
所谓要求性的社会人格的形成，在祖父江的三层次人格结构说中，居于
主体地位。祖父江以为人格表层（职责性行为）、内部（核心部分外层）、
深层（核心部分内层），组成人格结构三层次，这恐怕是根据日本民族
性格得出的分析性结论。

令人感兴趣的，是中国学者在二十世纪八十年代中期，也提出人格
的"深层结构"说，表征是"集体无意识"，见李泽厚说。那是袭自荣
格的心理学，而荣格与弗洛伊德—弗洛姆学说的关系，是众所周知的。
因此，祖父江孝男的学说在中国也有知音，是肯定的。但这在中国不属
于文化人类学。

民族集团的社会心理和行为之间的相同度（依徐烺光说），无疑值
得研究。但在多民族的中国，是否如单一民族的日本那样，规定着文化
的基本性框架，制定了集团与人的关系，构成成员的人格和行为的基本
部分，即所谓"民族信息"，恐怕值得再研究。

文化：近代中国与近代西方（提纲）

时间：不详

地点：不详

一　从亨廷顿的近作说起

《文明的冲突》引发意见冲突。亨廷顿虚构历史。

虚构的历史只能导向错误的判断。增长政治智慧不妨读读"事后诸葛亮"式的著作，鼓励辩护论必定自食苦果。善于自我省视者才有希望。

二　"儒家"并非中国文化的历史表征

模糊的"中国文化"：边沿、运行、结构、重心、性状都难以确定，"一切皆流"。没有一以贯之的儒学，哪有恪守道统的儒家？听听马克思，别再召唤"游魂"。

三　由前近代到近代

银本位制的确立。清初禁海政策的恶果。中国与近代西方的文化交流及其中断。人文主义的学术精神怎能在乾嘉时代勃兴？文化传统的变异。近代民族主义对内对外的双重尺度。

四 近代中国文化的三重传统

……文化的超越和不超越。晚清政治文化的三条理路：“祖宗成法不可变”，“中体西用”和“王政复古”论。假孔子保不了“我大清”。真洋务遏不住四面欧风。伪路德帮不了“自改革”。“改正朔易服色定制度”，也没能“把中国化成美国”。“全盘苏化”带来的并非真正的社会主义。三重传统的相互碰撞、摩擦、猜疑、忌恨，也相互熟悉、容忍、吸取、同化，在近代中国形成的奇特景观。

五 多极世界与多元文化

历史并非适者生存史。预设价值判断必受“事后诸葛亮”们的讥嘲。亨廷顿的文化决定论是在徒劳地坚持“文化霸权”论，反之亦如斯。原教旨主义及其变种从未在近代中国得行其道……

文化生态与文化走向 *

时间：二○○二年五月九日晚
地点：同济大学基础部

一　当前的文化生态

二十世纪末，有两个美国人，各写了一本书，都曾在世界上引发争论。

一本的作者是福山（Francis Fukuyama），日裔美国人，哈佛政治学博士，兰德公司顾问。他的书名《历史的终结与最后一人》，出版于一九九三年，但至今国内似尚无译本。由其书名，便可知他以为苏联垮台、东欧崩溃意味着资本主义消费文化是最后的赢家，从十八世纪以来源于欧美的"自由民主"的理念，在全世界已定于一尊。因而，当人类进入二十一世纪，国界、种族、制度等等差别，将很快消亡，全都成为"最后的历史人"。

另一本的作者是哈佛大学政治学教授亨廷顿，书名有"文明冲突"四字，出版于一九九五年。他与他昔日的学生福山关于世界未来的乐观预言，所谓将进入"人的自由王国"，正好相反，以苏联为首的"社会主义大家庭"的崩溃，将会给未来世界带来更大的动荡不安。由于中国、

---

* 原文无标题，标题为编者所拟。

朝鲜、越南、古巴的社会经济必将起变化，因此未来将不是资本主义和社会主义两极化的冲突，而是人类各种固有文明的冲突，特别是西方的基督教文明、东亚的儒教文明和亚非伊斯兰教文明的冲突。他认为，儒教和伊斯兰教两种文明，将联手对付基督教文明，包括价值观念和社会结构等方面。

人们记得，这两本书相继引起全世界各国多么剧烈的争论。福山关于"历史终结""最后一人"的观念，来自尼采，又反对尼采，因为他认为尼采关于人类将走向毁灭的阴郁预言，已被二十世纪的历史所否定。这自然激起早对资本主义充满疑虑和戒心的各派论者的驳辩。

比较起来，亨廷顿的"文明冲突"论，似乎更触及中世纪到现代世界历史的底蕴，因而他关于东西方三大文明必将继续拼死斗争的悲观语言，更引起人们的震动。因而其书无论在美国、欧洲还是在东亚，都诱发争论。在东亚和阿拉伯世界，更是一片痛斥声。中国主流媒体的批判更强烈。

接着到了二十世纪末。"全球化"似乎由于"信息高速公路"到处通达，变得指日可待，人民都在欢呼"新千年"，也即基督教《圣经》期待的"千禧年"的大乘世界降临。中国加入世贸组织，两伊被内外困境整得焦头烂额，中东出现"和平"曙光……看来，亨廷顿的预言破产了。

谁都没有想到，就在"新世纪"的第一年，就在自视全球化当然的和唯一的领袖的美国，号称精英荟萃的纽约世贸大厦，竟被来自世界最落后地区之一的阿富汗的恐怖分子劫机冲坍。接着美国发起反恐战争，取得表面的却非决定性的胜利，而中东战火再起，巴以冲突至今未了。美国人惊魂未定，西欧极右翼势力在各国政坛陡增，又引发欧洲乃至世界的普遍惊惶。

至少这就是我们目前面对的文化生态。

二 测不准的未来文化走向

作为历史学家，我从不愿讨论没有发生的事情。自以为历史学的终点就是未来学的起点。

但二〇〇一年"九一一"事件后，上海有家报纸，却坚邀我谈谈世界文化的未来走向问题。我无奈，只得写了点感想。

当时我指出，一九九一年隆冬苏联寿终正寝，多少未来学家为之亢奋，以为"后冷战时代"降临。但福山的历史终结论，早因美国发动的海湾战争未达目的，而被证明是过度乐观。亨廷顿的文明冲突论，预言三大文明较量的结局，必将是基督教文明赢得最后胜利，与福山的说法，不过是五十步笑百步而已，二者都引起"东方主义"论者的反弹。

所谓"东方主义"，是阿裔美国人萨义德《东方学》一书宣扬的理论体系。我指出那也毫不新鲜。从五四以后的梁漱溟起，所谓儒教文明必将征服世界，所谓孔子学说为中心的儒学必将成为二十一世纪全球文化的表征，在二十世纪最后十年，已成为中国主流媒体不倦赞颂的最佳预见。随着中国成为全球最大又最廉价的劳动力市场，海外跨国公司纷纷来抢占这块风水宝地……这似乎给中国政府和海外商人带来"双赢"局面，中国可向全世界宣称经济增长全球第一，而跨国公司可将其中相当部分利润装入私囊。

这里我只谈既成历史的基本事实，不想讨论此类事实对中国命运的影响。有一点无可否认，那就是"信息时代"，中国还是被动一方。休说前十多年，中国的"高科技"，除了战争技术的确被迫自力更生，即沿着二十世纪西方走过的道路跟进以外，其他所有新高技术，都要看投资方面，即最终由美国、西欧、日本等跨国资本集团所从属的权力机制，允许向中国输入到何种程度。

二十多年的对外开放史，表明中国被纳入"全球化"体系。目前的权力机制，应防止由动力变阻力。打破导向腐败和滞后的体制，非但在海外投资者中间呼声日高，即使在国内也难以遏阻。目前有家主流经济报主编，作文喊叫以往企图"绕过去"的问题，即体制改革问题，如今"绕"不过去了。令人看来甚觉有趣。

…………

如果言与行违，实际倡导可以那样说，不可以那样做，即二十世纪初美国总统老罗斯福最爱提倡的实践标准，那么我们能相信这是对未来预见的理论基础吗？

我认为未来的文化走向，只能用"测不准"三字说明，不仅有鉴于昨天和前天的中国史，还有鉴于今天即我亲历过的现时代的中国史。

三　历史只是灰色的回忆

黑格尔是马克思敬仰的哲学老师。他的讲义《历史哲学》，对于马克思的历史辩证法，也即恩格斯所称唯物史观，起了怎样的影响，至今未见国内学者有认真讨论。

但我以为《历史哲学》确有卓见。它对我在大学讲授中国史学史三十余年，起了导引作用。那卓见，即在《历史哲学》结论中的以下一段话：

人们惯以历史上经验的教训，特别介绍于各君主、各政治家、各民族国家。但是经验和历史所昭示我们的，却是各民族和各政府没有从历史方面学到什么，也没有依据历史上演绎出来的法则行事。每个时代都有它特殊的环境，都是有一种个别的情况，使它的举动行为，不得不全由自己来考虑、自己来决定。当重大事变纷陈交迫的时候，一般的笼统法则，毫无裨益。回忆过去的同样情形，也是徒劳无功。一个灰色的回忆不能抗衡"现在"的生动和自由。从这一点看起来，法国大革命期间，人们时常称道希腊罗马的前例，真是浅薄无聊极了。（王造时译本，上海书店出版社一九九九年订正本，第六页）

似不必强调，列宁的《哲学笔记》，引录了这段话，旁批"聪明极了"！那么，到处以马克思主义者现身，却又言不离"以史为鉴"，是否智商不及列宁呢？

用不着说，教历史四十余年，每每面对青年学人质问"学历史有什么用"，我想了又想，决定坦然相告："没什么用！"既然没什么用，学它做什么？我答以除了兴趣，如果一定要问"用"，那只可说"学历史教人聪明"。

一个青年人再也不可能回到童年，正如一个老年人决不可能返老还童一样，因而想起童年或青年犯过的错误，总是追悔莫及。可是倘想想自己的经历，未必能够避免未来重蹈覆辙，但面对未来，可以走得更谨慎、更稳当，不是显得更聪明吗？这也可说"以史为鉴"吧！但作为镜子的，并非历史，而是现状，如黑格尔所说，"一个灰色的回忆不能抗衡'现在'的生动和自由"。

因此我赞成人们学点历史，但反对倡导"以史为鉴"，更反对把伪造历史当作历史镜子。

自古学者便不敌诗人、戏剧家、小说家。学者求真，而诗人、戏子、说书者，却上者抒发感情，下者取悦受众，都不考虑历史的真伪。有人说，历史中只有名字是真的，小说家只有名字是假的。这当然是挖苦，却不无道理。因为小说、戏剧之类，迎合受众的通俗需求，在眼前当然影响甚大，以致被认为除名字外均属真实。但一切历史作品，如追求历史真实，就很难得到受众认同，乃至以为除名字外，都是假的（的确现在的"历史学"都大半属于假冒伪劣产物）。可是我还是以为历史属于过去，过去种种都不可改变，因而坚持从历史本身说明历史，是史学家唯一应该追求的态度。

四　百年来的中国文化

动荡的世界，动荡的中国。

一九〇〇年，帝国名存实亡，传统面临转型。

一九一二年，"无量金钱无量血，可怜换得假共和"。

六岁的民国，便已经历两次帝制复辟。

一九一九年，新青年冲击旧文化：德、赛二先生和穆小姐。

由一个养母抚育的孪生兄弟。

一九二七年，国共分裂的文化涵义。蒋介石祭起守护传统的令旗，"新生活运动"与"训政"。中华苏维埃共和国和红军长征。

一九三七年，日本全面侵华导致中国一分为四：两个抗日政权和两个傀儡政权（伪民国、伪满洲国）。同时存在三种文化：两种半殖民主义，一种殖民主义文化（汪记、满记、台记）。

一九四五年，第二次世界大战终结了，中国内战又起。国民党被迫

"行宪"，却被"枪杆子"驱出大陆。

一九四九年，"新民主主义"文化。由"不断革命"到"革文化命"。从经济决定一切到技术决定一切。两岸文化。

"我们不仅为生者所苦，而且也为死者所苦。死者捉住生者。"（《资本论》第一卷初版序）

五　传统文化与文化传统

二十一世纪才跨入第二春，"地球村"的未来学家们，便不得不面对已成为历史的三点事实：（1）世界历史在共时性中的历时性，时间没能泯灭既存的各类文化传统。（2）世界历史的空间差异，远过于"全球化"的想象，美国人发现忧患在内不在外，欧洲人发现福利国家纰漏百出，俄国人发现"个人崇拜"难以消除，日本人发现不改革就不能继续充当"经济动物"，阿拉伯人发现"肉身炸弹"胜过"石油武器"，亚洲"四小龙"发现各自快成四条虫之一，中国人呢？（3）世界历史的趋向，至少在目前已被证明，并非服从高科技的发展态势。美国为首的反恐联盟，动用了西方除核弹外一切"先进生产力"的成果，至今弄不清那个本·拉登是死是活，不过是个例证，而非孤证。

不是说传统文化是多元的吗？不是说每个民族都有特定的人权观吗？不是说现存的一切文化传统都应尊重吗？那就无异于承认，人类既有的无数文化样态不存在谁比谁更落后的问题，每种文化都有选择生存或转型的权利。这将导致怎样的悖论？不仅是逻辑的，更是历史的。

也许类似的难题，未来会给出答案，但愿我能看到。

近十年中国的文化和文化史的研究

时间：一九八八年三月十六日

地点：多伦多大学东亚系

关于文化和文化史问题，在二十世纪八十年代的中国已成为人们普遍关注的对象。学者们在讨论，干部们在讨论，许多群众也在讨论；报刊纷纷开辟专栏，出版社竞相印行专书，上海、武汉、广州等地都举行过"文化发展战略讨论会"，形成中国人所称的"文化热"。这一年虽有波动，也只略有降温。

全面讨论近年中国的"文化热"，由于材料和研究都不够，目前还不行。我今天专谈自一九七九年以来中国学术界研究文化和文化史的概况，但也只限于我个人的体验，不是一份很有学术深度的报告。全面的回顾，拙作《中国文化史的过去与现状》(《复旦大学学报》编辑部编：《断裂与继承》，上海人民出版社一九八七年版，序言）等，已作了尝试。

需要就今天讲的题目略作说明。第一，我所以只谈近十年，是因为中国的文化和文化史的研究，虽然从二十世纪初便已在中国学术界开展，但从五十年代初便中断了，直到一九七八年中国共产党的十一届三中全会提出"思想解放"之后才逐渐恢复。第二，我将文化和文化史分成两个概念，是因为依照中国学术界的习惯，文化研究指理论（文化学）和现状的研究；文化史研究则指中国传统文化的发展过程研究，通常将下限定在一九四九年中华人民共和国成立以前。它们分属于两个领域。第三，所谓文化指文化整体，以及从整体角度进行的分解式研究；由于文化本身属于模糊概念，它的外延和内涵都难以确定，因此关于"文化"的定义，在中国学者中间，也如同西方学者一样属于争论不休的问题（举例从略），目前一般倾向于各说各的，"没有定义就是一种定义"。我为了编辑"中国文化史丛书"和《中国文化》研究集刊，在一九八四年曾提出一个工作假设，即将文化的范畴，暂定为"精神和精神的物化的总和"，获得我的同事们赞同。现在我说的整体就指此，当然也失诸模糊。

以下介绍，按照历史学家的职业习惯，分成四个阶段：一、研究的萧索和复苏；二、由文化史到文化学；三、整理研究和分别反映；四、前进中的困惑。

一 研究的萧索和复苏

"文化"一词在中国出现很早。公元前一世纪刘向《说苑》便有此说："圣人之治天下也，先文德而后武力；凡武之兴，为不服也，文化不改，然后加诛。"这里意思是"以文教化"，通过宗教性的礼乐、伦理性的说教、规范性的制度等，教育人的气质按照一定取向变化。它与"武力"即动用军队、刑罚等相对。而现代汉语中的"文化"，则是外来语，是日本明治维新后用现成中国概念，翻译西方的 Culture（或者 Civilization，即文明、开化、教化等）。那时间约在十九世纪末。

中国文化史的著作，现在可知起初也译自日本（白河次郎、国府种德《支那文明史》，复译本《中国文明发达史》，上海，一九〇二），稍后便出现中国人的批评（《訄书》订孔、儒法等）。但到"五四"前，近代意义的"文化"概念才在中国出现。而梁启超的《中国文化史稿》（南开大学讲义，一九二一）、李大钊的《史学要论》（北京高师，一九二四），则是目前所知的最早的以文化史和文化学为名目的学术著作。那以后，柳诒徵、陈登原、钱穆等，都有中国文化史为名的著作，而论文就更多。

中国文化学的专门研究，虽然早有梁漱溟的《东西文化及其哲学》等著作，但纯理论的研究多半限于译介西方的文化人类学、文化社会学和文化心理学等著作。英国的爱德华·泰勒、美国的路易斯·摩尔根的古典近代理论（人类文化本质一致，因而文化发展都有连续性、进步性和普遍规律），德国的弗里德里希·拉策尔等的"文化圈理论"（文化的空间和层次有区别有重叠），法国的涂尔干（埃米尔·迪尔凯姆的旧译）、马歇尔·莫斯的"集体意识"理论（即社会学派理论），美国的弗朗兹·厄博斯（旧译鲍亚士）创立的历史学派理论（如文化独立论、发展非规律论、价值理论即文化相对论等），英国功能学派的希罗尼斯拉夫·马林诺夫斯基等的"需要理论"，奥地利佛洛伊德的"潜意识（Subconscious）理论"，法国列维—斯特劳斯的结构主义理论等，都是三四十年代中国文化学者较熟悉的。

但中国文化的现状研究，从"五四"起便在文化论战中发展。国民性改造问题，非宗教运动问题，科学与玄学问题，社会主义问题，全盘西化与中国文化本位问题，都曾在二三十年代有过系统辩论。从三十年代到四十年代，围绕马克思列宁主义在中国是否适用问题，国共双方理论界进行过激烈辩论。双方代表是蒋介石的《中国之命运》、毛泽东的《新民主主义论》，这实际上是在文化论战掩饰下的政治争论。

五十年代初中国大陆解放。按照逻辑，无论文化学和文化史的讨论，都应有更大发展。但事实相反，两种研究都萧索了，连大学中这类课程都在无形中取消了（举例从略）。

萧索的原因很多。政治原因且不去说，但有一种很奇怪的推理，在五十年代初便悄悄流行，那就是中国自来只有地主阶级有文化，农民没有文化，但地主阶级文化正是农民的血汗造成的。这个说法，到五十年代初变成一种推理，即既然中国从来只是地主阶级有文化，那么谁讲中国传统文化就是宣扬封建主义文化。这一来，中国文化史便被取消了。根据这个推理，说到文化现状，当然是只有资产阶级有文化，无产阶级没有文化，苏联曾经批判过"无产阶级文化学派"更是依据，于是以现状和理论为主的文化学研究也就无形中取消了。到六十年代初，只有著名史学家周谷城还在复旦大学讲授"世界文化史"，然而对他的全国性批判也使这门课被迫中辍。

从一九六六年到一九七六年的十年"文化大革命"，以后在中国被形容为"大革文化命"。它对中国文化和世界文化的长远影响，可能要到二十一世纪才能作出比较恰当的评估。但中国的传统文化和外来文化一起被扫荡，则是确实的。这期间自然没有可能从事任何学术研究。

在"文化大革命"结束以后，大学教育开始恢复。于是有人开始突破这个"学术禁区"。起初很困难，从一九七八年到一九七九年，全国只有两个单位挂起文化史研究的招牌，这就是一九七八年成立的复旦大学历史系中国思想文化研究室、一九七九年成立的中国社会科学院近代史研究所近代文化史研究室。到一九七八年中国共产党十一届三中全会以后，首先在上海，接着在北京，开始举行小范围的文化史讨论会。直到一九八二年十二月，才在复旦大学举行了第一次全国性的"中国文化史研究学者座谈会"。它的纪要,发表在一九八三年春出版的《中国文化》研究集刊第一辑上,有几家报纸做了报道,引起普遍注意。但真正促进文化和文化史研究发展的,倒是一九八三年十一月开始的"清除精神污染运动"。刚开始的文化研究,也被暗中当作一种污染。那效果,就是一九八四年到一九八六年持续了三年的"文化热"。

从一九七九年到一九八三年,每次讨论的文化问题,总是集中于辩论"什么是文化,什么是文化史",好像小学生初学识字,由 ABC 学起一样。现在想起来很可笑,但也是个悲剧。它表明,在经历了三十多年的萧索期以后,本来学术界已经熟悉的概念,不仅对于二三十岁的年青学者,即使对于四五十岁的中年学者,都变得陌生起来。至于国际学术界在文化问题的研究上,有哪些新课题、新观点、新体系、新学派,在当时多数人更加生疏。

这几年的主要成绩,除了使文化和文化史恢复研究,引起广泛注意以外,主要是出了一批论文,其中较有质量的刊登在《中国文化》《中国哲学》两份研究集刊上。同时,复旦大学中国思想文化史研究室编的五卷本《中国现代思想史资料简编》(浙江人民出版社,一九八二——一九八三年),集中提供了一九一五——一九四九年文化问题论战的材料。

二 由文化史到文化学

当一九八四年夏初,"清除精神污染"的呼喊声低了下去,在中国学术界忽然出现了一个高潮。由上海、北京等地一批学者筹办的"中国文化史丛书"(周谷城主编,朱维铮、庞朴等编,上海人民出版社出版)开始,各地学者纷纷筹办各种文化史丛书,如"中华近代文化丛书""汉唐文化丛书""明清文化丛书""传统文化与现代化丛书"等，都是学术性的。而在普及文化上影响最大的，则是北京一批年轻学者所编的"走向未来丛书"（金观涛等编，四川人民出版社，一九八四年至今已出八百万册）。加州大学伯克利分校的 F. 魏克曼教授曾称之为"中国的丛书热"，要他的研究生专门研究。至于论文就出现更多，大学学报、社会科学刊物以及许多报纸，都纷纷开辟专栏讨论文化问题，其中《复旦大学学报》《文史哲》《社会科学战线》等较多。同时，专门的文化研究机构也在这三年相继出现，北京的中国文化书院（一九八五）就是代表。而理工科大学也对此有热情，清华大学便成立了思想文化研究所（一九八五）。

起初文化研究是在历史研究的名义下进行的。但一方面，"清除精神污染"以前，中国传统文化与现代化的关系，已引起学者们沉思；另一方面，正如黑格尔所说，"只是当规定某物为极限时，就已经在超出这个极限了"。今天的现状就是明天的历史，历史学的终点就是未来学的起点。想用文化史来限定文化的理论和现状的讨论，自然是困难的。

事实上，还在一九八三年春末，后来聚集在"走向未来丛书"周围的一批年轻学者，便以"中国近代的科学技术为什么落后"为题，举办了一次讨论会。金观涛、刘青峰夫妇发表了"超稳定系统"理论，引起学术界广泛注意和讨论。他们用控制论观点分析十九世纪前的中国文化，认为中国的儒道互补形成了一种文化自我调节机制，对于外来文化具有一种顽强的阻抗作用，使得中国封建社会陷入长期停滞，而这种停滞单靠内部力量无法打破。结论呢？他们没有说，后来有位学者说出来了，那就是中国传统文化的顽固保守性格，使得中国无法依靠主体力量实现现代化，只可能"被现代化"。这样，一个同现状紧密联系的理论问题就在探究历史的名义下被引人注目地提出来了。

"清除精神污染"的震动，促使更多学者思考两大问题：怎样估计中国传统文化？怎样看待中国文化与西方文化的相互关系？一九八四年到一九八五年，哈佛大学的杜维明教授在北京大学访问，组织北京大学为主的一批研究生和年轻学者，定期举行"习明纳尔"，以"儒学第三期发展前景"为题，系统讨论五四以来中国文化和知识分子的问题。他还到上海等地讲学。他的活动促进了中国学者对于海外新儒学的了解。同时加州大学伯克利的魏克曼教授等在北京、上海等地的讲学，也促进了中国学者对于美欧学术界关于中国文化研究的概况和成果的认识。"他山之石，可以攻玉"，中国学术界对以上两个问题进行了更深人的反思。

一九八五年起，北京、上海、武汉、西安、广州、天津、杭州等地一批中国学者，包括王元化、庞朴、汤一介、萧萐父、陈俊民、张磊、刘泽华、沈善洪、纪树立等和我在内，开始举行一年一度的文化研究协调会，杜维明、魏克曼都参加了。由此形成一个"松散的联盟"，更有组织地进行文化和文化史研究。

一九八六年一月初，在复旦大学举行了"首届国际中国文化学术讨论会"，有中国和欧美、日本近百位学者出席。讨论的就是前述两大课题，会议的文集由我主持编辑，已于一九八七年五月在上海、香港同时出版（《中国传统文化的再估计》，上海人民出版社；《中国传统文化的再检讨》上下册，香港商务印书馆）。按照会议纪要，讨论的问题，包括中国文化的特征、结构、发展阶段，中国文化中的儒学传统，中国文化传统的总体估计，中外文化交流问题，中国文化世界化和世界文化中国化等。中国和各国学者发表的论文，在目前可以大致代表中国文化和文化史研究的一般水平。

在这个时期，世界文化研究和中国与西方文化比较研究也展开了。北京一批年青学者筹办的"文化：中国与世界"文库，于一九八六年开始由北京三联书店出版（甘阳主编）；复旦大学历史系组织的"世界文化丛书"，也在这期间筹备完成。值得注意的是西方现代文化名著陆续翻译成中文，使中国读者有机会了解在现代影响较大的著名学者，如德国的马克斯·韦伯、曼海姆、哈贝马斯、舍勒、西美尔，美国的帕森斯、默顿、巴伯、亨廷顿，法国的德·波伏娃等的见解。较早的如美国的列文森、本尼迪克特，法国的纪尔兹、福柯等人的著作，也已开始在中国译出。

三 整体研究和分别反映

中国是个多民族国家，现在已确定族别的五十六个民族，都有悠久的历史。汉族占中国人口的绝大多数，但汉族文化可以代表中国文化，却不能包括全部中国文化，而汉族文化不仅是历史形成的，并且至今仍有区域的差别。因此研究中国文化，必须从整体着眼，同时也要进行分解式研究。

统一整体和分别反映的关系，目前已被很多学者所觉察，但具体认识则有很大分歧。简单地说，有如下几种认识。

第一，认为中国文化属于完整的观念形态。这种观念形态自古至今虽有变化，但万变不离其宗，这个宗就是以孔孟之道为核心的儒家学说。持这种看法的包括两类学者，其一是长期从事孔子和儒学研究的学者，其二是长期从事近代文化研究的学者。他们对这种传统的态度和取向不同，前者多半倾向于肯定孔子和儒家学说的正面，后者倾向于否定孔子和儒学的负面。但在什么是中国文化的整体这一点上，认识都无二致，例如匡亚明和蔡尚思的辩论。

第二，认为中国文化的整体虽属于观念形态，但随着历史的时间进程，主要形式在起变化，可以分解成先秦诸子、两汉经学、魏晋玄学、隋唐佛学、宋明理学、清代汉学、近代西学。持这种看法的多半属于中国哲学史和中国思想史的学者，也包括部分文学史家。

第三，认为中国文化的整体主要是地域和民族（也是空间形态）的复合体。由于组成复合体的部分不同，因而形成文化整体的时代差异。例如先秦的中国文化是三晋、齐鲁、关陇、巴蜀、荆楚等文化的复合体，或者是华夏、东夷、西戎、北狄、南蛮的文化复合体，清代文化是汉、满、蒙、藏、回等民族文化的复合体。持这类看法的学者多半也从事区域文化和民族文化研究，如谭其骧。

第四，认为中国文化的整体只有通过地下埋藏的和地上留存的历史文物的综合研究才能认识，由历史文献得出的观念不足据。中国的考古学家最爱区分文化的细微差别，每发现一个古代遗址及文物，便命名为某某文化，如仰韶文化、龙山文化、半坡文化、河姆渡文化、大汶口文化、良渚文化等。而从事艺术文化研究的学者，多半同意考古学文化的分析。

第五，认为中国文化的整体属于行为方式的整合系统，而文化的核心则是传统的价值系统所构成。海外的新儒学的提倡者，包括已故的徐复观、唐君毅，目前活跃的杜维明、刘述先等，均持有类似这样的见解。他们的看法，在中国国内也得到相当的赞同。庞朴、汤一介等均在不同程度上有相同的看法，近年李泽厚也被认为转向这种看法。

我认为以上看法都有合理因素，但很可能是由于中国文化的多元性、多面性而得出的不同见解，所谓"摩尼之珠，所见异色"。由不同角度进行深入研究，不必强求一致，反而有助于对作为整体的中国文化的全面认识。

前面说过我作的一个工作假设，即文化是精神和精神的物化的总和，自然不免贻讥于有识，似在调和诸说。但这也代表我对中国文化整体的一种粗浅认知。我在拙著《走出中世纪》（上海人民出版社一九八七年版），曾经批评以往中国历史研究的方法论有个通病，习惯于牛顿式的时空概念，即时间是线性的，说到历史非进步即倒退；空间是欧几里得几何的，总是忽视历史的区域特性，将帝都王畿的时代现象无限扩展为当时中国的空间共性。因此我提出历史与文化都属于时空连续性的相对论界定，同一时代的不同空间（区域、民族）具有不同时性，反之不同时代的同一空间倒可能有同时性。例如在二十世纪前半期，当上海已进入所谓资本主义发展阶段，而中国腹地则仍处在中世纪晚期，而边疆地区有的还在中世纪早期甚至停留在原始状态。任何一个区域或民族的文化形态，都不能代表中国文化的整体。

除了注意时空连续性，我以为还要注意结构的区别。因此我提出注意文化分类问题，从各个层面、各个角度才能窥见中国文化的全貌。我初步分为十六类，区域文化、民族文化、考古学文化、科学文化、生活文化、学术文化、语言文化、艺术文化、体育文化、宗教文化、文化制度、文化事业、文化运动、文化理论、文化交流与比较。现在的"中国文化史丛书"和《中国文化》集刊，便大致按照我的分类编辑。我虽然不以为要每个问题研究清楚才能讨论中国文化的整体性和历史性，但我以为不注意这些层面和角度，那么中国文化究竟是什么便说不清楚，自然更难以问为什么。

四　前进中的困惑

中国学术界关于文化和文化史的研究，重新起步只有不到十年，然而取得的成就已超过以往七十年。比如二十年代末至三十年代初，商务印书馆的王云五编辑了一套"中国文化史丛书"，共五十种。以后不断重版，到一九八三年还在台湾出版了第六版，说明还没有一套能代替它的同类作品。这是不正常的。

事实上，中国学者在五十年代到七十年代的三十年间，尽管文化氛围不利于学术研究，然而分门别类的文化史研究，如文学史、哲学史、艺术史、宗教史、教育史等，都程度不等地有很大发展。尤其是新材料不断发现，包括文物考古和民族调查两方面，所获得的材料，足以改变人们对于中国传统文化的大部分认识。

新材料必定提出新问题，新问题必定导致新见解，新见解必定引出新体系，新体系必定开拓新领域。反过来也是如此。这个双向流程，过去之所以不畅通，并非由于学术界本身的因素所致。近年来我们不多的人进行组织，得到的成绩至少可说超出王云五的那套"中国文化史丛书"。

那么遇到怎样的困惑呢？除了中国特有的非学术因素，目前中国学者研究文化和文化史碰到以下问题：

知识结构非支离即汗漫。这里不拟讨论知识的分类问题，但无论按照马克思主义所说的两类——自然科学和历史科学（人文和社会的总和），还是按照法兰克福学派哈贝马斯所说的三类——技术性（technica），沟通性（communicative 或称实用性 practical）和解放性（emancipative）知识，无疑都是文化和文化史学者应该具备的，而目前我们多半有缺陷。

现在中国学者多半来自历史和哲学两个领域，前者长于考证而短于议论，后者则相反；年青学者长于引进而短于释古，年长学者又相反。诸如此类造成目前文化研究几分两派。

参照系非随便即迂执。"在某种意义上，人是和商品一样。因为人到世间来没有携带镜子，也不像费希特派的哲学家一样，说'我是我'，所以人首先是把自己反映在别人身上。一个名叫彼得的人所以会把自己当作一个人来看，只是因为他把那一个名叫保罗的人看作自己的同种。因此，对彼得来说，有皮肤毛发的保罗，就用保罗的这个身体，变为人这个物种的现象形态了。"（《资本论》第一卷，第二十五页）我们有许多人或用外来观念衡中，或用当代事实律古，常常因参照系选择不当而导致扭曲。

雅俗渗透非皮相即不通。文化有雅俗之分、文野之分，借用西方概念，就是有 highculture（上层文化）或 lowculture（下层文化，或 popular culture 即通俗文化）的区别。人类学家和西方思想史家多认为文化由雅渗透到俗，正宗的马列主义则认为途径正好相反。无论如何，文化研究者应该熟悉二者，但现在中国学者多半集中于汉族雅文化（即使考古发现也多是古代雅文化）。至于俗文化应从民俗和民族调查入手，文献不足故也，然而目前却很不了解。

东西比较非浮面即隔膜。语言、心态、背景、知识，导致"聋子对话"。

超越传统非过分即不及。主要对于传统文化与文化传统分不清楚。

上海的文化研究简况 *

时间：二〇〇一年五月十四日
地点：上海图书馆

元化先生要我向诸位绍介上海的文化研究的简况，这是个难题。一、上海自一八四三年（清道光二十三年）被英国侵略者强迫"开埠"，迄今已逾一个半世纪，历经巨变。到一九四三年汪伪政府"收回"租界，百年间有两个上海、三个政府（英、法租界和华界），文化从不同步发展，而两个租界是"西化"的典范，但与香港由英国单一殖民统治不同。二、民国建立（一九一一）到一九四九年，仅在不到五年间由国民党一个政府统治。但那几年适值内战，国民党对上海劫掠多而建树少，没有形成上海文化的民族特色。三、一九四九年后上海经历了不断改造，成为中国工商业圣地和财税重镇，但文化地位日蹙，"西化"已失，"苏化"未成，唯教育和科技尚次于北京。这情形到改革开放才有改变，但二十年来，仍未能恢复文化中心地位，总体逊于北京，即俗文化也不及北京、广州乃至深圳。五十年代初，上海商人破产了跑香港，文人失意了跑香港，此后便风光不再，到八十年代初情形已颠倒。我那时曾说改革开放前的

---

* 在海峡两岸学术文化交流促进会与张信刚等香港文化委员会访沪团座谈会上的发言。标题为编者所拟。

上海，由于种种政策失误，上海实已乡村化，尤其体现于上海人的"排内"心态（见我于一九九一年十月为上海建城七百年研讨会的论文《晚清上海文化：一组短论》所作的分析）。

因此，在近代中国，上海文化曾以"现代性"居于前列著称，然而这传统，由于日本侵华将上海变成一个殖民地而大受破坏，由于一九四九年至"文革"的不断折腾而濒于中绝。二十年来上海在各方面重新起步，也包括文化。因为历史的积累，上海科技仍居国内前列，教育特别是高等教育次于北京，文艺、新闻、出版等文化事业也相对地说在国内较发展，图书馆、博物馆等事业甚至超过北京（上图是全国服务最好的图书馆，上博仍是全国最佳的艺术博物馆）。市民的教育程度虽普遍较高，但文化素质却未必最高，唯有对市场经济的感受或者例外。

按照衡量现代化程度的世界通例，思想界、学术界的活跃程度，应属衡量现有文化水准的主要尺度，而教育发达程度则应属瞻望未来文化水准的能见尺度。然而从这两点检讨起来，上海也有长有短，而长处尚未能突题。

从清末以后，中国的文化界、思想界，便有京、海二派的说法。京派重传统，长于继往，短于开来。海派重新知，长于纳新，短于藏往。鲁迅谓京派近官，海派近商，是不错的。但这二十年，海派似已转移到北京、广州，对纳新的重视，在雅文化上不如北京，在俗文化上不如广、深。近年上海似已觉悟其非，似已撇开北京，在文化上以香港为竞争对手，尤其显示在文化设施的"硬件"上，然而在文化内涵上、在俗文化层面上，目前仍未超越追步港台的情结。即在纳新上的程度，目前似仍逊于北京。

学术方面，同北京乃至其他都市比较，上海相反显得滞后。原因很多，一个原因在于历史，因为从二十世纪五十年代初，上海便成为"反资"的老重点。由柯庆施当政（一九五四——一九六五），上海便成为"反资"的重心（柯在一九六〇年曾说"资产阶级十棍子也打不死"），"文革"造势首由上海开始，与柯支持江青一伙，有密切联系。因而"文革"以后，上海学者较诸其他地区学者，普遍地显得更不"海派"，乃属新传统。例证在于从实践来看，上海提倡支持市场经济，得全国风气之先，然而理论上无所发明。同样，上海的学者变得"不敢为天下先"，反而在继承发扬传统方面更稳健。例如"文革"后首倡中国传统文化研究是在上海，因学术界和出版界的共同努力，首倡中国文化研究，然而却由北京学界居功。倒是在北京等地中青学者普遍浮躁之时，以元化先生为首的上海一批学者，首倡"实证的研究"。

目前上海的文化研究，特别是学术文化研究，虽然问题很多，主要是理论研究缺乏突破（文学史似例外），然而务实的作风，在学术界、出版界和图书馆界、博物馆界，则似得发扬。这与以元化先生为首的学界文界群体的默默耕耘有关，也与上海各级文化领导对学术文化领域较少实际干预有关。一般地说，只要不触犯现有的宣传方针，学术界的争鸣实际仍可进行，域内外的文化交往更得宽容乃至鼓励。"海峡两岸学术文化交流促进会"的工作便是例证。

就近年实绩而言，限于我的见闻，以为下列诸点值得一提：（1）学术仍有论坛，除复旦、华东师大的《学报》，以及社联的刊物（《学术月刊》《探索与争鸣》等）以外，元化先生创办的《学术集林》，在海内外均有很大影响。而"中华文史论丛"同样在专家中获青睐。（2）出版了一批较高质量的学术论著，如上海人民出版社早先出版的"中国文化史丛书"，上海文艺出版社的"学苑英华"丛书，上海古籍出版社的诸丛书（"蓬莱阁""名家说"等），以及学林、上海三联等社的丛书等。（3）出现了一批高质量的学术论著，早先如谭其骧主编的《中国历史地图集》，以及新出和重版的上海人文学界中坚人物，如老一代的周予同、周谷城、王元化等的论著，中一代的章培恒主编的《中国文学史》，新一代的学者论撰（有些非上海学者在上海成名如葛兆光）等。（4）地方史的论著，如各区县局组织编撰的地方史志，上海社科院历史所编纂的多部《上海史》等。（5）特殊史料的整理编辑，如上图整理的家谱族谱，上图及档案馆整理的旧上海人或事的史料，在先还有顾廷龙主编的《中国古籍善本书目》《中国丛书综录》等。

以上实绩，可能以偏概全，值得绍介的还有不少，但已表明，上海的学术文化界，这些年不论条件如何，都在前进中，尤其应归功于学者和出版家们耕耘不辍。

因为与香港同行交流，元化先生也希望我说说这几年在香港与同行交流的感受，当然也只限于我熟悉的学术文化领域。

…………

不过香港也许由于是单一的英国殖民地，而英国人对付殖民地，一贯政策是"政治我来，经济你来"，因而养成知识分子不问政治的传统。本来"为学问而学问"，是古今学者的企求。从先秦诸子到民初学人，所以注目"经世致用"，是被迫的，因为即使想不问政治，而政治总来问我。但香港学者普遍远离政治，既有客观因素，即英国殖民者的文化政策，也有主观因素，即生活较优裕，不像二十世纪内地学者那样"舒愤懑"。好处是能潜心供职，缺点也是远离社会。因此香港有水准很高的学者，包括五十年代初由内地赴港的新亚书院创办人钱穆、牟宗三、唐君毅、牟润孙等，他们的政治关怀，仍注目于内地，而不在香港，这由一九五八年张君劢、钱穆和牟、唐、徐、方等发起著名的《中国文化宣言》可知。

随着内地与香港的隔离，香港学者生活渐同内地学者拉开差距，而学者社会仍同香港市民社会脱节，于是形成香港学者多数与内地、台湾学者的心态差异。学术变成"象牙塔事业"，而文化则"随俗雅化"，大众文化远离学院研究。在关注学术和文化的学者看来，那自然是"文化沙漠"。

直到前两年，我两度在港任教，仍为香港学界与政治社会的疏离感到惊讶。有学者问我对港印象，我答以"有文明，无文化"，意为物质文明程度可能超过欧美，但学术文化似与社会脱节。

我是赞同"纯学术研究"的，反对政治干预学术，但以为学术应该植根于社会，例如我研究历史，便以为说明过去与现状的联系，就是自己的任务。我以为坚持从历史本身说明历史，才能教人聪明，才能使后人懂得今天有哪些事物已不同于过去，不同于过去的未必值得称道，雷同于过去的可能正是传统病因所在。因此我对香港某些同行所作的文化研究，特别追蹑欧美的时尚，却毫不在乎同本土文化的相关度，以为至少值得反思。

较诸内地，香港学者研究中国文化，至少（1）在经费上，（2）在资料上，（3）在从矛盾的陈述中清理历史事实上，（4）在发表己见的环境上，（5）在通过自由讨论乃至争论寻求真理上，都较上海优越。因此，我很希望香港学者能有较大的改变，超胜于上海。

十三夜草

丙　探思想

中国人与中国历史 *

时间：不详

地点：不详

一　谁是中国人

三重认同尺度：国籍，种族，文化。

现代世界，国籍以疆域为限，却已不以原住民为限。人口流动频率愈来愈高，迫使众多国家承认取得本国公民权，即为本国人，而公民权仅赋予连续在本国居住满若干年者，有的还与资产挂钩，所谓投资移民；还有承认双重国籍者。

同样，现代世界已罕有单一种族或民族的国家。中国便居住着五十六个或以上的民族（尚有未经民族认同的族群，如苦聪人等）。种族已不限于同一基因群的族类，而民族的组成因素更复杂。很少有符合斯大林定义的（共同语言、共同地域、共同经济生活，表现于共同文化上的共同心理素质），否则，"中华民族"的界定将成问题。

因而，谁是中国人，如同谁是美国人、法国人、俄国人等一样，在现代世界中，主要表征是文化问题。文化认同涵泳着非常复杂的因素。

＊　原载《文汇学人》二〇一四年十二月十九日第一百七十九期。

二　中国人的文化认同

中国的主体民族是汉族，占中国人口的百分之九十以上。但汉族本身就是历史形成的。它已不是上古的华夏族。早在距今约三千年的春秋初，居住在江汉流域的楚人，已否认自己是当时"中国"的华夏族。但黄土高原的华夏族，早先也非同族。

清末章太炎著《序种姓》，上篇主要考察古华夏族的形成史，下篇主要考察中世纪胡汉姓氏的同化史。他在上篇就提出了：（1）华夏的族源，（2）华夏的族群结构，（3）华夏族早期的姓氏分化和重组等。他利用中外文献研究，认为华夏族与世界其他古老民族一样，是经过几千乃至上万年形成的"历史民族"。论证未必正确，思路值得参考。

二十世纪三十年代初，傅斯年著《夷夏东西说》，引用德国兰克史学的实证方法，从中国古文献的矛盾陈述中间，清理出一种说法，以为古华夏族实由东夷和西夏两大族类不断冲突、征服而同化的结果。黄土高原诸族依仗武力征服东方诸夷族，又不断吸收改造齐鲁等先进文化，形成在北方占主导地位的文化，而与孙吴以后成型的南方文化，形成南北二元对立。由此可知，只有尊重历史，才能说明中华民族的由来和演化过程。

中华民族是多民族的复合体，汉族也如此。古华夏族不断与"四裔"同化。统一六国的秦朝王室，原出西戎。楚汉统治者均非周秦后裔。汉魏间塞外诸族大量南迁，所谓五胡乱华的匈奴、鲜卑、羯、羌、氐诸族，历北朝隋唐，多无踪迹可寻。但谁知在一世纪被东汉窦宪等驱逐出北国的北匈奴，远遁西方，于五世纪初突然现身于欧洲，由阿提拉王率领横扫西欧，后退入东欧。而南匈奴曾建立汉，后改为前赵，旋即在大乱中式微，其中赫连勃勃一支在甘、青建过西夏国。羯、羌、氐均由强而弱。鲜卑全盛时称霸东北亚至中亚，它所建立的北朝，因分胡汉，促使汉族形成，至隋唐而定型。这时汉族实为北南诸族同化的产物。其后历经契丹、女真、蒙古、满洲诸王朝，北方汉族不断与这些民族混血，而南国汉族也不断吸纳百越诸族，终成明清的汉族。如今中国各少数民族，唯有西南中南的彝、苗、瑶等族，历史可追溯到中世纪前，其他大部分都是唐朝至元朝才区别为不同族类的。

因而，民族区别，更多体现于文化的多元性。

三　多元文化的一统民族

辛亥革命宣称五族共和，建立中华民国，获得原清帝国疆域内各民族的广泛认同。中华民族为世界所共认。

民族既是历史形成的，近代世界各民族当然也是近代才有严格意义的界定。全球不少区域都拥有古老文明，也许除了中国，没有一种古老文明不曾中断，或者说不曾改易面目。有的现代文明，如美、澳诸洲，完全是近代世界的产物。即如中华文明，也是连续中有间断，一统中有差异。

综合既往学者研究，以下见解可供文化认同参照：（1）凡民国以来，中国版图内的一切民族都属于中华民族。（2）多民族的中华文化是多元文化的复合体。（3）一切文化都涵泳着物质的和精神的两重结构。二者交叉映现的是心理结构。（4）因而文化既是精神的物化，也是物化的精神，例如宗教的庙宇是物，僧道等人也是有形的，但都属于特定信仰的精神物化的表征，艺术形式及其映现的精神也一样。二者都涵泳特定的民族心态，例如佛教的禅宗道场，可谓传统士大夫对佛学认知的物化形态，而喇嘛教寺院，这是藏、蒙诸族改造过的佛教密宗的物化形态。（5）组成中华民族的五十六个民族，各有文化特色，但都属于统一整体的分别反映（周谷城尤强调此点）。既如汉族，也同样有文化的多元色彩。集结的纽带唯有政体和文字，他如方言、民俗、信仰，以及衣食住行（行已例外，可说吃喝住穿），不同地区、不同层次乃至不同职业，都有大小明晦的差异，难以强求一律。（6）因而，只能承认所有区域、族群的文化多样性，都是中华文化的异彩，所谓"摩尼（宝珠）见光，随见异色"，不可说文化认同只能认同于单一的、人为的观念形态。（7）文化差异体现文化的相对性。所有中国疆域内的文化样态，既然早已同法度、同文字，相对于其他种族，当然是自成系统的统一整体。以往所谓中西文化或东西方文化比较，不仅否认中华文化是多元一体，宣扬所谓汉族中心论（在内部是大汉族主义），而且否认汉文化也存在着东西南北中的时空差异，乃至将都城文化代替中国文化，殊不知多元性正是汉族和整个中华文化的固有传统特色。（8）中华文化从来不是封闭体系，内部求同存异，外部吐故纳新，是中华文化历久不衰的奥义。新儒学反其道而行之，"以我为中心"，并欲以朱熹式理学为中心，绝非文化认同导向。

四 历史的中国

假如以近代民族国家的疆域形成为准绳，那就只能同意谭其骧的界定，中国的版图当以康熙晚期为范畴，因为到清康熙中叶（一七〇〇年前后），帝国的有效统治，已经北至满蒙，西包准部西藏，南东有海南、台湾诸岛，且不说回境各藩国。那时帝国疆域，在一千两百万平方公里左右。

时至晚清，清朝还相继在新疆、台湾设行省。然而列强侵略引发的边疆危机同时加剧，日本强割台澎，沙俄蚕食蒙疆，英、法、德、意等也竞相强占中国领土。直到民国，苏俄斯大林政权不顾列宁废除对华不平等条约的誓言，制造了外蒙独立，还霸占了没有任何条约可据的中国领土唐努乌梁海。于是到抗日战争胜利后台湾光复，中国领土也似被蚕食后的秋海棠叶，仅有九百六十万平方公里。

讨论中国的历史，要确定历史的中国的界域，无疑不能限于民国版图。例如外蒙，从北朝到辽金元，都在当时中国王朝版图之内，并是元帝国的统治基地，满蒙八旗的联盟重心，怎可视作"外国"？

延安时代范文澜主编的《中国通史简编》，由于因袭宋明统治者的汉族中心论，并且错解近代西方的民族国家观念，遂将中国历史上的民族冲突，混同于西方殖民主义时代的侵略与反侵略斗争。凡北疆诸族南下，概称侵华，反之亦然。

当年孙中山、黄兴等在日本组成同盟会，十六字纲领中，照录明初朱元璋的北伐檄文，"驱除鞑虏，恢复中华"，尚可谅解。因为他们为了唤起汉人的仇满情绪，将清朝比作元朝。但日本侵略中国，制造伪满伪蒙政权，恰是蒋介石的国民党政权也绝不认同的。范编也许为了促蒋抗日，但将元、清二朝都斥为侵略"中国"而建立的异族王朝，岂非汉族中心论并割断历史？同样范著《中国近代史》，将曾国藩、李鸿章等均斥为"汉奸"，不顾他们镇压太平天国，主观上均在反对洪杨倡导拜上帝教的"用夷变夏"。范文澜二著，都以论代史，那论都奉斯大林的中国革命论为圭臬，而斯大林的大俄罗斯民族主义情结，这是他的"历史唯物主义"颠倒历史的出发点。

需要指出，中华人民共和国成立初期，号称斯大林主编的《联共（布）党史简明教程》，曾是全国的"马列主义基础"的教科书，致使历史系学生如我者，经过两年灌输，甚至对苏共党史较诸对中共党史，还要耳熟能详。当年号召思想解放，没有明确指出，必须批判这部教科书普遍灌输给中国干部和学生的斯大林史观，也许是一大失误。

回眸历史的中国，可知：（1）中国史的空间范围，不限于民国的疆域。（2）历史的中国，应该包括到清康熙为止的中国各族的共同历史，包括非华夏非汉族各族的国别史和王朝史。（3）即说秦始皇统一六国后的中国史，大半时间也由非汉族的边疆民族主导，例如北京成为首都近千年，其中除明永乐后二百来年外，主人都属契丹、女真、蒙古、满洲诸族。被史家认作正统的两宋，除战俘、使臣和商人以外，没有人往返其地，中华文化不等于首都文化，于此可见一斑。

五　中国的历史

由前所述，可知：中国史，就是历史的中国的全部历史。所谓全部，指外国侵略者强迫中国历届政府订立种种不平等条约以前，生活在中国领土上的各地区各民族的一切历史，也包括中国历代与域外诸国诸族交往的过程。

王朝史不能代替中国史。清以前，每个王朝都更改国号，例如大唐、大宋、大元、大明、大清等。但王朝各有版图，而且同一时代常有几个王朝并存。与两宋同时并存的，就有辽、金、西夏、大理和蒙古诸王朝。

他们的历史，当然也属于中国史。

中国史也不能简称"国史"。中国境内，即使在"大一统"时代，也常有其他国家，何况分裂时代，列国并立，你说哪国表征"中国"？即如民国，也没有真正统一过。如今中华人民共和国建立五十六年了，非但统一大业尚未完成，而且还被迫承认晚清边疆被分割的现状。那么辽、金、元、清列朝都纳入版图的漠北疆土，能排除在历史的中国之外吗？

倒是十六、十七世纪相继入华的欧洲传教士，他们向西方世界介绍国号由明改清的东亚这个帝国的历史和现状，都采用了"中国"或"中华帝国"的概念，就是说，更切合历史实相。所以，还是用"中国史"概括我们古往今来的历史为好。不消说我赞同谭其骧教授的说法，"中国"的空间界定，应以十八世纪清朝版图为准。

六　中国的历史编纂传统

谁都知道我们的民族最重视历史。甲骨卜辞和钟鼎彝器铭文不断出土，表明殷周时代记录和保存历史，已是国家大事，从公元前八四二年（西周共和元年）起，我们就有连续性的编年史记录。公元前二世纪末，司马迁写了《史记》，一部陈述上下三千年的中国和已知世界的通史。

那以后，中国的历史著作，便层出不穷。自公元一世纪到二十世纪初，每个王朝，无论大小，都有专门史官撰写前代史和本朝史。到十八世纪，由清朝政府准行的"正史"，就有廿四部，民国又增至廿五史。都是以人物传记和制度记述为主的大历史。

同时相传由孔子晚年著成的编年史《春秋》，在中世纪也被许多公私史家仿效，其中最著名的一部巨著，就是十一世纪司马光主编的《资治通鉴》。当然，中世纪还形成了其他历史著作形式，被十八世纪清代《四库全书总目》史部列举的，就有十七种。其实，中国传统的所谓史书，无不是叙史或历史文献汇编。春秋战国以来的学者文士，都好叙史、说史、论史，后来还发展到考史、证史。留下许多零散的笔记，或私著的"野史"，往往比官修正史等著作，更多保存历史真相。

这样的传统，必定引起权力者的警觉。秦始皇焚书，重点摧毁的就是除《秦记》以外的列国历史记载。汉武帝迫害司马迁，起因便是他竟敢如实记载皇帝父子的阴谋和迷信。东汉皇帝改变策略，命令史官到宫廷中著史，从此成为传统。当然更不放松对史家的迫害。东汉末一个丞相，坚持要杀愿像司马迁受刑的著汉史的蔡邕，理由就是汉武帝没杀司马迁，让他留下"谤书"。

三国到南北朝，中国大乱了四百年。那时有兵就有权，但不论何族当权，只要稍微稳定，就控制修史，并严防史官出格，北齐高欢父子就是显例。也就在这期间，南北朝都形成了史馆制度，把编纂现代史变成由君主监视的政府行为，虽然纸的普及，使书写历史更容易，而权力争斗造成的言论空间，也使控制私人著史更困难。

不过隋唐统一，官方控制历史编纂更有力了。唐太宗极重视按照他的意向重新解释历史，亲自主编《晋书》，替他夺取皇帝位的政变辩护。同时通过大规模编写"五代史"，完善了史馆制度。从此，权力干预、资源垄断和宰相监修制度，使民间史家想撰写现代史，尤其是当朝史，变得几乎不可能。

关于中国的历史编纂传统，它的多彩形式和矛盾过程，可参看周予同教授主编的《中国历史文选》。那中间的书目解题和作者小传，按照当初我的写作意向，就是串起来看，便是普及性的中国史学小史。

七 中国人要知中国史

历史属于人文学科。一切学科都有自己的历史，历史学科虽不可能包罗万象，但却是一切涉及人类过去的学科的共同基础，范围远较人文的、社会的、自然的或工艺的各类学科为广。因此，如今历史学内部的学科分工，虽然越来越专、越来越细，但任何史家都同意，通是专的前提，见树必先见林，博大和精深应该相辅相成。

有段时间，历史的范围受权力干预，变得越来越窄……

全部人类史，特别是中国历史，被化约成如此干巴巴的教条，成为贯串历史教科书的"红线"，谁有兴趣学它？有很长时间，中国史不受中学生欢迎。大学里连文学、哲学、新闻、艺术等人文学科各系，也都不愿专设中外通史课程，也许是由于重复那些教条没有意思。

效应呢？休说别人，就是所谓受过高等教育的知识精英，也大多不知中国的过去是怎么回事，甚至不知"清末民初"并非"明末清初"。我们的媒体涉及中外历史事件和人物，频频出错，已属司空见惯浑闲事。当然，这不意味着中国人对往古来今的历史不感兴趣，以所谓的历史题材胡编乱造的影视作品，常放不衰，就是反证。然而，历史论著虽多，却极少吸引人阅读，于是以假乱真的戏说式的所谓讲古作品大行其道。以前官民常把《三国演义》当作三国真史，如今人们则信什么皇帝、太后之类的伪史是实事。秦始皇成为爱惜刺客、人才的"英雄"，司马迁被汉武帝阉割后继续长胡子，康熙祖母没死便自称"我孝庄"，残忍的独夫暴君雍正成了英明的君主，吃喝玩乐又导致举国腐化的乾隆则成为深入民间的微服私访的楷模，有的高官甚至对和珅敬佩得五体投地。类似例证,不胜枚举。中国历史被糟蹋到这种程度,"以史为鉴"从何说起?

列宁曾说,"忘记过去,就意味着背叛"。我不以为历史有那么大的作用,但历史不能变成哈哈镜,不可借助现代科技手段恣意扭曲,拿来辩护现状,或者当作骗钱的伪劣商品。日本右派颇知历史可作凝聚人心的工具,他们顽强地篡改军国主义史,首相、议员不顾谴责参拜供奉甲级战犯的靖国神社,以至于当今日本青年学生,很少有人知道他们的父祖对亚洲各国人民制造了那么可怕的灾难。美国所有大学生都必须学美国史,人人都知从"五月花号"装载几百清教徒到达美东,经历了怎样的过程,造成了今日美国的富有、强大、民主、自由和领袖世界的地位。我们有些人羡慕美国人爱国至诚,却不知那是片面强调美国精神的历史教育积累的效应。我们批判台湾当局"去中国化",但回避检讨我们漠视中国真历史,容许大众传媒宣扬假历史,那效应同样是"去中国化"。

我常说学历史没什么用,因为这不合马克思主义的唯物史观,但我也不赞同笛卡尔式的观念,将现代和传统断作两橛(参看史华慈)。现代新儒家幻想用孔孟之道拯救世界的道德沦丧,是反历史的。而"河殇"一派断言蓝色文明优于黄色文明,宣扬彻底反传统,同样是反历史的。

中国历史表明,中国之所以拥有全球传承最悠久的古老文明,中国之所以在中世纪一直居于世界文明前列,中国之所以在近代世界成为域外列强争欲吞噬的"肥肉",根本原因在于中国文化从未丧失过历史活力。古典的百家争鸣,儒家早已分崩离析,但它终于熬过秦汉"安宁术"的打击,因为它自居弱势,既迎合权力取向,又吸取道、法、墨诸派学说补充自身。结果汉代经学虽已脱胎换骨,但外表还奉荀况改造的孔子形象作为偶像,正如圣保罗新创的上帝教义还要用耶稣基督命名一样。以后的中世纪经学不断迎合改变了的权力取向，毫不在乎地将佛、道等教新说，纳入自身的经史表述，以致代代宗师都是假孔子。

五四后周予同先生曾综合清末民初章太炎、梁启超的见解，指出中国经学史就是假孔子的发育史。二十世纪八十年代，我重考"圣名史"，指出没有一以贯之的孔孟之道，由两汉的孔子之术，到汉晋的周孔之道，再到唐宋的孔颜之道，直到朱熹死后百年才由科举制度肯定的孔孟之道，是个观念形态接连畸变的长过程，况且从明初二祖到清雍乾二世，连朱熹也非复生前原貌，更不消说孔孟都早成仅为帝王术掩饰的文化符号。

符号史不等于真历史。我们自幼至壮，乃至老年，非但面貌大变，行为、思维和心态也无不更改。老照片常引起我们对过去的回忆，不论回忆是否五味俱全，却谁都知道不可能回到那些消逝了的岁月。但通过回忆，深思人生历程，可以发现我们怎样从幼稚变得成熟，或由天真变成世故，甚至依然愚蠢，屡屡在类似的坑洼处跌倒。因此，历史不会重演，但回顾历史，却可能使我们变得聪明。假定有一门学问，可使个人、民族和世人，都变得比较聪明，那就是历史。

八 向大学生建议习史

中国还没有普及高等教育。十三亿人口中得入大学的，不超过千分之一。因而中国大学生既属罕有，往往自视甚高，乃至自视为天之骄子，不知天高地厚。

其实学术分工越来越细，学历愈高，识见愈窄。上海市民谚谓，"穷得像教授，傻得像博士"。后一语明显受"书读得越多越蠢"的谬论影响，但不可不承认这是对学界分工专化、窄化之现状的一种讽刺。陈景润便是显例。

比较地说，人文学者的眼界较开阔，而历史学家特别是"通人"的眼界更开阔。中国史学史表明，从秦皇汉武以来，历史学家就经常被历代统治者憎恶，尤其当他们重政术胜过重历史的时候。韩愈说"为史者不有人祸，必受天刑"，尽管遭到柳宗元批判。但那以后千年了，到"文化大革命"时期还是将"资产阶级史学"当作由头，可知历史学家的命运，总在负面。

我曾怀疑"八亿人都是政治家"的判断，当然也认定历史研究是少数人的事业。但我以为，中国人特别是大学学历以上的精英阶层，非学点历史不可，那第一步便是学点中国史。

理由很简单：你是人，当然应知人兽乃至动植物区别的由来；你是现代人，当然应知地球村史，所谓全球化的来龙去脉；你是现代中国人，当然应知今日中国的先民，怎样历尽艰辛，给今日中国各族居民，开创或改善了当前的生存环境和社会体制。

从民国以来，数典忘祖和认贼作父，两种相反文化取向，已成常态。然而十五年来，所谓民族主义，受到权力鼓励，借助舆论一律，似成反思历史传统的聚焦点。

难道清末慈禧太后利用义和团排外的蠢举，可称民族主义吗？从满洲入关，以文化落后的征服者，统治文化先进的汉族等被征服民族，的确曾以辽、金、元的失败史，当作历史的镜子。以满驭汉，禁止满汉通婚，宣称满文为国语，中央政权实行满汉双轨制，不容非八旗汉人染指兵权，乃至重新审定全部传统经史典籍，用权力强迫删改统治者发迹乃至其先民的历史，这都似在民国官修清史中再现。

秦始皇焚书坑儒，烧掉的主要是六国的史著，活埋的主要是反体制的文化精英。那以后，从汉武帝到清高宗，无不视为文化专制的不二法门。民国从袁世凯的帝制运动，到蒋介石的"新生活运动"，由恢复读经，到重尊孔孟，到复辟独裁，几乎成为历史循环现象。现象相似不等于内涵一致。袁世凯非张勋，孙中山非蒋介石，不待智者可知，但是从袁世凯、孙中山到蒋介石，民主和人权的基本价值，在中国的"民主"中间，越来越转化成例外。

君主专制固然可作为大一统的纽带，但君主立宪、虚君共和，以至民主共和，都可称为强国之本，早在清末便已成为反清各党派的共识。

民初袁世凯复辟帝制，张勋拥戴清室复辟，一个比一个失败更快，可知中国人反对君主专制，蓄积已久，因而君主专利体制既被取消，哪个自以为有军即有权的人物，如敢复辟帝制，无不千夫所指，多则不到三月，短则仅有十天，就全盘皆输。

九　介绍几本书

历史教人聪明，读史却很辛苦。况且比较翔实、简明，可读又给人启迪的入门史著，实在少见。

除了多半乏味的教科书，有志于了解一般中国史的同学，不妨选读这样几本书：

（1）费正清：《中国：传统与变迁》。这是费正清于一九九一年九月去世之前完成的《中国新史》之前的一部中国通史。宋以前诸章由赖世和执笔，由元至中华人民共和国各章是费正清写的。他设定的读者对象为西方知识分子，却很适合我们的初学者，尤其我们至今没有像样的民国史和共和国史。有二〇〇二年世界知识出版社的中译本。另外，他的经典名著《美国与中国》，以及《观察中国》等，也都有中译本。

（2）范文澜 :《中国通史简编》前三卷。

（3）钱穆 :《国史大纲》。

（4）陈旭麓主编 :《近代中国八十年》。

中国、中国人和中国历史（提纲）

时间：二〇〇九年十二月十一日

地点：不详

一 常识与文化认同

模糊的历史常识

教科书关于"中国社会"的定性，源于《中国革命和中国共产党》第一章（一九三九年十二月，迄今恰值七十年）

常识未必符合历史。百年来文物考古提供的地下材料，人类学民族学、社会学提供的现状调查，文献学、史料学等纸上记载的再考察，以及中外历史方法论的多元应用，都向常识提出质疑

经典常识的动摇

黄河摇篮论（江河湖海孕育了不同民族，龙非唯一图腾，燕和犬）

华夏中心论（炎帝与黄河，黄帝与辽河渔猎经济，东夷与岳口水作农业……）

民族唯一论（古近多民族，汉族非华夏族直系）

自古一统论（王朝不等于中国一统，元和清）

农民战争动力论（民族冲突和同化更是改朝换代主因）

长期停滞论（或超稳定结构）

"两炮论"（近现代社会性质转变均由外因）

儒学一贯论（正反两面均非）

文化再认同

人种、族类、民族，普世性与特殊性，中国与世界

二　中国

商周的"天下之中"

由王畿到华夏封国

王朝中心论和"大一统"

夷夏之辨转向文化认同

同域外（四海）区分的特定空间

现代国家的正式名称

"世界上只有一个中国"

三　中国人

内部族群的分类，中华民族

外部世界习称的帝国

由汉人到汉族

"四夷""五胡"的消失和再生

帝制中国的五次民族整合（秦汉、南北朝、五代至辽金宋、元、清）

近代多民族的分合与定型

五十六个或更多的民族

多元一体的中华民族

反对大汉族主义也反对民族分裂主义

四　中国历史

同一版图内的中国人历史

古典时代的族类史

从百家争鸣到四大显学（道、儒、墨、法）

经学和道术

佛教和三教

来自异域的宗教和文明

吃喝住穿的生活方式变异

民族问题的内外区别

学随术变的道学政

没有一成不变的传统

华化、异化和两种西化

消除历史的曲解和偏见，坚持从历史本身说明历史

历史和中国历史（提纲）[*]

时间：二〇〇六年二月二十二日

地点：上海电视台

甲　两场争论

去冬美国某州禁讲进化论，在中学改设"智能设计论"（谓生命如此复杂，背后肯定有超凡的"设计者"）。今春北京因《中国青年报》副刊"冰点"刊登《现代化与"历史教科书"》一文而被勒令其停刊。

极端的谬论：日本首相坚持参拜"靖国神社"，否认日本发动侵略战争史，包括否认南京大屠杀。英国史家戴维·欧文，否认第二次世界大战期间纳粹大屠杀，本月二十日被奥地利法庭判处三年监禁。

此外，还有历史教学的去中国化，历史的意识形态化、政治化，鼓励忘却现代史，等等。

凡此均涉及历史是什么，何谓中国史，中国史和世界史的关系是什么，历史有没有普世认知（或特色论），等等。

---

* 为上海电视台纪实频道所作演讲。

乙　历史：没有定义的定义

历史是客观存在。自然史和人类史。

一切历史都是过程。过程，一切皆流，一切皆变。历史是消逝了的现在，现在是正在生成变动的历史。

困扰历史的是过程的认知和理解，因为历史学（学者，觉也，觉悟未知也，见《白虎通义》）就是人的历史，是人对自己和生存环境的探索和认知，也习称"历史"。

分歧而纷纭的定义：（1）特创论、神造论（《圣经》的《创世纪》。中国的创世神话可称圣人创世说、"道成肉身"说）。（2）进化论，"生存竞争，自然选择，最适者生存"。（3）社会达尔文主义，"生存斗争，弱肉强食，优胜劣败"。严译《天演论》，它的中国公式《尚书·仲虺之诰》："佑贤辅德，显忠遂良，兼弱侮昧，取乱侮亡，推亡固存，邦乃其昌。"康、谭、夏、梁均持此见。（4）三大革命论，由斯大林至毛泽东，生产斗争方式（生产力和生产关系）、阶级斗争、民族斗争。毛泽东的定义："阶级斗争史"，"民族斗争说到底是阶级斗争"。邓小平的"生产力革命"，继承了斯大林定义："社会发展史首先是生产的发展史，是许多世纪以来依次更迭的生产方式的发展史，是生产力和人们生产关系的发展史。"（《列宁主义问题》）。这是技术救世主义（反面是技术悲观主义，维纳社会控制论的"猴掌"故事）。（5）后现代主义，否认历史实在。所谓"元历史"——历史不过"是以叙事散文话语为形式的语言结构"（海登·怀特）。仍在中国有影响的，还有兰克史学（史学即史料学）、卡莱尔英雄论。

丙　中国历史：时空连续体和民族复合体

空间的中国：（1）周人自称华夏，以同姓诸国分布区域为"中国"。（2）夷夏东西说。被周人征服的殷朝为东夷，反之，周人曾被殷人称作西夷。（3）由"夷狄猾夏"（《舜典》作"蛮夷猾夏"，伪《孔传》释"猾，乱也"），儒家遂有夷夏之辨。（4）"五胡乱华"，民族大迁徙（南北朝、辽宋金元），"中国"遂有两种内涵——以地域名，凡占黄河中下游为"中国"；以文明论，凡自居衣冠礼乐继承者为"中国"。（5）"大一统"王朝疆域内皆为"中国"，秦、汉、唐、元、明、清，域内域外不固定。谭（其骧）说当以清康熙朝（十七世纪末）下台湾、平回部后为定型。

时间的中国：（1）历时性，弹性的，分野的，界定不同的。（2）共时性，"大一统"的相对性，同时性的相对性（诸朝同时），以民国初元"五族共和"的疆域为定。此后外蒙独立乃沙俄和苏联策动，日占台湾虽在前，然与英占香港、葡占澳门一样，均无历史合法性，应废除不平等条约。

多民族的中国：殷周已为多族。周初分封，有杞、宋及多个非同族小国，孔谓"礼失求诸野"，实指鲁、齐内的邾、莱等小夷。楚人自称蛮夷。秦汉后"一统"王朝多由原北方、西北方夷狄建立。汉族形成于南北朝分立时代，唯明可称汉族一统王朝，然空间有限制。

多元文化的中国：孔子时代"中国"的界定，"非我族类，其心必异"，"神不歆非类，民不祀非类"。秦汉一统，相继以非华夏族的秦人、楚人为主，实即创建夷夏由混合到同化的新传统。三国、两晋、南北朝，民族大迁徙，就是时空连续性的文化大变动。隋唐文化均为胡汉各族文化，由杂处、兼容、并立而再整合的过程。尤可注意的是宗教和文化的开放。

除印度佛教中国化，亚欧诸宗教均进入中国。辽、金、元亦然。明初锁国，但原有异教仍在民间存在，总称白莲教的诸教即为例证。下西洋的郑和是回族，而伊斯兰教徒向以善贸易，包括以航海著名。清朝非汉族，从未一概汉化，宗教、习惯非常不同，保持到清末。目前美国史家在争论，满族何时形成民族共同体，即为一例。民国元年前后，孙中山、章太炎等放弃"排满革命"论（将朱元璋的"驱除鞑虏，恢复中华"写入同盟会纲领），改倡"五族共和"论，得到蒙、藏、维、僮诸族响应，是民国迅速建立的背景。日本侵华，旗号"同文同种""建设大东亚共荣圈"，却受到中国各族的共同抵抗，没有出过某个民族整体倒向日本的任何例证，表明各族不论社会发展程度如何，都还认同"中华文化"。

丁　中国史和世界史

中国从来不是封闭系统。所谓闭关锁国，只是某个时代、某个王朝的政策，可能短期有效，却根本无效。所谓"超稳定结构"，只可说是一种臆造。

且不说"四大发明"对世界的影响，就说中国在历史上得益于域外世界的数例：（1）物种，仅农作物就有小麦，来自西亚；番薯、马铃薯、玉蜀黍，来自美洲。徐光启将番薯由热带作物改造成温带作物，效应就是中国的人口爆炸。现在中国日常食用的蔬菜、水果，大部分来自中亚、西亚、北非和中南美。当然中国作物西传也不可胜数，蚕桑、茶树等均为显例。（2）休闲乃至麻醉品：烟草，印第安人发明；鸦片，原产土耳其；咖啡，原产非洲；葡萄酒及果酒，由中亚引进。（3）衣食住行的工艺。（4）机器制造技术。（5）军事技术。（6）几乎所有现代技术（电子、航天、交通等）。

因此，所谓中西体用的二元论，极其荒谬。例如家庭结构，由大家族到小家庭，就受生活方式和技术进程的制约。老子已说"小国寡民"的社会最稳定，但前提是所有部落"民至老死不相往来"。然而战争就是最大的破坏力。秦汉一统，带来边防、营造、治水等大规模工程，必须征发劳力，结果造成农民"离乡轻家"，乃至聚众反抗。晁错便说这是导致王朝动乱的最大隐患。然而自秦至清，没有一个王朝能制止民众，因"流"变"寇"，根源就在军事和工程的需要，总在迫使农民不能"地著"。所谓四民的分工，早就造成城市化越来越与经济政治生活并行。毛泽东曾致力于人民公社化，将工、农、兵、学、商融为一体，用种种物质的、精神的强制手段，将全民"地著"，但"文化大革命"中他那套备战备荒的政策，例如建设三线、上山下乡、"准备打仗"等，无不使他的"公社"化作幻想。

所谓先进技术为我所用，而我可以坚持"中学为体"，二者可以和谐共处，早被历史否定。二十世纪初提出的"没有民主就没有共和主义"，在某种程度上又为现代史所证明。

戊　有没有人类的普遍价值

普遍价值，绝非西方的价值。中国的历史贡献，就曾给西方走出中世纪，提供了普遍性的准则，例如文官制度，便给西方建成近代权力机制提供了范例。十八世纪欧洲的"中国热"，是中国物质文明和生活方式推动西方的又一例证。

中世纪中国不排拒外来文明，例如鼓吹人类先天平等的印度佛教，特别是鼓吹"一阐提人皆可成佛"的教义，直接冲击了传统经学捍卫的礼教，导致思想文化的两大变化：第一是学和政疏离，"理学"可以脱离政治羁绊自行发展；第二是认"理"不认人，不仅要以"理"导政，而且发展到承认四海之内皆有圣人，愚夫愚妇也有成圣的基因。这样，消极面就是批判传统，走向否定纲常名教；积极面则是采用"西学"，包括思维方式（《几何原本》即一例）、科学技术，乃至政治体制。

我不赞成"新儒学"，虽然我同情它的宣传者争取与西方主流文化实行平等对话的愿望。但平等对话，应该是尊重历史，互相学习，共同寻求可被多数人认同的传统价值。

重考商鞅变法

　　商鞅于公元前四世纪在秦国主持的变法，结局似乎是人亡政举。他本人惨死，但他的事业直到秦始皇还延续，甚至被说成"百代都行秦政法"（见毛泽东《七律·读〈封建论〉》）。这与十三世纪以后已成"孔门传心之法"的《中庸》所说"其人亡，则其政息"的哲理相悖。因而从战国晚期到清末民初，每逢历史面临变革，关于商鞅其人其政，总会旧话重提，所谓"评价"的对立也越发突显。如此轮回，最近的世纪更替时期，又有几度。马克思说过："真理是通过争论确立的，历史的事实是从矛盾的陈述中间清理出来的。"（见《马克思恩格斯通信集》第一卷）我以为，任何历史问题，不争论是不可能的，价值判断的差异总会存在，可是不问历史"是什么"，就急于追究"为什么"，至少相信历史并非纯观念者都难以苟同。本篇即我清理商鞅变法史的一个陈述，就正于方家。

"孤秦"要图强

　　古典中国在公元前五世纪进入战国时代。顾名思义，这个时代的表征，便是诸侯国之间攻城略地的战争不断。假如按照司马光主编的编年史名著《资治通鉴》，将公元前四〇三年东周"天子"承认三晋即韩、赵、魏三国君主为诸侯作为战国的开端，那么不过三四十年，当时的黄河中下游地区，经过列强兼并战争，已形成七雄并立的局面。

七雄即齐、楚、燕、赵、韩、魏、秦七国诸侯，其中唯有秦国在黄河与崤山以西，文明程度较河东和山东六国要低得多。公元前三六一年，二十一岁的秦孝公即位，就面对这样的列强态势："周室微，诸侯力政，争相并。秦僻在雍州，不与中国诸侯之会盟，夷翟遇之。"[1]清初王夫之曾说秦国为"孤秦"，看来有历史理由。

相传孔子晚年删订的《尚书》，以《秦誓》终篇。《秦誓》的作者秦穆公（公元前六五九年至前六二一年在位）曾列名"春秋五霸"[2]。岂料穆公以后，秦国声价一路下跌，乃至被"中国"诸侯，包括在前曾自居南蛮的楚王，排斥在"中国"以外，被当作夷狄，年轻的秦孝公，愤慨可知，因而即位当年，就公开宣称志在恢复穆公霸业，"宾客群臣有能出奇计强秦者，吾且尊官，与之分土"[3]。

应召入秦的外国"奇才"

尊官分土，就是给以高官和封邑。这在春秋时代的霸国已实行，而秦孝公特别声明要给来自外国的宾客以这类待遇，当然对山东六国的智者，很有吸引力。

果然，秦孝公的通令，引来了一位杰士。他原是卫国公族的远支，名鞅。成年后跑到魏国，成为执政公叔痤的家臣，自称卫国公孙，因而称公孙鞅，又称卫鞅。相传公叔痤称他为"奇才"，临终曾向魏惠王推荐卫鞅继其执政，且说如不用就应将卫鞅杀掉。卫鞅逆料魏惠王必谓公叔痤临死乱命，从容离魏赴秦。

卫鞅入秦，年方"而立"，却已洞悉宫廷钻营术。他首先结交秦孝公宠信的宦官，走后门得以见王，然后依次拿出称帝、称王、称霸三种政治设计，逆料孝公必对霸道感兴趣。果不其然，秦孝公特别钟情于他的"强国之术"，"卒用鞅法"[4]。

在秦变法二十年

据司马迁《秦本纪》，秦自开国，到孝公立，已逾五百年。如此古国，法度传统早已凝固，"变法"谈何容易！

好在从秦穆公起，秦国内乱十余世，乱之焦点在于争夺君位，而君位的吸引力就在于权力独断。秦孝公既已掌控独断权力，于是以下记载便不奇怪："卫鞅说孝公变法修刑，内务耕稼，外劝战死之赏罚，孝公善之。甘龙、杜挚等弗然，相与争之。卒用鞅法，百姓苦之。居三年，百姓便之，乃拜鞅为左庶长。"[5]

需要说明，第一，"百姓"非指庶民，而指"群臣之父子兄弟"[6]。第二，"居三年"，当为秦孝公六年（公元前三五六年），这年秦孝公才拜卫鞅为左庶长，赋予他将军权力，反证此前秦国变法由孝公出面，卫鞅尚居幕后，因而近人以为商鞅变法始于秦孝公六年，乃不明秦国权力运作实情。

揆诸历史，商鞅在秦国变法，始于秦孝公三年，至秦孝公二十四年（公元前三三八年）秦君死而商君亦死，凡二十余年。

据司马迁《商君列传》，卫鞅在秦变法，"行之十年，秦民大说"，于是秦孝公升他为大良造[7]。以后《史记》称卫鞅二度率军破魏，还被封于、商洛十五邑，"号为商君"，从此卫鞅被称作商鞅。但仅过两年，秦孝公死了，商鞅还能继续执政吗？

析商鞅的变法初令

商鞅在秦国执政期间，曾经两度颁布变法令。

初令是商鞅任左庶长以后所定，时间在秦孝公六年，当公元前三五六年：

> 令民为什伍，而相牧司连坐：不告奸者腰斩，告奸者与斩敌首同赏，匿奸者与降敌同罚。
>
> 民有二男以上不分异者，倍其赋；有军功者，各以率受上爵；为私斗者，各以轻重被刑大小；僇力本业，耕织致粟帛多者复其身；事末利及怠而贫者，举以为收孥。
>
> 宗室非有军功论，不得为属籍。
>
> 明尊卑爵秩等级，各以差次名田宅，臣妾衣服以家次。
>
> 有功者显荣，无功者虽富无所芬华。[8]

这道新法令的内涵，显然是将秦国变成一个军事化的社会。底层的民，当指对国家承担纳税役任务的生产者，都按五口或十口一组重新编制，同一什伍的人口必须互相监视和防范，依照军纪赏功罚罪。为了保证国家的财源和兵员，强制民间家族拆分为单丁家庭，谁不分家就按男丁数目倍征军赋。凡从军杀敌有功的，按照立功大小给予相应的最高爵级，但禁止民间私自械斗，否则依照违反军纪的程度判刑。新法令特别重视农工对国家的贡献，谁纳粮交帛超过国家标准，便可免除个人徭役，但谁靠投机取利或懒惰致贫，一旦被检举，就要"收孥"即将其妻子没收充当官奴婢。那么秦国原有的贵族呢？照样得从军，即使是公族，没有军功，便开除其作为国君亲属的身份，降为平民。

当然，商鞅变法的目的，绝非在一般意义上取消身份、等级及相应特权，而是要将秦国的血统贵族体制，改造成早在秦孝公父祖辈已在局部实施的军功贵族体制。所以，他取消的贵族特权，只是秦国传统那种凭借"龙生龙、凤生凤"的血亲关系就生而富贵的寄生性世袭特权，而代之以军功"明尊卑爵秩等级"的特权体制。

商鞅这套变法初令，似属创新，实为复古。还是司马迁，在《史记》中，不辞辛苦地追寻了秦始皇祖先的发迹史。撇开《秦本纪》开篇的神话，单看两周之际秦人立国的过程，便可知秦公鼻祖非子，原是替周天子养马的家臣，靠牲畜繁殖，而且其后代对付西戎有军功，于是拜爵封侯。商鞅无非要以严刑峻法和重武赏功相结合的手段，帮助秦孝公实现重振秦穆公霸业的光荣。

怎样突破行法的双重阻力？

问题在于商鞅所处的"国际"环境变了。他的图霸对手，已非仍处于野蛮状态的西戎，而是文明较诸秦国超胜的"中国"，也就是河东山东的三晋，齐、楚诸侯。更糟的是秦国的宗室权贵，早已被寄生性世袭特权所腐蚀，除了不择手段地争权夺利，还极端憎恶变革。当秦孝公被商鞅说服，同意变法，甘龙首先宣称"知者不变法而治"，杜挚更说："利不百，不变法；功不十，不易器；法古无过，循礼无邪。"（见《史记·商君列传》）照这样的逻辑，变法好比做生意，如果不能赢利百倍，就宁可守住老店里的陈年旧货，以免蚀掉老本。这是古今中外所有既得利益者守护特权的共同口实。

因而，秦孝公怀着年轻独裁者常有的"及其身显名天下"的冲动[9]，支持商鞅的"强国之术"，却不能阻止自己的储君，在宫廷权贵教唆下故意犯法。商鞅明知"法之不行，自上犯之"，却不敢直接依法处罚太子，"刑其傅公子虔，黥其师公孙贾"。效应看来很好，"明日，秦人皆趋令"[10]。然而，犯法的是太子，商鞅却不敢对太子行刑，而向他反对的"六虱"之一儒家所谓"教不严，师之过"的荒唐逻辑求助，让太子的师傅充当替罪羊。谚云"王子犯法，庶民同罪"，道出了民间对法治的理解，所谓在法律面前人人平等。商鞅初令就宣称罪与罚必以军法从事，但逢到太子向他的法度挑战，就显得手软，同样宣称支持他行法的太子之父秦孝公，竟示以左庶长执法有例外的处置得当。这不都表明秦孝公用商鞅变法，还是人治高于法治吗？

商鞅准备变法，最大忧虑，在于预设的变法方案，将受"愚民"的反对。他自居是指导"汤、武不循古而王"的医国圣手，因而在秦孝公的御前会议上，大发议论，说是"民不可与虑始而可与乐成，论至德者不和于俗，成大功者不谋于众"[11]。假如这类言论可称主张"开民智"，那么"愚民政策"一词，应从古今中外词典中删去。

并非例外的成功

商鞅有没有读过《老子》？不详。但商鞅的确懂得"民之难治，以其智多"，因而他在秦国变法，只许秦民盲目服从，所谓习非成是。当然禁锢民众头脑，绝非易事。据司马迁说，商鞅变法初令颁行，仅秦国都城内谓其不便的公开反对言论，就有上千通。

待商鞅拿太子的师傅当作犯法的教唆犯处置，秦都民众的确被唬住了，于是被迫守法。如前已述，商鞅的变法初令，追求的效应是在秦国以严刑峻法为手段，强制建立一种等级森严的社会秩序。人人生而属于某一等级，但允许通过个人从军杀敌晋爵加级。秦爵的计功原则很简单，就是"尚首功"，每在战场上割来一颗敌军头颅，便可晋爵一级。虽然将领和士兵的功绩计算差异颇大，但社会政治地位的计量尺度为"军功"，则在秦国已成规矩。

这规矩在秦国自上而下说到做到。

相传商鞅变法初令，"行之十年，秦民大说，道不拾遗，山无盗贼，家给人足。民勇于公战，怯于私斗，乡邑大治"[12]。

《史记》的这一描述，被研究古典中国改革史的中外学者引了又引。较诸古希腊的梭伦变法，商鞅变法显得更为成功。以致如今的改革史论者，历数由王莽改制，到王安石、张居正变法，乃至晚清戊戌变法，认为失败是改革的宿命，唯有商鞅变法是例外。

我以为以上说法，只是小说家言。小说家值得重视，不仅由于《汉书》已将他们列为九流十家的殿军，而且因为中世纪众多小说描述的社会实相，经常映现历史一枝一节。但倘说时过两千多年，某部闭门造车的历史小说，已经复原消逝了的那个帝国全貌，便令人只能目笑存之。

比如商鞅变法，史阙有间，因此成为从汉代司马迁、宋代司马光，到清代那一批考史学家，再到清末康有为、谭嗣同、夏曾佑和章太炎等争论的一个重要课题。至今在中国古史研究中间，仍有争论。所以要从矛盾的历史陈述中间清理出历史事实。

迁都的多重谋虑

说到矛盾的历史陈述，不妨再引《商君列传》的续记。

秦孝公十五年，当公元前三四七年，卫鞅在秦执政七年了，"于是（孝公）以鞅为大良造。将兵围安邑，降之"〔13〕。

然而商鞅却迅速撤军，表明他这回出击魏国，眼光主要在内不在外。从军事上击败强邻，除了展现秦国已由变法转弱为强，更可鼓舞秦国民气，慑服人心，为下一步变法措施减少阻力。证明即破魏以后，他又出"奇计"，就是迁都。

秦人"始国"，被周平王封为诸侯，时当公元前七七〇年。那时秦国已从游牧生活转向定居农耕生活，于公元前八世纪末，在今陕西宝鸡东南的平阳筑起都城。不过三十年，便迁都于雍，故址在今陕西凤翔东南。又过了近三百年，秦献公二年（公元前三八三年），才将国都迁到今陕西富平东南方的栎阳。不想这座都城筑成仅三十二三年，秦孝公十二年（公元前三五〇年），商鞅又在渭水北岸的咸阳构筑新都。

迁都在任何时代都是大事，因为意味着一国的政权、神权连同军政财政中心大搬家，单是新筑高城深池、宫殿府库、道路邸宅之类工程，所耗人力、物力、财力便很巨大。秦国居雍已历十八君三百年，土木朽坏，水源积污。秦献公弃此旧都，东迁栎阳，也便于向东扩展，合乎情理。但移都栎阳不及二世，商鞅就得秦孝公首肯，在咸阳另筑新都，这出于怎样的需要？

前揭《商君列传》，记载商鞅攻破魏都安邑而撤军返秦之后，说：

> 居三年，作为筑冀阙宫庭于咸阳，秦自雍徙都之。而令民父
> 子兄弟同室内息者为禁。而集小乡邑聚为县，置令、丞，凡三十一县。
> 为田开阡陌封疆，而赋税平。平斗桶权衡丈尺。行之四年，公子
> 虔复犯约，劓之。居五年，秦人富强，天子致胙于孝公，诸侯毕贺。

这里所述，与《秦本纪》有出入。后者仅说徙都咸阳，没说自雍徙之，又谓置大县四十一，却漏记禁民父子兄弟同居一室，唯纪年较详。综合看来，可知商鞅迁都，主要出于多重的政治考量。

秦孝公不是渴望及身"显名天下"吗？"都者国君所居"[14]，商鞅无疑要满足主公心愿，首先在新都起造宏伟的宫殿。宫外迎面便是巍峨相对的两座楼观，中间大道两旁有君主教令。这即所谓冀阙，又称象魏或魏阙[15]。宫内又是格式齐整的堂寝正室。君主居此，岂不威名远扬！

李悝《法经》不是告诫需要改变旧染污俗吗？秦人与西戎杂居，显然还保留游牧生活那种全家男女老幼共居帐幕的积习。定居后父母兄弟妯娌同室寝处，难免出现聚麀乱伦。既迁都而建新居，商鞅下令禁止一家各对夫妇"同室内息"，应说促进文明教化。

用不着再说废"封建"而立郡县的历史意义。商鞅将小乡邑合并为大县，由国家直接派官治理，等于取消了宗室贵族对采邑的等级统治特权。因而以往贵族领地的边界"草莱"，就变成官府控制的空荒地，允许农民开垦，纳粮服役都交付国家。这不仅使赋税有章可循，也减少了领主的中间盘剥。

还有统一度量衡，同样使农民工匠感到负担平均，减少因赋税不均而引发的社会冲突。传世文物有商鞅量，又名商鞅方升，上刻秦孝公十八年（公元前三四四年）铭文，证明它是商鞅迁都咸阳后铸造的标准

容器。量上还刻有秦始皇二十六年即秦帝国建立第一年（公元前二二一年）的诏书，足证秦始皇统一度量衡，遵循的是一百二十余年前商鞅创设的制度。

所以，历史效应表明，商鞅迁都是有深谋的。他首先满足秦孝公对生前赢得霸主权威的欲望，当然意在借权变法。他接着借迁都迫使秦国宗室贵族脱离权力基地，乘后者在新都立足未稳，取缔他们"有土子民"的传统特权，当然还保证他们只要拥护新体制，仍可衣租食税。他同时企图借迁都使庶民营造新家的机会，改变底层社会的戎俗，但直到两千年后，陕甘宁贫民依然因饥寒而全家挤睡一室热炕，证明他这一禁令很难实现。他所谓"开阡陌封疆"，固然使垦田和赋税的数字增加，但国富民穷适成反比。由一个半世纪后，强权较诸商鞅更有力的秦始皇甫死，被驱迫为国家服劳役的陈涉一伙农民，便扯起反旗，即可知商鞅急法的真正效应。

赵良不幸而言中

前揭《商君列传》，不是说商鞅迁都咸阳以后，"公子虔复犯约，劓之"么？劓刑，即割掉鼻子，相传为虞舜想改却改不掉的五刑之一[16]，在肉刑中算是较轻的。不过没了鼻子，谁看见便知此人是罪犯。公子虔既是秦国宗室，又做过秦太子傅，即训导官，在前已代太子受黥刑，脸上刺了字，这时又触犯商鞅某种约束，失去了鼻子，更见不得人。时间大概在秦孝公十六年（公元前三四六年）。

这表明，商鞅尽管将秦国贵族迁到咸阳，但彼辈身在魏阙，心在故都。作为老权贵的领袖，公子虔再度以身试法。这递送的反面信息，不消说是他们的群体仍在抵制这个外来人在本国搞乱固有的秩序。

商鞅不知他面对的秦国宗室贵族抵制变法么？不然。前揭《商君列传》说到"商君相秦十年，宗室贵戚多怨望者"之后，就追述赵良见商君的对话。

这个赵良，显然也是异国入秦的游士，却对商鞅被封商君（秦孝公二十二年，公元前三四〇年）以前，在秦国旧都初变法，迁都再变法的过程颇为熟悉。他指出商鞅在秦得意，只依赖秦孝公以独断权力支撑，却在相秦以来，"不以百姓为事"，又不断得罪秦国贵公子，其实危若朝露，因此如不急流勇退，"秦王一旦捐宾客而不立朝"，"亡可翘足而待"（见《史记·商君列传》）。

且不说赵良是否尊儒反法，只看他预言的商鞅命运，仅过一年，便不幸言中。

公元前三三八年，秦孝公死了：

> 太子立。公子虔之徒告商君欲反，发吏捕商君。商君亡至关下，欲舍客舍。客舍人不知其是商君也，曰："商君之法，舍人无验者坐之。"商君喟然叹曰："嗟乎！为法之敝一至此哉。"[17]

那以后，商君在魏秦间逃亡，找不到归宿，于是跑回商邑，发兵准备北赴郑国，却被秦兵越境杀死。"秦惠王车裂商君以徇，曰：'莫如商君反者！'遂灭商君之家。"[18]

假如司马迁所记商鞅的末路属实，那么只能说这是正言若反。第一，证明商鞅法令已贯彻到秦国边境，因而旅舍主人见商鞅拿不出通行证，便拒绝他投宿。第二，证明商鞅到自己的封邑发兵，无非借以保护自己流亡郑国，而秦惠王派兵越境追杀，恰好反证商鞅没有反秦。第三，证明秦军杀害商鞅后，才将他五马分尸，因而作为"公子虔之徒"的秦惠王宣称商鞅因造反才被车裂，可谓事后追加罪名。

《荀子》较诸《商君书》可信

商鞅生前死后，都是争论的对象。如今传世的《商君书》二十四篇，内有多少篇章是商鞅遗著？自东汉至明清的学者，都没有搞清楚。我比较相信司马迁《史记》诸篇的记载，并非因为司马迁"去古未远"，而是从司马迁关于商鞅变法过程的矛盾陈述中间，可以清理出来的历史实相，较诸《商君书》可信。

怎么见得？我的参照系，首先是《荀子》。据十八世纪的清代扬州学者汪中（一七四四年生，一七九四年卒）《荀卿子通论》及所附《荀卿子年表》的考证，荀况晚年曾入秦访问，与秦昭王和时相范雎，都有对话。今本《荀子》内的《儒效》《强国》，便是他与昭王、范雎对话的实录。尔后在公元前二六五年，荀况自秦至赵，又与赵孝成王和临武君，就秦国与山东六国的战争引出的问题做过讨论。那对话见于今本《荀子》的《议兵》。

荀况是战国的儒家大师，西汉列于学官的儒家经传，大半出于他的传授。但荀况的学说已在修正孔学，尤其指责子思、孟轲制造伪孔学。因此，荀况虽然号称儒家，虽然惋惜秦国"无儒"，但对秦相范雎陈述入秦所见，认为秦国从百姓、官吏、士大夫到朝廷，都合乎古之治世的类型，"故四世有胜，非幸也，数也"[19]。就是说，从秦孝公、惠文王、武王到在位的昭王，四代国君对外战争无不取胜，并非侥幸，而是定数使然。这个判断，做于商鞅死后七十二年，可证商鞅变法将秦国变成一个军事化的社会，没有因他被杀而颠覆。

商鞅不是古典中国变法的第一人。即使说因变法丧生而本人开创的改革事业仍在延续，在商鞅以前也已有先例，如郑国的邓析，楚国的吴起。

当然，从历史效应来看，商鞅变法二十年，不仅带领秦国由弱变强，成为战国七雄中头等军事大国，而且如以前有史家形容的，开始把整个秦国改造成一台"战争机器"[20]。

这台"战争机器"，经过商鞅的遗嘱执行人，包括一代又一代跑到秦国寻求致身将相机会的"客卿"，不断修整，到秦王嬴政即位后已变得非常可怕，很快吞并六国，"竟成始皇"[21]。于是，作为"机器"的设计者，商鞅似乎比同时代的改革家更成功，因而人们对他何以成功的秘密，议论纷纷，也很正常。

司马光说商鞅成功在重"信"

早在公元前二世纪中叶或稍晚，《史记》作者司马迁给商鞅立传，便写了一个故事：

> 令既具，未布，(鞅)恐民之不信，已乃立三丈之木于国都市南门，募民有能徙置北门者，予十金。民怪之，莫敢徙。复曰"能徙者予五十金"。有一人徙之，辄予五十金，以明不欺。卒下令。[22]

据《史记》司马贞索隐，"秦以一镒为一金"[23]。秦衡以二十四两为一镒，五十金合秦制黄金一千二百两。如此重赏，表明商鞅颁布变法初令，认定取信于民是令行禁止的首要条件。

时过千余年，与司马迁并称中世纪中国史学巨匠"两司马"的司马光，是北宋王朝反对王安石变法的旧党领袖，但他在献给宋神宗的编年史巨著《资治通鉴》开卷第二篇中，照录了《史记》关于商鞅"树木立信"的故事，然后大发议论，不妨录以备考：

> 臣光曰：夫信者，人君之大宝也。国保于民，民保于信，非信无以使民，非民无以守国。是故古之王者不欺四海，霸者不欺四邻，善为国者不欺其民，善为家者不欺其亲。不善者反之，欺其邻国，欺其百姓，其者欺其兄弟，欺其父子。上不信下，下不信上，上下离心，以至于败。所利不能药其所伤，所获不能补其所亡，岂不哀哉！
>
> 昔齐桓公不背曹沫之盟，晋文公不贪伐原之利，魏文侯不弃虞人之期，秦孝公不废徒木之赏。此四君者，道非纯白，而商君尤称"刻薄"，又处战攻之世，天下趋于诈力，犹且不敢忘信以畜其民，况为四海治平之政者哉！〔24〕

司马光以史论为政论，借古史教训北宋六世青年皇帝，重申孔子所谓治国三原则，即宁可去食去兵，也要说话算话，"民无信不立"〔25〕。那政论的是非属于另一问题。这两段引语至少表明，自秦汉到唐宋列朝统治者达成一个共识，就是内政外交都依赖一个"信"字。信者，诚也。《论语》开篇记载孔子及其弟子的语录，便出现了六个"信"字，特别强调"信近于义"，足证在商鞅以前许多年，无论人际关系还是国际关系，相互信任已是交友结盟、治民睦邻的第一要义。

商鞅不是法治理论的首倡者，却是法治实践的表率。他在秦行法，逢到太子犯法，也曾困惑过，却在向人情让步的同时，还是力求护法。倘注意他归罪于的太子教唆犯公子虔，是秦孝公的庶兄，便可知对此人施以黥刑，在秦国特权贵族中引发的恐惧。

商鞅变法成功的诀窍，如清末章太炎哀悼戊戌变法失败所著《商鞅》一文所论证的，是商鞅已意识到法是制度的总称，变法就是变革传统政治体制，因而法立就不容动摇退缩，"虽乘舆亦不得违法而任喜怒"[26]。在这里，应说秦孝公值得称道。因为他任用商鞅变法以后，在秦史上便似乎销声匿迹，令人感到商鞅已成僭主，视国君如傀儡。只有当他英年早逝，秦国政局陡变，权势显赫的国相商君竟然弃职潜逃，人们才得知这位秦孝公是商鞅变法的权力推手，没有孝公就没有商君。

所以，商鞅变法，首重取信于民，体现秦孝公赋予商鞅信任为先决条件。中国史家常常悲叹"人亡政息"，从商鞅在秦孝公死后，立即由叱咤风云的权相化作自己炮制体制的最大牺牲品，或可对这个体制的可"信"度，有深一度的了解。

商鞅为何非死不可

商鞅死了，商鞅在秦国两度变法的效应，仍在发酵。这就引出另一个问题，商鞅为何非死不可？

没有了秦孝公的权力支持，固然使商鞅顿失怙恃，但商鞅不是已将秦国变成一个大兵营吗？秦孝公当然是统帅，但商鞅是久已实权在握的总参谋长。孝公死，太子立，统帅易人，意味着统帅的侍从大换班，但正式相秦已逾十年的商鞅，权势怎会顷刻瓦解？唯一解释，只能是商鞅没有掌握实权。他将秦国军事化，自上而下灌输"以力兼人"的理念，所实行的一切变革，都以树立君主权威为鹄的。秦孝公很乐意享受君主权威节节高的尊荣。因而商鞅的实权，是将君权绝对化为资源，说穿了便是狐假虎威。一旦虎威易主，新狐代替旧狐，商鞅不落荒而逃，才是怪事。

前引赵良痛说商鞅投机史，说他巴结宦官起家，相秦后又"不以百姓为事"，极力讨好秦王，与秦国贵公子为敌，"是积怨畜祸也"。所谓"恃德者昌，恃力者亡"，"秦王一旦捐宾客而不立朝"，你商君还不立即被"收"？那时秦孝公才年逾不惑，商鞅有理由不信赵良警告。

岂知商鞅才获封于、商洛十五邑，"南面而称寡人"[27]，未及两年，秦孝公便死了，他立即成为公子虔团伙的缉捕对象。

在商鞅被五马分尸以后七十二年，荀况自秦返赵，与赵孝成王及临武君"议兵"，陈述在秦观感，便说出了对秦昭王及其相范雎没有直说的话，以为秦国不足畏。理由呢？据荀况说，秦国由孝公到昭王四世，君臣唯知"以力兼人"，受害的首先是秦国士民。他们普遍畏惧权威，尽管人人都有"离心"，却听从当局驱使，充当对外攻城略地的工具，"是故得地而权弥轻，兼人而兵愈弱"。

因而荀况便说出那段千古传诵并引发不绝争议的名言：

> 故曰：以德兼人者王，以力兼人者弱，以富兼人者贫，古今一也。[28]

从司马迁到章太炎的商鞅批评史

很难用几句话来描述商鞅的为人。

他原是卫国公族的贱支子孙，跑到魏国充当贵族家臣，得知魏王无意用他，又投奔秦国，靠与阉宦拉关系而叩开宫门，这在当时已属"小人"行为。然而获得秦孝公信用，他要求法令必行，强调"以刑止刑"，却以制造恐怖作为"止刑"代价，"步过六尺者有罪，弃灰于道者被刑，一日临渭而论囚七百余人，渭水尽赤，号哭之声动于天地"[29]，甚至民众改变态度称赞法令，也被他斥作"乱化之民"，一概流放边城[30]。他的确打击了心怀怨望的宗室贵戚，但显示法无例外的同时，也如前述对带头犯法的太子曲为庇护。

按说执法应该无所畏惧，但论者往往忽视司马迁复述的一个情节，即赵良对商鞅说的："君之出也，后车十数，从车载甲，多力而骈胁者为骖乘，持矛而操闟戟者旁车而趋。此一物不具，君固不出。"[31]没有重兵保护，便不敢出门，可见商鞅对自己打造的铁幕也缺乏信任，如赵良所说"危若朝露"。

因而商鞅在秦行法的主客观矛盾，便成为后人争议的历史问题。司马迁肯定商鞅变法导致秦人富强，却否认商鞅为人，说他"少恩"，"其天资刻薄人也"[32]。

那以后，关于商鞅的争论一度变得很激烈。例如，汉昭帝始元六年（公元前八一年）著名的盐铁会议。武帝晚年实行的盐铁酒类专卖政策，将国民生产和消费的主要资源归政府垄断经营，导致农工商业都发生危机，人心浮动，政权不稳。被汉武帝临终时仿效周公辅成王故事而指定为首席执政的大将军霍光，被迫召集郡国贤良文学与朝廷主管理财的桑弘羊等权贵对话。结果变成对商鞅变法以来秦汉中央集权体制的历史清算。来自民间的郡国文学从指控盐铁专卖危害国计民生，到谴责商鞅是祸首，而代表官商结合体制的桑大夫，则全盘肯定商鞅变法导致国富民强，"功如丘山"。[33]于是商鞅的变法效应和个人品格，变成是一非二的问题，由此出现的"评价"二元对立，主要体现帝国政权与郡国的利益纠葛。用所谓儒法斗争作为判断这二元对立的是非基准，是反历史的。

历史提供的续例，便是击败霍光家族的汉宣帝，说是"汉家自有制度，本以霸王道杂之"，但在意识形态上仍利用而非否定儒学。他亲手培养的一名汉家新"儒宗"刘向，便回到司马迁，宣称商鞅虽私德有亏而公德可嘉，甚至称道商鞅自任秦相，便"极身无二虑，尽公不顾私"，所以秦孝公得成战国霸君，秦历六世得以兼并诸侯，"亦皆商君之谋也"[34]。

尔后很长时间，商鞅又成治国图强的一个楷模。三国蜀汉诸葛亮便教训后主刘禅，要他读《商君书》。

商鞅的法术和人品再度受非议，是在北宋王安石称道商鞅变法而"百代遵其制"之后。但非商鞅的司马光，也曾对商鞅信赏必罚作了高度赞扬，而苏轼否定商鞅的权术，也并非为了"尊儒反法"，相反倒是影射王安石的"尊孟"口是心非。古怪的是，时至南宋，朱熹、陆九渊两派，都自命"孔孟之道"的原教旨主义者，但都很少提及商鞅其人其法。回避也是一种态度。我曾指出，从程颐到朱熹一派道学家，在政治上都反对王安石变法，在经学上却属于王安石新学的"遗嘱执行人"[35]。由他们回避对商鞅历史是非表态，似可为拙说一证。

这里不必再提清乾隆间成书的《四库全书总目》。其于子部法家类小序，只说刑名之学已为"圣世所不取"，"关于商鞅、韩非诸家，可以知刻薄寡恩之非"，而正文《商子》提要，仅考世传《商君书》，"殆法家者流掇鞅余论，以成是编"，暗示内容不可信。

当然，关于商鞅的争议必将延续。百年前发生戊戌变法，康有为、谭嗣同等痛斥商鞅，表明这回变法并非追求君主专制，却引发章炳麟力求复原商鞅历史实相的谏诤[36]。

如今时过境迁，再来讨论商鞅变法和他的为人，理当走出忽褒忽贬的传统循环怪圈。倘能坚持从历史本身说明商鞅的历史实相，也许更有利于对这段变法史的认知吧。

二○○九年十二月二十六日夜

附注：

〔1〕《史记·秦本纪》孝公元年，引文据北京中华书局 1959 年标点本，下同，但以后引文标点分段或依拙意改动。需要说明，这里的"中国"，在战国时代仍属区别夷夏的文化差异的概念。翟，同"狄"。

〔2〕春秋五霸有歧说。战国荀况所指春秋称霸的五诸侯（见《王霸》篇），便无秦穆公。此据东汉赵岐的《孟子·告子》注。

〔3〕前揭《秦本纪》孝公元年"下令国中曰"。

〔4〕前揭《秦本纪》孝公三年（公元前三五九年）。同书《商君列传》，记卫鞅入秦，"因孝公宠臣景监以求见孝公"，及三见孝公，始以"强国之术"说孝公，而使孝公"欢甚"。景监，据《秦本纪》张守节正义谓"阉人也"，即景姓宦官。

〔5〕前揭《秦本纪》。卫鞅与甘龙、杜挚在秦孝公前争辩的详情，见《商君列传》，然而纪年当据《本纪》。据《商君书·更法》（《诸子集成》本），称甘龙、杜挚与公孙鞅，当时均为秦国大夫。左庶长，秦爵名。《汉书·百官公卿表》谓秦爵分二十级，左庶长为第十级。又据《续汉书·百官志》刘昭注，谓秦制自左庶长以上至十八级大庶长，都是军将，大庶长即大将军，左、右庶长即左、右偏裨将军。但秦爵的等级次序是商鞅变法以后所定，此前秦官仅见庶长，有统军权，屡在秦国政变中充当主角，见《秦本纪》怀公四年、出子二年等。秦变法前仍存戎俗，尚左。因而秦孝公六年，以卫鞅变法初见成效，拜他为左庶长，便意味着任命他为掌握军权的大臣。这是我的推断，书此备考。

〔6〕说见《尚书·尧典》郑玄注。清代阎若璩《四书释地又续》，谓百姓有二义，或指百官，或指小民，但孙星衍《尚书今古文注疏》，则两引《国语》证明郑玄注有古典依据，今从郑注。

〔7〕前揭《汉书·百官公卿表》，秦爵有大上造，列第十六级，而无大良造。唐代司马贞《史记索隐》，注《商君列传》"大良造"，谓即大上造，称良造"或后变其名耳"。这是臆测。考《史记·六国年表》，于秦孝公十年（公元前三五二年）记"卫公孙鞅为大良造，伐安邑，降之"，二十二年（公元前三四〇年）又记"封大良造商鞅"，就是说这中间十三年，卫鞅由秦军统帅而相秦，直到封列侯称商君，即到达秦爵最高的二十级前，他的官爵都是大良造。《资治通鉴·周纪二》载显王十七年（即秦孝公十年）"秦大良造伐魏"，胡三省注引司马贞说以后，显然觉得不妥，因作别解："余谓大良造，大上造之良者也。"这更属牵强附会，无法说明商鞅相秦十多年，爵止十六级，怎会突然来个三级跳，分土封侯？合理的解释，只可能是秦国正式称王置相之前，相国就称大良造。这由秦太子即位杀商鞅未称王前，拜犀首为相，而《六国年表》于秦惠文王五年（公元前三三三年）记曰"阴晋人犀首为大良造"，可证。

〔8〕前揭《商君列传》，于引文前谓"以卫鞅为左庶长，卒定变法之令"，核以前揭《秦本纪》，可知初令颁于秦孝公六年。其中，"相牧司"，《通鉴·周纪二》，"牧"作"收"，清王引之谓当作"牧"（《读书杂志》），"凡相禁察谓之牧司"。属籍，公族同宗人口的名册，以区别国君同族亲属的宗支、行辈、嫡庶等血缘联系，据以确定各人应享的身份、等级、礼仪、财产等特权。无军功即除属籍，表明商鞅借恢复秦国嬴姓公族得以起家的部落兵制传统为名，减少依仗血统享受世袭特权的公族人数，迫使大量公子公孙子弟从事征战，否则就降为平民承担租赋力役。这是战国改革家用以削弱寄生贵族实力的通行手段。"明尊卑爵秩等级"，当指商鞅制定以军功论赏罚来重组社会的权力和财产结构的措施。所谓"臣妾衣服以家次"，家即指依丁男重分的人户，而户主可依军功大小所获爵级，占有土地奴婢，可知商鞅"壹法"，没有取消家庭奴隶，相反鼓励国民通过投身战争，提升占有土地奴婢的特权等级，并用规定各等级之"家"的男女奴隶的服饰式样色彩，来刺

激将士好战善战加官晋爵。令末重申"无功者虽富无所芬华"，即谓富人不在战场上拼命，就禁止僭用唯军功爵级才能享有的不同礼仪服色。以往学者诠释商鞅此令，多误解。

〔9〕前揭《商君列传》："卫鞅复见孝公。公与语，不自知膝之前于席也。语数日不厌。景监曰：'子何以中吾君？吾君之欢甚也。'鞅曰：'吾说君，以帝王之道比三代，而君曰："久远！吾不能待，且贤君者，各及其身，显名天下，安能邑邑待数十百年以成帝王乎！"故吾以强国之术说君，君大说（悦）之耳。然亦难以比德于殷周矣。'"据《秦本纪》，卫鞅说孝公，时在孝公三年（公元前三五九年），这年孝公二十四岁。

〔10〕卫鞅处置秦太子犯法事，《商君列传》谓时在"令行于民期年"，即秦孝公拜鞅为左庶长"卒定变法之令"此年，当孝公七年（公元前三五五年），公二十八岁。《秦本纪》于孝公二十四年（公元前三三八年）记："孝公卒，子惠文君立，是岁诛卫鞅。"接着追述"鞅之初为秦施法，法不行，太子犯禁"，而鞅要求秦"黥其傅师"云云，未明言事在何年。按同《纪》谓惠文君"三年（公元前三三五年），王冠"，可知他追杀商鞅时，年十七岁，上推可知孝公七年，这位太子才出生，婴儿岂能犯法？因而司马迁于惠文君即位那年追述其事，只得含糊其辞，将太子犯禁时间说成"鞅之初为秦施法"期间，也可反证本传所谓"令行于民期年"，"于是太子犯法"，必非孝公七年事，更非如司马光《通鉴》系于孝公三年（公元前三五九年）。然而太子犯法，必有其事，唯时间未见前人有确考，姑置于变法初令与迁都后次令颁行之间，并存疑。

〔11〕说见前揭《商君列传》。《通鉴·周纪二》于秦孝公三年也节引此说，但仅略引甘龙"缘法而治"二语，将杜挚所谓"利不百，不变法"云云全部删去。传世本《商君书》首篇《更法》全为公孙鞅与甘龙、杜挚在秦孝公御前会议的辩词，但较诸司马迁所记更详，未知何据。

〔12〕前揭《商君列传》。日本泷川资言《史记会注考证》卷六八本传此段下引中井积德，谓"行之十年"，当作"七年"，"是变法七岁，孝公即位之十年，而以鞅为大良造也"。

〔13〕这次战争发生于秦孝公十年（公元前三五二年），商鞅率秦军围困魏都安

邑，逼迫该城守军投降。《史记》凡三见其事，《秦本纪》《六国年表》所记，均与《商君列传》一致。但《通鉴》仅记此年"秦大良造伐魏"，胡三省注力辩是时魏国犹强，其都城安邑不可能遽降，因而司马光删略商鞅逼降安邑一事是对的。清代梁玉绳《史记志疑》更说前揭《史记》三篇都错了，当据《魏世家》纠正"安邑"乃"固阳"之误。但固阳被秦军围降在次年，与安邑降秦同列于《六国年表》，没有证据表明司马迁将两次战役混作一谈。

〔14〕刘熙《释名》"释州国"。

〔15〕同上《释名》"释宫室"。参看王先谦《释名疏证补》的引证。

〔16〕《尚书·舜典》谓舜曾拟"象以典刑"，改用某种体罚，象征性代替肉刑，但晚年又命皋陶作法官，"五刑有服"，至战国仍在沿用。伪孔安国传："五刑，墨、劓、剕、宫、大辟。"即黥面、削鼻、断足、阉割、处死。

〔17〕前揭《商君列传》。客舍人，中华标点本无"舍"字，据《史记会注考证》校补。验，《战国策》高诱注："信也。"指官方给予的通行证明。敝，坏，意为恶劣。

〔18〕同上注。徇，示众。

〔19〕《荀子·强国》载荀况在秦答应侯范睢语。数，定数，非人为的既定秩序。

〔20〕多年前读中国史某论著所见，印象中似为张荫麟所云，但近日索检张著《中国史纲》，未见此语。记以待查，兼免掠美。

〔21〕参看《史记·秦始皇本纪》太史公曰。司马迁在此《纪》和《陈涉世家》两篇后论中分引的贾谊《过秦论》，乃公元前二世纪中叶世界政论史中的奇葩。

〔22〕前揭《商君列传》。"恐民之不信，已乃立"云云，《史记会注考证》改"已"为"己"，并连上读为"恐民之不信己"，非。此"已"表示过去，作"既"解，意谓变法令颁布前，商鞅唯恐民众怀疑法令的诚信度，"已"即在法令制定完成以后，乃树木立信。当时卫鞅只是入秦碰运气的外国落魄士人，虽取得国君赏识，却只是代秦孝公草拟变法令，在秦尚无位无权无名，就怕秦国人民大众"不信己"，岂非妄想狂？因此，泷川氏臆改字读，谬甚，可为当下国学狂热症患者不通故训又胆敢臆说经史典籍者，充当覆辙之师。

〔23〕《史记·平准书》："一黄金一斤。"司马贞索隐："秦以一镒为一金，汉以

一斤为一金。"清代焦循《孟子正义》引《国语》,"二十四两为镒";又东汉赵岐注《孟子》,亦谓"古者以一镒为一金,一镒者二十四两也"(《公孙丑》章注)。因此,卫鞅代秦孝公制定的徙木示信的赏格,相当于秦衡的黄金一千二百两,堪称巨赏。

〔24〕《资治通鉴·周纪二》显王十年(公元前三五九年),当秦孝公三年。

〔25〕《论语·颜渊》子贡问政章。

〔26〕《訄书》重订本《商鞅》,朱维铮编校《章太炎全集》第三卷,页259—262,上海人民出版社1984年版。又朱维铮编校《訄书(初刻本、重订本)》,页265—268,《中国近代学术名著丛书》本,生活·读书·新知三联书店1998年版。

〔27〕前揭赵良对商鞅语。据《六国年表》,秦孝公二十二年(公元前三四〇年),封大良造商鞅,即鞅由大良造封列侯,以封地称商君。《商君列传》谓封于、商洛十五邑,在今陕西丹凤、洛南之间,商君在封邑中"南面而称寡人"。本传又称他在秦惠文君即位后,"走商邑与其徒属发邑兵北出击郑",就是说其封邑拥有封君可驱使的武装,表明商鞅变法没有在秦国完全"废封建、改郡县",他本人甚至成为新建的"国中之国"的领主。

〔28〕引文均见《荀子·议兵》。

〔29〕《史记》本传裴骃集解引刘向《新序》。秦度以六尺为一步,如测量长度超过这标准,就要受罚。秦法弃灰于道有刑,又见刘向《说苑》,按此刑相传殷代已有。古代筑舍于邑道边,多茅草屋,如将灰烬弃道中,而燃烧未尽,极易引发火灾,所以弃灰于道必判刑,并非小题大做或轻过重判。临渭而论囚,论指判罪。据《汉书·刑法志》,商鞅在秦,"连相坐之法,造参夷(夷三族)之诛,增加肉刑、大辟,有凿颠、抽胁、镬亨(烹)之刑"。商鞅于咸阳南的渭水边论囚,未必全判死刑,但滥施肉刑,也可血染渭水。

〔30〕前揭《商君列传》。传又谓"其后民莫敢议令"。或据《商君书》,以为商鞅行法治,"欲使人人皆知法令",可使"万民皆知所避就",达到"无刑"的目的(见《吕思勉读史札记》,页378—380)。但《商君书》多数篇章乃后世作品,看《史记》这则记录,当知商鞅旨在要求秦民盲从法令,说是说非都受惩办。

〔31〕赵良事见前。语见《史记》卷六十八《商君列传》。后车，侍从所乘副车，形制与主车同。从车，即路车，武装的大车。骈胁，胸肌发达如肋骨并合为一。骖乘，同车的陪乘。闟戟，或说是戎服插有四戟，或说插有短矛短戟各二。

〔32〕前揭《商君列传》太史公曰。

〔33〕汉宣帝时桓宽《盐铁论》，便是这次盐铁会议的详尽描述，无须重说。桓宽是同情郡国文学，而否定桑弘羊等坚持的盐铁酒类专卖政策的。其中《非鞅》篇，突显关于商鞅其人其法，在公元前夜的西汉朝野，就已形成截然相反的两种见解。争论的焦点是治国之术。从历史角度评论这一争论，已属另一问题。

〔34〕前揭刘向《新序》。

〔35〕参看拙作《中国经学与中国文化》等篇，见《中国经学史十讲》，复旦大学出版社 2002 年版。

〔36〕章炳麟（太炎）于戊戌七月，即清光绪二十四年（公元一八九八年）百日维新期间，便著《商鞅》一文，说："凡非议法家者，自谓近于维新，而实八百年来帖括之见也。"此文收入《訄书》初刻本。以后章氏重订《訄书》，至民国初又修改，更名《检论》，均收入此篇，内容文字也都有增删，基调则未变。三篇均收入朱维铮编校《章太炎全集》第三卷，前揭本。

编者附言：

本文于"二〇〇九年十二月二十六日夜"改定，曾发表在《中国社会科学辑刊》（邓正来主编）2010 年春季卷上。这次结集，据朱师手订的打印稿排定。文稿由夫人王桂芬用电脑输入后，打印在 A4 纸上面，朱师做了一些文字校订。1996 年，上海话剧艺术中心创作新编话剧《商鞅》，赴京公演后引起对"商鞅之死"的纷纷议论，朱师当时发愿要写一稿，回顾历代对于商鞅变法的评说。迁延多年，朱师在罹病前不久完成了此稿，交付好友邓正来发表。

从中国思想文化史看中国的回应（论纲）[*]

时间：二〇〇四年
地点：不详

中国与西方世界的交往已有悠远的历史。假如用"冲击"一词，来形容异质文明互动过程中间引发对方震撼的烈度，那么它当然是双向的。

谁都知道十七世纪曾由法国宫廷开始而弥漫欧洲列国的"中国热"，那便是中国中世纪文明冲击西方世界的明证。

这场冲击以国际贸易为中介。自从十五世纪哥伦布为了探索到达中国的新航路，而误打误撞地发现了新大陆以来，抢先建立美洲殖民地的西班牙人，就将那里盛产的白银，源源不断地输往远东，以交换中国的丝绸、陶瓷、茶叶等产品，当然还有中国的服饰、家具、园林建筑等式样，于是模拟中国生活方式，便成了欧洲遭受中国文明冲击的表征。这一点，香港的全汉昇院士，曾有十分精辟的论证。

冲击必定引发反冲击。十七世纪谋求垄断东方海上贸易的英国东印度公司，期望通过贸易战，用英国纺织品，换取重商主义者认作富国之本的中国金银。哪知一败涂地，反而为了满足喝茶上瘾的英国人日常需要，直到十八世纪中叶，以银购茶叶、陶瓷等中国产品，仍占英国对华

---

[*]　为二十世纪中外文化与现代化讲座而作。

贸易额九成以上。英人技穷之余，忽然发现大清帝国正在出现吸食鸦片风气，立即强制印度农民大种罂粟，用武装保护鸦片走私，很快扭转中国白银不外流的态势，并引起欧美诸国竞相仿效。

毒品贸易是西方反向冲击的开端，颟顸的清廷回应迟钝，不消说也因为"瘾君子"已遍布宫廷内外，尤其从鸦片商手中分赃，已成满洲权贵垄断财源的利薮。然而白银外流导致国库空虚，鸦片流毒摧残民生百业，乃至八旗绿营兵丁也几乎人手一"枪"。这当然使得满洲大君紧张，因为遍布要津的旗汉武装，是皇帝"以满驭汉"的支柱，倘若邪教再起，谁去屠戮？因而终于有道光帝钦差林则徐禁烟土的回应。

那以后的晚清七十年史，照中国学者通行说法，就是一部"挨打"史，一部"反抗"史，一部半殖民地半封建社会的旧民主主义革命史。社会性质的判断，涉及的问题太广泛太复杂，如同晚清改良与革命的性质之争一样，中外学界异说纷纭，这里不是讨论的地方。这里想从中国思想文化史的视角，讨论晚清社会文化的两端和士人群体，面对西方冲击的回应。然而不可能系统陈述从鸦片战争到辛亥革命的回应史，只能就半世纪来支配过中国近代思想观念研究取向的主题表述方式，或者说规范过历史叙述和价值判断的若干权威教义，说点个人见解。

以下具体问题，依我看来需要再考察。

通行的近代史开端界定，意味着中国只可能"被现代化"，在历史上说得通吗？同样的逻辑悖论，也见于通行的现代史开端的界定。

清朝的君主专制的传统特色是所谓"以满驭汉"，作为权力中心的满洲权贵集团，对于西方冲击的回应，出发点和效应，该怎么看？

以汉人为主体的中国民众，在整个清代都属于被管制族类，也属于"满汉双轨制"的政治结构笼罩中被剥夺基本权利的真正弱势人群。他们面对西方冲击，或浑然不觉，或冷眼旁观，或借西教为纽带聚众造反，或倡灭洋以结义伸怨泄愤，总之体现的行为方式，都表明他们关注的焦点在内不在外，把保持或改善生产状态置于首位，这又该怎么看？

传统中国向来以士为四民之首，又以士为官僚后备。所谓士的职能分工，不脱道、学、政三类取向。但清朝君主早已取消了汉人文化精英替天行道的自主权利，只许他们要么做体制的臣仆，要么做书斋的学究，甚至舞文弄墨也要提防触犯禁网，以致文史歌诗越来越丧失生气。满洲权力腐败本已锈蚀思想桎梏。十九世纪"西风"越刮越烈，首先从精神上感受传统与现代冲突的，首先从知识上察觉"儒教"与西学背离的，首先从战争中发现文明有差异而技术无国界的，首先从现状中比较君主专政与民主体制对于生存竞争影响的，就都是在不同程度上敢于直面"西潮"来势的学者文士。

近代中国思想史论者，大都把视线集中于在西潮冲击中脱出常轨的人物和事件。晚清思想文化领域随西潮冲击加剧而越发彰显的一个基本问题，即现代化过程中不同文明形态的互动，包括互争互补互进。历史实相厘清了吗？历史反思深入了吗？历史真理发现了吗？看来再考察同样很有必要。

清末民初的政治意识（提纲）

时间：二〇〇五年十一月十八日
地点：北京论坛

一 解题

讨论时限，由清光绪二十四年（一八九八）戊戌维新，至民国八年（一九一九）五四运动，凡二十年。

政治意识，主要指历时性朝野精英的不同政见，特别是关于应对内忧外患的主张。

二 焦点

孙中山《建国大纲》的"训政"论。

民国三年（一九一四），二次革命失败，章太炎被囚，孙、黄外逃。孙中山在日本重组中华革命党，要求党员宣誓服从总理个人，虽黄兴亦因此举类似日本黑龙会组织法而不愿盲从。

孙中山遂草拟《建国大纲》，将革命分作三阶段：军政、训政、宪政。

军政即用武力夺取政权。孙中山承认辛亥革命、二次革命都已失败，尚须再次用武力推翻北洋政府。倘革命成功，下一步便是由中华革命党在全国实行训政。

训政即由革命的领袖实行集权，由党专政，教训民众学习民主。理由是骤行民主不合中国国情，因为全国人民百分之九十不识共和为何物，而百分之十的知识阶级，尤其是当权者，又除升官发财外，不知民国应为国为民。所以革命党必须狠狠教训全体国民若干年，使贩夫走卒到军人绅商，都学会有关民主政治的权利和义务，然后制定宪法，"还政于民"。

三　无止境的训政

其实，训政论的首倡者，应是前清的慈禧太后。这位帝国女主，三度垂帘听政，虽悖清朝祖训，却有效地实行独裁达四十六年。她很能与时俱进，在绞杀戊戌维新并与亡夫共创了首都二次沦陷的记录之后，在结束流亡生活不久，便宣布"预备立宪"。*

---

* 编者按：此篇疑属未完稿。

清末民初的章太炎 *

时间：一九九九年

地点：台北"中央研究院"

　　章炳麟是一位从晚清到民国初年很著名的人物。他用过的名字很多，字号也很多，但是他最出名的一个是与清朝决裂参加革命以后，自己所取的叫太炎。以后的人把他叫作章太炎，反而他的本名章炳麟很少有人记得住。

　　章太炎生于一八六九年，去世时是一九三六年。一百多年以来，他能不能够叫作最大的学问家，或者是所有学问家里面最有学问的一位？当然有不同的看法，但是至少有一点，近代一直到民国，许多大师都是他的学生。比如陈独秀就是他的学生，也兼同事；《新青年》里活跃的几位，钱玄同，周树人——就是鲁迅，还有周作人，还有朱希祖——朱希祖是有名的历史学家，还有语言文字学家黄侃等，这一些人全是他的学生。

　　现在不赞成数辈分，如果我们要在大陆和台湾数起辈分的话，大概在文史——就是人文学科领域，主要有两个人，他们的学生或者学生的学生占主要的地位：一个是康有为——康有为主要是通过梁启超，到了民国初年，南方大学里文史哲的教授，康有为这一系的比较多；北方，

---

* 题目为编者所拟，文字略有删节。

就是北京大学等地，文史哲的教授，比较多的是章太炎的学生。我们现在研究中国思想史、文化史，在清末民初这一段，有两个人是不能绕过去的，一个是章太炎，还有一个就是康有为。

我们今天的话题，所涉时段主要是清末，章太炎由二十八岁到四十二岁，也就是辛亥革命前这一段。这一时段的章太炎，有这样几件事大概是他做过的。

第一件事，他比较早支持一八九八年底的戊戌变法。第二件事，戊戌变法中间和戊戌变法失败以后，他又是第一个起来批评戊戌变法中他们的错误。第三件事，戊戌变法以后，虽然他没有和康有为一起跑到北京，但是他也受诛连、被通缉。后来因为参与变法、参与革命，从一八九八年到一九〇三年，他前后被清朝政府通缉过七次。鲁迅在他去世的时候，写过一篇文章《太炎先生二三事》。就是说，章太炎被追捕、入牢狱，他的革命之志始终不衰。第四件事是一九〇〇年，慈禧太后倒行逆施，支持义和团扶清灭洋，招致八国联军侵占北京。八国联军侵占北京以后，以上海为中心的江浙、天津、北京一些新派人士，在上海举行了一次中国国会。这在中国历史上是破天荒的，这个中国国会是中国历史上第一次出现的所谓西方式的议会，而且是他们自己组织起来的，一批著名的知识分子和著名的士绅们，自己组织起来的国会。它开过两次，并且经过投票选举出议长、副议长、干事。有人说中国从来没有过所谓民主样子的议会，这是不对的，我们一九〇〇年就有了。

通过票选，中国国会选出一个中国最早的留美学生——容闳做议长。次多票是严复，做副议长。还有像唐才常、汪康年，按照票数选为干事。这个国会发表过宣言，宣言的第一条，就是不承认通匪招寇的伪政府。匪当然指的是义和团——义和团算不算匪，那是另外一回事。

　　清朝全部二百六十六年的历史，一共有两次丢失首都的纪录。一次是慈禧太后的亡夫咸丰皇帝，英法联军侵占北京，他跑到热河；另一次是一九〇〇年，慈禧太后向英法等国宣战，不到两个月，她又把首都北京给丢了。她自己化妆成一个卖菜的老太婆，挟持光绪皇帝，非常狼狈，一路跑到西安。中国议会就提出，不承认通匪招寇的伪政府，寇就是外来的。另外，会议开始争论接下来的目标，会议幕后操纵的是梁启超。梁启超提出要保皇帝，和康有为一样，他要保皇。要保皇的话，他们就说要组织武装力量，到西安把光绪皇帝救出来，让他复位。

　　为此会议上出现了两派。一派比较坚定，是康有为支持的那批人。大多数人是中立的。只有一个人坚决反对。他说，光绪皇帝是最没用的家伙。戊戌变法的时候，慈禧太后哼了一声，他就变成了囚徒。这种人援救他可以，但是救他出来以后，让他当元首，组政府，那不行。表示坚决反对的这一个人，就是章太炎。

　　争论以后，大多数人表示同意，要勤王。读过历史都知道，武则天的时候，有一批人在开元把唐中宗废掉，废掉之后，有一批忠于唐朝皇室的人，要组织军队，推翻武则天，把唐中宗迎回去重新当皇帝，它的名目叫勤王。没想到过了一千多年，到了一九〇〇年，康有为又要组织军队，要来勤王，那么章太炎就坚决反对。但是反对无效，他当场就把辫子剪掉了，所以叫割辫反清。这件事情在那时轰动得不得了，这是我说的他的第四件事情。

　　第五件事，虽然被通缉，跑来跑去，但是当时有一个地方可以逃，就是上海的租界。因为租界不受满清政府管，他在租界发表了很多批判清朝的言论，最有名的一篇叫《驳康有为论革命书》。当时康有为为了阻挠华侨、阻挠他的学生反清，发表了两封公开信。一封公开信致南北美洲的华侨，说中国只可以行立宪，不可以行革命。还有一封公开信，就是致他的学生，就是梁启超他们，讲印度亡国，就是因为要搞革命，不好好搞立宪，所以印度就亡国了。这是一九〇三年的时候，康有为的两封非常有名的公开信。章太炎写了一封公开信驳斥康有为，所以他的题目叫《驳康有为论革命书》。

在当时，有一个留日学生，年纪很轻，十八岁，四川人，他叫邹容。邹容在东京的时候，因为东京的清朝的留学生监督、干预学生参与反清政治活动，所以一九〇三年邹容就纠合了几个同学，跑到清朝驻日使馆里面，把留学生监督的辫子给剪了。他在日本待不住了，跑到上海，跟章太炎在一起讲革命。

十八岁的邹容写了一本小册子，叫《革命军》，讲中国需要革命，中国几千年来就是专制。中国革命要革出什么？要革出民主，要实现民主，要搞议会。章太炎写了一篇序支持邹容。结果这本小册子不胫而走，连同章太炎自己的《驳康有为论革命书》，影响很大，引起清朝政府的惊慌。清朝政府要求两江总督专门派人到上海，勾结上海的的租界当局，捉拿章太炎和邹容。租界——当时叫公共租界——要和清朝政府保持关系，所以就把他们两个人给抓起来了。

抓起来了以后，没想到闹出一件大事情来。他们因为批评了清朝政府，尤其章太炎的《驳康有为论革命书》里边，指名骂光绪皇帝。光绪皇帝名字叫载湉，章太炎说光绪皇帝是最没用的人，没用到什么程度呢？他说"载湉小丑，不辨菽麦"，就是连豆和麦子都辨不清楚，不过就是一个小丑而已。在一九〇三年批评皇帝是不行的，所以他直接点名骂皇帝，清朝给他一个大罪，按清朝的法律，凡是这样子指名骂皇帝的，就要凌迟，就是要千刀万剐。清朝政府就要求上海租界当局引渡章太炎，消息一报导，没想到引起全世界的轰动。因为全世界的报纸都报导，中国抓了两个人，这两个平民中有一个人骂了皇帝，结果要引渡，引渡的结果，就是两个人最轻的刑罚是杀头，重罚起来就要凌迟。结果，一九〇三年全世界都知道，中国有革命党，而且革命党的言论是这样子。因为清朝政府要抓人，结果把章太炎、邹容两人的言论反而传播开来。所以章太炎在清朝末年让全世界都知道了中国革命，这是很了不起的一件事。

你们的教科书里一定讲到孙中山《伦敦蒙难记》，对吗？其实真要讲影响的话，不过就是孙中山被骗进一个大使馆，然后想办法要装在一个箱子里送回中国来。后来被康德黎知道了，那么营救闹了一阵子，但是影响远远没有像章太炎、邹容这么大。因为舆论都谴责，说言论自由，讲讲皇帝，点点他的名，有什么了不起？而且章太炎在公堂上，问他为什么骂皇帝，他说我没骂，载湉小丑在汉语里面就是载湉这个小东西的意思，这怎么叫骂皇帝？中国的民主革命传遍世界，是章太炎和邹容的功劳。所有的西方列强，包括日本，他们的公使在一块决议此事，看到国外的舆论实在闹得太凶，租界法庭把这两人一个判了三年，一个判两年，关在上海的提篮桥监狱，当时叫提牢。这是他做的第五件事情。

当时他的主要言论受到上海的小报《苏报》的支持，所以这就是有名的"《苏报》案"。他被关了三年。邹容年轻，关进去时十九岁，急躁得不得了，最后病了，据说送到租界医院，回来以后当天晚上就死掉了。这件案子到现在也未搞清楚。章太炎咬定是下毒死掉的，他本来好好的，送到医院待了一天，回来就死了。邹容死时不满二十岁。民国成立以后，临时政府追赠他为大将军，就是创立民国的大将军，到现在上海还有邹大将军的墓。

《革命军》这本小册子，被孙中山的人运到内地，当时要卖二十两银子一本。清政府蠢得很，越是禁，人家越是想看；越是说这两个人坏得不得了，人家一听是骂皇帝，号召推翻清朝，他的思想越是传播得广。

关了三年出来，章太炎认识了蔡元培，他们开始组织一个激进团体，叫光复会。在外面，光复会会长是蔡元培，实际上是章太炎在里面支持搞起来的。当时中国的革命小团体有三个：一个是兴中会，孙中山起头的；再有一个是华兴会，就是湖南的黄兴、宋教仁系统的；还有就是江浙地区的光复会，光复会的领袖就是章太炎和蔡元培。光复会是最激进的，因为光复会的前身叫暗杀团。

暗杀团组织里的一个年轻人很激烈，后来当了章太炎的女婿，就是龚宝铨。龚宝铨他们的一个逻辑很简单，这批贪官污吏、这批昏官，没有道理好讲，只有一个方法，就是杀，其他人怕了，就不敢再来镇压革命了，谁要镇压革命，就要杀谁。所以辛亥革命以前，中国发生了好几起有名的暗杀事件，比如说丢炸弹暗杀五大臣的叫吴樾，他自己被炸得粉身碎骨，五大臣中有两人受伤；还有光复会的徐锡麟刺杀安徽巡抚，就是省军区司令兼省长的那个巡抚；还有比较有名的属于孙中山系统的暗杀事件，就是汪精卫刺杀摄政王，当然没有刺杀成功。

章太炎出狱以后，同盟会于一九○五年已经在东京成立。同盟会派蔡元培把章太炎从上海接到东京。东京有一个锦辉馆，大概是东京最大的会场，能够坐两千人。孙中山在那里主持欢迎章太炎的大会。锦辉馆里挤了一万多人，留学生就爬到房子上，为了要看一看章太炎。章太炎发表了一个演说，说革命已经到了实行阶段，实行阶段中间最重要的有两条：第一条，用宗教发起信心，增进革命的道德；第二条，用国粹激动种性（种性就是遗传性），而增进爱国的热潮。这两句话在辛亥革命以前流行非常久。章太炎提出：我们要提倡宗教，不是提倡孔教。他说，孔教专门叫人追求功名富贵，这种教是不能用的；也不能用基督教，基督教要人崇拜上帝，其实是叫人崇拜西帝，就是西方的帝王。所以他说，我们要利用宗教增进革命的道德。中国人上上下下都信佛教，佛教有很多不好的东西，但是佛教分成两派，他说有一派有道理，就是华严宗。华严宗提倡头跟脑髓都可以施舍于人，为了普救众生，你要我的脑袋，我就割给你；你要我的一条手臂，我马上就拿给你。佛教另外一派，主张唯心论，主张万法唯心，就是所有的现象都是心造的现象。你看穿了一切，革命起来就没有顾虑。所以他要求创立一个教，使得大家能够增进道德，把生死置之于度外。这个教他想了一个古怪的名称，叫做无神教。

　　宗教哪有没有神的？当然有的宗教信仰也不讲神，但是一般来说，一神教，比如伊斯兰教，相信阿拉；基督教相信上帝或耶稣；那么佛教中间有很多的宗派，他们也要相信佛祖。但是有那么一派说佛祖就在我心里，其实就是刚才说的无神教。

　　佛教里面也有很糟糕的教派。我到台湾好多次了，每次都看到很多人在念佛，在那边数念珠。最简单的叫你成佛的方法，就是每天念一万遍，然后可以升到极乐世界。

　　但是佛教里也有很深奥的，章太炎说，那种深奥的东西，一个是华严宗，一个就是唯识宗。谭嗣同最相信华严宗，所以章太炎说，因为谭嗣同相信华严宗，所以视死如归。唐三藏——就是玄奘——相信唯识宗，他到西天取经，取回来的是大乘真宗的教派，就是唯识宗。章太炎认为，这两派跟中国传统的优秀遗产有相通的部分。这是他的看法。

中国原来没有国学。现在我们通称的中国，那是中华民国成立以后的一个概念。之前我们称自己是汉人、唐人、宋人、元人，所以一直到清朝灭亡的时候，我们的那个帝国正式名称叫大清帝国。中国的国学是哪里来的呢？

国学是从日本来的。日本明治维新以后，有一个非常熟悉日本的诗人兼学者，叫黄遵宪。一九〇一年的时候，梁启超还跟章太炎合作，他们两人想办一份《国学报》，征求黄遵宪的意见。黄遵宪就给梁启超写了一封信，说中国没有国学，日本原来也没有国学，也没有所谓的日本学。但日本学我们唐人，举国驱而东；明治维新之后，要学西方，又举国驱而西。学来学去，强大了一点以后，在意识形态里面忽然发现自己居于无何有之乡，所以这样子日本才有了国学。

他说我们中国学问多得很，现在中国的问题在于保守，而不是我们没有创造自己的国学，所以我们要清算过去，而不是弘扬国学。日本也没有国粹，日本把它的大和魂称为国粹。

开始提倡国学的是梁启超和章太炎，黄遵宪反对，所以他们的《国学报》没有办成。不过一九〇三年被关进监牢以后，章太炎写了一篇文章登在上海的报纸上。他说，我其实承担了传播国粹的任务，上天以国粹付给我，结果现在我坐了监牢，不知道还能不能活着出去。如果将来中国的国粹断绝了，那是我的责任。

口气非常大。我们也就知道在章太炎之前，中国没人讲国粹，没人讲国学，国学和国粹都是外来的概念。但是章太炎进监牢发表声明以后，有一批他的追随者，都是年轻的杰出的知识分子，在上海组织了国学保存会，出版了一份刊物，叫《国粹学报》。这是中国开始第一次出现有所谓国学名称的群众组织。

　　章太炎就是他们的精神领袖，所以我说他做的第六件事情，就是使得国学、国粹的概念在中国传播。

　　第七件事情。他出狱以后，那是一九〇六年的七月，他到日本发表演说，马上接手编《民报》，就是同盟会的机关报。章太炎主持的《民报》和康有为一派的刊物《新民丛报》展开论战，特别批评梁启超在《新民丛报》上面所讲的开明专制。梁启超说，中国这些人只能够专制，但是君主要开明一点。他提出，对上，要劝告他行仁政；对下，要劝告他们服从。两句话：对上言仁政，对下言服从。这是《新民丛报》的一个基点。章太炎在《民报》上讲专制和民主的区别、人民的权力到底是怎么样的一回事。一九〇七年，胡汉民这批人在章太炎主持的《民报》上写文章，说中国可以搞社会主义，中国可以用马克思学说来改造。还有章太炎本人跟孙中山订了一个平均地权的方案，孙中山用美国人的一个说法，章太炎说那个平均地权的方案其实符合社会主义。也就是十月革命以前十年，我们中国人已经在那里讨论这个问题了。所以，从批判的角度来说，章太炎主持的《民报》击败了《新民丛报》。章太炎主持《民报》以后大概一年多，《新民丛报》只好关门。

　　他在《民报》上宣传革命的主张，是同盟会纲领十六个字："驱逐鞑虏、恢复中华、平均地权、建立民国。"前两话是朱元璋驱逐元朝时候在北伐檄文里面讲的，孙中山原封不动搬到同盟会纲领里。"平均地权"是一九〇二年章太炎在日本的时候，和孙中山商量的。就是说，他认为中国最大的问题是农民问题。农民如果没有土地耕种，不实行耕者有其田，中国的社会问题就解决不了，中国也安宁不了。最后一句是"建立民国"，就是要推翻君主制度。一九〇七年，章太炎在同盟会成立两周年的时候开了一个纪念会，专门发表一篇文章，叫《中华民国解》，所以中华民国这四个字、这个概念，是章太炎发明的，是一个巨大的纪念碑。章太炎一九三六年去世时，有人写文章，说现在我们用的这个概念，是章太炎立下的一个巨大的纪念碑。

出狱以后，章太炎还干了一件事，影响非常大，那就是应留学生的要求，不断讲学。他当时等于成立了一所民间大学，叫国学讲习会。他的讲义还在，一种讲义是讲中国语言文字的起源，一种讲义叫《诸子学略说》。除了大班，他还应几个人的要求，开了小班。鲁迅后来回忆，在东京听章太炎讲学，一共八个人，这八个人中有好几个后来非常出名。除了这八个人以外，和他来往的还有一起办《民报》的人。还有一个巨大的成就，就是一九一八年，陈独秀把《新青年》搬到北京以后，《新青年》采取轮流编辑的办法，《新青年》的主要编者和作者，都是章太炎的学生。

胡适就是章太炎的私淑弟子，他一直到晚年都在写。陈独秀是安徽光复会下面的一个分支越王会的领袖，他在上海也跟章太炎一样，在《苏报》写过文章。蔡元培本来就是章太炎的合作者，周树人、周作人也是章太炎的学生，钱玄同、刘半农都是章太炎的学生。从辛亥革命以前，一直到五四运动，所谓的新文化运动，和章太炎有直接的关系。

章太炎是个思想家，他认准的东西就要坚持。他激烈批评康有为、梁启超，还批评吴稚晖。吴稚晖是蒋经国的老师，章太炎把吴稚晖骂得非常厉害，给吴稚晖公开信的结语是，把你的嘴巴闭紧，不要去舔人家的疮；"补汝裤，不令后穿"——把你的裤子补好，不要放屁放得把它打穿掉。章太炎骂他先是保皇；保皇不成，投机革命；投机革命不成，现在又要搞无政府主义。关于吴稚晖怎么评论，两岸之间相差比较大，大陆现在一般不太说吴稚晖，因为他还办过一些好事。留法勤工俭学，是他跟张静江几个人搞起来的。因为这个人活得很长，到台湾后来做了蒋介石的老师，所以批评的人就比较少。还有一个被批评得很厉害的是孙中山，孙中山革命比较早，跟章太炎差不多同时。一八九四年孙中山上李鸿章书，劝他自立当王——一八九八年章太炎也给李鸿章写了一封信，劝他反清——但上书无果，孙中山开始革命。孙中山从小在国外长大，在香港念书，他英文讲得比中文好，他对中国传统不甚了解。后来他逃亡到日本，章太炎当时还发表了一篇演说，说人家当中山先生是神经病，我也是神经病，历史上成大事的人，没有不是神经病的。

一九〇〇年章太炎在中国国会割辫以后，穿上人家送的西装，这西装有点像我们的古装，所以叫剃发易服。他把在中国国会上准备的两篇文章，寄给了在香港的孙中山。孙中山一看高兴得不得了，因为他原来的革命主张没有超出华侨，没有超出两广，结果章太炎一加盟，他的主张一下子变得广为人知。后来章太炎逃到台湾半年，他的故居在西门町。我去看过，底下是理发店，上面是个小破楼，已快坍掉了，大概是八九年以前，不知还在不在？他在日据的报纸上写文章，跟日本人不合。他又跑到日本，开始跟孙中山见面。孙中山支持他，章太炎搞了一个支那亡国二百五十周年的纪念会。孙中山在横滨举行盛大欢迎会，章太炎是平民，很感动，说他用军乐队欢迎我，是这辈子没享受过的荣耀。

孙中山开始跟他讨论，有几个方案，一个是平均地权，还有就是建立民国。章太炎的《訄书》一共有三个版本，第一个版本一九〇〇年在日本出版，是他决定反清以前的一个版本，那个版本还讲保皇，就是支持康有为的意见。他决定反清以后，把《訄书》改了一遍，一九〇四年在日本出版，也叫重订本。重订本就是跟孙中山讨论过以后的本子。章太炎对重订本又不满意，在一九〇七年以后不断修订，直到民国初被袁世凯囚禁起来。章太炎老得罪人。得罪清朝，被关在上海租界的西牢里。袁世凯暗杀宋教仁，章太炎火了。那时袁世凯刚刚赠送他一个勋章，一级开国功臣。他把勋章挂在一个折扇的柄上，摇晃着跑到总统府要见袁世凯。袁世凯当然不肯见，派了一个秘书长敷衍他。他等着不耐烦了，抡起手把袁世凯接待室里的古玩全打个稀巴烂。因为他谴责袁世凯暗杀宋教仁，镇压革命，所以袁世凯就把他抓起来，又不敢把他送到监牢，就软禁起来。章太炎又火了，一会闹绝食，一会要放火。袁世凯把他软禁了三年，人家就问袁世凯的宪兵司令陆建章，你们为什么不杀掉他？他说这个人不能杀，将来有点事情的话，得到他一纸文书，胜过两个师。他的文字威力那么大，除了批评清朝政府，批评慈禧太后，他还批评孙中山，批评袁世凯，批评蒋介石，差不多凡是当领袖的都被他批过。

被袁世凯囚禁以后，他又修订《訄书》重新出版，叫作《检论》——《訄书》初刻本、重订本和《检论》三个本子，现在海外流行的大概就是我校定的本子，在《章太炎全集》第三卷，一九八〇年校的本子。他主要讲了四个部分：第一，什么是学；第二，什么是人；第三，什么是政；第四，什么是教。所以他的《訄书》三个版本里面，最重要的部分是人的起源、学的起源、政的起源、教的起源，所以我讲这是给中华民国的设计书，有些见解相当深刻，有些见解当然也引起很大的争论。譬如他讲原学的部分，从前是按照地域、人物区分学派，章太炎接触过进化论，但是他不同意社会达尔文主义。达尔文学说讲生存竞争、自然选择，而社会达尔文主义是英国斯宾塞（Spencer）的学说，可以概括成生存竞争、优胜劣败、弱肉强食，这是严复《天演论》介绍进来的东西。章太炎在严复以后，在一八九九年，他跟人合作翻译过斯宾塞文集。他说进化不是直线的，有进有退，有进化的话，还可能有退化；他还反对弱肉强食是不可改变的命运的说法，认为弱可以变强，强也可以变弱；他还讲野蛮可以进到文明，但是文明搞不好的话，也会倒退回野蛮。他举清朝的例子，说汉、唐、宋、明文化发展程度那么高，清朝一进来，马上就回去了，变文明为野蛮，这证明社会达尔文主义不对，所以他讲人，就讲文野之分。他讲政，特别强调一条，为什么我们要学习西方。中国过去有很好的东西，中国有一个皇帝已经够了，我们现在一天到晚要推翻这一个皇帝，我们不能再搞代议制，像日本一样，有上千个议皇——他起了一个古怪的名称，不叫皇帝叫议皇。他说那些议员整天吵吵闹闹，这些人能代表人民吗？我们不要这些东西，他要求直接让民众有发言权，能够参与决定大事。这是他后来和孙中山分歧的一个重要原因，因为孙中山希望建立议会制的共和国，他表示反对。在章太炎看来，政的最大问题是防止所谓的官僚特权、防止腐化。章太炎自己家庭是很贫穷的，他对底层的感受比较深，所以特别强调这一点。还有宗教，他一方面反对孔教，反对基督教，但是他认为宗教信仰是涉及人心的问题，涉及道德的问题，所以他讲宗教，他还是希望宗教有选择的自由。

　　他的这一套设计是在二十世纪初期最早的十年，现在我们二十一世纪刚刚第十年过来，正好一百年。他提到的那些问题解决了没有？恐怕还是问题。在二十世纪初期十年里，他特别反对三种假东西：第一，反对假尊孔，尊的孔子都不是真孔子。他在《诸子学略说》里面就讲了，孔子以及他的后辈里面，原来也有些极好的东西。他特别尊重荀子。孔子、孟子教人一天到晚要做官，要富贵利禄，这是孔教里最坏的东西。第二，反对假保皇。康有为借保皇名义去发财，康有为的保皇会的名称叫保救大清皇帝公司，公司章程特别讲到他的资本就是光绪皇帝，大家入股，把光绪皇帝保出来、救出来，将来复辟搞立宪，凡是入股的人都可以得到好处，所以华侨捐了很多钱，康有为拿它在海外做生意。他看中了墨西哥，派人跟墨西哥政府商谈，没想到那家伙把他的钱全骗光，最后康有为在海外日子非常难过，上千万两银子被骗。历史上从来没有听说过把皇帝当作资本办公司的，空手套白狼。最近我让一个学生编了一部《康有为往来书信集》，有将近七八十万字，里面有大量关于保救大清皇帝公司营业状况的内容。章太炎认为，康有为借保皇敛钱，并且推卸责任。譬如上海唐才常自立军失败被杀了头，康有为就放出消息，说唐才常拿了他几十万的银两，不积极准备，被张之洞破获而丢了命。从《书信集》里可以看出来，他根本没有给钱，倒是唐才常非常积极，真的想勤王。这时康有为在干什么？我真的没见过这样"浪漫"的人，他住在槟榔屿，就是现在的马来西亚，遥控指挥。他脑子里想弄许多钱，先夺广州，再取广西，沿着洪秀全的路线，夺长沙、武汉，再打到北京。其实他没有军队，也没有指挥。我对这个问题一直感兴趣，最后发现他钱倒是捞了不少，但是所有的方案都在他脑子里，没有实行，所以是假保皇。第三，反对假立宪。他介入慈禧太后的假立宪。慈禧太后起先没有立宪的期限，人家说没有期限怎么行，结果她就说十五年吧！慈禧太后当时七十岁，十五年的话，她要活多少岁？然后再逼，慈禧太后让步，九年预备立宪。康有为也受不了，他说九年的话，你慈禧太后都死了，天知道下面付给谁去？章太炎干脆说她拿这个东西骗人。到后来看她所有的措施，人家要求民主，她镇压，有人说要开国会，她杀人头，所以章太炎批评她完全是欺骗。

国民党历史书上经常讥笑孙中山要三民主义；胡汉民要二民主义；章太炎民权、民生都不要，说只要民族主义，所以叫一民主义。其实三民主义基本的东西，当初是章太炎设计的，但是章太炎非常顽强，说现在最大的问题是推翻满洲，满洲一推翻，很多问题就会迎刃而解。所以章太炎的光复会一派有幻想，我把它概括成八个字——"满洲一倒，万事自好"，后来证明不是这么一回事。当然他的"一民主义"，确实强调首要任务是反满。第二，（有人说）章太炎是复古论者。章太炎确实在中国历史上第一个提出文学复古。这个文学复古是什么呢？一九〇六年，他到日本首先提出来，说意大利的中兴，靠文学复古，我们中国现在也要搞文学复古。我写过一篇文章《失落的文艺复兴》，考察从章太炎到胡适在中国搞文艺复兴的历史。他有幻想，没有成功，所以他也不是我们所说的复古论者。有人说章太炎反对欧化，那这就更错了，为什么？章太炎的国粹的理论基础是什么？是人类起源一元论。在章太炎的时代有一种意见，说人类最早起源于非洲，从非洲慢慢扩散到全世界。有人研究中国民族哪里来，说中国的民族从非洲经过北非、中东，一路过来，所以叫"中国文化西来说"。最早根据这个逻辑，他说有人考证——当时是一个法国人从比较语言学上考证，中国最早的黄帝是神农氏，神农氏的谐音就是萨尔贡，就是两河流域的苏美尔王朝有一个萨尔贡，他的后裔往东移民，翻过帕米尔高原，跑到中华大地，打败土著人蚩尤，把他都赶到边疆，就是苗和瑶，这个胜利者就叫作黄帝，所以黄帝是个西方人，这证明我们中国人发源于伊拉克，发源于两河流域。从人类起源一元论到中国文化西来说，他们讲的国粹其实是说人类最精粹的东西是共有的。后来章太炎放弃了这个观点，他相信多元论，那么人类的起源就不一定都是非洲那只老母猿，各地都可以产生不同的人类。

还有人说，章太炎反对代议制。他的《代议然否论》是一篇有名的文章，他的基点是，我们中国连一个皇帝都不要，何必再搞出来千百个议皇。他的一整套设计，在于既不要代议制，又要让人民能够表达政见。当然最大的问题，是他反对孙中山，不过指摘孙中山的两点已经得到历史的证实。第一点，章太炎到日本后不久，日本政府响应清政府的要求，令孙中山离境，日本政府送孙中山一笔钱，又叫一个资本家送孙中山一大笔钱，孙中山拿着这笔钱去收买新军，这才有了十二次起义。当时《民报》需要经济支持，孙中山给过一笔钱就不理了，章太炎火了，就在《民报》上批评孙中山，不该收日本人的钱，拿了以后又不支持真正的革命事业。孙中山生气了，就叫吴稚晖在巴黎《新世纪》上骂章太炎，说章太炎要投降清朝。章太炎有他荒唐的一面，譬如说他喜欢在事情还没有证实以前把它捅出来，就把事情闹坏了，这是一个方面；但是他跟孙中山的关系，大概不能够单独从这一点讲，一个人不可能没有错误，研究历史的人就要对这个错误进行分析。

章太炎后来极为讨厌蒋介石。为什么？民国元年（一九一二）陶成章在上海住医院，那时浙江推陶成章当都督，当时上海的都督是陈英士，就是陈立夫、陈果夫的叔叔。陈英士是拥护孙中山的，大概陈英士害怕光复会的势力大起来，就派人到医院里面刺杀了陶成章。那个刺客是谁？就是蒋介石。章太炎是光复会的实际领袖，而陶成章是光复会的领袖，所以章太炎总是要骂蒋介石。如果说蒋介石做对了，他乱骂是不对的；但是如果说蒋介石错了呢？为了在辛亥革命以后夺取权力，蒋介石充当陈英士的刺客，刺杀陶成章，无论如何是不光明的、阴谋的表现。所以对于章太炎和孙中山的关系、和黄兴的关系、和蒋介石的关系，都要从历史角度分析。如果因为他们当了领袖就一贯正确，这是不对的。当然我也不偏袒章太炎，对历史要采取公正的态度，对章太炎遗忘是不对的，但是一味赞美同样是错的，我们要实事求是。还有我们要容许争论。"文革"中江青莫名奇妙定了一个法家名单，第一个是商鞅，最末一名是章太炎，为什么定他为法家？因为章太炎写过一篇文章批评康有为骂商鞅，他说商鞅制法严厉是对的。结果江青讲，凡是法家都会赞成商鞅。这是荒诞的逻辑。

从三个角度看章太炎

时间：二〇〇四年六月二十五日
地点：浙江省杭州市余杭区仓前太炎精神研讨会

太炎章炳麟于一九三六年以六十九岁的虚龄去世那年，我才出生。不想今日在太炎先生的故里纪念这位清末民初的伟大人物，而我也活到他归诸道山那把年纪了，感慨良深。

太炎先生的伟大，在于他集革命家、思想家、学问家于一身，而且在每个方面，都属于时代的先驱。康有为是晚清的"自改革"运动的先导，思想学说也是二十世纪疑古思潮的直系前辈，却以晚年力主帝制复辟而身败名裂。孙中山倡导反清革命，在国民党建立全国政权后，被尊作"国父"，但他的学问非出于己。清末民初是个英才辈出的时代，在道、学、政三者独秀一枝或兼达二三的人物，不知凡几，而堪称三者均曾攀上峰顶的大家，可谓仅太炎一人。

太炎是清末的大革命家。他并非生知，由三十岁前拥护戊戌维新，在变法被慈禧绞杀后仍然"与尊清者游"可证。他的伟大，在于一旦发现自己错了，就敢与错误决裂。一九〇〇年在上海国会期间割辫，表示与保皇论分手；一九〇三年以匹夫公开倡言"排满"，身陷上海西牢，却使中国革命扬威国际社会；一九〇六年，出狱后在东京成为同盟会的首席理论家，单是一篇《中华民国解》，便给辛亥革命后的共和国正了名，迄今这个国号存废，还是彼岸绿营挥之不去的魔影。他的伟大，还在于民国既建，他为捍卫这个国体不遗余力。谁反对这个国体，他就反对谁。袁世凯及其余孽北洋军阀，蒋介石及其联俄反共等军事独裁国策，他无不对事不对人，敢怒敢言。我曾指出："章太炎的一生，可说以提倡民族主义始，以提倡爱国主义终。"（《答张季鸾问政书》说明，此信作于太炎死前一年即一九三五年六月）可见他至死仍坚持自己的共和信念，尽管自称"中华民国遗民"，就是以为在蒋介石时代"民国"已死。

太炎是二十世纪的大思想家。思想家与哲学家的区别，在于哲学家只想解释世界，而思想家追求改造世界。太炎在民国四、五年间，曾给自己的思想录《菿汉微言》作跋，叙述他从十五岁拒应县试之后三十年的思想演化的轨迹，说是"始则转俗成真"，由人间升到天上，"终乃回真向俗"，又从天上回到人间。就是说，他起先只关注中国文化传统的历史，极力从中寻找超验性的普世真理，但由《驳康有为论革命书》并因而坐牢三年，出狱后到日本主编《民报》，其间遍读中西哲人论著，再回头研究中国传统文化，才觉悟传统与现代、中国与西方，没有不可逾越的壁垒。而中世纪中国的意识形态，根本弊病在于自我设限，不承认思想多元，名当符实，都是心与境随的产物，"执着之见，不离天倪"（《庄子》术语，谓自然的本分），"和以天倪，则妄自破，而纷亦解"。古今中外，儒释耶天（天方系伊斯兰教），都有存在的理由，你可以不同意他的体相，却不可强人从己。这是否是极大发现？

太炎又是晚清以来中国最大的学问家。他上承俞樾、孙诒让等汉学大师，但他对传统的经史诸子的研究成就，上为清代汉学的终结，下启民国人文研究的途径。他最早接受社会进化论，也最早研讨从日本转介的民权、民生、民族等各种欧美学说，却从不盲从。如不满于严复达旨的进化论，与人合译《斯宾塞尔文集》；如不满于《时务报》介绍的卢梭《民约论》，力求了解近代西方通行的种种人权理论，乃至一度痴迷于巴枯宁、克鲁泡特金的无政府主义学说；如不满于欧美日本盛行的宗教理论，作《五无论》《四惑论》《建立宗教论》等，考察宗教信仰的来龙去脉，乃至断言无人类才能无宗教。特别是他的《俱分进化论》，论善恶如鸟之两翼，车之双轮，与时并进，绝不可能到达有善无恶的儒家幻想境界。而他在辛亥后多次演讲，猛烈批判统治者的稳定压倒一切的言论荒谬，说是"民国成立，辄曰维持现状"，"民国非维持现状耳，乃维持现病耳，若坐视腐败专制之病长存留中央，则民国共和终成梦想"，所以他说必须"循文明的步调，急求破坏专制恶根，拚命力争共和二字，此后方有建设可言，不过主张稳健，与革命时进行稍不同而已"（《关于"医治国病"的演说》，一九一三年四月）。这就证明他的学问，其实关注的焦点，在于"国病"。从经史研究考察"国病"的由来和演变，从现状研究分析"国病"的根源和治术，始终是太炎做学问的出发点和归宿。我们可以批评太炎的政见迂阔乃至老悖，却无法指斥他的学问，继往堪称"集大成"，开来也堪称传统文化创新研究的一代宗师。

我在四十年前尚沉湎于将太炎看作传统经学的最后一具尸体，企图批判得越彻底越好。"文化大革命"期间，茫无出路，日读经史，以消永夜，却意外发现太炎中年以后，绝非顽固不化的经学家，而是用传统语言申述最新学说的思想家。惊诧之余，适值被迫为工农兵批儒释法的章太炎著作注释组服务，旦夕通读章著凡三年。尽管时时挨批，却对太炎与清末民初思想界的相关度恍然又了然。于是在终获"平反"又"解放"之后，便致力于《章太炎选集》的编校注释，再致力于《章太炎全集》的设计分校。这期间，我在"文化大革命"中搜辑考辨的太炎遗著编年，我为应对工农兵"理论家"们谴责"知识私有"而被迫日日申诉自己的历史考证思路，到"文化大革命"后均为同组所谓专家剽袭，或名"年谱长编"，或名"思想研究"，而成彼辈成家的表征。我已隐忍二十余年，所以者何？唯因服膺古说，学术乃天下之公器，因而我的辑佚辨伪校勘注释的见解，由谁用怎样的形式公表，实不重要。

忝居历史学者，我看清末民初的章炳麟，承认其伟大，却绝不以为他的思想学说不可超越。我只可惜，迄今为止的海内外学术史，论及太炎都没有实现超越，都没有从他实现三位一体的角度进行研究。因此，这篇小文，也许不算陈陈相因的套说吧。

犹忆章太炎纪念馆成立，浙中诸贤成立章太炎研究会，选沈善洪教授为会长，选余承乏副会长。迄今二十多年，章氏故里父老，终于念及这位乡贤，组织了这样一场纪念活动。余不敏，但知由历史看太炎。匆作此文，或拂世，然职业所迫，不得已也。

说说陈寅恪 *

时间：二〇〇九年六月二十日
地点：上海图书馆

　　主持人：各位听众朋友，下午好！欢迎大家在这么热的天来到上海图书馆参加都市文化的讲座。今天我们的讲座将继续"向大师致敬"专题，特别向大家介绍的是以国学研究而备受国内外推崇的陈寅恪先生。陈寅恪先生的一生是多灾多难的，既经历了抗战、"文化大革命"之乱，又饱受盲目"膑足"之苦，但他仍然坚持诠释"独立之精神，自由之思想"。四十年前大师已经离我们远去，然而他的才学、思想、精神却给后世留下了深刻的印象。今天我们特别邀请到复旦大学资深教授朱维铮先生来给大家说说陈寅恪。掌声欢迎。

　　朱维铮：我是研究历史的，在中国历史学界，陈寅恪的威望非常之高。大家也看到片子 ** 上面记载的陈寅恪先生，在某种程度上，他是一个带有传奇色彩的人物。他早年毕业于复旦公学，就是现在复旦大学的前身，他应该算是复旦大学的，当然现在查不出他是第一届还是第二届的毕业生。当时的复旦公学像现在培养外国留学生的预备学校一样，它是用英

＊　应上海图书馆"向大师致敬"专题系列讲座而作的演讲。
＊＊　编者按：指上海电视台纪实频道制作的《大师》系列传记片。

语和法语教学，当然也有汉语教学。陈寅恪先生从复旦公学出来以后就去了日本，由日本再到欧洲，由欧洲再到美国，在海外十几年。还有一点，他完全是为了学习，他没有在海外拿到一个学历，也没有在海外拿到一个学位，这在中国大师级人物里面很罕见，但是他得到了许多有学问人士的推崇。

当年清华大学成立国学研究院要聘几位导师，中间有一位争议很大的就是陈寅恪。因为他有留学的经历，但是没有学位，最奇怪在于他没有发表过论文。按照我们现在评教授的状况，制定所谓硬性指标，要发表多少论文，而且刊物还要分等级，很多臭不可闻的刊物也变成权威刊物。按照这个尺度的话，陈寅恪不但不能当教授，连讲师也评不上。

陈寅恪有真才实学，他懂多少外文到现在没有人能够数出来。我说的外文是指汉语以外的文字，有一些文字其实属于古代中国不同民族的文字，比如他懂吐火罗文、藏文，藏文当然也是中国文字的一种，吐火罗文是已经死去的中国语文的一种。有人统计说他懂十七种之多。我从大学生开始就读他的东西，他有许多引证，我到现在为止还没有办法判断他的引证到底怎么样，所以他是真正的学者。之后他在清华研究院发表了很多论著，到现在为止还是经典。

学术界要提倡真才实学。要当历史学家，第一除了志向以外，要掌握语言文字，这在过去叫小学。小学不是我们现在读小学的小学，而是语言文字学，这是最起码的，比如至少应该能够读文言文。文言文当然有很大的区别，最古的一些文字像甲骨文，我也不行，我非得依靠别人的研究才能认识它。再比如说铜器上的铭文，叫金文，大概很少有几个中国的教授能够顺畅地把它断开来。现在研究历史的人不知道《说文》是怎么一回事。有些媒体为了表示自己有学问，整天提

《康熙字典》怎么说。《康熙字典》是中国文言文里最蹩脚的一部字典，错误很多。与其读《康熙字典》还不如读《新华字典》。新出的《新华字典》我没看，"文革"以后重版的《新华字典》比《康熙字典》更可靠一点。

中国有那么多的少数民族，我们的语言有多少？根据联合国教科文组织的统计，大概到二〇〇八年为止，中国尚存的语言是二百五十多种。我不是讲方言，我讲的是语言，就是跟汉语一样的语言二百五十多种。陈寅恪先生很了不起，他懂得很多死去的中国过去的语言文字，他对中国的古文献有很深的修养。

陈先生说他不敢读秦以前的书。这倒不是文字问题，他认为秦以前的很多书传下来，包括一些解说真伪难辨，所以陈先生主要研究秦以后，尤其是历史学家看起来非常复杂的那一段——就是魏晋南北朝、隋唐，还扩展到五代两宋，当然还有辽金。做这一方面的专家，你把这一领域中国人、外国人的研究成果以及有关材料全部涉猎一下，那就已经非常了不得。

我大学毕业前后，也就是二十世纪五十年代末到六十年代初，我主要研究北朝、隋唐的府兵制问题。府兵制就是兵农合一的体制，是北方的游牧族和南方的农业族传统的兵制的结合。在当时必读的参考书就是陈寅恪先生的著作。他讲府兵制起源的问题，涉及北方、西北那一些我们现在叫作少数民族，实际上是游牧的，有的还更原始一些的民族。他引了许多材料使我非常苦恼，因为他那些材料，第一是不同的文字、许多古文字，第二是当时我作为大学生、大学年轻助教很难看到，比如敦煌吐鲁番发现的一些材料。除了语言文字功夫，陈先生对他所研究的每一个题目的文献——包括古典的、现代的，包括中国的和外国的，他尽可能都掌握。他在清华研究院做导师的时候，北京有一个白俄贵族，是一个大学者，他每星期都从郊外的清华园跑到城里跟他学俄文。当时他已经是清华国学院的导师了。所以陈寅恪给我们树立了一个榜样，那就是第一要过语言关，第二要过文字关，第三要过文献关，第四要过海内外所有的已有研究成果这一关。至少在我看起来，目前大概没有几个学者能够做到。

以前北大有一位教授，研究北朝、隋唐这一段，在语言方面和文献方面很了不起，这位先生还在，不久前被选为台湾"中央研究院"院士，是台湾所选的唯一一位解放以后由大陆培养出来的学者。这位先生叫张广达。

陈寅恪先生所信奉的是"独立之精神，自由之思想"。当年中央聘他到北京做中国科学院历史二所的所长，他提出一个条件，要有研究的自由，不能够按规定参加政治学习。他特别提出学马列应该自愿，不能够强迫。陈先生在一九五四年特别提出，不能够强迫学习某一种意识形态的东西。这很了不起。一九五四年我读高中三年级，在拼命背政治教科书，否则高考就考不上了。陈先生在这时说，学马列可以，但要自由学，不应该强迫大学一起学，当然非常不合时宜。陈寅恪在一九五四年敢于这样提出来，要有极大的勇气。勇气就是坚持真理，就是坚持他所说的"独立之精神，自由之思想"，所谓"独立之精神"并不是提倡极端个人主义。

读大学的时候看陈先生的书，我觉得非常奇怪，从来没有人讲过天师道和沿海地区有什么关系，他提出来了。他提出所谓的儒家后来的概念化的东西，跟佛教传入、佛经翻译的格义比附有些什么关系。我当时以为儒家就是孔夫子传下来的，我不知道儒家概念在公元四、五世纪跟初次传进来的佛教相结合，佛教里面的理念怎样改造了儒家的那套东西。他如果在科学研究上面没有独立的精神，他怎么会思考这些问题？

陈先生在历史事实上面非常严谨。我们这些后辈或者他当时的同辈要想推翻他的考证，非常困难。一九五八年我在历史系读大学四年级，当时"大跃进"，号召我们要批判资产阶级权威，当时全国史学界共同批判的权威就是陈寅恪，结果不让我们睡觉，让我们日夜奋战，说是要三个月把他批倒批臭。那时候正是要睡觉的年纪，有一个插曲，班上一些干部抽烟，看到我们这些年轻人不行了，就拿出烟来给我们抽，几次后不好意思，我们也到门口的地摊上买烟抽。教授没有赶上，陈寅恪没有批倒，我们这些年轻人先变成了烟鬼。当年全国大学历史系的学生应该有好几万人，大家一道批陈寅恪，结果陈寅恪批倒了吗？没有。他在中山大学，眼睛已经看不见了，中山大学也成天在批他。

这种批判有一个好处，就是迫使我们去读他的书，那一年我读了陈先生的全部作品，读得很深。我大学毕业以后，做中国史的助教，我选择的课题正是陈寅恪研究过的。翻一下一九五八年至一九六〇年全国的学报和杂志，差不多没有不批陈寅恪的。回过头来看，他的东西没有能够被批倒，恰好被历史证明他讲的是对的。当然我不反对也不否认有些年轻人可以超过年老者，陈寅恪本人也年轻过，他很年轻就超过了他的那些前辈。

一九五八年还提出一个口号叫"以论带史"，陈先生给我们树立的榜样是实事求是，严谨论证。我这一辈子起码有一条可以讲——我不敢乱说。没有根据的话不敢乱说，没有经过考察的话不敢乱说，没有经过比较研究的话不敢乱下结论。我一直在学校讲，当然也是受陈先生的启发，也是受其他一些先生的启发。马克思说过，"真理是通过争论确立的"，"历史的事实是从矛盾的陈述中间清理出来的"。陈寅恪先生所做的工作就是很好的典范。当然他也有疏忽的时候，也有不周到的时候，也有某些结论在后来人看起来，比如新材料的发现、新的思考角度的出现，他的一些东西也有更正的必要。但是他从二十世纪二〇年代末到清华研究院做导师开始发表论著，一直到他"文革"去世，在我看起来，至少他的著作有百分之七十到百分之八十是站得住脚的，或者说具有重要的参考意义。这就是大师。这是很了不起的。我经常说，一个历史学家一辈子有三句话讲得正确，能够传下去，那就是了不得的事情。

据我所知，陈寅恪是人文学者里唯一听过列宁演讲的人，他在瑞士的时候，不晓得为什么，居然愿意去听列宁的演讲；他也是唯一读过德文版的《资本论》的人。后来有些人吹牛，说自己是第一个读《资本论》的，但把时间对一下，就知道完全不是那么一回事。他没有偏见，他年轻时渴求知识，甚至于不愿意花时间写一篇东西、谋一个博士学位。

第二，他求知有一个正确的途径，从语言文字着手。他为了要了解历史，学了那么多的东西。

第三，他搜集材料，力图完整。这也是他的东西能够传下来的一个很重要的原因。我们现在写论文，其实有许多材料还是仰赖陈寅恪先生首先发掘出来的。

第四，就是他的风骨。他的风骨就是坚持独立的精神，这个很了不起。从汉武帝开始株连三族，一直到朱元璋株连九族、十族以后，一个人要想坚持独立的精神，太不容易了。我们经常讲，你不为自己着想，起码要为家人着想，比如我现在考虑很多问题，要为我太太着想。不考虑这些东西不行，当然陈寅恪也考虑，他也要吃饭，他也要考虑家人的生活，可是在关键时刻，他无论如何要坚持，这是很了不起的风骨。

第五，他尊重自由。他强调自由的思想，但是他绝不认为自己的东西是唯一正确的。他做了那么多的序，他称赞过陈垣的东西，他称赞过他的学生对古代姓氏的研究，等等。他非常尊重别人的发现，他认为自由的思想，就是含有了我自己思考的自由，同时也尊重别人思考的自由，尊重别人研究的自由。

最后还有一条，我想也应该提出来，那就是陈寅恪不媚俗、不媚权贵。蒋介石曾经拉拢他，在重庆的时候，专门请他和另外几个学者吃饭，结果他在饭桌上观察了蒋介石以后，跑出来讲，此人干不成什么大事，这个人对中国不会带来什么好处。这话不是他自己吹牛，是他的朋友吴宓在自己日记上记下来的，证明在当时大家都知道。我们也知道，一九五四年的郭沫若是政务院副总理，主管文教，还是中国科学院院长，他派陈先生的学生、北大的教师汪篯南下请陈寅恪。虽然郭沫若不能代表中央，但陈先生当然知道郭的来头。在这种情况下，他不但提出他两句著名的话，并且最后的回答斩钉截铁："我必须以死来坚持。"

今天我只讲陈寅恪，其实在历史学界、人文学界、社会学界，中国有一大群这样的人，用鲁迅的话来说，这些人才是中国的脊梁骨。陈寅恪先生这一位大师起码从历史学家的角度来表述，他应该算作中国的一根脊梁骨。今天讲的就这些，谢谢各位。

主持人：下面留一些时间给大家，因为今天来听讲座的，有仰慕陈寅恪先生大名的，还有不少是敬仰朱教授大名的，希望能通过今天的讲座，进行一个面对面的交流。下面有问题可以举手示意。

提问：朱教授，您好！刚才看了片子，很感慨的是，在陈寅恪先生境况非常艰难的时候，他的一个学生、复旦的蒋天枢先生一直给他准备资料著书立说，然后在非常艰难的时候，他南下广州和陈先生会面。人间自有真情，在这里表现了师生之间的感情，还有对中国历史非常深厚的感情，还有对自由之精神的传承。我也是来自复旦，我想听一下您关于这一方面更多的情况。

朱维铮：这个大概也很难讲，因为陈先生当时有好几个学生分布在全国。蒋天枢先生是复旦中文系的教授，他对陈先生十分敬仰，陈先生也很看中他，所以正好在"文革"前，蒋先生决定自费到广州探访陈先生。陈先生不仅把自己的一些手稿托付给他，并且还写了诗送给他。假如你对这个问题感兴趣，你可以上网查一下蒋先生的小传。虽然他已经去世了，但是他的东西还在。还可以看看蒋先生编的《陈寅恪编年事辑》，里面就有你想知道的一些情况。

提问：您好，朱教授。中国的史学界有一个"微言大义"的传统，从陈寅恪先生的著作《柳如是别传》里面也能看到这样的传统。我也知道您最近在给英国的《金融时报》写"重读近代史"的系列文章，我想了解一下您写这一系列文章的初衷是什么，或者您对我们中国近代史学界研究状况有些什么看法？

朱维铮：第一，我向来提倡有话直说，不喜欢微言大义。我对现在有什么批评，刚才你已经听到了。批评的话，我直说。第二，我以为微言大义是一个非常糟糕的传统。这一传统只会使人越变越虚伪，不讲真话。第三，你问到我曾经在英国《金融时报》的中文网开辟了一个专栏"重读近代史"。这个专栏，一，不是我想开辟，是他们找我；二，他们希望我写时评，但是我说，我是研究历史的，从来不写时评，因为时评另有一攻，我不行，我整天就钻在书房里面读古书；三，我们过去关于近代史的解释，就是"以论代史"，已经变成不是"带动"的"带"，而是"代替"的"代"了。

提问：朱老师，您刚才说到陈寅恪先生对儒家和佛教各有所得，我对这个问题比较关心，您能否详细介绍一下？

朱维铮：这是一个非常大的问题，就是儒、佛、道三教的关系，为此从南北朝以来就在吵架，吵到现在都没有完。在我看起来，陈寅恪先生特别注意外来思想和中国传统的东西怎么结合、怎么变形、怎么改造。现在陈寅恪的集子出来了，你可以看一看里面特别讲到天师道和滨海的关系，讲到佛教的格义比附，等等。再有一些专门研究陈寅恪的著作，都涉及这种问题。

提问：我提两个跟政治没有关系的问题。第一，我听说有一个表述叫"历史是历史学家的历史"，我一直揣摩不准这个到底什么意思。第二，历史现在一直在被演义，从当代来看，一直在演义历史，这事今后是不是还会继续下去，还是会在某一个时间段停止，会有另一批人来改变这个现状？那么这样走下去会是一种什么状态，历史学界会做出什么反应？

朱维铮：你说"历史只是历史学家的历史"，这是当前一个很流行的说法，叫后现代主义。认为历史是人写的，写历史的是历史学家，所以每一个历史学家都会构造出来一个自己所谓的历史，那么就谈不上有真实的历史。我一直不赞成后现代主义的这种说法。在我看起来，历史是客观存在。比如今天上海图书馆进行一个讲座，到了明天，它就变成了历史材料的一部分，我们对这个讲座怎么看？比如有人说朱维铮胡说八道，有人说朱维铮还讲了一点他自己的意见。这都属于客观存在，你不能够说这个东西不存在，它是明天的历史学家编造出来的，我想这是一个非常简单的理解。

历史学家确实是根据自己所掌握的材料和认知来讲历史是什么，很可能我们不能够还原历史真相，但是中国的、外国的，古代的、今天的历史学家绝大部分的人都在追寻历史是什么。也许他们没有讲清楚真相，但是追寻的结果，使得我们对历史的真相能够比较接近，而不能够说因为不能够讲清楚历史真相，所以真实的历史不存在。我想说明历史本身是可能的，要不然历史学家都发昏了，天天都在编造谎言。如果这样，我一定不干了，我还是去打工。

您刚才提出的第二个问题是现在人所讲的历史是不是历史。第一，有一些东西虽然是小说，但是它其实经过了作者的研究，有些蛮有道理的。比如金庸的武侠小说里面讲到的明教，就是朱元璋开国的那个明教，证明金庸先生确实对明教的历史传播有过研究。当然他写小说加了很多的描述，但是里面有一定的历史根据。澳大利亚的柳存仁教授最近写过一篇很长的论文，就是讲金庸小说和明教的关系，分析得相当好。

另外有一些讲历史，在我看起来恐怕就是彻底违背历史的真实面貌。比如清朝从顺治到宣统，我们的电视剧和电影大概每个皇帝都拍过了。看过后，会觉得当年的那些先烈真是愚蠢，不该把清朝打倒。你们看看，穿的衣服那么好看，每个人都有一个辫子，把头剃光了，帽子摘掉摇三摇，多浪漫？再加上那么多的等级，由一个人决策，大家服从。尤其是康熙、雍正、乾隆时期，被吹捧为康乾盛世，最混蛋的一个世纪被叫作历史上最好的世纪。这完全不符合历史事实，可是有什么办法呢……

按照中国历史的传统，叫作隔代修史，首先要修被自己代替的那个朝代的历史，那么，我们首先要修中华民国史；再有现在苏联垮台了，过去中国作为共产国际的一个支部，它的材料在苏联保存最完整，我们要修的应该是党史。清史已经有了，有了《清史列传》，再花那么多钱修所谓的清史，我是反对的。所以我没有资格参与，因为一开始我就反对，他们当然不会找一个反对派去修清史。能够讲的就这些，谢谢！

评钱穆（提纲）[*]

时间：不详

地点：江苏无锡江南大学文学院

甲　必要的说明

非钱穆研究专家。因治学取向相近，颇读钱氏早期几种主要论著，于其在港台论著仅索阅三四种，不可谬托知音，略陈断想而已。

乙　关于钱穆研究的断想

已见拙稿。行文仓促，不合学术论文规范，权充引玉之砖。

丙　开展钱穆研究的私见

（一）从已刊文献出发。

（二）通晓钱氏生平的政治环境和不同时空的学术取向。了解钱氏"通史致用"的人文关怀，不以政治态度判是非，不以当前需要定尺度，

---

* 为钱穆学术思想研讨会所作的主题发言，标题为编者所拟。

也不可陷入历史辩护论。

（三）研究钱穆学术思想，不妨角度多样，仁智互见，但望不避历史，不讳实相，坚持从历史本身说明历史。

（四）学术思想必有传统，必有创新。钱穆以国学大师著称，然国学与国粹、国故，均有概念的形成过程（如清末宋恕讥国粹含国糠，黄遵宪讥国粹乃袭日人唾余，章太炎因不言国粹而言国故，梁启超亦改称国学为清学等）。五四前后刘师培倡国故而抗新潮，胡适倡国故而言整理。柳诒徵将胡适辈打孔家店、疑古史传说，均归罪于章太炎。钱穆袭章和柳，于清学史与梁氏立异，犹如"文化大革命"后"超稳定结构"论者，不过将毛氏长期停滞论倒转，出发于同点而取径相悖。评钱穆不可重蹈钱穆复辙。

（五）钱穆之史论，必置于同时同地学术环境中考察，爱而知其丑，憎而知其善，尤应注意其论如何合群明分。如言秦政，乃鲁迅、胡适先已公表的共识。如言汉启平民政治，如讲中世纪夷夏之辨，夏曾佑、章太炎等已发其端。如言中国现状不可行民主立宪，清末章太炎、民初孙中山与五四后梁启超，所见皆同，非钱穆首创之史论，当然还应注意康有为。

（六）钱穆在北大、在西南联大，均倡民族主义为述史第一要义，固然彰显其抗日情操，然将抗日与排满相提并论，在先有章太炎，同时有周予同等，而钱氏乃顺乎思潮。

（七）钱穆与当代学人的相关度，亦当深考。他自述在北大期间，常依违于熊十力和蒙文通之间。熊氏于佛、儒、道三教常作狮子吼，晚年居室中堂大书"先师孔子"，而以"阳明先生""船山先生"二幅悬于两侧，可知其论学宗阳明，论政宗船山。蒙氏儒学师承廖平，说天人则服膺欧阳竟无，故与熊氏格格不入。钱氏依违调停熊蒙二氏之间，或可解释他既尊朱，乃至以朱继孔，以为朱子较孔子贡献更大，又表彰明末反体制的东林，甚至谓清初反官方理学的汉宋诸家，均为东林余绪。

（八）钱氏论史，赞一统而社会稳定，斥革命而徒导动乱，似与服膺的章太炎说相悖，论者每谓其欲仿刘歆而作蒋氏父子之国师公。实则钱氏自谓已窥历史真谛，认定一统与和平，方显中国史之渐进。其言或谬，其心可悯，不可以服务论之、陈说衡之。

反思历史和解释历史（提纲）

时间：不详

地点：东南大学

甲　从黑格尔《历史哲学》的分类说起

（一）黑格尔在柏林大学任教时期（一八一八——一八三一）的这部讲课记录，于一八三七年由门人干斯整理出版，不久译成英文，风靡西方。由于列宁的《哲学笔记》曾详摘并推崇，因而在苏联和中国也都相继被看作准经典。一九四二年年仅三十七岁便去世的张荫麟，曾在一九三三年作《传统历史哲学之总结算》一文，将它与马克思的"物宗辩证史观"联系起来进行批判。但迄今为止，无论西方还是东方的治史理论，仍然以一个半世纪前的这部名著作为研究的出发点。

（二）黑格尔说观察历史有三种方法：本源史、反思史和哲学史。又说反思史可分四类：普遍史即世界通史，实用史即古为今用的史著，批判史即史学史，专门史即艺术、法律、宗教等专史。

（三）黑格尔特别抨击旨在实用的反思，要求学生特别注意那种"道德的反省"。由于那段话也正中我们的"以论代史"的病因，不妨再引如次：

人们常从历史中希望求得道德的教训，因为历史家治史常常要给人以道德的教训。不消说得，贤良方正的实例足以提高人类的心灵，又可以做儿童的道德教材，来灌输善良的品质。但是各民族和国家的命运，它们的利益、情况和纠纷复杂，却又当别论了。人们惯以历史上经验的教训，特别介绍给各君主、各政治家、各民族国家。但是经验和历史所昭示我们的，却是各民族和政府没有从历史方面学到甚么，也没有依据历史上演绎出来的法则行事。每个时代都有它特殊的环境，都具有一种个别的情况，使它的举动行事，不得不全由自己来考虑，自己来决定。当重大事变纷陈交迫的时候，一般的笼统法则，毫无裨益。回忆过去的同样情形，也是徒劳无功。一个灰色的回忆不能抗衡"现在"的生动和自由。从这一点看起来，法国大革命期间，人们时常称道希腊罗马的先例，真是浅薄无聊极了。（引据王造时译本）

（四）令自称马列又热衷"以史为鉴"论者尴尬的，是列宁《哲学笔记》不仅抄录了前引那段话，还有旁批，赞美黑格尔这段话，"聪明极了"。反过来衡量列宁那班门徒，岂非适得其反？

乙　中国反思史的过去和现在

（一）传统史部的分类，由十八世纪末叶的《四库全书总目》臻于完备。那间将古近史著，按编纂形式，细分成十七类，主要是纪传体的"正史"、编年体的"通鉴"、事件史的"纪事本末"、制度史的"三通"之类。倘依黑格尔的类型说，多半可归于反思史，也许批判史由"史评"

蜕变为史学史,是纪昀等没有料及的。

(二)自东汉初君主重视胜朝史编纂,将其纳入宫廷直接控制以后,只有在政权分立和社会动荡时期,私修史著才能突破权力禁制,各是其是。这使其后的一统帝国,越发加强对于史学的控制。唐太宗便是显例。

(三)中国的反思史越来越以"古为今用"为职志,服从权力驱使,主流史学沦为马克思痛斥的"辩护论"的驯服工具,可知坚持从历史说明历史,在中国史学是多么困难的选择。

丙　中国史学的反思与解释

(一)求真即坚持揭示历史"是什么",是从司马迁到清代考史家都竭力守护的传统。

(二)所谓"史学就是史料学",或许是傅斯年对于兰克史学的曲解。兰克解释历史,不否定历史的多元性,却以为多元性不能代替对历史整体意义的认知,所谓一切暂时的事件与永恒都是等距离的,因而力图在诸文明的兴衰中寻求某种支配性法则,不也是马克思唯物史观的同一追求吗?历史属于过去,过去已成永恒。对它的任何解释,首要的衡量尺度,便是陈述能否存真,即由现存的矛盾陈述中间清理出的历史是否近似过去的实相。没有厘清"是什么",便大谈"为什么",在逻辑上也许堪称雄辩,终究只可能是伪造历史。

(三)历史的确需要不断重写。因为种种新史料的发现,种种参照系的更新,以及观察角度和方法的变异,都会促使史学家对历史产生再写的要求。

(四)重写历史,未必后来居上。非历史的权力干预,必定导致反思史只集中于实用史一途。

历史的真实和真实的历史

时间：一九九五年四月二十二日

地点：不详

从克罗齐的命题"一切历史都是现代史"被广泛引用，产生出我的讲题。

据新黑格尔主义者克罗齐的说法（《历史：它的理论和实践》，一九一七），我们只能以我们今天的心理想象过去，因而唯一的实在性是主观的，即我们对于所知道的过去曾经发生的具体事件的意见；历史不是一种科学，它与自然界不同，没有什么可以确定的规律，每个人和每个时代对历史各有其不同的看法；事实虽然是历史的，但事实只有通过个人思想的熔炉予以熔化之后，才能成为历史，因而各人对历史事实的解释是纯主观的；因果关系不适用于这里，因为历史绝不会重演，所以历史学家绝不能预测未来。克罗齐认为，历史行为和思想的循环流动是精神诸环节凝聚（而不是分解）的体现，精神即人类的意识是完全自然的、没有偏见的，因而历史成为全部精神环节的唯一仲裁原则。他拒绝决定论，欢迎自由的概念，特别赞赏弥尔顿（《失乐园》作者）的话："在所有的自由中，首先给我求知和言论的自由。"他晚年坚持这个原则，成为意大利反法西斯主义的象征。

然而，在某些人看来，"一切历史都是现代史"，便意味着历史是纯主观的，不存在事实和解释的区别，可以随心所欲地剪之裁之，颠之倒之，一切服从现在的需要，包括为极权和专制辩护。这就将克罗齐命题中的合理性削夺了，变成辩护论者。

于是，倘问"历史是什么"，便出现了区分历史的真实和真实的历史的问题。

在我看来，历史既是客观的，不以人的意志为转移的，也是主观的，是人们对于过去种种事实的描述和解释。前者即通常所说的"历史"，后者则是所谓"历史学"。

由于近代中国不像同时代的欧洲，产生过种种色彩很不相同的"历史哲学"，或者说二十世纪中国史学家在理论上所应用的原则和方法，无不直接间接来自产生于欧洲的种种学派，因此我们在讨论中国史学家的"历史"观念时，便不得不时时回溯那些"原初见解"。

中国有悠远的历史，中国人向来以善于保存历史记忆而著称于世。黑格尔便曾惊叹：中国的"历史作家"之层出不穷、世代不断，实在是世界上任何民族所不及的。用不着回溯甲骨文、金文时代便有保存历史档案的意识，也用不着回溯我们的编年史的准确记录可以追及公元前九世纪，只要看一看伟大的司马迁以来，专门的历史著作数量之丰富，便可证明黑格尔所言非虚。

奇怪的是直到百年前，中国的史学家都没有正面提出过"历史是什么"的问题。孔子便提出过"良史"的标准，但他指的是史官的个人品格。司马迁提出过"究天人之际，通古今之变"，但他指的是史家的任务。刘知幾在八世纪初写过《史通》，却是讨论历史编纂学的具体原则，而他的"史才三长"理论到十八世纪晚期被章学诚发展为"四长"，仍然着重在史家的"心术"。章学诚曾经强调"六经皆史",否认唐宋以来的史部著作属于"史学",却道那都是因为它们缺乏"史意",即所谓孔子笔削《春秋》中所寓的那种微言大义。

倘把缘由归咎于中国人哲学思维不好,或者归咎于"封建专制",那都不合已知的事实。古典中国的哲学成就,如老庄思想,至今令西方人惊异。中世纪中国的学术氛围,特别是有几段时期(汉晋之际、唐宋之际、明清之际),也远比中世纪欧洲宽松。只是到十八世纪,诗案史祸,才对学者文士们起了钳口作用。那么,中国有发达的历史编纂学传统,却缺乏发达的历史反思或者说历史哲学的传统,原因何在呢?至少与中国人关于"史学"的功能的见解攸关。但这是别一问题,容后再说。

现在回到我们的问题,先说有没有"真实的历史"。

所谓"真实的历史",涵义是指客观自在的人类社会史,包括人类社会的物质生产与精神活动的历史。这些方面的真实存在,不仅为每个人的经验所证明,更为人们关于过去种种遗存的研究所证明。任何人面对考古学、人类学、文献学、社会学、心理学等的研究成果,都不能否认人类的过去确实客观存在,包括宣称过去的存在对我们来说只是一个主观观念的克罗齐,也不能不承认那是关于"曾经发生的事情"的一个主观观念。他只能用历史不会重演的说法,将过去的客观实在性化作现存的主观实在性。他强调各时代各个人对历史各有各的看法,其实是说现代人对于历史规律的断语都不可信,因为他相信文明是进步的,关于文明的编年史不过是记录人类为了避免野蛮状态而作本能性斗争的过程,自我体现的可能性将日益增加,因而衡量进步(自由的程度)的尺度也将改变。他的"一切历史都是现代史"的说法,其实仍然以默认具有"真实的历史"作为前提。绝对的主观唯心论,经常陷入绝对论的悖论，这只是例证。

以往中国的史学家，之所以不热心于讨论何谓历史的问题，而只热衷于讨论史学的功能和史家的品格问题，其实也是默认一个前提，即"真历史"是客观存在的。问题在于什么是"真历史"。

什么是"真历史"，与"历史是什么"，并非同一个问题。然而中国人往往混作同一问题。

在近代中国，首先将二者混作一个问题的，是梁启超。我说首先，非指梁启超首先提出问题，而指梁启超首先将问题化作文字。那是一八九九年梁启超发表《中国史叙论》，继在一九○二年发表《新史学》中的见解。

那时梁启超正热衷于进化论，尤其是斯宾塞的社会达尔文主义。因此，他觉察到历史教育具有可能的启蒙作用，却以为中国的"著史"的弊病，在于陈陈相因，只重政治史，不重视"国民发达史"，"所谓政治史，又实为纪一姓之势力圈，不足以为政治之真相"，"虽名为史，实不过一人一姓之谱牒"（《中国史叙论》）。这在十九世纪末二十世纪初，当然是非常激进的见解，当然使他呼喊的"史学革命"论引起广泛注意。以后的学者，如章太炎的学术史研究，王国维的史前史研究，乃至在胡适影响下的"古史辨"研究，其实都没有跳出社会达尔文主义的窠臼。

马克思主义的唯物史观，在中国介绍虽早，引起广泛注意却是"五四"以后。经过朱执信、胡汉民、李大钊、陈独秀、鲁迅等的相继宣传，它在中国得到普及，但普及的却是其中的某些侧面，尤其是经济基础决定上层建筑、阶级斗争是历史动力等理论。起初普及的是普列汉诺夫的人民群众论，接着是列宁的国家观，往后便是斯大林在《联共（布）党史》中所谓经典的诠释，将历史唯物主义简单化为"奴隶创造历史""国家是专政工具"之类议论。这对唯物史观，与其说是发展，不如说是损害。而马克思的唯物史观的原貌，是恩格斯在《马克思墓前演说》中所阐释的马克思的重大发现，即人类社会的一个简单事实——人类必须首先解决吃喝住穿问题，才能从事政治、宗教、艺术及哲学诸活动，反而被中国人所忽略。由过去世代的事实所证明，这个简单事实，恰是古今中外历史所同具的"真实的历史"。

肯定人类都必须解决吃喝住穿问题才能顾及其他，并不意味着否定人类的精神活动。相反，正因为肯定人类必须首先解决吃喝住穿问题，而人类在不同时间不同空间解决吃喝住穿问题的形式很不相同，才显示人类的精神活动的丰富性与多元性。在这里，由社会达尔文主义所谓"物竞天择，适者生存"引申出的"弱肉强食"原则（也是中国古已有之的，为谭嗣同、梁启超辈所强调的"兼弱攻昧"说法），又一次显示其片面性，因为人类社会不仅有竞争，更有互助；不仅有弱肉强食，更有强者依赖弱者才能生存——在后一方面，农村人口流入城市成为文明社会的动力便提供了最新证明。斯宾格勒在《西方的没落》中曾致力于论证文明社会是都市的特征，正不知都市化给依赖于农村人口的流动，可谓片面的例证。

我不以为马克思已经发现了绝对真理，但我以为马克思发现的唯物史观给我们理解何谓"真实的历史"提供了钥匙。

于是我们可以进而讨论"历史的真实"问题。

何谓"历史的真实"，属于人们关于"历史是什么"问题的主观诠释。在这方面，克罗齐的说法，的确不无道理，因为诠释历史，的确存在见仁见智的问题。

我们的生存环境，我们的解决吃喝住穿的方式，以及我们因这类方式所产生的文化背景，都使我们的观察角度，不但与前人有异，而且与今人有异。因此，在我们每个人面前呈现的历史，犹如斯芬克斯之谜，是难解的。

相传斯芬克斯由吞噬人的野兽化作供人凭吊的石像，是因为有人破解了它的谜底，即人类都经过幼年、成年、老年三阶段。这个谜底，其实就是人类都需经过的时间的历史。

然而影响人类历史的并非只有时间，还有空间，更确切地说，是时空连续性。相同时间的空间差异，较诸相同空间的时间差异，所带来的社会历史形态的反差，久已为古往今来的事实所证明。以往的中外历史学家研究社会历史，仅仅强调时间呈现的序列，而不注意同时性中的不同时性即空间差异，在我看来是他们无法解释"历史的真实"的一大原因。

斯宾格勒的《西方的没落》，注意到人类社会历史的周期性发展，但他也注意到不同文明（所谓印度的、阿拉伯的、古典的即希腊罗马的和近代西方的四大文明）都有过的共同现象，即他所谓的文明的循环现象——反复地从童年转到老年，一个文明接着另一个文明前进到它注定的终点，而西方文明不过是相同循环现象的最后一次循环。他反对人所共知的时间序列即历史总是由古代、中世纪到近代的序列，却最终没有跳出时间是历史运动唯一形式的框架。

著名的《历史研究》作者汤因比，否定斯宾格勒的结论。他依据前人的研究，讨论了世界史上二十一个文明的兴亡，结论说，所有已知的文明是否会死亡，决定于它对自然和人的挑战的反应如何。我们知道，这种"挑战与回应"的公式，曾被费正清和他的学派用来解释中国在西方入侵面前何以滞后。然而这个公式，又把历史说成是精神因素决定的历史，彷佛人们只要对于"挑战"有正确的认识，因而给予正确的"回应"，历史便会改观。可惜，就中国近代历史而言，这个公式并不能说明，何以从鸦片战争以来，几代人的回应并不错——正如精神领域中所证明的那样——却未能使中国走出中世纪。

我们似乎拜斯大林公式所赐，"阶级斗争，一些阶级胜利了，一些阶级消灭了，这就是历史，这就是几千年的文明史"。我们曾自豪地宣称这意味着"唯心历史观的破产"，并在以后将这个观点发展到极致。然而"文化大革命"却证明破产的正是"阶级斗争"学说的斯大林形态。于是"历史的真实"在我们依然是没有解决的问题。

那么，"历史的真实"是什么，无从认识吗？认识的途径是有的。至少，撇开一切主观的框架，或者说模式，或者说成见，重新从我们的历史遗存中，如马克思所说的，从矛盾的陈述中清理出历史事实来，而后在"真实的历史"的基础上进行研究，或许有助于我们接近"历史的真实"。当然，这绝不是研究历史的捷径，要求撇开种种"经世致用"的观念，却是我们发现"真历史"的唯一途径。

一九九五年四月廿二日夜草稿

丁　论学术

漫谈清代汉学（提纲）

时间：二〇〇二年十一月十一日

地点：四川大学历史文化学院

汉学的名目

追究明亡清兴的秘密

从怀疑宋学到考证原典

三个学派

何以独倡东汉经学？（着眼原典的民间性、历史性）

汉学家讲不讲哲理？（惠派"六经尊服郑，百行法程朱"，然而修身用《太上感应篇》；戴派批"以理杀人"，关于《孟子字义疏证》价值的争论，洪榜与朱筠）

乾嘉之际的变异（所谓扬州学派的特色，由通古今到化中西，空间系统和商业影响。汪中、焦循、江藩诸怪杰）

由古文到今文（追溯西汉今文始于戴震、孔广森。庄存与保护伪古文而反汉学。常州学派始于刘逢禄、龚自珍。艾尔曼之误）

汉宋调和主张（凌廷堪发难，得自阮元启示。汉学能否变为"礼学"。曾国藩支持桐城派反汉彰宋）

汉学变形为晚清新学

重新研究清代汉学史（章炳麟和梁启超、钱穆等）

清代汉学——一个文化现象的历史考察*

时间：一九九六年十二月七日

地点：东国大学学术馆

承朴元熇教授的好意，使我有幸向韩国明清史学会的专家们讨教。适值我在高丽大学承乏中国史专题讲席，并与朴教授共同主持研究生的中国经学史讨论班，其间时时涉及清学史诸问题，因择"清代汉学"为题，以期引玉。唯客居缺书，引及旧说或记忆有误，申述拙见也难详注所据，敬希诸位方家不吝指正。

清以前没有"汉学"的名称。这个概念的始作俑者，或说是清康熙间的臧琳，但它的流行，却在十八世纪晚期《四库全书总目》问世以后。不过纪昀等所说的"汉学"，泛指西汉中叶以后经学的两大取向之一，同晚出的"宋学"取向相对而言。

"汉学"由经学形态的泛称变成特称，变成清代儒学的反"道统"潮流的专名，则在十九世纪初叶。清嘉庆中的扬州学者江藩，获得时任两广总督的学界盟主阮元的支持，相继刊布《国朝汉学师承记》《国朝宋学渊源记》，将清帝国建立以来的儒学，断然剖分为汉、宋二系，并称只有"国朝汉学"，才上追汉儒授受的真孔学，"从此汉学昌明，千载

---

* 在高丽大学担任客座教授期间，应韩国明清史学会邀讲。

沉霾，一朝复旦"。

江藩的著作很快引发争论。反对的声音首先来自江藩引为知音的龚自珍。龚自珍建议江藩把《国朝汉学师承记》的书名改一个字，即改"汉学"为"经学"，但他说明这一字之改的理由，却有十条，其要点是"本朝自有学，非汉学"。就是说，他同意清人治学有经学和理学的分野，却不同意将清代经学等同于两汉经学，因为在他看来，清代经学与两汉经学相比较，创新多于复旧，务实远胜附会，更已出现摆脱传统注疏而由原文直接探究经义的学者；他还强调从清初到乾隆以来的经学研究也有不同。

倘说龚自珍的批评仍属于学术争论，则来自"宋学"及其变型的"湘学"的批评，便属于政治批判。

曾与江藩同为阮元幕客的桐城派名士方东树，紧接着江藩二书写成了《汉学商兑》。《国朝汉学师承记》为乾隆、嘉庆间著名汉学家分别立传，正好成为方东树指斥汉学家群体"离经叛道"的凭借。《汉学商兑》尤其集中攻讦戴震、钱大昕等破坏清朝列祖列宗要求臣民躬行践履的朱子学"义理"，从而将反汉学问题提高到"卫道"即捍卫帝国意识形态的层面。他的意向是可怕的，但那时帝国政府已被鸦片走私引发的财政危机所困扰，因而《汉学商兑》没能引出"借刀杀人"的效应。

与龚自珍同时改宗所谓常州公羊学的魏源，其实与龚自珍不同"术"。龚自珍关注的是凭借经义发表政论，呼吁帝国政权实行"自改革"。魏源则将经术看作谋取权力的缘饰，他赖以成名的《皇朝经世文编》，集中体现在理学笼罩下的湖南官绅补苴现状的设想，便是例证。清代公羊学即经今文学，与致力于训诂考证的所谓经古文学，同属非正统的"汉学"。江藩、龚自珍都承认这一点。但魏源却强调汉学就是考据学，旨在反对"经世致用",因而他晚年曾指名攻击乾嘉间十位汉学大师,说他们背离清廷倡导的朱子学而相率从事汉学,其效应就是"锢天下聪明知慧使尽出于无用一途"。这位湖南才士批判"汉学无用",恰好证明他对政治和学术的关系的见解,始终是"湘学"式的。在太平天国运动期间,号称晚清理学宗师的湖南善化人唐鉴,其门人后进中就流行一种意见,认为乾嘉汉学否定理学家讲身心性命之学,导致天下学术不正,才是造成"洪杨之乱"的真正祸首。

应该说,魏源从"经世致用"角度对汉学进行的抨击,较诸方东树的"卫道"陈说,更具有杀伤力,尤其他背后站着正在太平天国运动中崛起的湘系新贵。但清代汉学在一八五〇年代以后日渐式微,却并非由于反对者的批判,而是由于生态环境大变,使它丧失了生存的空间,中断了延续的过程,改变了注目的焦点,从而不复具有形成群体动力的共同追求。

清代汉学的故乡在长江下游三角洲,以苏南、皖南为基地,而以长江和运河交汇的口岸扬州为集散中心。

被称为清代汉学开山的顾炎武,早在《日知录》中便指出以省会苏州为中心的江苏南部地区,自元明以来不仅是全国的经济重心,而且是文化重心。例如苏州、松江二府,在明代只占全国面积的百分之一,到清代变得更小,但田赋却占两朝粮食税的一半乃至更多。明、清两代授予地方生员即初级绅士的资格是有配额的,配额的比例尺度便是缴纳给帝国政府的田赋数量。因此苏南七府,尤其是苏、松二府,生员多如牛毛,通过省试、会试、殿试而取得举人、进士两级候补文官资格的诗礼人家,在这个地区更鳞次栉比。

然而历史表明,科举考试在唐宋制度化以后也绝非政府官员的唯一来源，而是仅仅在每个帝国的承平初期才可能成为文官的主要来源。中世纪帝国的森严等级，首重血统，次重军功，因两重关系交错形成的世袭特权，在权力结构中的重要性从来胜过知识和能力的个人竞争。尤其在清代，中央政权结构实行满汉双轨制，旗籍血统官员毋需经过三级考试，即使目不识丁也可致身通显，而剩下不到一半的各级文官，也可通过荫袭或捐纳的途径，即权位或金钱的途径获得。这就使通过八股考试获得候补文官资格的举人、进士日趋过剩，屡试不第的诸生出"贡"而得官的希望更加渺茫。他们除了满足于参与地方公益事业，另一出路唯有从事教育或研究学问。清代汉学吴、皖两派的第一代大师，苏州人惠栋、婺源人江永，都终老于诸生，便是明证。

说到皖派，因它的第一、二代学者的籍贯都属于安徽南部的徽州地区而得名。这里的丛山没有隔绝人们同外界的交往，反而促使人们……*

---

* 编者按：此篇有部分文字已佚，以省略号代之。

从阎若璩到戴震——清前期学界一瞥

时间：不详
地点：不详

　　明亡于一六四四年，但清朝灭南明（一六六一，康熙即位，仍称顺治十六年），平三藩（一六八一，康熙二十年），却用了三十七年。这是个"天崩地解"的时代。清朝依仗军事力量，征服了全国，但在文化上仍然满汉隔阂。晚明在政治上起巨大作用的汉族士大夫，尤其是党社最活跃的东南士大夫，长期以群体形式，拒绝与新朝合作。这情形，直到康熙十七年（一六七八）开博学鸿儒科，继开明史馆后，才趋向缓和。

　　满洲入关前文明程度很低，入关后又很快实行满汉隔离政策，在政治上以满驭汉，在制度上内满外汉，在文化上以汉制汉。因而，很长时期，未能实现意识形态的一统。即如拒绝或半拒绝同清廷合作的汉族士大夫，在对待传统的态度上，也分歧很大。黄宗羲的《明儒学案》表明，他批判王门左派，却不否定王学本身。顾炎武的《日知录》，则倾向于否定王学，并提出"舍经学无理学"。吕留良却坚决捍卫朱子学，并在张履祥支持下，特别注重"躬行实践"。王夫之却认为二程的前辈张载才表征着真理学。北方学者亦然，孙奇逢由直隶跑到河南辉县夏峰（百泉山），专讲王学。关中三李，李颙即李二曲，专倡正统王学；李因笃好经史之学，行为近侠；李柏则讲理学。而山西的傅山（青主），虽讲周礼，行为则近道家。

在晚明已成功打入北京宫廷和东南士大夫上层社会的西方传教士，在清初似乎继续取得成功。汤若望便挟着《崇祯历书》——明末中国天文学家与耶稣会士合作的科学遗产，轻易地替满洲入主中原的第一要着——"改正朔"，提供了"革命"必要性的依据，从而成为御前首席占星家和钦天监西洋监正——清前期将满汉双轨制改作满洲与西洋共主的唯一权力机构，除短暂为杨光先代替外，其制一直实行到鸦片战争前夜，最后一名西洋监正退休离华为止。康熙初，受鳌拜支持的回人杨光先，抹煞满汉亦夷夏的事实，打出"夷夏之辨"的旗号，夺取"代天立言"的权力，却不料当时历法天文学已是明清"传统"中唯一必须接受科学实验鉴定的学科，结果在决定"天子"必须祈禳化解"天怒"的日蚀预测中失败。南怀仁的成功，不仅解救了其师汤若望，解救了耶稣会的传教事业，而且促使"西学"，特别是欧洲的天文学、数学、乐理（律吕）、地理学、机械学（钟表）和建筑艺术等，进一步歆动了汉族学者，王锡阐、梅文鼎等即为例证。当然，这类成功背后有经济因素在支持。康熙初为对付台湾郑氏政权，实行"海禁"，不料经济规律立即显示力量，迅速引起银贵铜贱。因朝廷税收用银，而民间通行铜钱，断绝白银输入来源，导致银根紧缩，而民间备受通货膨胀之苦，非但引发政府财政危机，更加引发民怨蜂起。首当其冲的江苏巡抚慕天颜等，便极力申言"禁海"之非，迫使清廷冒险征服台湾，接着便解除长达二十二年的闭关政策。当然有限度，限度就是外贸必须为满洲权贵控制，于是粤海关便成为满洲贵族的禁脔，即此辈所谓不到广州，不为知"夷务"。由此引发鸦片走私（东印度公司在十八世纪中叶为扭转对华贸易逆差，采用的毒计，见马克思的揭露），但那是后话。

我曾指出，将对外交往限定在科学技术层面，从来是一厢情愿的想法。传教士的目的在传教，绍介西方科技不过是手段，况且还有经济力量衬托。耶稣会士绍介的中国状况，在十七世纪末到十八世纪初，曾在欧洲引发"中国热"，那么他们在华绍介的"西学"，难道没有引发相反的回响吗？

康熙帝对"西学"的热衷，就绝不止于天文学或数学等。他更重视实用，由他重视军事技术，重视版图测绘，均可证。但为史家忽视的，是"西学""西教"的作用，促使他对意识形态的"一统"采用何种学理、教理作为表现形式，长期游移不定。作为征服民族的领袖，他必须恪守满洲的萨满教。作为满蒙八旗的核心，他必须利用喇嘛教，以羁縻蒙古诸部。作为以一个文明落后的少数民族统治汉族等文明先进的多数民族的皇帝，他要以汉制汉，就不能不学习并抉择汉文化传统。然而在宫廷中日日与欧洲有学问的传教士接触，被指望他成为中国的君主坦丁大帝的种种甘言所打动，他又确实想创造纯属自己的新传统。由于《清实录》代代修改，康熙对西教、西学的矛盾见解，已不复见。但当时传教士发回欧洲的报导，尚留下若干实相。如白晋的《康熙帝传》，曾记康熙三十九年（一七〇〇），皇帝与他的亲信大臣、皇太子胤礽的母舅索额图的谈话，谈论的主要课题便是采用哪种学说作为"国教"的基础。索额图极力称道西教，以为在华传教士的道德学问，均胜于汉族文臣。这反映了当时太子集团的想法，不但在政治上体制上"以夷变夏"（即以满驭汉），进而在文化上以西洋新法改变汉人传统。据白晋说，皇帝已表示赞同。然而时已爆发的"中西礼仪之争"，以及接踵发生的"储位之争"，使康熙帝改变了态度，最终在康熙五十年（一七一一），二度废太子，并宣称不再预立皇储之后，决定性地转向在意识形态上守护传统，即宣布朱子学说已把真理说尽，而剩下的任务便是"躬行实践"，不待说要以皇帝重新诠释的所谓理学作为衡量尺度。

一瞥清学史，便可知明末遗老，随着黄宗羲在康熙三十四年（一六九五）死去，几无孑遗。黄宗羲在康熙元年（一六六二）的名著《明夷待访录》，分明认同康熙可能是新朝的周武王，却得顾炎武称道，说是必可行世。就是说，早在南明永历政权被消灭那年，前朝士大夫的领袖人物已经对复明不抱希望，开始承认改朝换代难以逆转，唯有将求治的理想寄托于新朝的未来君主。黄宗羲派高足万斯同主修《明史》，命己子黄百家往返传递对《明史》怎么撰写的意见；顾炎武多次入京，在已受清朝君主重用的外甥徐乾学、徐之文府中作客，都是佐证。

康熙帝年方十六岁便计擒权臣鳌拜，与明崇祯帝十八岁即位就用一纸诏书，将势倾朝野的宦官首领魏忠贤发配凤阳的事迹相比，不算伟大。然而崇祯帝终于在执政十七年时自缢煤山，而康熙却在亲政后的半个多世纪内，成为帝国无可争辩的领袖，可见他绝非崇祯那样的亡国之君，相反倒有盛世君主气象。*

---

* 编者按：此文以下内容已佚。

清末民初的学风——一个方法论的回顾（论纲）

时间：不详

地点：不详

素无"世纪"概念的中国，在十九世纪最后三年，通过戊戌政变、义和团与八国联军、"中国国会"与自立军流产，得知何谓"世纪末"。

中国人以悲愤迎来了"新世纪"：《辛丑条约》出卖全民族权益，慈禧集团冒充百日维新遗嘱执行人，拒俄运动引发排满革命高涨，"开明专制"方案引发思想界学术界的论战，近代西方流行思潮（社会达尔文主义、社会民主主义、民族主义、马克思主义、无政府主义及民粹主义等）都涌入中国。

清末民初，指二十世纪头二十五年（一九〇一——一九二五）。这四分之一世纪，中国是在革命与战争中度过的。一九一一年由湖北新军几名革命青年制造炸弹失手引爆的辛亥革命，迫使清帝退位，结束了清帝国二百六十七年的统治，也意味着自秦至清的君主体制的终结。

中华民国的创建，没有给中国人民带来预期的光明。改元仅六年，民国便出现两度帝制复辟，先后引起四场内战（二次革命、护国战争、反丁巳复辟和护法战争），中间插入北京政府参加第一次世界大战，而后中国又以"战胜国"在巴黎和会上备受屈辱。由反日本侵占山东导出的五四运动，既是政治运动，又是文化运动。孙中山在绝望中，寄希望于共产国际。于是中共成立，国民党改组，国共首次合作，在苏俄代表鲍罗廷、加拉罕等指导下，蒋介石、汪精卫等发动北伐战争，得到中共在南方诸省掀起的农民运动支持，迅即夺得长江中下游的发达地区。这就是一九二五年中国的政治态势。

自公元前二二一年秦灭六国，由内地到边疆，以政治重心所在推向周边区域的"大一统"，似已呈历史的必然取向。然而中世纪的后一千年历史表明，在民初中国疆域范围内的政治一统，起决定作用的，却是北方边疆民族：契丹族的辽朝、女真族的金朝、蒙古族的元朝，以及满洲联合蒙汉八旗建立的清朝。清康熙帝南征北战，奠定了近代中国的版图格局，经过清末杨守敬到已故的谭其骧教授的论证，已成中国历史地理学的共识。

因此，在唐中叶前，倘说政治统一是由中心到边缘，那么在唐中叶以后，在目前中国版图以内，实现政治一统，反倒依赖边缘切入中心，再可能重现由中心到边缘。

这一历史事实提供的思想史、文化史和学术史的信息，便是我们的通史、断代史或专门史的论著都存在着重大缺陷。缺陷就在无视中世纪史的时空连续性，将中国史缩写为华夏史、汉族史乃至都城史。

民国是对帝国的否定。然而清末民初的历史已表明，即使在政治体制方面，否定也止于形式。"五族共和"，出现于民国《临时约法》，其未来意义不可低估，但在政治上开始实现，却在北伐战争以后，至于在思想文化领域真正成为学者共识，则更晚。当年鲁迅讨论中世纪文学史，将讲义命名为《汉文学史纲要》，而不像后出诸著大言自称"中国文学史"，在我看来是罕见的学者风格。

所谓学风，顾名思义，当指学界的风气。"风，放也，气放散也。"见于《释名》的这一诠释，如果按照通常理解，便可说成正在流行的时尚。时尚未必涵泳价值判断，因为"风"或"风气"，在中国传统医学术语里都指疾病，例如人人闻之色变的"中风"。因此，这里讨论清末民初的学风，不过从学术史角度说明它"是什么"，也就是企求从历史本身说明历史。

有必要重申拙见。我始终以为，历史属于过去。昨天和前天发生的一切，都是已经消逝的客观存在。后人限于认知所需的资源，也限于环境所囿的个人经验，也许不可能复原历史的实相，却不能因此否认过去的一切都是客观存在。如今不少学者好引新黑格尔主义者克罗齐"一切历史都是现代史"的名言，宣称现代史家绝不可能认知过去，所谓历史不过都是学者按照自己的主观意向编造的故事而已。且不说克罗齐所谓"一切历史都是现代史"的本义，就说当今中国学者那种见解，混淆历史与历史学的区别，否认客观历史的存在，便只能认作纯主观的谬说，效应只能导出"历史为现实政治服务"论的复活，而所谓服务论曾将中国史学逼入怎样的绝境，也有半世纪来的史学作证，所谓"殷鉴不远，在夏后之世"。

清亡前夜，梁启超著《学与术》一文，指责中国人不是学与术相混，便是学与术相离。针砭时弊似有理，但他说学与术是不同概念，始行辨别者为近代西方学者，便错了。早在两汉的经史著作中，已屡屡表明那时学者清楚学重求知，术重实用，因而"纳说时君"以博取官禄，有用的是"经术"，而不是"经学"。梁启超又将学与术的相关度比作体用关系，也错了。中世纪统治学说史表明，"通经致用"，并非主从关系，实际情形正好相反，在学术领域存在的传统，只能称作"学随术变"。

　　因此，在十七世纪中叶满洲入主中原以后，既坚持以满驭汉又企图泯灭满汉分野的意识形态政策，却导出始料不及的效应，那就是术学分离。康、雍、乾三代都把提倡朱熹的理学，特别是盲从钦定教条"躬行践履"，当作"以汉治汉"文化政策的基点；同时，对于那些恐惧文网而遁入书斋研讨汉代经传的学者，则表示宽容，甚至嘉勉，以为无害于帝国统治。历史的讽刺在于，这种分裂的文化政策，最终双双背离满洲大君的预想。*

---

* 　编者按：此文似属未完稿。

清末民初的学与政

时间：二○○二年四月八日晚
地点：复旦大学

今天晚上讲的是"清末民初的学与政"，在这以前我看到你们出的海报，把题目改成了"明末清初的学与政"（众笑），我想这里边产生了两个问题：

第一个问题，各位大概很不习惯所谓"民初"的说法，忘记了在大陆，在"驱除鞑虏"以后，中华民国曾从一九一二年一直统治到一九四九年。这一度是大家讳言的时代，后来经过多年的努力，中华人民共和国的代表进入了联合国，所以大家忘记了民初指的是民国初年。我想是上一次我讲的题目"清末民初的学与政"没有写下来，结果听者以为我这个人把顺序搞错啦，给我一下改成了明末清初啊（众笑）。

第二个问题，我说的"学与政"，不是说"学术与政治"，因为在中国传统里边，学和术不是一个东西，政和治也不是一个东西。我讨论的不是"术"，也不是"治"，而是"学"和"政"，大概在中国中世纪流行起来。先秦用"学术"字眼，指的是学习数术。后来慢慢"学"和"术"混淆，特别是从明朝以后，有个流氓皇帝朱元璋，就是要把他的那一套统治术当作"学"，用所谓的帝王术或者叫帝王学来支配学的倾向，"术"

和"学"就更混淆了。过去我讲过，经学、经术，儒学、儒术，是不同的，汉代人、唐代人都很清楚，清朝的汉学家们也很清楚，最不清楚的就是自以为精通帝王术的人。

政和治也是不同的，治本来是和事在一起。"在君曰政，在臣曰事"。《论语》记载，孔子的晚年，受弟子冉求供养，一天冉求回府晚了，对孔子说有政，老夫子发火了，他说那叫事，不叫政！朝里有政，我怎么不知道？这是说冉求是季氏的家臣，肯定是个"事务官"，而他孔子做过"政务官"，才有资格"问政"。可见从孔子时代就注意区别"政"和"事"，或者"政"和"治"。先秦时期，"政治"若放在一起用，大多指的是政事得到治理。这两个字到底什么时候黏在一起的？大概是在西学传入以后，从日本转译过来的一个概念。我们现在用的许多概念，其实都是日本人造的。

现在再讲讲题目中的"清末民初"。研究历史，起码要注意四个要素，那就是时、地、人、事——时间、地点、人物、事件。有些人的文章里面很少有时间的概念，从孔夫子一跳就跑到朱熹，再一跳就从朱熹跑到什么人。一个分明只有西汉才有的概念，他们会讲到明朝，或者清朝。如果不信的话，请去翻翻市面上浩如烟海的哲学书籍。不知道为什么，过去叫"哲学史"，现在都变成哲学了。变成哲学我觉得很好，证明现在我们中国人确实开始思考了。过去只许一个人的脑袋思考，别人都不可以，所以过去讲哲学史，也合乎那时候的情况。现在，把"史"字拿掉，叫作哲学了，就说明我们有一种愿望，希望多出几个脑袋。这当然很不错。

我讲的清末民初，短一点来说，指的是一九〇〇年以后到一九一九年，也就是说从义和团、八国联军开始。因为在我看起来，一九〇〇年八国联军把慈禧太后打得屁滚尿流，一路奔到西安，在路上化妆成一个卖菜的老太婆（众笑），从这以后，清朝实际上已经亡了，或者叫名存实亡。一九一一年的辛亥革命，从形式上结束了它。但以后，中国又在很短时间里经历了两次复辟：一个是袁世凯，洪宪帝制闹了八十三天，垮掉了；再有一个张勋跟康有为联合起来，把清代的末代皇帝溥仪扶出来，就是有名的丁巳复辟，这一次比袁世凯的时间更短，才十一天就完了。到一九一九年，发生了五四运动。以后所谓的"中华民国"才比较站得住脚。

当然，以后都叫民国，再也没有叫皇帝。有时候看报，觉得非常有趣，某一个大人物讲话，"各路诸侯如何如何"（众笑），我就想难道又回到了战国？战国还有一个周天子，后来周天子越做越小，那些诸侯越来越大，最后秦王就成了皇帝，把诸侯取消了。以后的诸侯，不过就是同姓诸侯王，异姓诸侯王是极少的。那么，还使用"诸侯"这个字眼，到底是沿用错误的观念呢，还是实际上确实这么看自己？有些概念，表面上看死亡了，但是实际上还活着，有时好像给了我们一种新鲜的感觉，但是你一考察它的内容，陈腐不堪。

中国本来"学"和"术"是分途的，"学"和"政"的界限是很清楚的，但是后来渐渐不清楚了，这个不清楚发生的时间呢，大概是在南宋朱熹理学出来以后。朱熹这个人物争论很大，过去认为朱熹实在很糟，现在有人认为朱熹实在是好。朱熹的子孙有一支跑到了韩国，现在韩国自称是朱熹子孙的人有十多万（众笑），据说全世界朱熹的子孙有百余万（众笑）。要争取华侨回来投点资，办点厂，把人家老祖宗说得那么坏总不好吧？于是乎就变得好起来。虽然我也姓朱，但我否认我跟他有任何牵连（众笑）。这就跟现在孔子的子孙越来越多一样。以前纪念孔子诞生多少周年去开会，从北京到了曲阜，车上有一位导游问："各位学者你们知道曲阜姓孔的子孙有多少吗？"（众笑）大家都不知道，他说有十万。我就问这位导游先生，你知道这十万人里面有几个是真的吗？（众笑）他说他不知道，我说我告诉你，一个都没有（众笑）。我讲的是实话。是否是孔子的子孙要有谱系。你们知道孔融吗？他是孔子二十世孙，被曹操抓去要杀掉，他两个儿子照样玩耍。人家问他们为什么不逃？他们说"覆巢之下，安有完卵"。那以后，孔家子孙的嫡系就断了。后来"五胡乱华"，南北分裂，鲁地屡屡化作战场；再往后唐末五代又重演一遍，哪里还有孔府旧谱？再往后，金朝人打过来，一批人跑到了衢州，如果讲资格老一点的话呢，那么所谓孔氏在衢州的子孙比曲阜的孔子的子孙要真一点。后来元朝人又把金朝所封"衍圣公"一家杀光，从民间找了一个人来冒充。到了清朝呢，乾隆皇帝要和他们攀亲，把一个满洲格格嫁进孔家。血统不仅断掉了，而且杂了（众笑）。在这种情况下，尽管有人自称是孔子的后代，我感到还要怀疑。

　　清朝文化政策使得所谓的"学"，也就是"官学"，越来越糟糕。用章太炎的话来说，"清世理学之言，竭而无余华"，它已经干枯得没有任何味道。大量有些才气的人士，开始寻找别的出路，寻找一种不受经过皇帝解释的"朱子学"束缚的道路。大家以为清朝的皇帝只会搞文字狱，其实不然。康熙晚年最喜欢提倡理学，他给高级文官出的考试题目就叫"理学真伪论"。他说真理学就是朱熹说过的，那么朱熹说了那么多话，你怎么知道哪一句是真的，哪一句是假的？康熙说我知道。他知道什么呢？他根据自己理解的所谓的朱熹学说，写了一个《圣谕》，一共十六条，每条只有一句话。他说这里面已经把所有的朱子学的真理都概括完了，所以他命令全国的各级学校天天念十六条。后来我们也制定了一个十六条，我就想到康熙（众笑）。这十六条太简单啦，无非就是说事君要忠，事父要孝。到了后来，人家解释就多了。雍正上台看见有点混乱，就把这十六条重新来做一个标准解释，叫作"圣谕广训"，他正好不多不少写了一万字，这一万字就印成了清朝皇家颁行的黄绸缎封面的豪华版（众笑），各个省府州县全部发一份，不仅学生要念，而且每月初一地方官要在底下召集各地的父老，给大家讲解，所以叫"宣讲"。这一套东西一直施行到清末，政治思想工作做得好得很（众笑）。我国台港学者对《圣谕广训》做了许多研究，包括它的各种解说、版本流传的情况。

在那个时代，学者要想逃脱所谓朱熹的教义的控制非常困难。但是十八世纪中叶，有一批学者，主要是东南的一些学者，终于找出了一个绕开它的办法，那就是从事经典的考证，后来扩大到做历史的考证，再后来又对朱子学真面貌进行考证，这就是我们所说的"汉学"。到了这个时候，中国才重新出现了跟帝王术保持距离的所谓的"纯学问"。这几年，有些人非常喜欢批评汉学家，说他们脱离现实，脱离政治，不问政治。这种攻击，自以为很坚固，但还是没有逃过清代人的观念。康熙就说了，真理已经被朱熹讲光了，而朱熹讲的真理精髓又在我颁布的十六条里边，但最重要的，不是把它背下来，而是要躬行践履。从此以后，没有什么人再敢对朱熹的学说重新进行研究。汉学家脱离了皇上解释过的朱子学，回过头去寻找原典，比如孔子说"爱人"，孟子说"性善"，本义是什么？到底是真是假？如果是假的，谁造出来的呀？这样在中国才出现了纯学术，才使得中国的所谓学问没有跟着帝王术的需要变得那样僵化，中国又重新出现了学问的活跃时期，接着出现了学人问政的状况。这种状况，从戊戌维新，经过辛亥革命，差不多保持了二十年，到五四运动。这段时间是"学"与"政"分离，也是"学"与"政"互动的时期。那以后，情况就有点玄。蒋介石上了台，他始终没能真正统一中国，所以在他的统治下，还有些转圜的余地，在这个地方呆不下去，就跑到另外一个地方，害得鲁迅到处流窜（众笑）。今天你去看看鲁迅批评的那些黑暗，才会珍惜中华人民共和国成立以后的光明（众笑）。那是很糟糕的时期，内战不停，军阀割据，但是从思想史来看，这二十年相当活跃，学人保持自己的独立性，竞相论政，甚至参政。所以我想讨论一下清末民初的学与政。目的呢？当然是为了说明历史。那么说明历史干什么？不干什么。过去有人问我，学历史有什么用，我就告诉他没什么用（众笑）。没用你学什么？我有兴趣（众笑、鼓掌）。

清末民初的二十年，学风与政风有些什么不同？我们知道清朝说话禁忌很多，禁忌被打破是在十九世纪中叶以后。鸦片战争前，龚自珍已经是他那个时代很敢说话的人了，但他还是留下两句人们经常引用的诗，"避席畏闻文字狱，著书都为稻粮谋"。后一句话我很感喟，现在中国两岸三地大学教授的工资，实际上有三种区别。香港大学教授工资是世界第一，所以引得许多美国、英国教授，跑到那边去瓜分余润（众笑）。台湾呢，蒋经国晚年大幅提高公教人员的工资，所以台湾教授的工资大约是香港教授工资的四分之一，却比大陆的大学教授工资高出十倍（喧哗）。我指出这一事实，有人就说："你呀，老是表示不满意，是不是因为拿的钱太少？"不是的，比较同代的人，比较那些年轻的教授们，我拿的钱还比他们多。

清代对文字的禁忌被打破，是在十九世纪的中叶。这不是因为满洲人开明起来了，而是因为没有力量再控制了。清朝权贵原本最不许汉人染指的一个部分就是军队，但因太平天国运动，湖南的绅士们要自救，自己搞武装，来打太平天国。他们自救，实际上是救了清朝。到太平天国垮台，这批人统治了南国，就是长江以南。到清亡，南方的总督、巡抚基本上都由湘淮系的军人担任。清朝的中央政权削弱了，地方势力增长。地方势力之间矛盾重重，反而给当时的学和术，包括言论，留下了很大的活动空间。何况在当时，还有一个空间是所有的中国统治者都不能过问的，那就是租界——上海的租界、天津的租界、汉口的租界，这些地方都是经常出怪论的地方。在清朝的中央政权削弱以及地方发展的不均衡现象出现后，一是涌出了很多需要讨论的问题，二是当时的学者发表言论的空间也比较多。那个时代的军头，都懂得要延揽一批人来给他出谋划策，那就是我们知道的在清代很盛行的幕僚制度和幕宾制度。张勋斗大的字识几箩筐没人知道，可他居然去担任康有为办的孔教会的名誉会长（众笑）。他费了很大的力气，会背一下"大学之道，在明明德，在亲民，在止于至善"。这位文盲将军，较诸他的同类略为高明，例如他任命的复辟内阁，绝大部分阁部级政务官要职，都由学者担任。

先讲清末民初的"学"，分成新和旧两类。"旧学"就是清代统治者所提倡的朱子学，比如说康熙、雍正分别搞的《圣谕》和《圣谕广训》，就把朱熹很关注的问题"夷夏之辨"全都删光了。在"旧学"中间，还有一种跟政治关系比较少的学问，就是"汉学"，当时是在野的"学"。新东西，现在叫作"西学"，那个时代人们把它叫作"新学"。

很奇怪，在乾嘉时代，就是十八世纪末到十九世纪，最标榜不问政治的人物，他们的晚辈，在晚清却对政治表示出最激进的态度。清末的革命派，许多人是汉学家，比如当时革命派的首席理论家章太炎，就是近代中国非常有名的汉学家。因此，乾嘉时期的汉学家不是不愿意干政，而是说他们不愿意在帝王术控制下干政。他们的晚辈对清朝现状的批判言论，比谁都厉害。五四运动的一批人，像陈独秀，原来就是章太炎做会长的光复会的分支里边的一个头头儿。胡适，实际上是章太炎的私淑弟子。钱玄同、鲁迅和他的兄弟周作人等,《新青年》里边的骨干的人物都是章门弟子。原先最不问政治的汉学家,一旦有了机会以后,就成为中国政坛上最活跃的人,主张非常激烈。

首先起来批判汉学家的,是今文经学家中的常州学派。乾隆中一个搞杂学的庄存与,因为汉学家通过考证辨伪,指出过去尊奉的古代经典这一部是假的,那一部是假的,他急得不得了。历代帝王都是靠这一套东西来进行教育的,如果把它们都说成是假的,那就动摇了统治理论的基础。当时朝廷里的一些大臣也受到汉学家考证的影响,考虑要不要把这些东西从考试教材里剔出去,比如说伪古文《尚书》。庄存与却说从明清以来,所有的帝王、高级文官,所受的教育全都是来自伪古文《尚书》。我们知道,道学家们看作孔门秘诀的所谓十六字心传,"人心惟危,道心惟微,惟精惟一,允执厥中",就出自伪古文《尚书·大禹谟》。庄存与说,如果把这个废掉了,全部的道学不是没了吗? 他就力争,无论如何不能废。他当时是乾隆任命的教皇子们读书的上书房教师,据说伪《书》就因他而保住"圣经"的地位。他主张治学必须服从权力需要,被晚清今文经学家捧作开山人物。这些人批判汉学家脱离现实,后来成为温和的改革者。

最强调讲现实,以对政治有用与否来论学的人物,就是当时的道学家们。中间有一个曾国藩,打掉太平天国以后,就提倡调和汉宋,不要讲汉学,也不要讲宋学,也不要讲考据,他说桐城派的名流早已经说过,义理、考据、辞章,三个东西可以合而为一,叫作礼学。曾国藩好像很有本事,能拉起湘军,促建淮军,能把太平天国搞掉,但在文治方面的作为实在可笑。

不同的学者,给中国政治带来了不同的取向。一般来说,那些主张革命，也就是从汉学家变过来的人物，反而是最能欣赏所谓的近代化和所谓的民主。

由原来的今文经学家们变过来的人物，康有为可以作为代表。一九〇一年、一九〇二年以后，康有为和弟子梁启超的分歧越来越大。开始是为了钱。康有为流亡在外，没钱用，他认为梁启超赚了许多钱，不断跟他要钱，梁启超一点办法都没有。以后慢慢地演化成为政见的分歧。譬如说梁启超对于革命党的态度就比康有为的态度要温和得多，表示愿意合作。当时跟孙中山关系非常密切的一个日本浪人宫崎滔天的全集，就暴露出来不少内幕，比如他如何拉拢孙中山一派和康有为一派合作，共同对付清朝。当时康有为神气得很：你孙中山算什么？我有衣带诏，皇帝给了我诏书，我怎么能够跟你合作！宫崎说，康有为爱摆臭架子。其实不然，康有为就靠有所谓的光绪赐他的藏在衣带里带出宫去的诏书，骗华侨的钱。大家都知道康有为办的团体叫保皇会，其实他那个派别的正式名称叫"保救大清皇帝公司"（众笑），这个公司发行股票（众笑），上面写明白，如果光绪重新继位，就要把多少倍的利息返还给大家。康有为这个人有点现代头脑，搞市场经济比我们现在这些人还要早一点。他知道怎样拿皇帝作为一个资本，他投资一个皇帝嘛（众笑）。华侨都拿出钱来，有个新加坡的华侨邱菽园被他骗得倾家荡产，康有为当年至少从邱菽园那里拿了白银十万两。白银十万两相当于现在多少呢？按照目前人民币来计算的话，乘上一百九十倍。对康有为等人来说，保皇不仅仅是一个政治问题，里面还涉及这一群人的经济利益。倒是当时的汉学家因为一无所有，比较容易承认哪一种东西对中国最好。

那些本来就是靠讲道学当官的人，当然反对变革现状，变成了非常顽固的人物。慈禧反对变革，取消了戊戌维新，他们大为称快；镇压革命党人，他们也很痛快。因为靠八股起家，这批人激烈反对废八股。一九〇五年的废八股好像是件小事，其实牵动了许多人，不知道多少人为此痛哭流涕。

今后怎么办呢？考上秀才，有个功名，在乡下就能做小绅士；混到举人，熬多少年就可以当个候补官员；弄个进士，最不济也可以放个知县，做县太爷——那时候的县太爷比现在权力要大一点，因为现在分成党和政两个方面。废八股，确实废掉许多人的前途。应该承认，张之洞没有像前人骂的那么顽固，当然也没有像现在人说得那么好。他是两榜出身，但在晚清废八股上，是出了大力气的。我对张之洞没有什么好感，因为他是一个很会做官的人。每到一个地方，总想办点什么，是个好事之徒，但他也确实给中国办了些事。

这三部分人决定了民国以后的三种取向。

在民国，最倒霉的是搞革命的那批人，也就是同盟会的那批人。这些人以为可以实行正当政治了。一九一三年一次选举，同盟会变成还没有召开的国会的第一大党。按照《临时约法》，国会第一大党的领袖就是内阁总理。所以同盟会里的能人宋教仁，三十来岁，兴冲冲从上海坐火车北上组阁，一枪就被暗杀了。主使者就是袁世凯。这以后，国民党的那批人还想妥协，但是袁世凯不妥协，解除了国民党人所担任的督军等职，国民党被逼得不得不搞所谓的二次革命。袁世凯有备而来，他的目的就是要把你全部打掉，结果孙中山只好再度流亡国外，重新组织一个中华革命党，参加的人要打手印。孙中山强迫黄兴按手印。辛亥革命时指挥和北方打仗的就是黄兴，虽然屡战屡败，但还是屡败屡战，勇气可嘉（众笑）。孙中山一定要把黄兴弄进去，黄兴讨厌帮会那一套，坚决不肯干，结果孙中山就让人把他抓牢，硬按手印（众笑）。这个故事见于宫崎滔天的文集。

在国内的一批人继续抗争。章太炎跑到袁世凯的总统府，拿着一根拐杖，摇着扇子，扇子缀着袁世凯给他的勋章。他要求袁世凯出来，袁世凯不出来，他就坐在那里不走，待了大半天以后，挥起拐杖，把总统府接见室的东西打得精光。袁世凯说打了的东西再买（众笑），然后把他关起来，好好服侍。派去监视章太炎的是宪兵司令陆建章。有人问，为什么对章太炎那么客气呀？他说，这个人可是不得了，叫他写一篇文章，抵得过我们一个师（众笑）。

在袁世凯复辟最高潮的时候，出现了《青年杂志》，创办人是陈独秀。过了一年，他迁到北京，改名叫《新青年》。《青年杂志》最初不谈政治，好像这个世界从来没有过复辟这件事，虽然它在租界里出版。它谈西方的民主、科学和道德。大家都知道德先生、赛先生，不知道还有一位小姐——道德小姐。

原先的革命党，有的流亡，有的用激烈手段反抗，但是还有许多人在思考。他们认为如果没有一个思想准备、精神准备的话，不可能使中国得到真正的改造，所以他们想改造国民性。

还有搞戊戌维新的保皇党，开始的时候和袁世凯结合，现在开始分化。康有为在办孔教会，整天和清朝遗老混在一起，在上海租界和青岛德国人的保护下，策划皇帝复辟。梁启超支持袁世凯当总统，但反对袁世凯当皇帝。据说袁世凯派人送了十万银元给他——当时一百五十斤的一袋米才一个银元——要他写一篇文章支持中国改成帝制。梁启超托病不干，设法溜到天津租界。他在湖南时务学堂的学生蔡锷，与梁启超商量以后，化装逃出北京，在云南组建护国军，梁启超就是护国军的总参谋长。梁启超死的时候，章太炎说他有大功劳，保卫了共和。虽然辛亥以前梁启超是保皇党，但是到了革命以后，他保卫了共和。章太炎有学者风度，他和梁启超之间，曾经互骂得非常厉害，但是他也承认梁启超的贡献。

另外一批人很奇怪，民国成立以后，纷纷抢先剪掉辫子，宣布革命抢官做。最厉害的就是那批道学家。民国成立以后，这批人成为最大的获益者。

当然也有一些人境遇很糟糕，那就是原来的满洲贵族。他们靠血统得来的地位没有了，共和政府每年给他们一些钱，瓜分到手里非常可怜。这批人也分化了。

一位"南社"诗人写了两句诗"无量金钱无量血，可怜换得假共和"。中国有没有真共和我不知道，但我确确实实知道，直到国民党跑出去为止，中国所谓的民国、所谓的共和都是假的，这倒是真的（众笑）。

为什么两岸都把孙中山当作一个非常了不起的人物？当年国民党的民国政府封他为国父。当初有人对蒋介石说，既然封了国父，就要承认宋庆龄是国母，结果蒋介石不承认（众笑）。后来我们承认她是国母，第一届中央政府的副主席就有宋庆龄。孙中山为什么受欢迎？国民党绝对不会因为"联俄、联共、扶助工农"尊重他，我们是不是因为"联俄、联共、扶助工农"而赞美他？也不是。

清末民初的几种不同的力量，代表着不同的从政取向，倒是对中国的问题进行过全面的讨论。中国需要宪法，但是宪法应该怎么制定？中国需要议会，但是到底采用两元制还是一元制？中国需要对官员进行从政资格选拔考试，等等，都非常认真地讨论过。

如果要真的理解中国曾经有过的所谓学和政的历史，这二十年值得研究。今天就讲到这里，欢迎各位提问。

同学一：您再讲一下辜鸿铭。

朱维铮：这里不是谈辜鸿铭的地方。你们如果想知道的话，看我写的两篇关于辜鸿铭的文章，好吗？（众笑）都收在我的小书里面，一本是《音调未定的传统》，还有一本《晚清学术史论》。

同学二：朱老师，上海有一个人曾经谈到，康有为的所谓"公车上书"其实根本就没有那回事儿。到底有没有公车上书的那些人？那个书递到皇上手里了吗？

朱维铮：当时康有为确实发起一个签名运动，要求拒和、迁都、变法，后来叫作公车上书。他们写过一个奏折，并且确实征集了相当多的一批人签名。康有为会编造历史，会夸张，所以到底多少人，很难说。有些人签名后又懊悔了，又去撤销，怕签了以后，影响中进士。有一道共同签名的奏章，有没有递上去呢？大概没有。因为清朝规定只有三品以上的京官，再有谏官、总督、巡抚才有直接向皇帝上书的权力，其他全要经过管该衙门的主管长官或督察院代递。康有为要想呈给光绪皇帝的奏章，督察院拒绝代递。不过光绪大概知道有这么一回事儿，他是否见到那奏章就很难说了。

同学三：朱教授，蔡元培和鲁迅都曾在民国政府任职，我想了解一下民国政府对大学管理的体制，民国政府为什么能够容忍蔡元培先生办起大学？

朱维铮：蔡元培做过很短时间的教育总长。鲁迅被蔡元培请到教育部任职，他做的时间比较长，起先不过是一个科长，后来也不过是一个所谓的佥事，就是专员，并没有多大权力。民国初期蔡元培并不是因为做教育总长才进行教育改革，因为教育总长能够管的大学——所谓国立大学比如京师大学堂等很少，所以只能说蔡元培对北京大学有多大的影响，不能够说他对整个高等教育有多大的影响。

同学四：朱老师，英国学者科林武德说过"一切历史都是思想史"，您怎么看？

朱维铮：思想史应该研究，一切历史里确实包含了思想的作用。但是科林武德认为历史是由思想创造出来的，我不太赞成，我也不批评。我招收博士生的一个方向就是中国思想史。

同学五：现在经常说，学生的本职是好好读书。我对这句话很有意见，以前学生常讲的话是"天下兴亡，匹夫有责"。

朱维铮：我赞成你保留自己的意见，每个人都有发表意见的权利。你认为他说得对，那么你就听；你认为他说的不对，你不听就完了。有一次，伏尔泰看到批判他的文章，他就给那个人写信说，"我不同意你所写的每一个字，包括标点，但是我要捍卫你发表意见的权利"。我最赞成这句话。

同学六：您如何评价现在的中小学历史课本？如果让您做顾问的话，您会有什么样的建议？

朱维铮：非常抱歉，没有人请我做中小学课本的顾问（众笑）。我自己的孩子的孩子也不念这些东西，所以我没有办法评论它们，因为我确实没有看过现在的课本。我到了台湾，那里的课本，有的写得不错，有的改得不像话——就是按照当局的观点改的。我们每个省的课本不一样，所以你的问题我无法评论，非常抱歉。

疑古与信古——二十世纪儒学论争一瞥

时间：二〇〇〇年
地点：不详

今天要跟各位讨论的一个题目，叫作"疑古与信古"。我是研究历史的，当然只会讲历史。从二十世纪中国的学术史来看，对这个题目的讨论，正好贯穿了二十世纪的一百年。在这一百年前，也就是十九世纪最后的那两年中间，中国发生了一次现代化意义上的改革，我们通常把它叫作"戊戌维新"。这个改革的领袖人物，他叫康有为。康有为办了一所很有名的学校，叫作"万木草堂"。里面培养了一群很能干的学生。一八九八年的春天，光绪皇帝"诏定国是"。在这以前，康有为出版了两本书，是他的万木草堂的弟子们替他赶制出来的。一本叫作《孔子改制考》，还有一本叫作《春秋董氏学》。在这两本书中康有为讲述了他的一些关于政治实践的见解，但被当时的慈禧太后和她的集团发动的反改革政变所否定。康有为在书中提出的一个基本的见解，影响到二十世纪的人文学科的争论，那就是在孔子以前，到底有没有真实的中国历史。

我们中国是世界上的四大文明古国之一，但是我们的文明到底有多长，直到现在为止还是闹不清楚。元代杂剧《赵氏孤儿》里边有一句话，叫作"你不说我还清楚，你越说我越糊涂"。我们中国原来说是有四千年文明，现在又往上推了，说是有五千年。还有人说，有六千年。"文明"的比较古老的涵义，就是有文字以来的历史。然而中国有文字的历史，现在所知，大概是三千五百年左右。如果按康有为的说法，中国从孔子开始才有文明，从他在公元前五世纪出世的时候算起，现在为止也不过就两千五百年左右。在人文学科里面要做算术是很难的。比如说大家都知道"夏商周断代工程"，要想确定"武王伐纣"到底是哪一年。李学勤先生在主持这个工程，他就向我们说，一共找到了八十六种说法。姑且我们假定它发生在公元前一千年左右，那么到现在三千年了，我们连这件大事出现在哪一年也搞不清楚。这就提出一个问题：中国的"古"文明，论可信程度，到底古到什么时候？既然是问题，那么就要有怀疑，就要有批判，就要有争论，就要有推测，就要有研究，就要我们每个人在我们自己的研究过程里面来作出判断。

　　中国的文明到底有多长？这是第一个问题。第二个问题——不是我们今天晚上所要讨论的题目——就是中国的文明过时了吗？也就是说，我们的传统在现在还有什么意义？

　　我不知道你们各位思考过没有，公元不是从零年开始，而是从一年开始。所以一九九九年，我们的传媒欢呼了一阵子，迎接二十一世纪。到了二〇〇〇年发现不对头，悄悄地把它收起来了，说是到二〇〇一年又有新千年开始了，我们又要再迎接一回。

　　这个时候就马上出现一个问题，既然按照公元又过了一千年，那么一千年以前或者两千年以前中国的历史到底是怎么一回事？刚才讲二十世纪中国学术史上的一个大争论，就是围绕着"疑古与信古"展开的。现在对个问题争得最起劲的是哲学家，本来他们自己叫作"哲学史家"，大概从一九九九年开始把那个"史"字取消了。于是问题也就从"形而下"提高到"形而上"，统统变成"中国哲学"问题了。

但很可惜，哲学代替不了历史，形而下问题依然在那里。比如说，孔子以前有没有历史？还是说，中国的历史从孔子开始？讲孔子的历史，凭借什么来讲？有的人说唯一可信的材料就是《论语》。我是学历史的，我就要去查一查，可信不可信。多年前我写了一篇文章，讨论《论语》的结集问题，没想到今年还在挨骂。我刚刚看到武汉大学编的关于郭店竹简的一本书，中间有一位叫作郭沂的人，写了长长的一篇"论纲"，指名斥责拙文，说居然对《论语》的真实性也表示怀疑，"如此看来，中华民族的圣人岂不成了虚无缥缈的幻影！"真佩服此人善于上纲上线。因为拙文是说，我们对于《论语》，像对于其他儒家经典一样，并没有做过很认真的清理工作。清朝的汉学家们做过一些考证，但是到现在我们还是不知道孔子说的许多话是在什么时间、什么场合、对谁说的。如《论语》的开篇："子曰：学而时习之，不亦说乎？有朋自远方来，不亦乐乎？"对谁说的？什么时候说的？对学生说的呢，还是对自远方来的那个"朋"表示欢迎的客套话？我们不知道。所以我说，现在的《论语》，是孔子死后六百年，东汉末郑玄根据不同版本的《论语》把它集合起来编成的。我们现在连《鲁论》《古论》等版本的由来及内容都闹不清楚，怎能说它是唯一可信的材料？怎能断定里面记的孔子的言行都是对的？提问题是为了使中国传统经典能够得到一个比较确实的回答。再说中华民族有五十六个民族，现在的汉族乃至中华民族都是较晚形成的历史性概念，孔子时代还只有夷夏蛮越一类模糊的族类概念。在这种情况下，我们当然对这些问题要搞搞清楚，而不应当把它越搞越糊涂，变成一盘浆糊。

即使前人疑古，也不该全盘否定。比如至今我们没法证明，历史上尧、舜、禹确有其人。我不赞成顾颉刚的考证，可是，到现在考古学界仍没有找到夏朝存在的确凿证据。现在的证据只找到商代，并且是从商代的武丁时代开始，才有甲骨文史料作证。所以不应该把问题简单化，简单到要么就是疑古，要么就是信古。这样争论问题无助于真正地来研究我们的历史，来研究我们的祖先是怎样在中国这个大地上进行生息、繁衍活动，怎样使文明不绝地传到了今天。

但是有的人，自以为懂哲学，却一点哲学头脑都没有。譬如说，我提出《论语》需要重新研究，有什么错？但是他帽子一扣就扣到了，说我要否定我们中华民族的圣人。这样一种昏话，希望以后我们哲学系的同学不要再说出来。学术争论应该提倡，但不能混淆学术与政治的界限，不要学会扣帽子，这是很坏的一种作风。

这里先提一段历史。一九三三年对你们是很遥远的古代，是吗？因为我现在给学生上课，一讲到二十世纪五十年代、六十年代，他们就张口结舌在那里瞪着眼看我：这个家伙又在讲古代史了！那么，一九三三年确实是有点古，那时我还没有来到人间。那一年，胡适应邀在美国芝加哥大学作了九次演讲，其中六次是以"中国的文艺复兴"作为题目，还有三次专讲儒学的问题。胡适演讲开始就声明：我不是一个儒教徒。但是先于他演讲的一位美国博士还是把他当作儒教徒的一员，并在演讲结束的时候说了两句有名的话："儒教已经死了，儒教万岁。"（我们的许多著作引用时一直当作胡适本人的话，也是很怪的。）如果按照中国人的对仗习惯翻译，可以叫作"儒教已死，儒教万岁"。胡适讲他感到很奇怪，他们还把我当成儒教徒。不过他说由此知道有一个判断，"儒教在中国已经死了"，那么，"我也就可以做一个儒教徒了"。胡适最后一次讲座的题目是"儒教在未来世界中的使命"，他认为儒教不是宗教，因为它是一个在历史中产生的事物，那么在历史中间它要消失。他认为中国人所谓的儒家，和别的宗教不一样，这个宗教它不是拼命要去传播，就像明末清初的那些传教士们，他们最喜欢讲一句话，就是"梯航九万里"，到中国推广基督教。但中国人自古相信一点：礼闻来学，不闻往教。这是中国儒家的一个很重要的特色，由此可判断儒家不可能成为一种宗教。当然现在也有类似情形，却该另当别论。所以如果把儒教看作一个历史的东西，那么随着它产生的历史在中国开始消失，说它已经死了，那是不错的。可是作为历史它要永远存在下去，它永远被人所研究，所以说"儒教万岁"，也有道理。

不过令我感兴趣的是一九三三年胡适说这话的环境。那时五四运动已过去十五年，可是还有人不但说儒学没有死，孔子属于现在，儒学属于现在，并且还说属于未来，属于全世界。第一个公开讲这话的人是梁漱溟。梁漱溟在一九二四年到一九二五年在北京大学哲学系，开了一门课程，讲义已经整理出版，叫《孔家思想史》。它不叫《孔学史》，不叫《孔子思想史》。我想这题目不错，因为有的人，一讲就是中国是我家的，那么，如果说按照过去定于一尊的说法，确实可以讲中世纪的统治思想史就是一部孔家思想史。梁漱溟说孔子的儒学不仅属于过去，而且属于现在，属于未来。这一点本来是可以讨论的。可是到了一九二七年，国民党建立了全国政权，马上就认为这个问题不能讨论，中国就是要按照孔子、孟子曾经讲过的那一套继续生活下去。最典型的就是蒋介石。蒋介石这个人不读书，却比某些人还要读得多一点。他就讲，中国最重要的一部经典就是《大学》，说中国最重要的政治道理都在里面。他又讲，中国最重要的圣人，除了孔、孟就是王阳明，那么，中国应当按照王阳明勾画的政治蓝图重建社会秩序。不过按照王阳明的学说，一个人可以顿悟,就是通常说的"放下屠刀,立地成佛",所谓"途之人皆可以为禹",愚夫愚妇都可以成为圣贤。按照这一逻辑,蒋介石是不应该提倡王阳明的。否则,倘若有人说,既然途之人皆可以为禹,那好,你蒋委员长不行,就下来,让我做,行吗?

所以,蒋介石提倡王阳明,所提倡的恰和阳明学的逻辑是背离的。所以晚明的农民把阳明学的逻辑化作一个很简单的公式:皇帝轮流坐,明年到我家。通吗?当然通的。

因此,近代中国有一个很奇怪的现象,凡是那些搞改革、搞革命的人,对王阳明的学说都有好感。康有为生平最崇拜的就是王阳明,清末同盟会的某些人也一样。那时留日的中国学生提出学明治维新,日本人就对他们讲:你学我们干嘛?学学你们自己的祖宗嘛,我们搞"明治维新"的时候就是从阳明学中开出来的嘛。有个留学生听了以后不相信,说那个王阳明是你们家的,如果在我们家,我们老早就学他了,因为他在你们家里,你们学了他,维新就成功了,所以我们现在就要学他。这就是当年留学生的水准,完全可以用十万年薪请他回来做特聘教授。蒋介石也曾留日,对王阳明也崇拜,奇怪的是得出了一个相反的结论,以为要用王阳明的学说来治国,便认为越专制越好,就是说他不承认别人也有做圣人的权利。在这种情况下,胡适特别提出,赞成那个美国人的观点:儒教死了,儒教万岁。也就是说,他认为儒学是一个历史的东西,作为历史的东西我们可以研究;可是作为一个现实的东西,哪怕是一个在中国历史上面最为解放的一种学说,就像阳明学,它到后来,在这种环境里边,还会有人把它解释到另外的方向上去。

我对梁漱溟的不畏权势精神很佩服,可是不佩服他的哲学。因为他讲的那个孔家思想史,根本就无视历史,专从形而上的角度来讲,其实也很形而下。比如，他说孔子专门喜欢讲修身，修身是形而上还是形而下？他说孔子有十三条优点，值得中国人学习。可是他就不敢肯定孔子的优点包括形而上学，不得不承认孔子很实际，不讨论抽象的问题。既然孔子只关注他的时代的人生态度，在孔子以后两千五百年，我们能不能够按照孔子那时代的方式来生活？这是梁漱溟们至今没能从历史角度予以解答的难题。

不知怎么搞的，我常被作为研究孔子的一种意见的代表，并被认作是研究得很糟糕的一个，专门说些不吉利的话。也许由于百鸟朝凤，少不了乌鸦一家，关于孔子的研讨会没有忘记召唤乌鸦，但每忝陪末座，聆听种种宏论，不由得对有些人的逻辑感到非常奇怪。比如孔子说"唯女子与小人为难养也"。在北京开孔子讨论会，因为以前我通改过《孔子思想体系》，被叫去受审判。会上有一位先生就非常激动地说：唯女子与小人为难养也，你们一定是理解错了！试想，孔子有没有妈？难道孔子侮辱妇女，他妈不是妇女吗？我听了目瞪口呆，只差顿首表示佩服佩服！真的，中外古今，每一个人都有妈，所以中国自古就不可能有什么男权主义，有什么所谓的封建思想或者歧视妇女。哪里会有啊？难道你会歧视你妈吗？

这种推论居然在我们堂堂的国际学术会议上出现，你们各位都觉得很好玩，可是我老是听见这样一类高论。比如说刚才我举的例子，因为我讲《论语》需要重新研究，就被痛斥成要把《论语》否定掉，进而声讨我非圣无法，要把中华民族的圣人予以否定。这种思维方式居然出自本校哲学博士笔下，在我看来非常古怪，可是很不幸，现在相当多的学人，还是采取这样一种思维方式。因此胡适当年力促一些人对中国的古史进行重新讨论，意向可以理解，那进程与其初衷适得其反，同样不难理解。比如《古史辨》认为清朝辨古史的最值得重视的姚际恒和崔述，疑古的态度值得研究，都是胡适写信指示给顾颉刚的。因此胡适是"古史辨"运动的真正发动者。现在有一套书，就是胡适的手稿和来往书信的影印本，中间给胡适的信最多的人就是顾颉刚，影印件一百三十六封。从这里面就可以看到，《古史辨》早期的各项工作都是由胡适推动的。二十世纪中国的学术史上有几个人是无法抹煞的。你抹煞不掉康有为，你抹煞不掉章太炎，你也抹煞不掉胡适，这是一流的人物。二流、三流的人物，你抹煞不掉的，那就更多。胡适这个人真守他的信念，当他发现中国的考古学研究、文物研究要把他所讲到的像康有为的那种见解推翻掉了，就是说他曾相信的不是历史的事实，而是历史的谬说，他就敢于坦承自己对历史研究的误导。比如说康有为的基本见解，孔子托古改制，也就是说孔子以前的历史都是虚无缥缈的，胡适起先是相信的，但以后便承认自己的怀疑错了。怎么回事呢？就在康有为讲这话之后一年，一八九九年，有一个清朝的官员，也是一个学者王懿荣，从他吃的中药里面发现一种叫作龙骨的药材上有文字，由此甲骨文便被发现了。

甲骨文发现的早期还是引起很大争论的，有的人坚持不相信，比如章炳麟，他在甲骨文出来十年以后仍不相信，著文说这肯定是古董商造假骗人的。他说《说文解字》里面没有的东西，怎么可能有像甲骨文这样的玩意呢？后来他的一位晚年的弟子告诉我，他的老师曾研究甲骨文的拓片，可知章太炎想坚持不相信也有点难。

为什么呢？因为在国民党建立全国政权以后建立的中央研究院，做了一件事情，对我们的历史研究有很大影响，那就是安阳考古。地下材料所显示的历史，已经证明康有为的推论错了。再要强调孔子以前的东西都是虚假的，如《古史辨》和顾颉刚的见解，那是不行的。据顾颉刚的记载，一九二九年，胡适有一次见到顾颉刚，他说我现在不疑古了，我要信古了。顾颉刚说，当时他听了之后，出了一身冷汗。我们可以相信他出过冷汗，因为他的精神导师首先叛变了灌输给他的荒谬信念。

经过甲骨卜辞的史料与史学研究，中国可信的历史，至少从孔子往前推移了一千年以上。于是乎，就引起了一场官司。这个官司首先提出来的是章太炎。章太炎在一九一〇年写过《原儒》，收在《国故论衡》里。章太炎完全是做文献功夫，没有利用考古材料，他这篇文章是驳斥康有为的。他考证，在上古，"儒"是术士的通称，后来才逐渐变成以孔子为宗师的所谓儒家的专称。由于安阳考古以及甲骨文研究的结果，胡适发现，章太炎这句话蛮对的。所以胡适在一九三四年作了一篇很长的文章，叫《说儒》。在《说儒》里他也是根据文献推论殷代就有儒家，这个"儒"的职业是巫师，即宗教职业者。他们专门替人家主持礼仪，特别是办丧事这样一些事情。这样一篇文章出来以后，当然对于《古史辨》他们所认为的关于过去的历史都是假的这一基本见解是一个很大的打击。在当时，《古史辨》他们面对着那么多的考古的、文物的材料，到二十世纪三十年代初（《古史辨》始于一九二六年）确实已经有一点难以为继了。

但是没有想到，这个时候跑出来一位自称是马列主义者的人，且自称在中国除了王国维别的人他都不佩服，金文、甲骨文他最好，此人就是后来的中国科学院院长郭沫若。胡适写了《说儒》以后，突如其来地冒出郭沫若。……我向来以为孔夫子说的还是很对，"不以人废言，不以言废人"，我以为这话在今天还是很重要的，虽然从来就没有人做到过。所以对郭沫若也一样，我从来把他的政治活动和他的学术研究分开来。前不久我跟一些学生说，我在小摊上看到《郭沫若全集》二折出售，你们赶快去买，里面还是有很多很好的东西。应该讲他在这一方面是有发现的，可是他相信了康有为。据说现在有人拿郭沫若做博士论文。鲁迅有时候太尖刻了一点，不过鲁迅形容郭沫若他们一脸的创造气，我觉得形容得挺不错的。

他在当时相信了康有为的话，认为孔子以前的历史都是托古改制，所以他说自己起先读顾颉刚在《古史辨》中有一篇七万字的长序很反感，但是越读越觉得中国"层累造成的古史观"是对的。《古史辨》被其原来的导师否定的时候，郭沫若就跑出来写了一篇文章《诘问胡适》。他自己对这篇文章的估价很高，我不知道胡适是否看到。胡适晚年有一个秘书替他编了一个十卷本的胡适年谱＊，我仔细看过，事无巨细，都记下来。我没有发现胡适在这时注意到郭沫若的这篇文章。后来我看了四十多卷的影印的胡适手稿和来往信札，特别注意它里面有没有提到郭沫若的这篇文章。

郭沫若这篇东西刊登在上海只出了一期的《中国公论》杂志上，随后这份杂志就消失了，我想胡适没有看到过这份杂志。过了十八年，一九四五年，郭沫若编他的《青铜时代》，把这一篇文章又收了进去，改题目为《驳〈说儒〉》。各位有空把章太炎的《原儒》、胡适的《说儒》、郭沫若的《驳〈说儒〉》合起来看，这是代表中国这一百年学术史上的一个公案中间很重要的几篇东西。郭沫若是甲骨文专家、金文专家，应当从甲骨文、金文里考察胡适的《说儒》的推论——儒在殷代就存在，是宗教职业者，给当时殷代的王室或者贵族担任礼仪工作，但是我们从郭沫若的皇皇十大节的《驳〈说儒〉》里看不到一条利用甲骨文来考察殷代的儒，也看不到他从金文来考察周代的儒。

＊　编者按：指胡松平编著《胡适之先生年谱长编初稿》。

一九五二年，全国批胡适。当时我读高中；后来读大学了，又增加了一个"胡"——批"二胡"，那就是胡风。批胡风是中文系的事，我们历史系批胡适。一九五二年郭沫若第一篇"批胡"的表态文章，首先宣布自己过去搞甲骨文和金文的目的是出于一种"挑战的意识"：我偏要在古史领域挑战"胡适之流"。我听过陈伯达的报告，说胡适把古史讲得非常神秘，郭沫若在"大革命"以后跑到日本去，玩了一下子，甲骨文、金文就通了嘛！可见有什么神秘的！但据我所知，根本就不是那么一回事。当时他穷得没饭吃，人家就出钱让他整理。他当时有一串孩子要养，只好干这种活。郭沫若接着还讲，自己的目的就是要重新证明孔子时代支配中国历史的一种基本意识就是托古改制。从此对儒学除了否定，研究无以为继。直到一九七五年才有改变，因为"评法批儒"。有首诗广为传诵，"劝君莫骂秦始皇，焚书坑儒要商量"，然后底下突然一转弯："十批（《十批判书》）不是好文章"。这句话江青到处宣讲，结果《四川大学学报》刊出《甲骨文中所见的"儒"》一文，这篇文章经过大改，收在刚刚上市不久的《徐中舒历史论文选集》，叫作《论甲骨文所见的"儒"》。徐中舒在"批胡"中间是被点名的，他是当年紧随胡适的一群学者之一，四川大学教授。他一句都没提章太炎，没提胡适，没提郭沫若。他说甲骨文中早有"儒"，"儒"就是宗教职业者，他们制定礼仪，亦办丧事之类。他用了甲骨文中三十多条关于"儒"的活动的材料，当然他还引了不少马克思的话证明，"儒"的活动跟马克思讨论过的古代世界的宗教家的活动是一致的。我觉得非常有趣的是，他在最后列了一个感谢的名单，其中有一句话，感谢胡厚宣教授寄来有关甲骨文中的有关"儒"的材料——这句话在他现在的集子中删掉了。他这句话实际上是告诉大家，郭沫若早就知道这个东西了！因为当时胡厚宣就在中国科学院历史研究所的一所工作，而一所的所长就是郭沫若。所以我的问题是：郭沫若知道这些材料已在历史研究所存了二十五年了吗？如果不知道，他怎么能算甲骨文的首席权威？如果知道，他使它埋没了二十五年意味着什么？无非就是要保卫《驳〈说儒〉》嘛！……你批《说儒》，你说胡适的《说儒》推论都是胡说八道，那么甲骨文都已经证明了，你如果是实事求是的学者，你如果坚持历史唯物主义史观的话，就不应该这么做。

到了二十世纪八十年代，海外冒出"新儒学"运动。它发源于中国香港，它的第一篇宣言——《中国文化宣言》发表于一九五八年，签名的有四位：张君劢、牟宗三、唐君毅和徐复观。"新儒学"最先在中国台湾发起，然后到了美国、加拿大，再到中国香港，最后到中国大陆，所以他们称之为是一个从边缘向中心推移的过程。

实际上，新儒学的理论准备是在抗战末期。一九四五年，哲学家熊十力（后来在上海去世）在重庆给他的几个学生讲学，清算中国过去的那些经典以及思想。他的学生徐复观帮他出了一本书《读经示要》，新儒学的基本架构是在这本书中奠定的，香港搞的那一套新儒学的架构基本是出自这本书。我没有见过熊老先生，虽然当时他住在上海，他和我的老师关系很好。当时只有两个人去看他，一位是周予同先生，一位是王元化先生。他晚年是很寂寞的。在我看起来，他的这本书要远远比那些新儒家们称道的东西好得多。

有的人特别欣赏冯友兰，有人说他变来变去。……这些先生都有学问，他们的真学问我从来都是尊重的，我从来不敢轻薄。可是有一条，他们想当"国师公"的心态，实在太强烈了。蒋介石一拉，他就马上出来"贞元之治"的丛书六本。我们前任伟大领袖一拉，他觉得做"国师公"的时候又到了，赶快就批判孔子。章太炎早在一九〇七年在东京讲学的时候，在《论诸子学》中已经揭露了这一种儒家精神。他讲现在有三种孔子，有商订历史的孔子，有专门做教书匠的孔子，有专门从政的孔子。从政的孔子是最卑劣的。

现在我们大陆的一些所谓"新儒学"的学者，他们的真正楷模是冯友兰。他们对学习历史不是很感兴趣，对牟宗三有点感兴趣，但是有一条他们绝对不敢说，就是牟宗三是个坚决的反共专家。其实这个也好说，政治是政治，学术是学术，分开来就完了。可是这些人有一个情结，就是学术为政治服务，既然学术为政治服务，那么牟宗三的学术就是为他的反共服务的。那么要说他的学术可取，政治不可取，那么怎么办呢？

过去的争论在今天重新出现，但是它倒过来了。从前是考古学材料给他们的所谓"疑古"带来了危机，现在五十年来中国地下的东西要拿来证明"信古"：我们的古代越来越需要相信了。最近有一个大热门——湖北荆门的郭店竹简。我讲这些竹简的编年有问题，因为墓地本身没有提供墓主是什么人，怎么能轻率下结论？现在用碳14测定，它的误差是上下两百年，你怎么能够判断它是公元前三百年的东西？他们自己也承认这一点。

在我看来，这正好跟过去的"疑古"倒过来了，它变成了"信古"。但是这"信古"正好也同样建立在一个经不起推论的基础之上，经不起考据、经不起检验。郭店楚墓出得太晚了，马王堆楚墓出土的时候，马上有人宣布中国思想史要改写。到现在为止，马王堆的一些《周易》竹简还垄断在一些人手里，快三十年了！还听说上海买了一批同时期的竹简，有两千多支。我知道，那里面的一大批都是假古董。先是香港中文大学花了两百万港币把这批竹简买回去，后来发现里面混了大量的假古董。他们退了回去，我们又把它弄过来。过去的"疑古"是怀疑文献记录错了，结果被考古证明疑错了；现在呢，又在证明只有考古学的东西才是对的，文献上的东西都是错的。所以我最近又向他们提了一个问题，我说我们的古文献不都是过去的竹简吗？谁都知道，纸在西汉以前是没有的（且不论纸是不是蔡伦发明的），我们现在所读的那些古书不都是过去的竹简吗？为什么《老子》的版本发现了五种之多，就没有发现一种叫作《论语》的东西？如果根据这个来判断，是不是就证明老子才是真正的英雄，他的书在当时传播得那么广，而《论语》没人念，或者那时还没有一个叫作《论语》的东西？

　　疑古也好，信古也罢，它们本身是一种不实事求是的学风的两个极端。我们怎么办？我不知道。

戊　衡国学

"国学"是什么？ *

时间：不详

地点：不详

讲"国学"的两个前提

我赞成讲国学，但现在讲的"国学"，有很多矛盾。首先，"国学"怎样界定？在辛亥革命以前，"中国"从来不是正式的历史概念，它不是一个国名。清末学者，如黄遵宪、梁启超等，就已在质疑了，说以前只有朝名没有国名，所以提出来要确定一个正式的国名。

"中国"的概念起于何时？学界有争论。比如同样用"二重证据法"，为这个词寻源，胡厚宣以为殷代必已有"中国"意义的称谓，于省吾认为起源于周武王时期。然而相信古文献必有依据的人，如柳诒徵著《中国文化史》，还是坚持"中国"名称更早，始于夏朝。人所共知，征服殷朝的周人，自称是华夏。华就是花的意思，周朝占领了相传是夏朝中心的河洛地区，凡是经周分封的诸侯国都自称是华夏。好辩的孟子已说相对于夏朝，殷是东夷之人，周是西夷之人，他们都是夷。一九三一年傅斯年作过一篇《夷夏东西说》，就显然根据孟子的说法，推论西夷周

---

* 此文原载《书城》二○○七年九月号。

是如何自居为"中夏"，而把商朝贬为东夷的。这是篇很有名的文章，到现在还没有被推翻。中国台湾学者王尔敏也有篇文章讲晚清时候知识分子如何看"中国"这一概念。其实他们是引申一九〇七年章太炎《中华民国解》。章太炎这篇文章提出"中国"并非只是相对于"四裔"的族名，而且也是"汉土"疆域的名称。

但涉及这一点，章太炎就陷入了一个非常狼狈的境地，虽然《中华民国解》提出了"中华民国"的国名，可是"中国"本来是一个变动不居的历史概念，你把它固定下来，说秦汉时"汉土"的疆域就是中国，其他地方你都不算了？那些边疆民族建立的大小王朝的领土，你都不算了？鼓动"排满革命"的章太炎为了反清，把鲜卑、契丹、女真、蒙古统统都算作外夷，有时代意义，却是反历史的。

这也就是我们讲"国学"时必须考虑的另一个重要问题，即必须确定我们"国"的空间范围。当年谭其骧先生作《中国历史地图集》时就面临这个问题，以哪个"一统"时代的疆域作为基准？他认为应当以康熙时清朝版图当作历史图集的基准，因为康熙时代中央行政的力量一直伸到了比现在广得多的疆域，国土较诸沙俄借军事侵略强占以后的晚清国土大得多。但谭其骧先生的提议遭到了反对，反对的一个理由，说是中国自古以来就是大一统，如果这样说就缩短了中国历史，那是站不住脚的。你去看欧洲，它的近代民族国家分化组合的自然政治地图，直到十九世纪还在改绘。德国统一在晚清的同治末，美国立国也不过在清乾隆四十年（一七七六），倘说中国大一统定于康熙时代，当十七世纪末、十八世纪初，岂能说晚？其实康熙时代的版图和元代中国相比已经缩小了。元统治中国九十多年，以后它和它的后裔鞑靼、瓦剌等，又在北中国与明朝长期周旋。明代中国史，可说是由明朝直接统治的各族、蒙古、回回和满洲等共同缔造的，他们对中国传统文化悠远的影响，尚缺乏整合式研究。如果你讲国学，要不要考虑到这段历史？

再有，现在不少人将国学解释为孔子和儒学，认为这就是国学的核心。如果你要去跟他理论，他就说：是啊，我和你观点不一样。观点人人都可以发表，你可以坚持自己的观点，但我仍然要坚持一条，你既然讲历史，既然讲古文献，你就该守点规矩，没有根据的话不要乱说。我们国家现在五十六个民族，虽然少数民族人口没有汉族多，但他们分布的区域，用周恩来的话，就是占中国领土的百分之六十。很多民族或族群是不相信孔夫子的，比如回族、维吾尔族信伊斯兰教，藏族、蒙古族信喇嘛教。即便是汉族中也有一部分保存自己的风俗，对孔子的一套并不真佩服，如闽、台、粤民众信妈祖就远过于信孔子。况且汉族本身就是一个混合体，有它自身形成的历史过程。

大致说来，现在的汉族不是汉朝人。"文化大革命"以前史学界曾有五种课题的争论，叫作"五朵金花"，其中的一朵就是"汉民族形成问题"。当然分歧非常之大，但有一点看法比较一致，就是汉民族形成的时间，在公元四至六世纪之间的南北朝时。特别是由北朝的鲜卑人分别胡、汉，胡人为一等，汉人二等，这样慢慢地形成一个"汉人"的概念。但是有的汉族中心论者，好说汉族与古华夏各族类一脉相承，那是非历史的谬说。秦人原是西戎；汉朝统治者是楚蛮；隋唐是我们中世纪中最辉煌的时代，特别是唐朝前期，可称是当时世界的大帝国，但是追究一下唐王室的血统就知道，虽然杨坚、李世民都声称自己是汉人，可他们的母亲和皇后分明都是鲜卑人的后裔，他们是胡汉混血儿。很多所谓汉儒鼓吹的价值观在唐人那里都没得到贯彻。在后来的孔孟之徒看来，唐朝宫廷相当混乱，儿子可以把父亲的妾立为皇后，还可以娶自己近亲的姐妹。这些在《礼记》里都规定是不允许的，所以朱熹说"唐人大有胡气"。也就是说，在汉宋经学家看来是非礼的，在讲夷夏之辨的统治者的认识中则未必。但你能说它不是国学吗？直到现在人们还在大讲炎汉盛唐，以它为荣。

而且在中世纪几度民族大迁徙以后，哪还有什么纯种的汉人？说孔子和儒教是国学核心的人不妨看看山东孔家。山东是个大平原，利于北国骑马的民族驰骋，哪一个边疆族入侵后都在那里待下来。正如欧洲中世纪蛮族入侵罗马帝国造成的情形一样，血统混合，已非齐鲁族类旧貌。据说孔子后裔是中国最古老的家族，但多年前我仔细研究过孔家的系谱，发现自孔融被曹操灭门以后，所谓孔子嫡系的血统传承疑点极多。即如金、宋二朝，南、北二孔的血统真假，便混淆不清。以占地利的北孔来说，血统不是屡经中断吗？不是已掺入满洲皇族的基因吗？这很值得如今起劲地续家族谱系的倡导者给出科学论证。

所以现在讲的"国学"，没有一个衡量尺度。后现代史学认为历史是历史学家造出来的，在这种情况下，你没法和那些人讨论"观点"。如果讲"国学"，就必须先确定两个前提：第一，我们现在中华人民共和国的疆域，包括台湾在内，这是我们"国"的空间范围；第二，要承认中华民族是个复合体，"国学"一定要包括各个民族群体。怎么找一个共识统起来？最好就是尊重民族、信仰、居住空间、生活方式等的多元性，却必须承认我们都是中国人。要讲国学，就非得讲这一条，而不能说国学的核心就是孔子和儒教。

"国学""国粹"的提出

一九〇〇年以前中国没有"国学"一说，只有跟西学相对的中学，跟新学相对的旧学。"国学"和"国粹"的概念来自日本。

一九〇二年吴汝纶被清廷内定为京师大学堂总教习，赴任前到日本考察教育。他在日本三个月，把听过的演说、会见的人、许多"笔谈"记录，整理成《东游丛录》。书中记有日本教育家古城贞吉的赠言，劝告中国人不要放弃经史百家学问，因为欧西诸国学堂都非常重视自己的"国学"。这是我看到的在中国人公开出版物中最早提到"国学"一词，指各国本国之学，是个泛称，不是专指中国的。

"国学"一词为中国人所用也是在一九〇二年，出现在黄遵宪给梁启超的一封信中。当时章、梁在日本筹办《国学报》的经过与纲目内容，均不详，仅见于黄遵宪这封反对办《国学报》、反对在中国提倡国粹的长信。

他反对的理由之一就是中日情况不一样。日本人自己的旧东西太少，没有"日本学"。开始是崇拜隋唐，"举国趋而东"；后来又膜拜欧美，"举国趋而西"：东奔西逐。等到明治维新强大了，才发现自己身居"亡何有之乡"，所以要讲"国粹"。它的国粹就是日本传统的神道教，加上从隋唐吸取的汉文化。黄遵宪说中国不是没有旧东西，"病在尊大，病在固蔽，非病在不能保守也"。他和梁启超不一样，梁启超要学明治维新，先破后立，先把旧东西赶光，然后接受新东西。黄遵宪恰好相反，他认为日本明治维新是先立后破，不管旧的东西，先全部接受西学，等自己强大了再去清理旧的东西。

中国人开始讲"国粹"是在一九○三年，章太炎在上海西牢里写的《癸卯狱中自记》，第一句话就是"上天以国粹付余"，意为自己担负了弘扬汉族文化精粹的使命。然后他的一批同情者在上海组成了国学保存会，一九○五年初出版《国粹学报》，一直到辛亥革命才停刊。这群人奉章太炎为精神领袖，论调基本和他一致：第一，始终坚持排满。第二，宣传文学复古，就是欧洲文艺复兴的早期译名——这也是章太炎提出来的，他说意大利的中兴就在于文学复古，我们中国也要走这条路。第三，看来很荒唐，但还没有在科学上被推翻的中国人种西来说。刘师培、邓实他们都曾在《国粹学报》发表文章"思祖国"，说：我的祖国在哪里？就在古巴比伦那个地方。因为章太炎等人不承认满洲君主解释的孔孟道统，所以追溯华夏的来源，将神农、黄帝都说成来自西方的文明表征，而暗喻满人也属于土著的野蛮人。

一九○七年七月章太炎出狱到东京，在留学生欢迎大会上说，现在是排满革命的实行阶段，有两件事最重要：第一，"用宗教发起信心，增进国民的道德"；第二，"用国粹激动种性，增进爱国的热肠"。他自己解释说，建立宗教，孔教、基督教是不能用的，因为"孔教最大的污点，是使人不脱富贵利禄的思想"，"我们今日想要实行革命，提倡民权，若夹杂一点富贵利禄的心，就像微虫霉菌，可以残害全身，所以孔教是断不可用的"——这一点，应得今日儒教论者正面回应，躲闪是不行的。基督教呢？它不是叫你崇拜上帝，而是"崇拜西帝"。但一个民族也不能没有信仰，否则它的道德、伦理就没有尺度。他认为最能为大众接受的是佛教，"佛教最重平等，所以妨碍平等的东西，必要除去"，很合废君权、复民权的要求，但佛教中也有很多的"微虫霉菌"，所以一定要好好改造。章太炎特别热心跟印度等东南亚积弱民族联合，于一九○七

年四月在日本组织了"亚洲和亲会"，约章提出："本会宗旨，在反抗帝
国主义，期使亚洲已失主权之民族，各得独立。"可知反帝口号，早在
民国前五年便由章太炎等提出了。章太炎还主张亚洲各个被压迫民族各
自发扬其国粹，搞成一个信仰体系，在其中和谐共处。当然，这至今仍
属空想。

　　于是，他要"保存国粹"，解释也很分明，宣称保存国粹不是要人"尊
信孔教"，而是"爱惜我们汉种的历史"。什么是汉种的历史？也不是
《二十四史》。他说，第一是语言文字，第二是典章制度，第三是表征民
族精神的人物事迹。可知当年章太炎他们把"国学""国粹"这些概念
从日本引进到中国来，改造成中国化的东西，目的就是要"激动种性"——
种性用现在的话来说就是遗传性。他们说中国有好的传统，就是被清朝
压制了。当然他所谓排满只是在当时形势下的一个对策，所以辛亥革命
刚起来，章太炎和孙中山就不约而同地声明，排满是要倒掉清朝腐败专
制，决不是排斥满人。新建立的中华民国提倡"五族共和"，而中华民
国最早的国旗就是五色旗，代表五个民族——满、汉、蒙、回、藏。民
主共和的先驱者，眼界总比他们的不肖子孙开阔，《民报》《国粹学报》
及同时代数不清的革命刊物，宣扬的"国粹"论的实际内容和整体取向，
已有历史的明证。

　　如所周知，一九〇五年孙中山在日本组建同盟会，十六字纲领的
前八字，"驱除鞑虏，恢复中华"，就是照抄元末造反派领袖之一朱元璋
的"北伐檄文"（一三六七）。孙中山没有做成朱元璋，充当民国首任
临时总统仅三月，便被袁世凯取代了。但这个首届民国政府，却给从袁
世凯到蒋介石的历届军阀政府都留下一个大麻烦，即在民国首任教育总
长、与章太炎同为光复会名誉首领的蔡元培主持下，立法取消全国学校

"尊孔读经"。由此直到蒋介石搞新生活运动，恢复尊孔读经，始终被拥护民主人权的学者斥作复辟专制的前奏（参看周予同：《僵尸的出祟》，一九二六年）。

八十年前，周予同先生批判北洋军阀鼓吹"尊孔读经"，已将其称作"僵尸的出祟"。他没有料到，这个僵尸，在八十年后依然"伸出可怖的手爪"。这正是我在先生去世二十多年后，仍以为拙编《周予同经学史论著选集》有三版价值的缘由。周先生反对讲中世纪经学，强调西汉中叶以后的经学非儒学，因经学早有今古文区别。据我以为，讲自汉至清统治学说的历史，应该着眼于经学的时空连续性，并非时空同一性，因而研究中国经学，必须论从史出，不可以以论带史，甚至以论代史。

"权力亦即真理"的作祟

同样如所周知，七十年前吴晗的《朱元璋传》（原题《从僧钵到皇权》），揭露朱元璋由流氓而成开国皇帝的历史过程。现在说的"国学"，其实就是从朱元璋开始的那一套东西。按照皇帝的意志来规定孔孟之道该如何解释，由皇帝规定经典该怎么解释，由皇帝规定该采取什么样的生活方式才算我忠实的臣民。事实上，由最高统治者规定的"孔孟之道"，已经不是真正的孔学或孟学。我讲经学史时有人质疑，说经学史能这样讲吗？我说可以，因为我首先给了一个定义，那就是中国的经学不是孔学，也不是泛称的儒学，它是从公元前二世纪，汉武帝规定的所谓"罢黜百家，独尊儒术"后确立的一套东西，只有国家承认的才叫"经"，只有国家承认的标准解释才叫"传"，所以我说"经学是中国中世纪的统治学说"。

孔子及其学说的命运，进入中世纪，就非常不妙。秦皇扫六合，孔子的徒子徒孙也告别在野状态进入体制内，成为七十"博士"的一部分。但他们依然按照在野时的状态行事，就造成了私学与国家意识形态间的冲突。秦始皇反战国百家，根源就是一统天下之时，私家学说必须让位于国家意识形态，"今圣"只能有一个，可以被称为圣人的，除了在位皇帝以外，只能是死去的往圣，而且这个往圣还必须得到今圣的肯定。

后来汉武帝的独尊儒术，其实也是政治角力的结果，而非学术讨论的选择。武帝本人最有兴趣的是"君人南面之术"，而不是儒家某派的义理。在他统治的五十多年里，只有一次向学者询问过《尚书》中的一篇解释，另外主持公羊、穀梁两派的辩论，却上了狡黠的董仲舒、公孙弘的当，误认《公羊春秋》才是孔子《春秋》的唯一解释。但他对孔子的价值判断，认为孔子只能是素王，来到人间是为三百年后的圣人刘邦预制一部宪法，证明这个无赖皇帝及其子孙享有"天意"，因而其王朝统治永远合法、合理。可怜的孔子，此后两千年，只能听凭历代大小王朝的君主、僭主和他们的辩护者，用种种白粉、红粉，涂抹成先知、神巫或小丑，哪个是真的孔子？

中世纪经学的变异非常清楚地表明，汉武帝以后所有的皇帝，他们关心的是统治术，只要你给他提供所谓"君人南面之术"。这是中国经学传统的一个特色，就是"学随术变"。

仅就孔子在历代的称号来看，就经历了几次大的变动。在汉晋间，周公是先圣，孔子是先师。到唐太宗时，把周公逐出国子学，将孔子升级为先圣，颜回做了先师。原因就是汉武帝死前托孤画了周公负成王图赐给霍光，以后僭主如王莽、曹操、司马懿父子，直到杨坚、李渊全都自命周公，唐太宗因此很警惕。而颜回是最听老师话的——庄子说颜回对孔子"亦步亦趋",因此周孔之道就变成了孔颜之道。唐宋经学更新运动中,孟子升格,又由孔颜之道变成了孔孟之道,其中王安石变法是转折点,最终由朱熹完成。等到了明初,朱元璋连孔子"往圣"的地位都不能容忍了,只说是先师。孟子更不讨他喜欢,他命人将《孟子》删除八十多节,凡涉嫌冒犯君主独裁的词语全部删光。只因为朱元璋想与朱熹攀亲,所以他勉强承认朱熹表彰的"亚圣"。可是直到晚明王阳明学派压倒钦定的朱学,孔、曾、思、孟的四书系统,经由东南扩充到京师,累得清朝入主中原以后用了近百年才扭转意识形态领域内尊王抑朱的态势。

再有一例,就是明清关于忠与孝的解释。孝在晚明已被冲击得很厉害。嘉靖皇帝跟正德皇帝是堂兄弟,继位后,要认生父做本生帝,闹起"大礼议",死了那么多人,他的孝悌在哪里?到了清朝,满、蒙、汉八旗无不严分主奴,乾隆干脆明确强调"移孝作忠"。

忠孝忠孝,本来是先讲父子之亲,然后讲君臣之义。乾隆把它颠倒过来,先讲君臣之义,再讲父子之亲。假若忠孝不能两全,可不可以为孝牺牲忠?明朝开始关于"夺情"的争论就很凶,像张居正那样的权臣,因为没有回家服丧,都被时人攻击。这个问题在清朝找到了解决方式。康熙时重用李光地,李母去世后不让他回去守孝。康熙想了一个办法,表面上是惩罚,命令李光地服丧九个月,但不许回乡,就住在北京。这已是在调和忠与孝的矛盾,要求大臣先要服务于君主。到了乾隆,干脆宣布"移孝作忠",指示忠孝不能两全,第一位的是忠。

经学"学随术变","术"的历史变化非常复杂。自秦至清,所谓大一统,除了元、清两帝国以外,没有一个中央王朝的统治空间覆盖民国初年曾拥有的全部疆域。除元、清的军事征服外,任何王朝的统治术再高明，也仅能吸引域外诸国朝贡，却不能认藩国为疆土。你如果讲变化就不能把他们撇开。比如你要讲北朝的经学，你能撇开鲜卑族那套东西吗？宋朝最多分裂了六个国家。疆域的狭小影响到了士人的眼界，比如朱熹的见解狭隘，原因就是他从来就是缩在东南一块。一个人的活动范围，与他的眼界、他的思路、他看问题的方法，有莫大的关系，似当值得史家注意。

　　五四以来，不断有人提出"国学"，在提倡国学和废除国学间摇摆反复，并且时常把国学的核心定义成孔学和儒教，每隔一段时间就要"发作"一次，时而尊孔时而反孔。民国成立只有六年，帝制却复辟了两次，这正是自近代开始的"中国向何处去"的问题的反映。一谈及国学，孔子这个或穿着"古衣冠"或穿着"中山装"的"僵尸"，就要依照不同统治者的"术"做出各种不同的姿态。

国学今昔

时间：二○○七年七月十四日

地点：凤凰卫视《世纪大讲堂》

曾子墨：欢迎走进《世纪大讲堂》，这里是思想的盛宴，这里是学术的殿堂。关于国学，一直以来都有一个很有意思的现象，很多人都在谈，也有很多人都在学，但国学的定义到底是什么，却长时间以来众说纷纭。但这其中有一点却是可以肯定的，那就是国学它的出现、存在，它的不断升温和如今的形成热潮，也表明了当今的中国人对于传统文化还相当地尊敬和相当地向往。

那么我们应该如何地去理解国学，国学和中国的学术传统之间有着什么样的关系，国学与孔子之间又有什么样的联系？为解答这些问题，今天的《世纪大讲堂》很荣幸地邀请到了著名史学家朱维铮先生，掌声有请。

曾子墨：欢迎您，您请坐。首先还是和在座的各位一起，通过我们的大屏幕认识一下朱维铮先生。

史家朱维铮，一九三六年出生于江苏无锡，青年时考入复旦大学，师从著名史学家周予同先生，师承有自，学养深厚。朱维铮治学覆盖儒学、史学、晚清思想史等诸多领域，尤以史学蜚声学界。朱维铮的史学，个人命运与史家情怀融为一体，以冷静逼近真实，以超然淡泊变迁。读他的著作，总能感知到一双能穿透历史重重帷幕的眼睛。

曾子墨：刚才我们这个短片当中也介绍了从晚清开始一直到近代的中国社会，我们知道您对此有非常深的研究，那我们就想了解一下，为什么您的目光会特别地投向这段中国历史，是什么机缘促使您对这一段的中国历史做了很深刻的研究？

朱维铮：是啊，这是我通常讨论的一个题目，因为我现在的工作主要是专门史。您刚才讲到的，就是我现在所做的一个题目。

曾子墨：那在您确定您所研究的方向的时候，通常您会怎么样来考虑？怎么样来确定这个可能是您感兴趣的？

朱维铮：我们现在不存在感兴趣的问题，很多时候它是被迫。比如说我指导过很多学生，这些学生他们经常牵着我的鼻子走。所以，现在对我来说，很多问题大概不太能够自主。

曾子墨：如果今天能够让您做一个自主的选择的话，您会对哪一段的中国历史最感兴趣呢？

朱维铮：如果叫我自主选择的话，我希望选择睡觉。

曾子墨：为什么这么说？

朱维铮：因为中国历史，第一，问题太多；第二，我们想做的未必能够做，我们不想做的有的时候却要叫你做。

曾子墨：还原真实的历史，这是在中国做史学研究您感觉到最困难的地方吗？

朱维铮：在我看起来，还原真实的历史当然有几个条件，包括我们要有充分的材料，我们要有自己查阅和调查的自由，我们要有充分的研究时间，当然我们也需要有比较充分的研究经费，但是更重要的一个条件，在我看起来，恐怕不受各种各样的干预是最重要的。

曾子墨：那像国学这一段历史也存在敏感性吗？

朱维铮：不能够说它存在敏感性，但是现在的国学搅成了一盆粥，要研究起来恐怕就很困难。我对孔子是很尊敬的，但我一直说需要讲一个真的孔子。我最早系统讲孔子、讲《论语》，那是从一九八○年开始的，到现在已经快三十年了。可是我说一点点，就有那么一些人很厉害地上来批判。

曾子墨：那现在二十多年过去了，如果您今天重提当时您所讲述的那样一个真的孔子的话，是不是感受到学术空气更自由一些，大家对真实的一些东西、真实的历史认可的程度会更高一些呢？

朱维铮：这要看从什么角度来说。我曾经寄希望于比我年轻的，或者比我年轻的时候更年轻的一辈学者们，但是看起来历史不是径情直遂的。有的时候，我的孙一辈的学者比我这种祖父级的人会更糊涂。

曾子墨：真孔子到底是什么样子，这一百年以来国学又走过了怎样的道路？接下来，掌声有请朱维铮先生给我们进行今天的主题演讲。

朱维铮：谢谢凤凰电视台，谢谢主持人给我这样一个机会谈一下国学。在我这一辈子里，经历了我们共和国以来几乎所有的"热"和"冷"。现在的这个国学热，是不是真的"热"了？我不知道。仅仅是在某一些媒体上炒作出来的"热"，还是所有的人真正关注这样的"热"？我也不知道。

我只希望有一些人在讲国学的时候，首先要解释一下什么叫国学。

我不知道你们各位到现在弄明白了没有。二十世纪九十年代，北京有一批学者——有些人相当有名，编了一套"国学丛书"。这套书有一个总序，是已故北京大学哲学系教授张岱年写的。张先生是我很尊敬的一位前辈，他在总序里的第一句话就说，"国学是中国学术的简称"。这句话的问题就在于，你讲的中国，是什么时代的中国、什么空间范围里的中国？你讲的中国学术，是不是指我们现在中华人民共和国中构成中华民族的五十六个民族总和或综合的学术？

"国学"这个字眼并不是张先生本人的发明。从旧《辞海》到新《辞海》——新《辞海》一九六五年开始出版，二十多年来对国学的概念基本没有变——旧《辞海》说国学是国故，本国故有的学术；新《辞海》倒过来一点，说国学是本国故有的学术文化，又言国故。这两句话的意思一点没变。到一九九〇年张岱年先生写"国学丛书"总序的时候，他所定义的国学的内涵和外延都基本没变。这就引起我的疑问：你讲的国是什么时代的国、含有什么空间的国？

中华人民共和国有九百六十万平方公里，它的疆域不是自来如此，它的疆域是清朝康熙时代固定下来的。在康熙以前，除了蒙古建立的元朝以外，没有一个王朝统治过现在中国这么大的疆域。

从一个国的角度看，中国的疆域里边还有不同的政权、不同的民族国家存在。不同的时代，它有主流的学说，也有非主流的学说。唐朝是中国文化最灿烂的时期，它容纳了几乎当时中国人所知道的各种学说，这些是不是国学？那是唐朝的国学。它跟后来当然不一样。明朝有没有一个固定的国学？朱元璋把朱子学说叫作国学，因为他是个乞丐僧人，继位以后很想找一个光辉的祖先，所以认了朱熹。但朱熹最崇拜的一个历史人物是孟子，那么朱元璋就叫人读《孟子》给他听。他一听到"民为贵，社稷次之，君为轻"，一听到这个孟子肯定周武王杀掉了殷纣王，"闻诛一独夫纣矣，未闻弑君也"，朱元璋就大怒：你这不是鼓吹反叛吗？

所以朱元璋一度要把四书里边的《孟子》取消。明朝前期的读书人，那些参加科举考试的人，他们读的《孟子》是删节本。如果把明朝删节本的《孟子》也包括在明学里，那么这个国学又是什么？所以我说，国学在不同的时代有不同的经典，经典有不同的诠释，诠释有不同的取向，而不同的取向中间君主的意志体现得非常强烈。

现在讲国学的这些人，我以为他们是混讲。对不起，我不知道你们这里有没有非常赞颂国学的先生。中国这么大，这么多的人口，有那么一两个人出来对所讲的国学说一点不好听的话，大概也有必要。我问现在讲国学的，你讲的是哪一个朝代的国学？一些学者对我非常恼火，他们就讲，中国自古以来就是孔孟之道。我就问他们：你们这个"古"，古到什么时候？我向他们证明，孟子跟孔子联系在一起，成为所谓的孔孟之道，具体的时间是公元十三世纪——元朝承认朱熹的《四书集注》作为科举教科书。那么，十三世纪以前算不算古？当然应该更古。十三世纪以前的那个"道"，它的经典到底是什么？在我看来，我们有些学者或者不知道，或者他们知道也要否定。我毫不客气地讲这些话，我已经挨了三十年骂，再挨几声也无所谓。所以我首先要质疑"国学"这个概念。

第二个问题，国学是什么时候出现的。在一九〇〇年以前，那时候还是清朝，清朝的文献里没有"国学"这两个字眼，也没有发现有"国粹"，当然也没有发现有"国故"。在当时，"国学"应该同"西学"对立。但"西学"的概念很早就有了，至少在鸦片战争以后不久，在冯桂芬的《校邠庐抗议》里已提出"西学"，但是冯桂芬并没有提出一个和"西学"

相对的"国学"的概念。

我们再往下看，讲西学后来变成一种时髦。传教士的书刊，还有当时上海的那些所谓洋务派的书刊，里边都讲西学，但是始终没有找出一个概念和西学对应。比较普及的说法是，在一八九八年戊戌维新那一年，张之洞进呈给光绪皇帝的那本《劝学篇》里提出了"中学"，后来就成为我们经常讲的"中学为体，西学为用"，但还是没有国学。国学的概念是什么地方来的呢？一个是在当时流亡日本的一些中国学者——首先是梁启超和章太炎那里，他们在一九〇二年提出想办一个《国学报》。还有一个是在清朝著名人物吴汝纶——就是给严复《天演论》写序的桐城名士那里，他在一九〇二年被派到日本考察教育，他跟日本学者做了许多笔谈，收录在一本叫《东游杂记》的考察报告里。那时一些日本学者告诉他，你们中国的教育，无论如何不要丢掉经史子集一整套的学问。为什么呢？因为西方那些现代国家都非常珍视自己的国学。

那就是说，国学不是中国专有的，而是西方各国都有，日本人给它起了一个名字叫"国学"。从一九〇二年以后，"国学"这个字眼在中国人的书刊里、在中国人的言论里开始流行起来。所以我说，国学不是国货，而是日货，是日本人搞起来的。

现在这些讲国学、讲国粹的人，都没有提出来——我们是否有个传统，即国粹或者国学就是指孔子和儒学？如果有哪一位先生给我指出来，在哪个时候所谓的国粹等于孔子加儒学，那么我愿意拜他为师。上海现在还没有成立国学院，北京成立了一堆国学院、儒学院，当然我都赞成。问题不在名称，而在于你得拿出一点货色来证明，你讲的国学超过了以前的研究。一九一〇年章太炎在日本完成了一部著作，他大概也觉得国学和国粹有许多东西是从日本人那里搞来的，所以他发明了一个概念叫国故。这也就是我刚才举到的两部《辞海》都讲国学等于国故的由来。章太炎指的国故，真正地从语言文字一直到经学等，给它赋予一个全面的定义。所以，五四以来胡适倡导整理国故运动的时候，他就说章太炎的《国故论衡》属于中国历史上不朽的十来种经典之一。

我倒是希望那些讲国粹的人，先把章太炎的《国故论衡》读懂。如果连这一点都读不懂，你就没有资格讲什么国学，没有资格讲什么国粹。我敢向他们挑战。

国粹、国学、国故都不是今天才冒出来的东西，我希望大家了解它的由来。在五四以后，有过一个大规模的整理国故运动。一九二九年上海出版的《国故学讨论集》，它的总论讲什么是国故学、它的历史怎么样；分论讲中国的经典、小学到底是怎么一回事。它有三卷之多，上海书店在大概十年以前重印过，这套书不难得到。

我倒是希望现在讲国学的这些人，看看那套书，你们的总论、分论有哪几点超过了一九二九年？——快八十年了，一九二九年我还没出生呢。希望在北京讲国学的大家们有以教我。

如果要讲国学，我赞成，但是它必须满足这样几个条件：第一，起码国学的定义，应该囊括中华人民共和国的空间范围，不能把现在中华人民共和国空间范围百分之六十的土地上的传统置之不理。第二，在时间上要给一个界定，你可以从唐朝开始，或者往前从汉朝开始，或者往后从宋朝开始。如果你说是宋学，那么你怎么能够证明，宋学就是我们传统的国学？或者是刚才我讲的明学，或者是我刚才讲的清学——清学的分裂倾向非常清楚，那么你说哪一种是国学？是康、雍、乾三皇帝改造过的朱熹学说、桐城派那些人自称的真正的理学，还是在东南地区非常旺盛的在民间的汉学，你说哪一种是国学？

　　在这一点上，现在那些讲国学的人似乎忘记在清朝末年到民国初年，我们的先辈们为了破坏这些东西，为了使中国从旧传统的束缚中解放出来，花费了多大力气。清朝末年批判他们，五四时候"打孔家店"。人家老早已经讲过了，原来胡适发明这个概念的时候，叫"打孔家店"，不知道后来谁加上一个"倒"字，叫"打倒孔家店"。不管打还是倒吧，总而言之，有一条以前老早就说过了，五四时代的人讲的"孔家店"，其实是"朱家店"，其实是"满"字招牌的"朱家店"，就是挂了满人的招牌的朱熹的一套东西。现在有些人义愤填膺，说是居然五四要否定，我说：错了，五四那些人有偏激的地方，有错误的地方，这是真的，可是有一点，他们到底为什么要反对你们所谓的国学，他们到底为什么要反对所谓的"孔家店"这一套东西，假定我们认真地从历史上来研究一下，我们会得出另外的结论。

　　我们讲到儒学，讲到孔子，该谨防假冒；我们讲可以，但是自己没有弄清楚就不要强迫别人去搞。

　　第三，我们要尊重历史，了解一下从孔夫子以来到现在，我们是怎么走过来的。有许多东西是很值得赞成的，有许多东西就不值得赞成。

　　有些人非常喜欢讲历史经验，还有些人要以史为鉴。我从来不赞成这种提法，为什么？我以为马克思、列宁称道过的黑格尔讲了一段话，非常好。他说许多人喜欢用历史的经验和教训，提供给各国政府、君主、统治者，但是历史却昭示我们，没有一个民族、没有一个国家、没有一个君主、没有一个统治者从历史中间学到了什么。为什么？黑格尔的回答很精彩，也很积极。他说，一个灰色的回忆不能代替现在的生动和自由。当历史事变纷呈交迫的时候，回忆过去的先例是很愚笨的，急忙想去看前人怎么做是徒劳无功的。他说在法国大革命的时候，人们常常谈论希腊罗马的先例，真是无聊极了。这段话在黑格尔《历史哲学》的序论里。

我希望掌管权力，包括金钱权力的人懂得一点，还是鼓励争鸣好，还是将近五十年以前提的两句老话，我们的文化政策还是要"百花齐放，百家争鸣"。如果要研究国学，如果要研究孔子，如果要研究儒学，望能够做到鼓励争鸣，因为我一直相信马克思的两句话。马克思这两句话——马克思很多说法当然可以商量，但是这两句话我以为说得很对：第一句，真理是由争论确立的；第二句，历史的事实是通过矛盾的陈述清理出来的。这两句话见于马克思致恩格斯的信。我在五十多年以前做大学生的时候，读到这两句话，我非常感动，想了又想，所以五十多年以来，我别的本事没有，但是我相信了马克思的这两句话，我努力地想把它变成自己的行为。好了，谢谢各位。

曾子墨：好，感谢朱维铮先生非常精彩的演讲。您演讲当中也提到了，现在北京出现了各种各样、许许多多的国学院，那么确实也出现了一种国学的热潮。虽然说大家对国学可能未必真正地理解，但是我想请您谈谈，您认为现在国学热潮出现的最深层次的原因是什么？它是自上而下地发起的，还是在民间自下而上地形成的？

朱维铮：我们的主持人很厉害，因为明明知道我不研究现状。作为一个历史从业者，我把我的研究范围定在清朝末年。我只能讲表层现象，刚才已经说了。至于深层原因，现在有很多传说，说是这个是谁指示要搞的，那个是谁指示要搞的，我不知道这些话是真是假。我刚才最后说了，我们还是照马克思的话去办：第一，要鼓励争论；第二，要鼓励实事求是清理历史事实。然后在这个基础上继续讨论。

曾子墨：虽然您说您不研究现实，但是刚才您所提供给我们的答案，我们现场的观众可能也都会明白，其实您说的是什么。此外得知您今天要来讲中国的国学，也有一些朋友托我向您问一个问题，因为这也可能是我们现在都很关心的问题，那就是电视节目上出现了各种各样的学者来讲述，比如说讲《论语》、讲庄子，一些学者也成了文化名人，也引起了很大的学术层面的争论，想听听您对此怎么看。

朱维铮：我还没有发现有学术层面的争论。

曾子墨：可能您说的是更专业方面的争论。比如有一些博士生联名写公开信，认为学者在媒体上所讲述的东西不够专业，或者说有误导观众的倾向，但是同时也有人出来反驳。

朱维铮：你大概也注意到，中间有一个人就是我，我的一些话被《南方人物周刊》拿去放在网上，到现在为止，还没吵完。因为我从来不上网，不上网的一个很重要的原因，就是保持耳根清净。像这类东西，你把它叫作普及也罢、宣传也罢，总而言之，我希望有一点，能够告诉听众一点真东西。凡是没有真东西的，那么在我看来就是假东西。

既然用我们纳税人的钱，在全国第一的大媒体上广泛宣传某一种在我看起来虚假的东西，那么，你就不能够禁止读者，包括一些学者进行批评。至于说这个批评是不是学术争论，在我看起来不是，因为对方不是学者。所以，谈不上什么学术争论，但是至少你讲的东西要有一点历史依据，有一点过去的研究成果作为陪衬。假如这一点没有，信口乱说的话，那么恐怕就很不好。

曾子墨：现在也有一种观点，认为也许他们在媒体上所讲述的东西缺乏一定的专业性，但是至少让越来越多的中国人开始对孔子、对《论语》感兴趣，这本身应该说有一定的正面的、积极的意义，您觉得呢？

朱维铮：叫中国人都知道孔子、知道《论语》，最大规模的是一九七四年开始的批林批孔运动，全国有多少人参与？恐怕现在的收视率也不能够和它比较的。所以你刚才提的问题，有人也这样对我说过：它总有一点好处吧。我说确实总有一点好处，好处在三十年前已经证明了：我们全国大骂孔老二。现在按照他们卖书的统计，大概有两百万，这占到十三亿人口的多少？从好的方面讲，大家盛赞孔夫子，是不是就证明我们的文化要复兴呢？是不是证明有那个东西呢？何况那个里边灌输给读者多少虚假的东西。

曾子墨：好，谢谢您。接下来是我们现场各位观众提问的时间。

观众：嘉宾好，主持人好。我想问一下嘉宾，现在我们国家研究国学的人特别多，到处都办国学班。好多人认为国学就是传统文化，您对此怎么看？

朱维铮：恐怕传统文化的范围要比它大得多。如果现在的国学基本定义在文史哲，我以为在做重复劳动。因为从清朝末年到现在，我们国家的学科分工里，文史哲早已很明确，从来没有撤销过，当然"文革"时除外。所以现在的国学定义在这一方面，不过就是叠床架屋。为什么要叠床架屋？在我看起来，不过造成若干个院长之类的职位；如果不是这样的话，那么他们应该给自己的国学找出一个不同于过去的人文学科的界定。

观众：朱老师，您好！我想问的问题是，有人认为我国港台地区在传统文化保护方面要优于大陆，其中一个原因是大陆已废弃了繁体字，实行简体字，那么您的看法是什么？谢谢！

朱维铮：我想单纯地把原因归结为繁体字、简体字恐怕有一点片面，关键在于我们对待传统的一些认识跟态度。大陆屡次出现某些传统的中断，跟我们的政策有关系；而台湾，在某些地方你可以讲他们很保守，有些他们的水平并不像我们想象的那么高，但是他们确实有一个比较连贯的传统。现在台湾比较值得担忧的是他们所谓的一些"台独"。二〇〇六年我和我的太太在台湾大学待了半年，我在那里教书，有机会比较系统地考察他们的人文学科、他们的一些现状。我以为他们现在也同样出现一种弱化的危险，这个跟台湾"去中国化"有密切关系，因为"去中国化"，扣政治帽子，有许多学生不愿意再去读了，不仅仅是简体字、繁体字的问题。这跟整个的权力结构，跟当权的这些人，跟他们的态度、认知以及所采取的政策关系更大一点。

曾子墨：好。非常感谢朱维铮先生今天为我们讲述国学的今昔。的确，在今天的中国，在国学不断升温的情况之下，我们看到有越来越多国学院出现，也看到有越来越多的中国民众在谈论国学。但是我想，我们有必要在这样一种热潮当中冷静地沉淀下来，去了解一下国学真正的含义，国学研究又经历过怎样的历史。当然，我们也更希望在国学领域有充分自由、开放的学术氛围，尊重真实的历史。最后，也引用一句刚才朱维铮先生在演讲最后所谈到的一句老话，那就是对待国学，我们同样应该"百花齐放，百家争鸣"。再一次感谢朱维铮先生，也感谢今天我们在座的各位北京大学的老师和同学。

"国学"再释

时间：二〇〇八年

地点：华东交通大学

谢谢各位抽出时间来和我共同讨论所谓的"国学"。我想首先要讨论的是三个前提和一个出发点。

第一，我们的"国"，指的是什么？公元前七八百年的时候，所谓的"中国"只指黄河中下游，西周的同姓诸侯王，即所谓的华夏诸族，他们自称为中国。公元前二二一年秦朝统一六国，疆域大概只占现在中国的三分之一左右。后来中国又有几个号称大一统的王朝，除了蒙古人建立的元朝、满洲人建立的清朝，也就是所谓的大元帝国和大清帝国——这两个朝代的疆域比现在中国的疆域大，其他所有的王朝的疆域都没有达到现在的疆域范围。我们今天要讲国学，它的空间范畴毫无疑问应该是指现在的中国，准确来讲，是一九一二年正式成立的中华民国的疆域范围，这才是我们所考察的国学之"国"的空间范畴。

历史上的中国，作为一个泛称的中国，它和我们现在的作为政治地理概念的中国，应该有一个严格的界定。今天的中国一共生活着五十六个民族，或者更多，因为有一些族并没有做民族识别。现在中国的范畴之内，除了我刚才说过的元帝国、清帝国，其疆域比一九一二年成立的中华民国的疆域都要大，其他时代在我们现在的疆域里面经常并存着好几个国，也就是历史上的政权，或者叫王朝，或者是别的称谓。

汉朝的疆域延伸到现在的新疆，但那个时候还不包括现在的外蒙古。唐朝是具有全球影响并被公认为最强盛、最繁荣、最兴旺的一个帝国，但唐朝的疆域一方面比现在的中国大——比如说延伸到中亚；另一方面，它周边有几个并存的政权，比如东北，就有好几个国；西南也有几个国与唐朝并存。所以我说，今天所说的国，实际上只能从一九一二年算起，指中华民国以来的疆域范围。为什么我特别强调一九一二年呢？因为后来我们的疆域先是被沙俄，后来被苏联强行割去几块，比如外蒙古。一九一二年的外蒙古还是中国的一个部分，后来沙俄煽动外蒙古独立，到斯大林时期硬把外蒙古独立出去。为什么我要特别强调国学的空间范畴呢？因为过去讲中国，往往存在一个极大的误解。比如说延安时代，当时有特殊的环境，需要进行抗日战争，就把历史上的一些中国内部的矛盾，比作帝国主义侵略。延安时代编的《中国通史》《中国近代史》里面都存在着这个问题。比如说金朝，它是和南宋对立的一个国，并且在某种程度上来讲是南宋的宗主国。可是那个时代中号称是用马列主义编的中国史中，曾经把金朝比作外国的，这当然是十分荒唐的。

第二，不能忘记现在讨论的国学是中华民族共同创造的，中华民族包括已经做过民族识别的五十六个民族，还包括有些没有做过民族识别的民族，比如一九五八年在云南原始丛林里发现的苦聪人，还没有做过民族识别；还有台湾的一些原住民，除了高山族以外，有十几个族群，他们应该属于什么族，到现在也还没有定论。但是至少有五十六个民族是可以肯定的，中华民族是五十六个民族的复合体。我之所以强调这一点，是因为很多人在谈论国学的时候忘记了这一基本点。我同意一个观点，汉族不是从来就有的，汉族历史上有不断形成的一个过程，汉族成型的时间大概是在公元三到四世纪的南北朝时期。所以不要把汉族文化等同于中国文化，也不要把汉族之前的很狭隘的华夏族文化当成中华文化。

第三，不能忘记国的空间范畴是时间形成的概念。中国不仅仅生活着一个汉族，而汉族本身就是一个复合体。历史上很多民族从北方来，但是现在已经找不到一个自称是匈奴族的后人，也很难找到一个鲜卑人的后裔。只有在新疆，有一个小小的锡伯族，他们跑到俄国，后来又从俄国跑回来。这个小小的锡伯族，大概可以确定为鲜卑人的后裔。还有历史上很强大的乌丸，后来到哪里去了？当然我们历史上还有一些很强大的民族，比如说回纥，和现在的回族不是一回事。还比如说突厥，现在新疆有一群分裂分子，他们自称是"东突厥斯坦"，他们不知道"东突厥斯坦"跟古代的突厥尽管可能有亲缘关系，但也不是同一回事情。

今天的题目叫"'国学'再释"。要再释国学，方法很重要。公元前二世纪，有一个河间献王，他对古文献非常热心，搜集了很多已经散失了的文献，现在我们读到的一些经典就是他搜集的。当时他留下一个原则，就是要"实事求是"。其次，十八到十九世纪的中国，所谓的纯学术研究很发达，发达的原因是另一回事情，但这些纯学术研究自称为"朴学"，就是朴实的学问。后来我们称之为"汉学"。也有人根据他们的特色，把他们叫作"考证学派"。这是当时一个非常著名的历史学家、经学家和语言学家钱大昕提出的，达成共识。现在中国的活着的人里有没有像他那样博学的人，至少我还没有找到。现在有些人口气很大，认为自己超越前贤，举世无匹。我想我没有这么狂妄。至少我还承认一点，我们的知识是历史上传下来的，我直接利用他们的研究成果。钱大昕对我有一条直接的启示，就是他说过的一句话，"实事求是，护惜古人"。我读大学的时候，正好是二十世纪五十年代，那是吹牛吹得最厉害的时代——"大跃进"，当时读到他这句话，非常感动。这是我们真正理解中国历史的前提。延安时期的毛泽东说，实事求是是马克思主义的唯一方法。在我看来，这是从汉朝到清朝认认真真研究古典、研究历史的优良传统。

说到国学，什么是国学？这个概念生成很晚。在十九世纪以前，学术界往往称为"明学""宋学""汉学"，或者儒学、道学、佛学，或是其他的学说。至少在一九〇二年以前，中国很少有人使用"国学"这个名称。为什么这样说？因为那时的"国学"还不是"国货"，是"日本货"。有时我们说抵制日货，我不知道如果真抵制了日货，许多我们现在的常用语要不要抵制？比如"劳动"是从日本来的外来语，还有"社会主义"，特别在我们政治生活里面用的频率最高的外来语，大概有一千多个是从日本过来的，"国学"就是其中一个。十几年前已经有人在大肆宣扬，说要弘扬国学，那时我就写了篇小文章，叫《"国学"不等于"国货"》。据我所查到的资料，"国学"这个字眼最早见于一九〇二年戊戌时代非常有名的改革家、外交家黄遵宪给梁启超的一封信。当时在日本的梁启超和章炳麟——就是章太炎他们发现，那些志士仁人特别重视两件事情：一是要建立所谓的"国学"，一是要弘扬所谓的"国粹"。于是梁启超和章太炎就想到，在中国也办一份《国学报》，邀请黄遵宪参加，黄遵宪回信表示不赞成。他认为，日本人讲的"国学"，就是所谓的"日本学"，但是日本从来没有"日本学"。隋唐时代，他们仰慕隋唐，就举国趋而东；但到近代，他们仰慕西洋，就举国趋而西；等到他们强大起来，看看自己什么都没有，要么是中国的东西，要么是西洋的东西，所以他们才提出要建立自己的国学和弘扬国粹。他们所谓的国粹，就是把从中国吸取的东西，和日本所谓的"大和魂"结合起来。所以黄遵宪说，我们中国早就有自己的一套学说，不需要把他们的东西引进来。所以后来《国学报》就流产了。一九〇三年，上海发生了一个大案——"苏报案"，闯祸的人就是刚刚说的章太炎，他写了一篇叫《驳康有为论革命书》的文章。一个十八九岁的年轻人邹容写了一本书叫《革命军》，章太炎给他作序，提出来要推翻清朝，结果清朝勾结上海租界巡捕房逮捕了他，于是酿成轰动全世界的案子。为什么清朝这么恨他？因为他骂皇帝，在《驳康有为论革命书》里面骂光绪皇帝，"载湉小丑，不辨菽麦"。虽然当时光绪皇帝已经是个彻底的傀儡，没有自由，但是他毕竟是皇帝。一个平民居然敢骂皇帝，在当时是大逆不道的。这个案子使章太炎和邹容扬名全世界。因为他们在租界里被抓，要不要把他们交给清政府？清政府会不会判他们死刑？全世界的舆论沸沸扬扬。于是中国有一个要推翻清政府的革命派的消息传遍全世界。章太炎被抓进去以后，他的一举一动都成为焦点。一九〇三年，农历纪年是癸卯年，章太炎写下《癸卯狱中自记》，说上天以国粹付余，我不幸落到了这样一个地步。如果我死了，中国的国粹大概也要断了。当然这口气很大。从这以后，中国人才发现，原来中国有这么一个大师级的人物在讲国粹，我们中国也有国粹。因此我说，一九〇二年，所谓的"国学"，从日本传入中国。一九〇三年，国粹变得街知巷闻。到现在为止，才不过一百零几年。中国的民族很古老，文化很古老，但是讲国学、讲国粹很年轻，不过就是一百年的历史。

这个概念提出来以后，有一批同情章太炎的人在上海成立了"国学保存会"，时间是一九〇四年底。他们还办了一个刊物，叫《国粹学报》。那时欧洲的科学家在研究中国人种是从哪里来的，中国文化是从哪里来的。有人得出的结论是，全世界的人种都来自五百万年前非洲的一只老母猿，她是全世界人类的老祖宗。这话到现在一直没有被否定，只是也看不出有什么坚强的证据。有人说，经过基因分析，五百万年前，中国人和非洲人的基因是一样的。这个理论其实一百年前就已经由一个法国人提出来了，他宣称中国人起源于非洲，黄帝不是中国的土著。黄帝跟两河流域——就是现在的伊拉克地区的古苏美尔人有亲缘关系。黄帝前面有神农氏，神农氏就是苏美尔地区的萨尔贡帝国君主的名称。萨尔贡二世的一个后裔，率众很辛苦地往东方跑，翻过帕米尔高原，一直来到黄河流域，打败了当地叫蚩尤的土著，占领了黄河流域，黄帝就成了我们所谓的华夏族的祖先。蚩尤的后裔就被驱赶到南部的边疆地区去了，就是我们现在苗族、瑶族的祖先。这就带来一个大问题，我们中国人种究竟是不是西方来的？我是有点不信。这位法国人的书从日语翻译过来以后，在中国流传很广。那时主办《国粹学报》的人都相信，其中有著名的刘师培、黄节，还有邓实——也就是《国粹学报》的主编。刘师培在上面发表了《思祖国篇》，他所思的祖国在哪里？在两河流域，就是现在的伊拉克地区。当时他们弘扬的国粹，实际上是要证明中国学术文化的精华与西学同源。为什么？因为西方有一群人认为古代苏美尔地区就是欧洲文化和亚洲文化的共同发源地，两种文化是同源的。这样的话，对国学与国粹就要有另外的解释了，恐怕就不能够像现在有些人说的，我们的文化是一路下来的。从政治上来讲，国学理论是为排满革命张目的，打着民族主义的旗号，他们错误地把满族当作中国以外的民族，这样就混淆了一个基本的区别。有人不同意这个观点，如章太炎的同乡宋恕——这个人在晚清思想界影响非常大，不太写文章，但他是晚清所有学派的学者都很尊崇的人。他忍耐不住，批评章太炎，说讲国粹很好，但是有些东西，比如专制，到底是国粹呢，还是国糠，又或者是国糟？

这确实触到了他们的要害。其实《国粹学报》的主编邓实自己就提出这个问题，他在《国学精论》《国学争论》里面特别强调，秦始皇以来没有国学，只有君学——君主专制的学问，所有的文人都是为了迎合君主专制，才有所谓的学。这引起章太炎的注意，他说不能简单用日本人的理论。他在辛亥革命前一年发表了很重要的著作《国故论衡》，提出一个中性的概念"国故"，指国家的故事、掌故，而不是偏向于国学、国粹。因此到五四以后重新讨论国学的时候，当时发表的文章都把过去的历史的学问，叫国故学。在二十年代末到三十年代初的一段时间里，一批学者参与讨论，编成一部书，叫《国故学讨论集》。如果把现在某些人所讲的国学跟《国故学讨论集》里的文章对比一下，可以发现，现在某些人所讲的国学的新鲜度实在是太低，都是七八十年前已经有人说过的东西。我这么说，让所谓的"大师"扫兴：原来那个理论不是你的发明，人家早就讲过了，比如用基因来证明中国人是非洲人的后裔。当然我不认为中国人是非洲人的后裔有什么不光彩，如果事实是这样，那就要承认。但是这事在一百多年前就有人提出来，并不是什么新鲜的话。现在的伪科学太多了。我现在讲伪科学好像对你们有点儿不敬，这里是理工科为主的学校，我们要科教兴国，我这个讲人文的来到这里叫板，实在不好。可是我提醒各位，在你们的领域里有没有伪科学？

总而言之，我们所要讨论的国学，从争论史来看，起码有一百年了。我们怎么研究它？在我看来，有一点是很重要的，就是要坚持实事求是的原则。

二〇〇九年是五四运动九十周年。虽然当时办《新青年》的都是北大的教授和老师，但是他们年龄最大的，像陈独秀、李大钊，也不过四十岁左右，像胡适也就二十来岁。这样的一群人，他们要打倒孔家店，

历史表明，我们的民族是一个多元的民族，是一个多民族的复合体。我们的文化，用费孝通的话来讲就是"多元一体"的文化。我们不能把某种单一的东西说成是我们的文化，这不符合历史。这样说除了导致思想界的混乱之外，不会有什么好处，这就是为什么我今天说要和大家一起讨论国学的原因。

关于马一浮的"国学"（提纲）

时间：二〇〇八年十月二十三日晚

地点：复旦大学史翼社

一 做怎样的"史翼"

人的历史，由历史的人所谱写

被赋予过大任务的史官、史臣和史家

将史家比作鸟、鹏、鹰还是雀、鸡？

折翼的鹰呢，还是鱼鹰兼喜鹊？

二 "国史"与"国学"

司马迁怎样化作司马光

中世纪的"正史"

"学随术变"与"历史政治学"

非历史的新儒学，由程朱到陆王

"国学"还是"君学"

认"国糠"为"国粹"

三　现代新儒家

各尊其祖造成的不同排行榜

热点的上移：梁漱溟、熊十力到马一浮

从经学史角度看三家

还是要"知人论世"

四　马一浮、熊十力和复性书院

马一浮被蒋介石尊为帝师

历史的事实由矛盾的陈述中间清理出来

叶圣陶所见复性书院创业史

马一浮与贺昌群"始合终离"

熊十力、马一浮的两篇"开讲辞"

马一浮逼走熊十力

"宾师"的失落

五　马一浮的市价

由县试案首到皇家小吏

民初拒绝"备讲太学"的实相

"大师"屈尊"往教"浙大

现代申公的悲喜遭遇

卖字刻书的蠲戏斋主

"通省三老"与熊、梁的比照

"神仙一类人物"？

六　造神运动可以休矣

"儒学复兴"轮到马一浮

马一浮绝非思想家

马一浮算不算有思想的学问家?

假如要讲"浙学"

不通的"六艺该摄一切文化"论

应当研究而不应造神

关于现在的"国学（提纲）

时间：二○○八年十月二十七晚

地点：上海体育学院

一　一个主流文化"三无"的时代

无耻。"四维"已失义廉耻。耻者，羞愧也，《孟子·尽心》："人不可以无耻。"不识羞耻，必定无廉《孟子·滕文公》赵岐注谓"穷不苟求"，朱注谓"廉，有分辨不苟取也"。，无义义者，宜也，《荀子·强国》"分义则明"，注"义谓各得其宜"，《诗·大雅·文王》"宜昭义问"，毛传"善也"；也谓己身之外，《孟子·告子》"义外也，非内也"，故义父子义兄弟等，均属外在结合。又读作俄，邪也，谓假冒为善。今徒剩"礼"，然而已是老庄所讥的民贼粉饰，"失仁而后义"。

无能。"有道艺者"谓能《周礼·地官·乡大夫》"而兴贤者、能者"郑注，孔疏"道艺，谓六艺"，即礼乐射御书数，非指六经；字又通耐，所谓能耐，指技能；能事，指所长之事。行道治学施政均无能，则能只能回到兽名，且非似熊之黄能《说文》能部，只是瘸掉腿的王八《尔雅·释鱼》："鳖三足，能。"。

无知。知者，识也《论语·宪问》："知我者其天乎。"，觉也《公》宣六年"赵盾知之"，郑注："由人曰知之，自己知曰觉焉。"，犹欲也《礼·乐记》："知诱于外。"，犹记忆也《论语·里仁》："父母之年，不可不知也。"，接也《庄子·庚桑楚》："知者，接也。"王念孙谓"言物至而知与接也。",又训主《左》襄二十六年"子产其将知政矣",郑注"知国政",故后称知府知县。,又通智《中庸》"好学近乎知",谓智慧也。。现在的知识分子,可当此类界定者有几? 剩下的就是越无知越无畏,终于归入无耻之徒:"我是流氓我怕谁!" 对岸的陈水扁,其尤者乎!

二 "国学"的古近观

古指"国子学",谓诸侯国设立的贵族子弟学校。故轴心时代中国出现"私学",孔子更创办向民间开放的私学"自行束脩以上,吾未尝无诲也",培养新式官僚候选人孔门四科:德行、政事、言语、文学,总取向是"学而优则仕",是了不起的事情。

自汉至清,中世纪列朝均有官办的"国学",最高学府为"太学",并出现分层制及专科制的国立学校。唐朝设国子监,主管太学、国子学、四门学中下级官员子弟和地方士绅子弟均可入学,为历代王朝仿效,主科为经学、史学和文学,却都不称"国学"。

清朝除国子监与太学合一外,还设上书房教皇族子弟终身制,如恭亲王奕訢罢军机后,仍回上书房读书、八旗官学教满汉语文并习骑射、清书国语专校考选青年庶吉士及官学生研修满蒙语言文字的翻译职业学院、同文馆和译书馆西语及西学的专门学校等,更非后来所称"国学"。

"国学""国粹"的名目,都是清末由日本引进的。一九〇二年章太炎、梁启超要办《国学报》,黄遵宪反对,已指出这一点。一九〇二年吴汝纶赴日本考察教育,他的《东游丛录》,记载日本学者都提醒中国应如日本、西欧,保存并提倡"国学"。于是一九〇三年后,"国学""国粹"二词,首先在倾向排满革命的东南新学界流行。一九〇五年上海出现"国学保存会"，发行《国粹学报》；一九〇六年章太炎在东京向留日学生呼吁"用国粹激动种性"，懂得爱国必先反清，并明指"孔教"与"西教"一样，不能表征国粹。次年他又成立"国学讲习会"，强调国学泛指古典诸子学，要从学习汉语言文字入手，甚而说国粹的源头在炎黄，炎黄"祖国"实为古巴比伦，与古代希伯来、希腊文化同源异流。可知"国学"在近代中国形成，迄今不过百年。

杂糅古典诸子、西学启蒙和近代新佛学的"国学"，在清末已起争论，首倡学日本明治维新的宋恕，便指责讲国学者，"国粹""国糠"不分。章太炎于是在呼吁"爱惜汉种的历史"的同时，另创"国故"一名，说"国学"就是"国故学"，见一九一〇年刊行的《国故论衡》。

己　通中西

历史上的中国与世界*

时间：二〇〇八年二月一日

地点：不详

文稿一

很荣幸今天能到上海世博会事务协调局活动部来与各位作一个简单的交流。

各位在大学时也都学过历史。有一个很不正常的现象——我们在讲世界历史时不涉及中国，讲中国历史又不提域外的世界，这使得我们从历史系出来的人，包括本科生和研究生，都很难对整个历史上的中国与世界有一个比较系统的观念。

今天我与各位讨论的主要是提纲中列出的第一部分。这个提纲供各位参考，原本是准备在复旦大学由我与我的年轻同事们一起作一个系列的讲座，想突破过去陈旧的格式。当然提纲中会有许多问题，但至少有些问题在中国还没有人研究过、讨论过。

记得二十世纪八十年代中期，我第一次出国，在德国慕尼黑的一个狂欢节上，人们扮成各国人种在街上狂欢。其中，他们扮演的中国人有

---

* 应上海世博局活动部邀请所作的演讲。同名标题，两次演讲，以文稿一、文稿二标示；另附为复旦大学历史系所开同名课程的提纲。

两种形象：一种是红卫兵，另一种是拖着辫子的鸦片鬼——就是在漫画中广州街头吸鸦片的中国人形象。由此可见，当时欧美人对中国人非常不了解，很多人也不愿意从我这样做学术交流的人身上去了解，因为读原著古籍太辛苦。我很希望有一个比较有影响力的行为，使世界上的人来了解中国，也促使中国人真正地了解世界。

我本人是研究中国历史的，主要研究中国经学史，即中世纪的统治学说史，就是从孔夫子一直讲到康有为、章太炎这些人，这个领域很少有人感兴趣。我在复旦大学也讲思想史和文化史。最近两年，我一直在思考能不能在复旦大学突破专业分工的限制和学科界限，推动中国历史与世界历史，从互相关照的角度一探究竟。

三十年前的中共十一届三中全会，我们提出改革开放、思想解放。今天让我感受最强烈的是，三十年前，我根本不敢想象今天的中国能举办奥运会和二〇一〇年世博会。改革开放的重要表征便是中国与域外世界恢复了全方位的联系。我不赞成讲中国一直闭关自守，其实中国自古以来只有几次闭关锁国，并且使中国吃了很大的亏。完全宣布闭关在中世纪的中国只有两次：一次是明朝初期，明太祖朱元璋宣布闭关，那次已经使中国吃了很大的亏；还有一次便是清入关后，也就是顺治末到康熙初这段时间，为对付郑成功而一度宣布闭关，不但片板不许下海，沿海的人也要后撤，这使中国中断了对外贸易，也使中国由通货紧缩变为通货膨胀。除此以外，中国最大一次的闭关锁国便只有一九五三年到一九七八年的那次，这次让中国人印象极其深刻，以至于人们至今认为一九七八年的改革开放打破了中国几千年的闭关活动，这是不正确的。其实在一九五三年时，内地与香港的联系还很密切。因此，"中国自古便是闭关锁国"、某某某是中国"睁眼看世界第一人"等说法都不对。

　　早到那还无法确定年代的岁月，甚至是传说时代，中国便已经与域外有许多联系。我在提纲的第三部分提了一个问题，假如我们生活在孔子时代——因为有些学术界的人在鼓吹中国要恢复孔子时代的道德、生活、价值观，我在很多年前便建议他们过一过孔子时代的生活。那个年代没有瓷器，人就捧着泥碗吃饭；那时也没有现在的中国菜，中国菜是在唐宋以后发展起来的，人们就在大鼎里煮肉随便放点盐就吃；喝的也是生水，即便是熟水，也是没有煮沸的。

　　我一九八〇年去曲阜时，看了所有孔子和孔门的古迹。那时的曲阜不像今天这样发达，在我看来，那里还保持着两千年前孔子生活时的样子。那大，我没有找到接待的人，所以我几乎一整天都没吃东西，因为太脏了。回来后，我在讲课时提到，我终于明白颜回为什么早死。他是孔子最得意的弟子，但在三十多岁就死了，他的死其实是因为不讲卫生。《论语》中写他吃的是冷饭，喝的是生水，估计是得了某种传染病死的。这当然是开玩笑，但在玩笑中蕴涵了一个东西：全世界各民族创造的生活模式，几千年来已经极大地改变了中国人的生活面貌，当然这种改变不是在闭塞的情况下产生的。中国很强调自己对世界做出的贡献。我们可以看李约瑟的《中国科学技术史》中的《中国技术发明的西传表》，中国的确对世界做出了很大的贡献，但同时域外世界对中国也有巨大的贡献。

　　别的不说，就说我们现在很关注的人口问题。在西方学者看来，我们的人口统计比他们精确得多。从唐朝到清朝，中国都有比较系统的人口统计数字。在唐朝到明朝的一千多年中，中国的人口始终徘徊在六七千万到一亿左右。但是清兵入关后，也就是一百多年之后，中国的人口突然双倍增长。乾隆死于一七九九年，乾隆末年，中国的人口从明末的八千万左右增长到三亿五千万，这还是官方缩水的数字。中国人口的大幅增长，除了长期太平盛世的原因，还有个重要的原因就是十六世纪时，中国输入了原产南美洲、由印第安人培育的几种粮食作物：甘薯（山芋）、玉米、马铃薯、花生等。其中，徐光启将亚热带植物甘薯改良为可以在北温带种植，能在贫瘠的土壤中生长。这一技术被推广后，全国的官员都鼓励大家种甘薯，一下子解决了中国的粮食问题，导致了中国人口的爆炸，与此相同的是马铃薯也引发了欧洲人口的爆炸。因此，中国对世界做出贡献的同时，世界对中国也做出了贡献。中国与域外世界的联系一直存在，覆盖了经贸、外交、体育、文化等一切方面。这也是我为什么说"恢复联系"而不是"开始发生联系"的原因。

从我们刚改革开放到一九八五年、一九八六年，复旦大学门口每个学期都有校长布告，规定女生不得留长发，男生不得留披肩发，而现在学校里什么奇怪的发型都有。我本人是一九七八年恢复工作的，有一点印象很深，如果那时我要像现在这样讲许多东西都由外国传入，那就会有一顶"崇洋媚外"的帽子压来。当然，在三十年前更无法想象中国会举办奥运会、世博会，为国际社会承担重大义务和责任。

一九八六年一月，复旦大学举办了中华人民共和国成立后第一次国际性的中国文化讨论会，我是会议的组织者，主题是"中国传统文化的再估计"，讨论的课题之一是"中国文化的世界化和世界文化的中国化"。除了中国外，还有美国、欧洲、日本、苏联的学者参与会议。大家都觉得这个问题已十分大胆，但今天大家都觉得这个问题是我们讨论文化时应有的问题之一。前两天，我翻了翻当时的会议纪要，觉得很失望，因为二十年来我们的进展不大。除了客观环境变化，这些年来我们分工越来越细，所以在许多细节上有人做出了大文章，但反而在这个宏观的大问题上很少有人真正地研究。

一九八八年中国的一部电视政论片《河殇》引起了中外各界的大讨论，它的很重要的一个主题便是探讨中国是全盘西化，还是坚持中国文化本位。到了九十年代，我们在历史的解析中极力推行"中国文化本位"，发展到现在就是提倡"国学"。因为我一直在教书，带研究生，因此对这一取向的变化感受比较深。

这些年，互联网的勃兴使我感觉到，勇于在网上发表意见的多为年轻人。在最近一期报告中显示，中国有两亿两千万网民，仅次于美国，其中百分之六十是二十五岁以下的年轻人，他们最勇于发表意见。这便形成两种现象：其一，它促进了大众参与文化讨论；其二，像王朔那种"无知者无畏"的现象出现泛化。

我经常在网上被批评，因此我时常去上网看看对我和历史文化的评论，有些人一方面表现自己对中国历史无所不知，但这些人从不思考自己是不是无知。这个情况不仅仅是中国有，西方同样也有。哈佛大学的费正清在一九九一年去世的前两天，完成了《中国新史》一书，其中便批评了他的西方同行。因为中国改革开放后，西方的学者对中国产生了浓厚的兴趣，写了许许多多的书。费正清便在自己的书中批评他们：这些人完全不知道自己对中国的认识是片面的，很大程度上是无知的。所以他说，对知识的扩充，也扩大了自己愚昧的领域。这也应该引起我们的注意，我们要引导人们走出中国，走向世界，但前提是要了解世界。如果你不了解外面的世界，便容易夜郎自大；知道一点点外面的消息，又很容易变成坐井观天；有时跑出去恐怕也是走马观花，不能算是了解。当然有些人带着某一任务去看，到了海外对某种问题会先入为主、带着偏见去看。这些在历史上都是发生过的现象，譬如说康有为。

康有为是戊戌维新的名角，他在鼓吹维新前从来没有出过国，可那时他的取向就是恨不得中国一步实现西化，他的信息来源主要是《万国公报》。戊戌维新失败，他逃亡到国外，从美洲到欧洲、印度……周游了二十八国，这理应让康有为对外部的世界有所认识。可奇怪的是，一九一三年，当他结束流亡再次回国时，中国已是民国，康有为却成为鼓吹"孔教救国"最热心的人。辛亥革命发生后的六年中，中国两次帝制复辟，除了袁世凯复辟，另一次便是由康有为支持的丁巳复辟，即迎接末代皇帝溥仪再次登基。因此，鲁迅先生也讥笑康有为：他周游世界却得出两个可笑的结论，一个说国外因为宫墙太矮，所以常发生弑君；另一个则主张中国人应该跪拜，否则长了膝盖有什么用？在康有为不了解域外世界的时候，他主张全盘西化；等他从域外世界回来后，却倒回来认为中国的一套，尤其是清朝的一套东西最好。由此可见，了解世界很难避免偏颇，想要少点偏颇有很多途径，除了调整自身的研究心态，在我看来需要了解些历史，了解过去我们忌讳讲的域外世界。

我们在讲中国历史时，总是不谈域外世界，这很奇怪。其实中国自古便有外国人入朝为官、在校任职的情况。清朝的钦天监是皇家天文台，它的工作便是编制正确的皇历和占星、推算流年，也是维护皇家威信的重要机构。这样一个重要的监正工作，却从一六四四年清入关后便几乎都是一个满洲人加一个西洋人的组合，而且是由满洲人监督，西洋人进行真正的推算工作。可中国的近代史却从不提及外国人在中国任职的现象，这一点是很不实事求是的。这种例子还有很多。唐玄宗时期，遏制唐朝西进势头的怛罗斯之战的中方统帅是朝鲜人；安史之乱时，皇家军队驻扎在北疆。唐朝的政治制度很多与民族血统有关，这个陈寅恪有专著论述。

我一直说，"华夏中心论"是不对的。中国人自称华夏民族，以华夏为中心，称四周民族为东夷、西戎、南蛮、北狄。然而，我们第一个王朝嬴氏家族其实是北狄和华夏的混血；刘邦是楚人，自称是南蛮；隋唐的王室是汉人与鲜卑族的混血；宋朝是北宋到南宋期间并存的几个王朝之一，契丹的辽朝在北宋前，女真人的金朝灭亡了北宋，还有西夏、大理……所以有三百年历史的"两宋"其实是被几个民族各自建立起的王朝割据的时代；即便现在的汉族也是公元三世纪时，由各民族组合形成的。

我前不久提了一个问题：为什么中国分分合合了那么久，大家的意识里还是赞同一统；为什么我们不像印度长期以来那样有那么多的种姓分裂；为什么大家都在搞社会主义，苏联却一闹就跨了台。这个问题很值得我们研究。

现在讲第一章《走出中国　了解世界》。

1. 中国有了解世界的悠远传统。

我想先界定几个概念，首先是"中国"的概念。我所指的中国是在一九一一年辛亥革命第二年成立的中华民国所规定的版图。因为在一九一二年后分裂了外蒙古。这些地方讲中国史要将外国占领中国的领土包括进去，否则元朝怎么办？明朝的北疆怎么办？清朝的蒙古怎么办？如果我们把它当成外国来讲是不行的，所以不能以现在的中国地图为准。

其次，中国人不等于汉人。我们要尊重中国有五十六个民族这个历史，要尊重历史上各民族对中华文明的贡献，如契丹人、女真人、蒙古人、满人等。

最后中华文明不等于汉族文明。中华文明是中国各个民族在长期历史交往过程中的共同创造。

这也是为什么我不赞成现在讲的"国学"。我时常问他们，你们讲的国学是哪一国的国学？是指民国以来的，还是民国以前的？如果是民国以前的，就要进行区分，是清学、明学，还是唐学。因为中国成为一个疆域概念是从一九一二年开始的，在此以前在中国领土上的各个王朝都是一个政权，即便统一的时候，也不叫中国，而叫"大清朝""大明朝"。

谭其骧先生在编制《中国历史地图集》时，遇到一个很大的问题——用哪一个时代的疆域作为标准疆域？他认为要从康熙朝算起，那时大清国的领土包括西伯利亚、白令海峡等地，引起外界反对，最终用了现在中华人民共和国的版图，里面则按各个王朝的各个疆域来划分。我们承认现状，也承认历史。

我们总说自己是炎黄子孙，许多历史学家不服气，称当时还有蚩尤。现在港台地区的历史教科书中就说中华文明最古老的形态是三大集团——黄帝集团、炎帝集团和蚩尤集团。我本人是无锡人，你要说我是南蛮的子孙，我绝对承认。

我比较倾向于已故的北大教授苏秉琦的"中华民族多元论"，他讲的历史比较符合事实，可惜他在考古界长期处于非主流的地位。我国台湾也有民族问题，台湾有许多的原居民。有次我在台湾开会，有人建议我去看看日月潭旁台湾最小的原住民群体，只有两百个人。从蒋经国时代开始，国民党就把他们照顾得很好。他们很反对陈水扁，他们的酋长在演说时称陈水扁歧视他们，所以他们要独立，很有意思。因此，中国除了五十六个民族，仍有许多无法识别的民族。全球是一个大世界，中国是一个小世界。

从司马迁开始，史学家便开始关注域外世界。《史记》不仅是当时的一部现代史，还是当时中国人所了解的世界的历史。我们看到《史记》中有《大宛列传》《匈奴列传》《西南夷列传》等，都是汉朝域外的国度历史，等于说是当时的一个国际关系史。而作为编年体的《史记》最令人困扰的一点是它使用了岁星纪年法，借用的是古巴比伦的方法。作为一名大汉的史官，为什么司马迁会用古巴比伦的纪年法？这点目前还没有研究清楚。

东汉时，班超的副使甘英便跑到了地中海，这是中国历史上记载的第一次中国与罗马帝国通使。

佛教传入中国的时间比教科书上记载的要早得多。大概汉武帝时期，佛教便已进入中国。那时，外国人来中国传教，国内的僧侣西行求法，最早的记录是法显的《佛国记》。至今仍有一个谜，在法显的《佛国记》中提到，有次他们在海上被大风一直往西吹，到达了一个不知名的地方。包括西方的学者便相信在哥伦布发现新大陆的一千多年前，中国的法显便到达美洲大陆。而唐玄奘在印度呆了十七年，是最早的"海归派"，他的《大唐西域记》是世界上留存的最早的东亚、南亚历史地理的记载。我们至少在唐朝便有人到达西亚、北非，杜佑《通典》中记载了公元八世纪末九世纪初唐朝的杜环到达埃及和埃塞俄比亚等国。

2. 明清间经济与文化的悖论。

明清期间，中国与域外交往密切。证据有这么一条：中国是一个贫银国，公元一四三五年至一九三五年，中国货币一直实行银本位制。中国白银最高产量大概在清康熙年间，每年产银五十多万两，但国库每年收入却在六七千万两。这巨大的差距怎么来弥补？

这个问题经过两百年的研究已经很清楚了，中国多数的白银是通过和美洲、日本等地的对外贸易而来，我们用丝绸、陶瓷、茶叶来换取西方的白银。由此可见，中国真正的闭关时间其实很短。

明末时，有一个曾到过中国的西班牙海军军官说，中国通过菲律宾从西方吸取的白银足可供中国皇帝造一座宫殿。所以有人说哥伦布发现美洲，得益最大的是中国。康熙年间，封锁台湾的郑成功，立刻使银贵铜贱，沿海地区官员纷纷上奏，称再如此，老百姓的生计将出现问题。这个简单的事实证明中国早就纳入了国际贸易体系，我们不仅为国际市场提供奢侈品，还提供生活必需品。

鸦片为什么从药品变为毒品也与白银有关。因为欧洲人打不开中国市场，十八世纪时他们发现中国有人开始迷上鸦片了，迷上鸦片的原因是因为康熙、雍正这两个皇帝都不喜欢烟草，他们发现种植烟草会破坏土壤，不利于农业，于是开始禁烟。那些习惯抽烟的纨绔子弟便发现躺在中药铺里一千多年的鸦片可以替代烟草，但在教科书中只写"鸦片流毒，白银外流"八个字，从不讲原因。

一八二〇年中国的国民生产总值是全世界第一，占到全世界的百分之三十还多，比如今的美国在全球国民生产总值中占的份额还要高，所以我说认为中国"落后就要挨打"的观点是错误的——如果以经济实力论，我们一点也不落后。我的这句话被网友批得一塌糊涂。

…………

通过我所说的这些可以发现，我们与世界在经济上的联系很密切，但在文化上却总是保持自己的传统，并不符合事实。其实，十六世纪末到十七世纪初，中国思想开放的程度绝对不比欧洲文艺复兴时期差。因此，我建议各位在向世界展示中国的成就时，对以上这些地方要多留心。世博会要举办半年，如果在这些活动中能展示中国的历史形象，便有助于世界各国认识了解中国。

两个小时超过了，我只讲了第一章中的两个小节，以后有机会再交流。

提问及讨论：

问：您如何看待"国学""国粹"？它的背景是什么？

答：我对此持批评态度，我认为中国不像以前那样是铁板一块的形象，任何意见都应有发表的自由，但我不赞成用官方支持的手段去做。我曾指出，十九世纪时中国还没有"国学""国粹"的概念，是由日本传进来的。所以我曾说这两个东西是日货而不是国货。我希望今后提倡"国学"的人能说明当初决策的经过。现在中国提倡国学最早、最厉害的是中国人民大学。中国人民大学以前被称为"教条主义的大蜂窝"，现在又倒过来提倡国学。它不但有国学院，还有孔子学院。该校校长在成立这两个学院的过程中起到了很大的作用。所以你刚才问我有什么背景，我说不知道，我是局外人。

问：某党校邀请于丹为党员干部讲授孔子的道德准则。孔子的学说是为官之道，由官方介入是好事还是坏事？

答：《南方人物周刊》访问我时，我批评过于丹。当时我说"于丹根本不懂《论语》，她胆子很大，自己不懂的东西也敢讲"。这句话后来被他们炒了很久。我知道支持她的是中央电视台。我的学生钱文忠在《百家讲坛》讲玄奘，据我所知没有什么背景，就是电视台邀请的。

从汉武帝建元六年开始的"儒术独尊"经过了几个阶段：第一个阶段是孔子之术；第二个阶段是周孔之道，认为周公是圣人，孔子是先师；第三个阶段是孔颜之道，是唐太宗提出的，他把周公去掉，认为孔子是圣人，颜回是先师。他去掉周公的一个最简单的原因是，周公把周成王背在身上处理朝政，历史上许多野心家都自居为周公，最有名的就是王莽、曹操、司马懿，所以唐太宗非常担心自己身后会出现一个周公，挟天子以令诸侯，因而取消了周公庙，建了颜回的立像。因为颜回最听话，他希望以后的官员都能像颜回那么听话。直到王安石变法，王安石不喜欢颜回，喜欢孟子。思想解放的人都喜欢孟子，但朱元璋读《孟子》时却对他的言论非常恼火，便将《孟子》全书中抗上之类的文字删掉了八十三节。

问：您对孔子学院的看法，是您自己的看法，还是您在国外的朋友向您反映的？另外您认为孔子学院是否还要继续办？如果应该继续，您有何建议？

答：我了解的孔子学院主要是德国和美国的。像德国是一个非常强大的国家，但他全国汉学的正教授只有三十三人。德国的歌德学院在中国就有，它的作用是传播文化。可孔子学院却变成了一个语言学校，这与当初的目的有距离。我们派出去的人也只是语言教师，据我所知，他们中的大部分无法承担文化交流的任务，语言也教得不好。所以我赞成把孔子学院作为一个文化交流的机构，但要花大力气改变它如今作为一个初级语言学校的形象。

问：您对我们举办世博会时宣传中国文化有何建议？

答：我是一个教书匠，日常任务是上课和带研究生，但这两年我发现我们的学科分工对我们的研究工作造成了障碍——谈世界史不提中国，讲中国史不提世界。

实际上，西方的学者很容易受片面宣传的影响。譬如认为中国是一个集权国家，认为中国的崛起是一件可怕的事。如果能通过我们的活动来告诉他们中国的历史并不是他们想的那样，那我想会对世界了解中国有好处。我们要很好地引导他们，让他们认识中国的历史。中国的历史是极好的资源，我不明白为什么这些年没人重视，却鼓励一些人乱说。

如果我们承认文化的多元性，把这些问题交给民间进行研究，少一些行政干预，倒是展现了中国真正的胸怀。

文稿二 *

时间：二〇〇九年四月三日

地点：不详

引言　中国和中华民族

"中国"的时空界定的连续性。

王朝不等于"中国"，曾在民元前出现的大小王朝均属于中国。

中华民族是多民族复合体，汉族正是众多民族交融而形成的，体现渔猎、游牧和农耕生活方式的趋同性。

五十六个民族为"多元一体"（费孝通）。说中国历史，强调认同，承认差异，"互相尊重，实现平等"。

壹　历史的中国和历史的域外世界

"中国人"是谁？涵泳民初共和体制内的一切政区、一切民族，包括历史民族的同胞。

"中国人"从哪里来？从历史中来，"大一统"不能理解为王朝中心论，更不等于汉族中心论。

---

*　为上海市杨浦区中学生所作演讲。

"域外世界"只能从近代世界格局来看，不平等条约的界定非依据。除英、日强占过的港、台外，苏联承袭沙俄的分裂中国造成的状况，同样非法。

贰　中国对人类社会的历史贡献

工艺品外传：丝绸、漆器、铁器、陶瓷、茶和奢侈品技术的西行，冶铁、凿井、养蚕和丝织技术、制陶瓷、园林技术等。特别是炼丹术（化学）、造纸术、雕版印刷、航海罗盘和火药火器等。"四大发明"改变中世纪世界历史。火药传入欧洲将中世纪骑士制度炸得粉碎，没有罗盘就没有"地理大发现"，没有纸和印刷术就没有世界近代文明等。

历史诸民族输出传统文明：张骞、班超"通西域"，匈奴对欧洲的入侵，鲜卑列朝开发亚洲西北，东亚诸文明从中国汲取文明，契丹（包括西辽）使亚欧认知"中国"（支那），蒙古人西征的世界震荡。

隋唐作为中世纪世界文明中心，明清作为世界首富。域外世界从不同角度向往中国。

叁　域外世界影响和改变中国历史进程

物种源源不断输入中国：稻麦来自远古亚洲，北非西亚中亚给汉唐中国送来毛皮、马匹、蔬果、香料。

古代中世纪中国吃喝住穿生活方式，因域外物种输入不断改变。假定还在孔子时代怎样生活？

假定没有美洲印第安人的作物，因贸易交往输入中国（番薯、玉米、马铃薯、烟草），中国能发生人口爆炸吗？有限耕地可养活不断成倍增长的人口吗？中国的"烟民"能居世界第一吗？

假定战国的匈奴、秦汉以后内亚的"胡人"未能不断向中国移民，能出现"五胡乱华""安史之乱"吗？能出现胡乐胡舞而成今称"民族音乐"吗？

假定汉唐宋元没有罗马、印度、波斯等艺术东来，中世纪中国的绘画、雕塑、石窟等"民族艺术"能出现吗？

假定没有阿拉伯作中介的三相交流，域外世界的天文、历法、数学、医药、制图（地图）、造炮、建筑等科学技术能东来吗？

假定没有种种途径的中外交流，古印度的佛教诸宗（包括大小乘诸宗、唐宋盛行宫廷的密宗、元明清盛行北国的藏传佛教）、古波斯的拜火教和琐罗亚斯德教、阿拉伯的伊斯兰教，以及犹太教和基督教诸宗（罗马天主教、抗议宗各新教、东正教等），能不断进入中国，影响无数中国人乃至众多民族改变宗教信仰吗？

假定没有中国文明令域外各国羡妒交织，由"朝圣"心态，转为"求富"心态，转为侵略心态，能促使中国走出中世纪，向近代化转型吗？

例如贫银的中国何以能行银本位制达五百多年？

肆　认知中国与世界相关度的误区

中国文明领先发生说。埃及、苏美尔、古印度更早。

中国文化西来说。清末排满革命的假说，源于人类起源一元论，然否定中国文明从来落后则为谬说。

中国落后挨打论。已驳，外国（两炮）论。

中国闭关自守论。衍生的"睁眼看世界"论极谬。

东西文明根本对立论。杜亚泉、梁漱溟均误。

"儒教中国"论。否定中国文化多元，而追求一体。

新世纪将是孔子（新儒学）统治世界论。臆测非历史。"孔教救国"早已失败，何论"救世"？

中国"积弱"源于不合"国情"论。民生不能代替民主，晚清保皇派倡此说，屡被否定而屡次变形。

伍　重新认识中国与世界的历史

关于国学、国粹与国故。

日本明治维新由"脱亚入欧"而指"大和魂"的前鉴。

苏联斯大林主义的覆辙。

坚持从历史本身说明历史。

附　录

历史上的中国与世界（提纲）

一、走出中国与了解世界

　　中国有了解世界的悠远传统

　　明清间经济与文化的悖论

　　走出中国看世界

　　消除中外隔膜的历史研究

"国学""国粹"原非国货

要告别非马克思的历史方法论

解读历史必须走出中世纪

农历丁亥腊月草于复旦历史系

明清之际阳明学和西学（提纲）[*]

时间：二〇〇九年十月二十七日晚

地点：复旦大学

文稿一

一　从万历到康熙（一五七二—一七二二）

万历在位四十八年（一五七二年七月——一六二〇年九月）

泰昌在位一个月（一六二〇年九月）

天启在位七年（一六二〇年十月——一六二七年九月）

崇祯在位十七年（一六二七年九月——一六四四年四月）

李自成三个月

顺治在位十八年（一六四四年八月——一六六一年二月）

康熙在位六十一年（一六六一年二月——一七二二年十一月）

万历四十四年（一六一六）满洲天命元年，内战起。

康熙二年（一六六三）南明亡，二十年（一六八一）三藩平，廿二年（一六八三）台湾平。

满洲取代明朝，凡七十年。

＊　为历史系学生所作的演讲。有两个文稿。

满洲是满、蒙、汉各八旗的统称

以满驭汉，满汉双轨体制。民族特权，多元化中华民族雏形，专制和分治

二 阳明学崛起

由化外到江南的陆学复甦

王守仁的事功和"良知"学

阳明学在嘉靖压制中成为显学五十年（一五二二——一五七二）

张居正经济改革而打击讲学（一五七三——一五八三）

"明之亡实亡于神宗"

宫廷腐败和威权放松

南国阳明学活跃

颜山农（钧）、梁汝元（何心隐）和李贽冲击传统

天启朝的东林和阉党

《樵史通俗演义》并非小说

非亡国之君却亡了国

崇祯：大厦将倾，一木难支

由鱼烂到土崩

三 世界历史的悖论

十七世纪欧洲战乱却仍然向外扩张

大明帝国昏天暗地却仍然富甲全球

中国成了耶稣会梦寐以求的"净土"

利玛窦沿着王学的脚印北上叩宫门

徐光启们反而向西教寻求真"理"

阳明学和西学互相打量

人类知识大交流而非大分流

四 "天崩地解"的时代

文稿二

明亡清兴百五十年

晚明五帝（一五七二——一六四四），万历居大半

大顺一帝，南明四帝（一六四四——一六六一），郑氏三世

清初四帝（太祖、太宗［一六一六——一六四三］，世祖、圣祖
［一六四四——一七二二］）

明亡于神宗，清兴于圣祖

明清之际异说竞存

主流朱子学由僵尸到傀儡

异端蜂起：阳明学分化，王门别派颜山农、何心隐到李贽反传统，
东林道学；耶稣会，禅学临济、曹洞，巫道，喇嘛教、回回教、萨满
教旧、新、原始巫术；儒学原教旨

党社与孔孟传统消解

追究明亡清兴的秘密

集矢于阳明学

几种取向：黄尊王反泰州 顾尊宋双反 王尊史 颜礼学实践 吕留良以宋学反现状

康熙的抉择统一于"正统"？统一建国教？统一于"新道统"？

康熙尊朱五十年（一七一一）而以"真理学"为尺度

倡实践，禁讲学，《圣谕十六条》及民间宣讲，堂子传统，以汉制汉，以密教治蒙、藏，用西学而禁西教，征噶尔丹而容穆斯林

清官和假道学

腐败思清官，打假倡理学；以满驭汉和满汉双轨制；统一于专制而导致体制死结。文化政策核心为"尊君亲上"

西学的实用导向

西化的历法天文学；数理"精蕴"在实用；欧洲工艺引进，奢侈品

非官方经学和清代汉学

阳明学在民间经学中隐身，对孔教传统经典搞"思想解放"；西学的方法论和技艺对汉学的启迪；汉学由疑经到复兴

关于近代的"西学"（提纲）

时间：二〇〇八年九月二十六晚

地点：南昌大学

一 "近代西学"的界定

"西域""西天"与"泰西"

晚明西学来自"大西洋"葡萄牙的保教权

四海说由晚明王学复活

偏见比无知离真理更远顾不信西海，王抹杀西教

二 利玛窦和徐光启、李之藻

耶稣会士向往东方净土

沙勿略、范礼安由日本得知中国

利玛窦改僧服为儒服

世界地图和测天仪器震惊晚明士绅

利玛窦在南昌章潢、《西国记法》《交友论》和《天主实义》

利玛窦征服南京焦竑、李贽和耶稣会住院、徐光启改宗

利、徐、李在北京利玛窦、庞迪我入宫（地图家、钟表匠和乐师）《几何原本》

和泰西算法、李之藻入教和利玛窦之死

目的与手段 徐、李和"修宪"（崇祯历局与汤若望）、伽利略、邓玉函理论输入、红夷大炮与北京保卫战、艾儒略"西来孔子"、龙华民反利玛窦手段

三　清初泰西的艺、学、教

满洲借红衣大炮征服全国 努尔哈赤之死、红衣大炮吓跑李自成、南明与郑成功失败的技术因素

汤若望和南怀仁 西洋历法和杨光先《不得已》、汤在顺治宫廷、南怀仁改良炮术、钦天监西洋监正

康熙和西学 法国外方传教会入宫、康熙热衷西洋数学、助平准噶尔、张诚与《尼布楚条约》、白晋奉派联系路易十四

他是中国的君士坦丁吗？ 耶稣会士的期望、内外的否定因素（储位之争和教皇使节）、"利玛窦规矩"被破坏

"以汉制汉"压倒西教态势 满洲内斗中的教徒、道学家借西艺绌西教（李光地的策略）、康熙五十年决定尊朱

四　"盛世"的门面与内涵

雍乾的"洋为满用" 圆明园、钦天监和西洋画师

打邪教与禁西教 基督教在民间的命运

十八世纪的汉学与西学

回藏边疆问题与喇嘛教

沙俄与东正教在北京

五　白银、鸦片与天朝心态

贫银的中国与银本位制

鸦片由药品变成毒品

在乾隆虚骄声明的背后

禁毒与禁教，能制止白银由内流到外流？

嘉庆朝的"自改革"论

谁能否定"合法的集体贪污体制"？

六　西学再度"由边缘到中心"

厉禁西教百年的民间效应

基督新教与太平天国造反

湘淮军乞灵于洋人

南国的"洋务运动"与清流的败局

丁韪良、李提摩太与赫德、威妥玛

七　由戊戌维新到辛亥革命

"借法兴利除弊"由思成潮

康有为"孔子改制"和谭嗣同"仁学"

慈禧的力量源泉

都是乌合之众而八国联军战胜义和团

慈禧怎样变脸为光绪的遗嘱执行人？

假维新召唤真革命

八旗子弟与清末皇族内阁

武昌起义的偶然与必然

八 还要为"五四精神"一辩

五四运动七十年的争论

由历史重看"十月革命一声炮响"效应

拙著《清代学术概论》导言"梁启超与清学史"

西学与西化,"充分世界化"

"全盘苏化"是否中国特色?

坚持从历史本身说明历史

二〇〇八年九月二十五夜分草于南昌滨江宾馆二号楼二〇六室。但愿此讲(为南昌大学胡平工作室举办的讲座之一)仅仅回顾历史而已。

"世界公民"利玛窦[*]

时间：二〇一〇年四月十日

地点：上海市博物馆

很荣幸和各位一起讨论利玛窦。一个日本人首先提出，利玛窦是十六世纪来到东方的第一个"世界公民"。

利玛窦一五五二年在意大利马切拉塔出生，受了良好的教育。他三十岁时，即一五八二年，到达澳门，准备入华传教。在澳门，他从完全地不会说汉语，到能够认字，只用了一年多时间，还用拉丁文编了一部《葡汉辞典》。一五八三年，明朝万历十一年，利玛窦和同会神父罗明坚到达广东的首府肇庆。当时他们自我介绍是西方的出家人，总督因此赏了他们每人一件僧袍，让他们当"洋和尚"。他们建的教堂也取名"仙花寺"。他们穿僧袍九年，才发现自称和尚很糟糕。秀才以上的士人都不和他们打交道，见了大大小小地方官还要磕头。后来一个对西方好奇的常熟绅士瞿太素，告诉他们：中国的和尚常被看作没学问的酒肉和尚，你们自称"和尚"会让中国人看不起。

利玛窦所属的耶稣会，成立于十六世纪。当时欧洲进行宗教改革，

---

[*]　"利玛窦——明末中西科技文化交流的使者"特展系列讲座之一，首发在《文汇报》二〇一〇年五月二十九日"每周讲演"专栏；另有附录一短文，无标题。

出现了不同派别，共同取向是不满天主教的腐败。天主教内有个年轻人，留学法国的西班牙学生依纳爵·罗耀拉，创立七个人的小团体"耶稣会"，主要宗旨是恢复原始基督教的纯洁性。基督教在古罗马时代是被压制的，是穷人的宗教。到四世纪罗马帝国君士坦丁大帝皈依之后，基督教的地位提升，随着它的广泛传播，越来越变成文化上的专制者。面对路德、加尔文等原教旨主义的批判，耶稣会认为，需要和新教战斗，和内部的腐化战斗。他们拥护教皇，纯洁教会，自称是"上帝的连队"。他们定了非常严格的纪律。罗耀拉有一部著作，中文名为《神操》，此次主展的意大利方把它翻译成《耶稣会宣言》，其中规定每个耶稣会士入会要发三道誓——神贫、贞洁、服从。

耶稣会是欧洲基督教内最重视教育的一个修会。他们在修道院以外创立了耶稣会的学院，除了神学，兼重人文和自然的学科，教育质量很高。最早进入中国的耶稣会士，多半学问很好。鸦片战争以后，他们在中国办教育也有名。比如复旦大学的前身叫复旦公学，是从震旦公学分出来的，校长马相伯就曾是一位耶稣会神父。他十二岁在徐汇公学接受完整的七科教育，会多种欧洲语言文字和数学、博物学等，是晚清没有出国留学而通晓世界情形的学者之一。

利玛窦因为接受了很好的教育，他传教的时候，不仅可以动口，还可以动手。

他在印度果阿向匠人学习用亚洲所有的金属材料制造他所需要的器物的技能。他能画比较精确的地图。他把他所画的世界地图挂在教堂最显眼的地方，吸引中国的士大夫。中国人有一个顽强的观念：天圆地方，中国在四方大地的中心。利玛窦的地图采用了地圆说，包括正面和两个侧面的投影。按照地圆说，中国本来在亚洲的东部，他怕中国人不能接受，特意歪曲地理角度，把中国放在地图的中央，这一讨好中国人的举动，使自大的中国人非常受用，过了四百年才同意改正。

利玛窦在中国二十七年，不断写信向西方介绍中国的文化。他第一次把"四书"翻译成拉丁文，他也介绍中国的地理环境、气候、政治体制、普通人的生活状况等。正因为利玛窦和他的后继者经过多年的努力，欧洲才出现了一门新的学问——汉学。我们知道，中国和欧洲的物质文化交流起源很早。《圣经·创世记》提到在遥远的东方有个丝国，但无人知道丝国就是中国，也不知道它在哪里。古罗马皇帝凯撒有一次出席议会，穿上了丝质的长袍，当时人为之震惊。很久以后，《马可波罗游记》描写了中国，但不少欧洲人仍然不信。经过利玛窦及其后继者的介绍，欧洲人开始如实地了解中国，知道中国有古老的文明，有许多东西是欧洲所没有的。比如中国的官僚体制，他们想象不到平民经过三级的科举考试选拔，也可以做官。他们把"秀才"比作"学士"，把"举人"比作"硕士"，把"进士"比作"博士"。这也出于利玛窦的比附，他当了"洋和尚"，经过中国士人的提醒，才开始注意到自己"神学博士"的身份是与进士对等的。但耶稣会有严格的纪律，已经做过的事情，如果想要改变，必须获得耶稣会上司的同意。他为了留起头发胡子，穿上明代的儒服，经过好几年的努力，才得到耶稣会当局远东视察员范礼安的批准。此次上海博物馆展览的利玛窦的儒服很奇怪：头上四方平定巾，是秀才、举人佩戴的，身上的袍服相当于中国的中等官员，是他自己设计的。中国人向来注重服饰，利玛窦一换衣服果然有了很好的效果。秀才误以为他是有品级的人物，不会不理他，就和他作揖了；也可以见官不跪，官绅对他客气了。中国的中世纪，表征等级的服饰就有这么神奇的作用。

利玛窦在韶州时，除了学习汉语，用拉丁文翻译"四书"，学习官方和民间的规矩，和底层的士大夫、官员结交，还悟出来了要和官员、士人打交道，就必须拿出东西。利玛窦写信给西方人士，说中国以世界文明的中心自居，认为他们的东西很古老，视其他的一切文明都是蛮夷，不值得一看。我必须拿出东西比他们做得好，有的甚至是他们没有的，中国人的态度马上会改变，由自大变为自卑。比如日晷，根据日影长短计算时间。外国人不仅有这种仪器，而且不用铜壶滴漏而用机械制造的自鸣钟报时，一下子把中国人震住了。还有他的地图，经过他的解释，中国人慢慢接受了地圆学说，开始改变了关于天地的观念，这是一个巨大的贡献。中国数学最发达的是代数，代数是线性思维的体现，用来理解时间的进展是大家都承认的，但是容易让人拘泥于直线进化，不注意空间的问题。利玛窦和徐光启翻译了《几何原本》，第一次在中国比较系统地介绍了在欧洲流传了两千年的欧几里得几何，是利玛窦在意大利的老师克拉维乌斯重新整理的，并且为之补充最新的数学证明，一共十五卷，包括平面几何、三角、立体几何。利玛窦和徐光启翻译了前六卷平面几何，对于中国数学不仅是系统上的创造，而且对中国人的逻辑思维是一个冲击，促使中国人重视时空连续性。中国过去的历法天文学发达很早，但是一直到元朝才调整古典的司马迁时代的夏历。元朝使用阿拉伯数学家传来的历法，叫作"回回历法"。但是历法过若干年会出现误差。中国人相信由皇帝颁布的黄历，又总在怀疑皇帝违背天意。若历书规定与天象不合，就认为是老天对皇帝发出的警告，所谓天象示儆，所以中国专制统治者非常害怕老百姓懂天文。明太祖朱元璋即位以后，严禁民间私学天文，一旦发现，就要以妖言惑众罪杀头。

利玛窦入华之时，万历朝的历法误差已很大。他自己制造观天测时的仪器，把西方的历法天文学介绍到中国。有两个人值得注意，一个是徐光启，一个是李之藻。李之藻在与利玛窦合作翻译西方科技著作方面，功劳不亚于徐光启，可能比徐光启还要大一点。徐光启很早就入教，但是一直到一六一〇年利玛窦去世那一年，李之藻才成为利玛窦在中国亲自付洗的最后一个教徒。因耶稣会要求信徒遵守一夫一妻制，徐光启四十多岁入教的时候也犹豫很久，但最后决定还是入教，并且终其一生没有纳妾，这在当时的绅士官员中很罕见。李之藻不能守这规矩，直到因病备受利玛窦照护，才决心与爱妾离异。从这一点来看，耶稣会士确实是有操守的，不管他们的道德，我们赞成不赞成。李之藻后来和徐光启一起主持朝廷的改历。当时利玛窦已死，他们主要找欧洲的耶稣会传教士龙华民、汤若望、邓玉函。邓玉函是欧洲的大科学家，意大利以伽利略为首的山猫研究院的九个院士之一。他应利玛窦的邀请到中国传教，带来了当时在欧洲也极为稀罕的伽利略发明的天文望远镜。邓玉函到中国后，在徐光启主持的历局没几年就去世了，最后制定《崇祯历书》的计算者是汤若望。在明清易代之际，汤若望凭借保存的《崇祯历书》得到了清朝摄政王多尔衮的信任，利玛窦的事业因此在清朝得以延续。《崇祯历书》封面写明是以西洋新法制定的，后来引起很大争论。但利玛窦、邓玉函到汤若望制定历法的原则和计算方法，一直沿用到清朝末年。

历法天文学的改革确实对改变人对王朝的信仰有很大的关系。清朝一六四四年入关，顺治元年第一次日食准确预报就是汤若望的胜利。从此西洋历法就进入钦天监，与传统中式历法和回回历法竞胜。钦天监即皇家的天文官，其实也是占星官，在东方和西方都是一样，发现行星运动三大定律的德国人开普勒就是御前占星学家。由于汤若望用西洋科学技术观象授时显得准确，除了中间鳌拜专政时重用了冒牌的回回天文学家杨光先，历法混乱了一段时间外，从顺治元年（一六四四）一直到鸦片战争前五年（一八三五），最后一个钦天监西洋监正退休回国，清朝最重要的皇家占星学家都是西洋人。同时，利玛窦除了地图、数学，还有他制造的日晷、地球仪、天球仪、望远镜等测天仪器，也是中国工艺学近代化的开端。马克思非常重视工艺学的改革，曾说：工艺学会把人对自然的能动关系、人类生活的直接生产过程暴露出来，因此也会把人类社会的生活关系和从此产生的思想观念的直接生产过程暴露出来。

过去基督教两度入华传教都失败了，失败的一个原因，在于他们不重视中国的"士"——下为四民之首，上为官员的来源。利玛窦开始重视士阶层，从而影响到朝廷、地方官员和底层百姓。他的传教策略是成功的。在韶州的时候，同会神父一度只剩他一个，到他死的时候，他已经在中国建立了四个耶稣会的传教点——住院，拥有五十八个欧洲神父，将近两千名的信徒。信徒中最重要的都是进士、举人、生员以及现任官员，看起来人数很少，影响却很大。利玛窦那时面临对待传统的问题。中国有各种各样的传统，大概地说，唐朝以来有三个方面：第一所谓儒，第二佛教，第三道教。明朝的官方儒学是朱熹改造过的孔孟之道，利玛窦入华时正好是儒学内部王阳明学派崛起之时。当年与朱熹对立的陆九渊提出的几个命题，到王阳明学派这里有了发展并对世人有很大影响。一个命题是六经注我，就是说个人思想不受传统学说束缚是合理的；另一个命题是圣人不是中国独有的，四海之内皆可有圣人。王阳明的学生曾问他：既然孟子说"途之人皆可为禹"，那么路上遇见的愚夫愚妇可否都能成圣？其实佛教禅宗主张顿悟一派早说过"放下屠刀，立地成佛"，王阳明借此回答：愚夫愚妇也可以成圣，关键在于一念之差。在嘉靖以后，王阳明学派已经遭受明廷半个世纪的压迫，到了利玛窦入华时刚好解禁。那些支持利玛窦的知识分子多数是王阳明学派的人。根据他们的逻辑，既然四海之内皆有圣人，基督教也可以有圣人。这对古老的夷夏之辨的观念，是个否定。

利玛窦在中国二十七年，他四十三岁（一五九五）离开韶州北上，先到南昌，后到南京，最后到北京，从一六〇一年进京到一六一〇年死去，在北京将近九年。这十五年是利玛窦在中国真正的活动期，十五年中他做了那么多对历史有贡献的事情，因此成为清亡以前最为人们记住的到过中国的外国人。十八世纪以来，不断有人纪念他，入华三百年，逝世三百年，入华四百年，逝世四百年。这次上海博物馆举办的利玛窦展览，又是一个证明。

利玛窦一共活了五十八岁，他大半生从事中西文化交流。他把西方的自然科学和技术介绍到中国来，值得纪念；他把中国的文化和传统介绍到西方去，值得纪念；他在中国传教采取的方式和策略，值得纪念。利玛窦之前基督教曾两度入华：第一次是在唐朝，景教即基督教的异端聂斯脱利派得到很宽松的对待，唐太宗准许它造寺发展，但两百年里没有在汉人中间站住脚；第二次是元朝，那时基督教被称作也里可温教，由罗马教廷派人到帝国设立过六个主教区，也随元朝的灭亡而消失了。而利玛窦在非常困难的条件下站住了脚，使得天主教这一宗教形态在中国延续到现在，这也是他在中国比较受人瞩目的一个原因。

问：康熙年间，西方的几何、数学、音乐、地理学已经进入宫廷生活，包括高层官员已经学习了西方先进技术，是否可以解释一下？

答：利玛窦开始进入晚明宫廷，主要靠三件事物引起万历皇帝注意：世界地图、自鸣钟、欧洲钢琴。当时万历皇帝已经不愿见朝臣，他也没有见到利玛窦，他叫宦官向利玛窦学习。利玛窦的同伴庞迪我教他们弹钢琴，他还创作歌词教他们唱。万历皇帝喜欢自鸣钟，天天放在身边。世界地图也被专门放大了制成四个屏风。这是中国宫廷注意西学的开端。崇祯宫廷里很多后妃、宫女、太监都入教了。清朝初期，顺治皇帝相信汤若望，称汤若望为玛法，即满语的爷爷，有事就向他请教。顺治的母亲据说是信教的，但只见于德国人写的《汤若望传》，中国官方没有记载。康熙自幼由祖母养大，对西学感兴趣，《几何原本》后九卷，康熙已经让传教士翻译成满文。他一度对数学着迷，据传教士记载，他不管怎么忙，每天起码花两个小时学习数学。在学习过程中和传教士接触，他自然了解西方的现状和宗教，所以这些传教士写信回国说，他们得到康熙皇帝的信任，很有可能说服皇帝改宗天主教，一旦皇帝改宗，天下都会跟从。他们希望康熙变成中国的君士坦丁大帝，就是罗马帝国把基督教由民间宗教变为国教的君主。当然康熙皇帝没有变成君士坦丁，他后来和罗马教廷闹翻，要求来华传教的传教士每人具结，服从"利玛窦规矩"，并且终身不可回国。清初基督教深入宫廷是事实，对基督教不感兴趣是从雍正皇帝开始的。他对禅宗、武侠、喇嘛教都感兴趣，但排斥基督教，却仍用传教士主持钦天监。

问：据了解，利玛窦之前还有一位神父来中国传教，死在福建附近，能否解释一下？

答：明朝晚期，欧洲有多明我会等不同修会的教士到中国来，有的死在福建，或死在广东，还有冒险闯到北京想说服皇帝而被当作外国间谍死在监牢里的。在利玛窦之前，耶稣会创始人之一的沙勿略，也曾到过广东，死在上川岛。利玛窦不是第一个进入中国的近代传教士，但他是第一个在中国取得相对成功的耶稣会士。

问：老师的讲座侧重利玛窦来到中国的影响，能否介绍一下明代中国的传统文化对利玛窦的影响？

答：中国传统的主流是儒学，在明代是官方教科书宣扬的理学，还有想居主流但并没有成为主流的佛教，以及曾经深入宫廷的道教。利玛窦与他们都有争论。他的态度是易佛补儒，用他自己的教义改造儒学、补充儒学。过去很多人认为这是利玛窦的一个策略。上海博物馆编了一部《利玛窦行旅中国记》，收录八篇文章，涉及此点，不妨一读。

问：您谈到晚清的耶稣会士已经和利玛窦时代有区别。但是我看了史式徽《江南传教史》，并没有看出来这种区别。

答：史式徽《江南传教史》写于清末民初，他是根据自己接触的材料，恐怕不太客观。我认为比较客观的是马相伯的学生方豪写的《中国天主教史人物传》。鸦片战争以后的耶稣会士素质不如利玛窦的时代，外国的神父不懂汉语也不想学中文，马相伯对此有严厉批评，认为这些传教士违背了利玛窦的传统。如果有兴趣可以看我主编的一部《马相伯传略》，介绍了他的政治、宗教和教育观点，可以从中发现他与教会当局的矛盾。

问：您整理过利玛窦的著作，能否从他的著作在明末以后的流传情况谈一下他的影响？

答：利玛窦来华之后，留下来二十八部著作。除了用拉丁文翻译的"四书"、用意大利文写的《利玛窦中国札记》、编纂的《葡汉辞典》之外，其他著作在利玛窦去世之后，李之藻所编《天学初函》（分上、下，前面是道篇，后面是器篇）基本包括了利玛窦和徐光启合译的《几何原本》、和李之藻合译的《浑盖通宪图说》，等等。我在利玛窦入华四百周年的时候编了一本《利玛窦中文著译集》，除了前面提到的《利玛窦中国札记》《葡汉辞典》之外，基本都收录其中，由复旦大学出版社重印。根据我的前言和每部书介绍，差不多可以反映利玛窦著作的面貌。

问：徐光启和利玛窦翻译了《几何原本》六卷，后来徐光启的后人有没有传下来，对上海有没有影响？他有儿子吗？

答：《几何原本》出来之后已经传播很广。徐光启有儿子，名徐骥。他儿子的坟已经毁掉了。徐汇区光启公园中间的墓是徐光启的，两边是他的孙子。

附　录

利玛窦（一五五二年十月十六日——一六一〇年五月十一日）于明万历十年（一五八二年八月）抵澳门，次年（一五八三年九月）入肇庆，然后移住韶州，于四十三岁（万历二十三年，一六九五）北上，在南昌三年，再落脚明留都南京，终于在万历廿八年十二月廿四（一六〇一年一月二十七日）进入北京，时年四十九岁，八年后（万历三十八）以年届五十七岁病死。今年是他去世四百年。

利玛窦在华二十七年九个月。死后的影响甚至超过生前：一、明神宗破例给这位外国人赐葬地，从而使基督教三度入华获得帝国官方默许。二、他的信徒徐光启、李之藻，组织耶稣会士龙华民、邓玉函、汤若望等"依西法新法"改历，编成《崇祯历书》，于清朝入主北京（一六四四）当年颁行，由此受欧洲历法天文学主导的"黄历"，开启了中国接受近代科学的时代。三、利、徐合译的《几何原本》前六卷，促使中国人逻辑思维，由线性的代数式，渐变为时空兼重的几何式。四、利氏首介的世界地图，经李之藻等译订，改变了传统天圆地方的认知，从而接受地图说和中国乃四洲中一国的理念，尽管利氏仍将中国置于地球中央，也使传统天朝的错误观念又延续了四百年。五、利氏手制的日晷、星盘等仪器和邓玉函带来的伽利略望远镜，是中国工艺学近代化的开端，"工艺学会把人对自然的能动关系，人类生活的直接生产过程暴露出来，因此也会把人类社会生活关系及从此产生的思想观念的直接生产过程暴露出来"（《资本论》第一卷，第三九五—三九六页，注八十九）。六、利氏传教方式是由士人到官员，尊重平民，使基督教得以立足，即康熙所称"利玛窦规矩"。七、利、徐、李、杨廷筠"易佛补儒"的策略，不反主流传统而改变主流传统，其反对桑切斯武力征服中国的狂想，将中西文化冲突限制于观念磨合层面，意义超出宗教之外，但使利氏发生目的与手段的倒错，传教反成非法，科技交流反成合法。八、利氏开创欧人向欧洲介绍中国文化先例。

几点商榷：（1）利氏为传统而以科技为诱饵，徐光启为获取欧洲科学而入教，岂非以假对假，或说互骗？（2）利氏介绍的西学是过时的？他是传教士，非科学家；他未译《几何原本》后九卷，无视他的身份传教、本业会督及为万历喜好服务之忙碌，叶向高谓译《原本》即值得赐葬地，乃有识之论；他绍介第谷体系，着眼于可操作性，爱因斯坦谓哥白尼日心说与托勒密地心说之矛盾在于观察者设定的位置相反，可参照。（3）李约瑟问题，近为陈方正批评，所指中西科学体系的传统难以兼容，不存在先进落后问题；倘从普世性也必须由实践检验真理为衡量尺度，可知两种传统的磨合过程远未完成。

利氏的历史贡献已如上述。他承认中西差异，力求互相尊重传统，而不否认天朝缺陷，虽欲改变中国而不强人从我，其实是不同文化传统由了解而求同存异的早期尝试。人体不能超出自己的皮肤，可能是就史论史以评说利玛窦的合宜认知。

二〇一〇年四月十日为上博讲

利玛窦与徐光启

——《几何原本》译刊四百年（提纲）*

时间：二〇一〇年四月

地点：上海市博物馆

一　利、徐合译《几何原本》

欧几里得（Euclid，前三三〇—前二七五），用公理法建立逻辑演绎体系，今本为阿拉伯文本十五卷（纳速拉丁，一二四八）译成拉丁文，通行德籍耶稣会士克拉维斯（丁先生）的评注本（一五七四初版，北堂有一五九一、一六〇四两版本）。

欧与苏、柏、亚的哲学联系。答托勒密一世"几何无王者之道"（"求知无坦道"），答初学者问其何用："给他三个钱币，因为他想在学习中获取实利。"

或谓元朝忽必烈至元十年（一二七三）已由回回传华（严敦杰谓回籍"兀忽列的"即欧几里得音译，《东方杂志》一九四三）。

明万历三十三年（一六〇五）利、徐始合译前六卷平面几何，三十五年竣（一六〇七），初刻于北京。

---

* "利玛窦——明末中西科技文化交流的使者"特展系列讲座之一。

清康熙中有法方传教士译满文本，写本七卷，《数理精蕴》汉文译本分十二卷，与利、徐本体裁异，或为便应用删改。《徐光启著译集》（一九八五）影印徐氏家藏本，异于《天学初函》本，或为徐光启三校本。

清咸丰七年（一八五七）伟烈亚力与李善兰合译成后九卷，后经曾国藩与前六卷合刻于金陵，上距利徐本刊行二百五十年。

新本兰纪正三人译校（陕西科学技术出版社，二〇〇三）。

二　名实意义

中译名：(1)艾儒略谓几何乃玛得玛第加（Mathematica）之汉名，"独于究物形之度与数"（《西学凡》，一六二三，天启三年）。(2)清末英教士艾约瑟谓"希腊语 Geo，地也，几何音彷佛 Geo"。(3)近人或谓中国固有名词，徐、利借来指一切度数之学。争议迄今未止。按二艾氏说利释本义是，唯中译名已见旧籍，《孔子世家》"卫灵公问孔子居鲁得禄几何"，《汉书·五行志》"民生几何，谁能毋偷"，古谚"俟河之清，人寿几何"等，均设问未定之辞，当徐氏所取。

陈寅恪："欧几里得之书，条理统系，精密绝伦，非仅论数论象之书，实为希腊民 *……

三　明清之际：失落了的文艺复兴

由非朱（政学）到重王（《明儒学案》的描述）。

---

* 编者按：以下内容佚失，以省略号代之。

晚明思潮与君权失控。

利玛窦踩着王学的脚印北上。

利玛窦（一五五二——六一九），万历九年（一五八一）抵华，次年偕罗明坚入粤，驻十五年，随后在南昌、南京五年，得王学助（章潢、焦竑等）立足，二十八年（一六〇〇）得李贽、刘东星助北上，险遭宦官马堂害死，次年抵京充"陪臣"，遍交朝野名流（曹于汴、冯琦、冯应京、沈一贯、叶向高等），终圆住京梦九年。万历三十八年（一六一〇）死，年五十九。学术传教，目的与手段倒错，"开教"（与日本较不成功，与前二度景教、也里可温较则站稳脚跟，未被礼仪之争摧毁，康雍乾禁教期间仍存——方豪），然终成近世中西文化交流先声（莱布尼茨至伏尔泰、房龙描绘的欧洲文化热，"西学"入华，影响非止历法天文学）。中西双方谁得益更多（先欧后华）。

徐光启（一五六二——六三三），今岁乃其去世三百七十四年，因《几何原本》而两岸纪念。徐于万历三十一年（一六〇三）在南京访利氏不值，从罗如望受洗，教名保禄。辨改宗乃策略说（何兆武说非）。年逾不惑，次年始成进士，改庶吉士。入教需从教规不纳妾，从神贫规矩，拒佛道说；入翰林始从利氏游，在前利氏欲授翟太素几何学，并择人同译《原本》，均不果；其言天学从第谷，非反哥白尼，由其卒后伽里略方受宗教裁判可知；其在京舍间客无虚月，与徐译《原本》、授李之藻数学，已遭庞迪我、龙华民不务正业之讥；传教重质不重量，唯范礼安支持，并给财政、政策特许，参看《利玛窦中文著译集》序言，又《走出中世纪》增订本"利玛窦在中国""徐光启与晚明史"等。

徐在利氏心目中次于李之藻。徐、李、杨廷筠号称圣教三柱石，在沈漼"参远夷疏"（后台为首辅方从哲，实缘于沈教权宦魏忠贤等关系）

制造教难之后，时利氏已卒。李之藻在利氏卒前数月始由利氏付洗（亦因护理李教名良大病而成疾），唯因难言其妄。李、利合译西典最多，其后编《天学初函》，乃利传西教西学（理器）集大成之唯一丛书。然徐在利卒后被西教奉作领袖（西士似忘其会首乃利氏保荐的龙华民），一因其奉教虔诚（见《历史上的徐家汇》及拙序），二因其实绩出色（农学、屯垦、西洋大炮引进，捍卫京师延迟满洲亡明），三因其于启祯间位高望重（由尚侍晋阁老，崇祯初倚重，主改历，由三辅东阁晋次辅文渊阁）。更因其操守，恪守教规，公私分明，严拒请托，门清如水，卒时京寓仅敝衣数袭、白银一两。

徐之贡献：一由求真而改宗，非惟易佛补儒，且坚信教义而视死如归，由《辩学章疏》可证。二为求实而仁民，多次弃官务农。非惟著《农政全书》列于中世纪农学四大家，更其为救荒而引进域外粮食作物并力予改良，由品种改良而使甘薯推广全国（甘薯乃印第安人驯化之亚热带高产粮食作物，徐经试验，将其推向北国高寒旱瘠山区，亩产可充贫民五口之家半年粮），意外导致明末清初人口爆炸（由十七世纪初六千万，经百年而达乾隆末三亿，论者或谓乃徐氏引进甘薯及玉米等域外作物之效应）。三则坚持为救亡而引进西方军事技术，特别是"红夷大炮"（实则由中国乃火药火器故乡而言，属于出口转内销，然其故可深思矣），在对付建州叛明战争中大显威力（宁远之战相传击中努尔哈赤，使其重伤不治身亡；皇太极侵明都，兵临城下，亦被西洋大炮轰退）。四则主持改历，克服元明回回、本土双重传统的抵制（参《明史》历志），坚持招用通晓天学的欧洲传教士入历局，依西洋新法编制《崇祯历书》。而这部历书完成后，竟给满洲在北京称帝提供了"应天顺人"的第一明证，那不是徐光启始料所及。而《徐氏庖言》等论著，会同中西所提供的治国方略，竟成为清沿明制的一种重要参照，更不能由徐氏本人负责。

徐氏遗响。道，使利氏传天主教入华志向部分得逞。学，自徐、李及王徵等起，欧洲近代科学技术源源入华。政，明清易代，西政有没有影响？便成疑问。术，至迟由康熙中叶起，"君人南面之术"便难以否认西术的影响。识，既往人但以知古不知今为迂，而自徐光启后，知内不知外，尤其权力专制复归"闭关自守"，忧国忧民之士常常念及徐光启的"会通"之学，更饶有兴味。

"失落了的文艺复兴"，乃我纪念"五四"七十周年的论题。问题是清末章太炎一派欲效意大利"文学复古"，以振兴中华，错了吗？我以为不错，但左右两边均以为错。《河殇》编导及其"粉丝"，盛赞"蓝色文明"已经胜过必将继续胜过"黄色文明"，在我看来迹近种族优越论，更其不合历史。

徐光启和利玛窦（提纲）*

时间：不详

地点：不详

一　维新梦的思想政治蓝图

中国先睡后醒？清流败了。《实理公法全书》（一八九一后）用几何模式构建大同世界。

二　"不用为用，众用所基"

欧几里得答托勒密一世（前三三〇—前二七五）"几何无王者之道"；答有何用？"给他三个钱币，因为他想在学习中获得实利。"

《原本》希腊文赛翁修订本，西元三九〇，阿拉伯文六卷、十三卷至一二四八年纳速拉丁·徒思十五卷本译本，拉丁文译本（十二世纪后）和英译本（十六世纪后），近代印刷诸译本超过千种，数量亚于《圣经》。

利玛窦携来丁先生克拉维乌斯十五卷拉丁文评注本。万历三十三年（一六〇五）至三十五年（一六〇七）前六卷平面几何部分中译本。康

---

*　此文稿有残缺。

熙满文本、数理精蕴本。清咸丰七年（一八五七）伟烈亚力口授、李善兰笔译后九卷成；同治四年（一八六四）后曾国藩合刻两译本于金陵。

徐谓《原本》乃度数之宗，"不用为用，众用所基"（《刻几何原本序》，收入《利玛窦中文著译集》）。

三　利玛窦自西徂东

对《利玛窦在中国》的补充：（1）他一五五二生，教育由学士（修毕文法、修辞、逻辑三科，通过考试）而硕士（通过算术、几何、天文、音乐四门哲学课程）。（2）大学时入耶稣会，乃十六世纪外反新教改革、内主教会改革的激进组织，宗旨反路德教而与加尔文教甚似，不可笼统斥作反宗教改革。（3）西班牙的罗耀拉在法与大学生共创"上帝的连队"，不仅组织军事化，纪律中心为下对上绝对服从，而且主张教育至上，故在欧特重教育，道德至上，唯《神操》是瞻，救世至上，故向圣地及以东寻找"净土"，使之基督化，其目标首选亚洲。（4）利氏最初派往印度果阿，在果阿晋司铎神学博士，因而习得南亚语言及制图作仪器等工艺技术。（5）沙勿略已知劝化东亚必先劝化中国；自丰臣秀吉在日本禁教，耶稣会远东总管范礼安决意实行沙勿略路线，调利玛窦至澳门，以助罗明坚敲开入华传教大门。时在明万历十年（一五八二）。次年利氏三十岁，与罗明坚入肇庆开教，至万历三十八年闰三月即一六一〇年五月病逝北京，在华二十九年。他的成功与失败，特别请看《利玛窦中文著译集》导言（正文收入《走出中世纪》增订本，题《利玛窦在中国》）第六节"目的与手段的倒错"。

四　徐光启入教和习教

　　松江府上海县徐家汇的商户子弟。生于嘉靖四十一年（一五六二）；进学于万历九年（一五八一），时虚龄二十，在金山卫庠补廪；因祖母丧于万历十六年（一五八八），赴太平府安徽当涂应戊子应天乡试录遗试，不第；因母丧家益贫，赴粤北韶州坐馆，偶游利氏所建天主堂（一五九五），得晤郭居静（后在南京教难中被诬为想当皇帝的邪教头目）。按明制，廪生可补远恶军州教官。于是再赴粤西浔州府治桂平，或得某卫所学官；旋决定北上顺天应北闱乡试，卷被房考黜落，幸得副主考（王学大师，曾九应会试，始中状元）焦竑检出，叹为"大儒至文"，拔置丁酉（一五九七）北闱第一，时年三十六。然焦竑旋成为丁酉科场案祸首。徐虽保住功名，然丁次春会试落榜。南返后于南京初晤利玛窦，《焦竑年谱》谓利氏欲藉徐氏说服其师入教，实则相反，徐氏乃因焦氏介绍而识利氏，时在一六〇〇年；同年利氏即再次北上叩宫门。或欲入教，闻利氏谓教徒需拒纳妾而犹豫。至后年万历癸卯，年四十二，决意皈依，至宁始悉利氏已入京，乃由罗如望付洗，教名保禄。

　　那时利玛窦早已说服范礼安，在华传教一要博得皇帝容许，二要跻身士大夫社会，三需重质不重量，"慢慢来"。徐光启先入教而次年便中甲辰科进士，殿在三甲八十八名，却钦点翰林院庶吉士，据传因其启蒙师黄体仁以年高，自请以二甲名次与徐氏互换，遂使徐氏得应庶吉士选，即明中叶后号称"储相"才俊的皇家学院博士研究生。这使利玛窦对徐保禄刮目相看，虽在京日日为应接皇差及官员忙个不停，却天天抽身亲自教化徐保禄博士。

五　利、徐合译《几何原本》

利玛窦在故乡曾从名满西欧的哲学大师克拉维多斯习"天学"，东来时随身带有克氏所著《原本》十五卷的拉丁文评注本。此本于一五七四年初刊于罗马，而克氏生前曾再版五次；北京原北堂图书馆藏有一五九一年、一六〇三年两种版本，见王渝生《几何原本提要》（莫德、朱恩宽主编《欧几里得几何原本研究论文集》，内蒙古文化出版社2006年版，第204页）。据说利玛窦在韶州时，已因瞿汝夔要求，欲译此书；后入北京，又曾物色中士合译，以其人学问太差，于是徐光启自告奋勇，每天在翰林院课毕，前往利氏京寓合译。利玛窦的古典汉语修养有限，徐光启既不识拉丁文又不谙西方数学，一口授一笔受，困难可知。

我们不知徐光启根据利玛窦用汉语解说欧氏文本及"丁先生"评注，而将拉丁文化作汉文的详情。但据李之藻编《天学初函》所收利、徐合译的《几何原本》，曾由清康熙帝命法国外方传教会士重订并收入《数理精蕴》。但时至晚清，曾国藩听从李善兰的推荐，合刻《几何原本》十五卷全书，于前六卷仍取利、徐合译本，证明这个译本历经两个半世纪，从内容到文字的真善美，仍难以有别本代替。

也要指出，徐光启本人并不以为自己的汉译尽善尽美。他于利玛窦去世后，又与庞迪我、熊三拔重审译文，于一六一一年出版了再校本，即《天学初函》本。可是一九八五年上海文管会邀集顾廷龙、胡道静先生和我同编《徐光启著译集》，由方行先生提供的徐氏家藏诸本中间，发现一种《几何原本》，文字异于再校本。当时由我执笔撰写《著译集》全部说明，以为诸老推测此乃徐光启所作三校本，有本证而缺乏旁证，因而存疑，不知如今专家有否定论？

六、漫说"徐上海"

徐光启生前，已被在华耶稣会士誉称"徐上海"。这一称谓，通过后者寄返欧洲的书信，在欧洲广为人知。

上海自元初设县，除了沙船业，从未出过政治文化名人。徐光启前半生备历坎坷，但越到晚年，在晚明各个领域无不引人注目。[*]

---

[*] 编者按：原稿此后部分文字有残佚。

徐光启和他的时代

时间：二〇〇七年
地点：不详

很荣幸被安排在最后一个讲。最后一个讲就有一点自由，这个自由就是我可以批评前面人讲的东西。我这两天一直在想一个问题，如果我们要把徐光启和中西文化的交流——或者从科学史的角度，或者从比较文化史的角度，或者从晚明史的角度——研究下去的话，还需要做点什么？或者说我们还缺点什么？这两天的会议使我得到很多启发，会议上发表的论文有突破。前年我们就举行过一次关于徐光启的会议，还出了一本论文集。当时就很担心，如果再过两年又来谈徐光启，会不会变成原地踏步，这是在中国的学术讨论会上经常出现的问题。我非常高兴地看到，这次的一些论文，特别是在某些细节的考证上面——比如《几何原本》的考证上面——向前进了。在比较文化上面，有几篇论文非常突出，包括陈方正教授、张隆溪教授，还有其他几位教授，所谈问题是过去研究徐光启或者研究晚明史没有清楚认识到的问题。但是，再过三年或者四年，我们再开一次这样的会，会不会重复？所以我想我们恐怕还缺点什么。我是史学从业者，我只会讲历史，所以我就讲一讲我所体会到的徐光启和他的时代。

第一，徐光启的时代一点也不落后。现在不是喜欢讲经济吗？不是喜欢讲中国经济在全世界如何地发展吗？徐光启认识利玛窦的一六〇〇年是明朝很黑暗的时代——万历时代。根据设在巴黎的国际经合组织首席经济学家麦迪森在二〇〇二年出版的《世界经济千年史》，二〇〇四年北京大学出版社出版了中文版。这本书对我震动很大，什么道理？一六〇〇年大家都认为中国落后得一塌糊涂，腐朽得不得了，穷得要死，但是这一年，中国国民生产总值——也就是通常叫作 GDP——占全世界生产总值的百分之二十九点二。当时中国多少人？有不同的统计，有的说一亿多，据我看，七八千万左右，大概占世界人口的十分之一不到。十分之一不到的人口占有全世界国民生产总值的百分之二十九点二。根据麦迪森的统计，这一年欧洲十四国——就是现在英、法、德等十四国 GDP 的总和占到全世界总值的百分之十九点六，十四国合起来人口一亿左右。中国穷吗？一点都不穷。明代的中国，长城以外不计算在内，东北不计算在内，西南的西藏、青海不计算在内，就是长城以内的明代统治范围内的中国，占有全世界 GDP 总量的百分之二十九点二，比西欧十四国 GDP 的总和超过九个多百分点，说明中国很富。问题是为什么没有多少年明朝就亡国了？当然这显示出巨大的反差，经济富裕和政治黑暗惊人地相反。徐光启生在一五六二年，死在一六三三年，一共活了七十二年。他一生经过了六个皇帝，嘉靖、隆庆、万历、泰昌、天启、崇祯。明朝的血统曾经三变，从嘉靖开始是明朝血统第三变的时代。血统一改变，它的历史马上也会改变。血统的变化，引起了朝廷的权力争夺。嘉靖活得太长，他在位四十五年多。隆庆在位时间比较短，不到十年。再往下又是一个非常腐化的皇帝，非常长的万历时代——四十七年。泰昌在位才几个月，可以不算。天启皇帝继位时十几岁，如果自己能够选择职业的话，他会成为一个非常好的建筑师，在宫廷里天天搭模型。他还有严重的恋母情结，母亲早死，他对乳母言听计从。这个乳母又不幸有一个不会生殖的情夫——魏忠贤。于是从嘉靖到万历到天启，形成中国历史上非常黑暗的时代。后来有没有比它更黑暗的，我不知道。徐光启赶上了嘉靖的尾巴，他的成长和入仕，包括入教，在万历期间。万历倒不是很坏，但他受权相张居正的操控。张居正是一个非常厉害的专制者，作为皇帝的老师，皇帝亲政以后，立刻对他进行清算，这在中国历史上是不多见的。第一个就是所谓程朱理学的程颐，这个人后来被他的学生皇帝发配到四川管一个县的盐政；其次就是张居正，他死了以后就被抄家。万历大概受了他老师的专制之苦，所以后来有一段时间他就不管事，他把政府交给宦官运转。万历期间一个"部长"申请辞职，万历照例是留中，就是放那儿不理，再打报告，仍然不理，他就回家了，万历还是不理。万历的政府经常出现空缺，有的时候一个部三四年没有尚书。万历还有一个问题，这是我考证出来的，就是抽鸦片成瘾。中国老早就有鸦片，我发现在康熙以前，中国鸦片成瘾的就一个人——万历。它吃的鸦片不是熟膏，是生的，当作止痛药吃。因为这个家伙太胖了，坐下就起不来，所以这跟他几年不肯上朝也有关系。那时没有轮椅，不能推着他上朝。他大概有痛风，发作了就吞服鸦片。他是第一个鸦片成瘾的人。政府是残缺的，宦官不能维持政府的正常运转。曾经在嘉靖时被严禁的王阳明学派，隆庆时得到平反，在万历时王阳明学派非常活跃。看一看黄宗羲的《明儒学案》就知道，王阳明学派主要在东南地区非常活跃。这一地区在长江中下游，是中国经济最富庶的地区。陆九渊跟朱熹争论，圣人是谁。朱熹认为圣人只有一个，必须经过修养，半日静坐，半日读书，禁欲，才有可能成为圣人。陆九渊说到处都有圣人，东西南北都有圣人。这一套东西在陈献章时代已经在东南流行了。到了王阳明时代，发展了陆九渊的学说，宣称愚夫愚妇都可以成为圣人，"途之人皆可为禹"，这样他就为西学进入东南地区奠定了一个基础。各位已拿到的《利玛窦中文著译集》的导言里我写了，利玛窦北上，从广东出发，到江西，再到南京，再到北京，他踩着王学的脚印，沿着王学的传播路线走。中国内在的一个因素已经给利玛窦的进来创造了一个比较好的环境，不然的话，受到的阻碍要大得多。我们要看大环境，要看大时代。当时很富裕，政治很黑暗，引得很多人——包括徐光启——在思考，我们不差，但政治为什么黑暗？怎么改造？徐光启经常发一些怪论。万历死后，本来给他的谥号叫"恭皇帝"，徐光启提出异议，他说皇帝在位四十七年，一事不做，在宫内天下治，这个人不神吗？所以万历的谥号"明神宗"，就是徐光启提出来并被采纳的。他敢于思考，敢于提出一些问题，敢于对中国的未来提出一些想法；他引进了新东西，接受了天主教。他在《农政全书》的序言里特别强调"富国利民"，他在农业上有多方面的创造，并不光是引进甘薯，已故的胡道静先生列举了徐光启在农业上的各项贡献。昨天黄一农教授讲了徐光启在军事方面、在引进西方技术方面的作为，还有几位讲到《崇祯历书》。中国人为什么重视历书？一个很重要的原因，那就是不管哪一个王朝，哪怕是小王朝，也比欧洲一些国家大得多，天高皇帝远，怎么知道皇帝代表天的意志？那就要看历书。历书指导百姓的生产和生活，所以中国的历书非阴阳合历不可。不用阳历就不能够确定节气，不用阴历就没办法确定月圆月亏。因为是阴阳合历，计算起来特别麻烦，岁久必差，一定要重新修过。比如历法预告今天是望，就是月圆的日子，结果老百姓看到天上的月亮缺了一块；今天应该是朔，就是没有月亮，结果忽然跑出来一个月牙儿。老百姓不说这是历法错了，而是说皇帝做得不好。皇帝颁布的历法叫皇历，老天不照皇历运行，说明老天对皇帝有意见，弄得不好老天还要发怒。所以从汉朝以后，修订历法就是一件大事，朝廷里为历法吵得一塌糊涂。徐光启修历法的意义在哪里？那时的历法错误很多，引起地方百姓人心浮动，谣言四起。徐光启看到这一点，在极端困难的情况下，别人没法干，他去干。徐光启晚年做了东阁大学士、文渊阁大学士，他的正职是礼部尚书，但他什么事也不能干，因为有两个宰相——周延儒、温体仁，他们的兴趣只在争权夺利，没有兴趣研究历法、安定人心。徐光启建议修订历法，并且自己担任历院的首脑。修订的历法一直没有颁布，因为有争论，最后想颁布已经晚了。满族人进来后，有一个非常能干的政治制度设计者，叫多尔衮，他找到汤若望，动员他把历法拿出来。那一年已经预测有日食，日食预报的准确与否关系到刚刚进关的清朝统治者的威望和稳固人心。徐光启在修订历法上的贡献是，坚持用西洋人，就是西来的传教士。当然徐光启不是孤立的，当时有一批名流跟传教士结合在一起，大概百把个人。但是他修历失败了。为什么他无法挽救明朝？为什么满洲人后来又走回头路？这些都是非常复杂的问题。晚明还没有富到顶点，富到顶点的时间是要挨打的时候，就是一八二〇年。徐光启用他特定的方式，想给中国做点事。他到晚年不参加党争，努力做试验。各位很关心孙元化，我可以讲一句话，孙元化的晋升靠了奸相周延儒，这是他倒霉的原因。后来孙元化被杀，徐光启一点办法都没有，只好闭嘴。那个时候很多人比徐光启显赫，但是他的名字还留到今天，值得我们研究。

明清之际的中西文化

时间：二〇〇二年

地点：不详

今天晚上我想跟各位一起讨论的是明清之际的中西文化问题。它涉及的时段比较长，大概是从十六世纪的最后三十年，或者二十年，也就是从明朝万历朝开始，说到十七世纪末，也就是清朝康熙五十年以前。

这一百多年在十八世纪的时候就被学者称为"天崩地裂"的一段时间。为什么叫"天崩地裂"？因为从十六世纪的晚期到十七世纪的中叶，具体地说，一六四四年以前，在中国立国已经有二百年的一个大帝国——自称是"大明帝国"的明朝，在这段时间走向了末路。这个帝国从万历朝开始，发生了朝廷内部的危机，一直发展到整个帝国的危机。这时开始出现了所谓的宦官专政，然后又出现了一批士大夫跟他们的对抗。这批士大夫以东南的士人为中坚力量，他们在东南地区讲学的据点就是现在无锡的东林书院，所以这些人就被称为"东林党"。和"东林党"对立的是宦官，过去蔑视的名称叫"阉党"。其实当时的"阉党"不是宦官，而是迎合宦官的那些文人。

在他们斗得不可开交的时候，明朝出了大问题。开始的时候只是一帮流民，这些人没有固定的职业，失业了，或是失去了土地，因为没有饭吃，开始为了生存小偷小摸，继而发展到抢劫，最后集结起来闹事。起初的闹事纯粹是为了生存，后来闹事就带有了政治色彩。有些历史学家把他们叫作农民起义军，有些人不承认是农民起义。不管怎么样，这是造反。当时造反的派别非常之多，最后大致有十三家，叫作"金乡十三家"，在河南、湖北、陕西这些地方出现。"金乡十三家"以后合并，又变成了两大股，一派的首领是李自成，另一派的首领是张献忠。如果说有点政治意味的话，李自成的队伍比较像起义军，他的队伍有"迎闯王，不纳粮"这种政治口号，比较能鼓舞人心。另一支张献忠的军队就很难说是起义军了。虽然他称"大西皇帝"，可是一直到他失败，始终是一支土匪队伍。张献忠特别恨知识分子。他到四川以后，说你们这些秀才呀，不是爱争吗，不是爱比谁高谁低吗，我现在来给你们平均一下。他就拉起一根绳子，让那些秀才们排队站在绳子面前。凡是高的，他就把高的砍掉；凡是低的，他就拔拔长。当然没有几个人幸免。这个办法来治知识分子倒也很有效，知识分子被弄得很苦，所以现在关于张献忠的记录几乎没有好话。

因为有政治口号，李自成用了一些比较能干的人，其中有些人现在变成了传奇人物，这里我们暂且不说。以后他发展成一支很大的势力，明朝把它叫作"流寇"。可是这个"流寇"很快跑到了北京，推翻了北京的朝廷。很可惜，它进城以后出了一个大问题。明朝那些皇亲国戚、贪官污吏，钱太多了，李自成的那些将领轮流拷问那些京官，把他们的银子逼出来，忙得不得了，李自成则准备着做皇帝。正在这时，东北——也就是满洲人哪里——出了问题。这些人本来是明朝的子民，后来有离心倾向，最后宣布独立。现在有些人忌讳"满洲"这个字眼，其实忌讳干嘛？满洲是它自称，不是别人给它加的称谓。

满洲人很快强大起来，中间有一个小氏族的首领叫努尔哈赤，他一开始在满洲的内战中失败了，他的家族几乎被杀光，剩下大概十来条汉子吧。就靠这十来个人，很快壮大起来，先在关外统一了满洲，以后又去威胁朝鲜——当时的朝鲜是中国的附属国，然后几次打到关内。趁着李自成攻入北京，吴三桂把满洲人领进来，说要替上吊自杀的崇祯帝报仇，结果满洲人一路进来，占领了北京，建立了所谓大清帝国。

大清帝国自从一六四四年建立以后，一直宣传，它不是从明朝那里得到天下，而是从流寇手里得到天下。这话对吗？也对。因为在他进北京的时候，李自成刚做了三天皇帝，叫"大顺帝国"，刚做三天皇帝就跑出去了，依然去当他的流寇。他们进京的时候毫无负担，出京的时候负担就非常重了，因为他们搜刮的金银非常多，被清兵一路追着，舍不得银子就逃不了命，于是一路跑，一路把银子埋下去，据说跑得很狼狈。到了后来，山西人发了大财。为什么后来晋商特别出名呢？因为他们掘银掘了不少，他们能够经商，就是靠这一笔挖出来的银子。

然后清朝又花了几十年来统一中国。顺治十八年，其实只是一个偏安的统治者，不过就占据了北京城，广大的南方还是在南明几个政权手里。一直到了康熙，虽然那时南明政权被消灭了，但是他封的三藩仍然是朝廷很难控制的势力。如果接照严格的意义，"三藩"当然是汉奸，因为他们背叛汉主，认异族为君主。但是我们今天不能这么称，因为辛亥革命之后我们的五族共和，不能够有民族歧视。而在当时这个问题就比较复杂。大家都知道秦桧是著名的汉奸，秦桧投靠的是女真人建立的金国。女真人也是中国的民族之一呀，他们就是满族的祖先。所以今天有些人就提出抗议，说你不能把他叫汉奸。这话也不是今天才提出的，清朝就有人认为把秦桧叫汉奸不公平。无论他们算不算汉奸，总而言之，他们是威胁清政府的一个大问题。

　　一直到康熙二十五年（一六八六），最后打平了郑成功，清朝才算完成了统一。当然以后还继续有争战，主要是在边疆。大概地说，在我讲的这一段时间里，就是到康熙五十年（一七一一）左右，他平定了准噶尔，又收复了蒙古诸部，他通过宗教和政治相结合的办法解决了西藏的问题。中国开始形成了从来没有过的大一统的版图。如果按照被康熙那一朝所收复的大清帝国鼎盛时期的版图来看，中国的版图大概应该有一千两百万平方公里。现在我们国家只有九百六十万平方公里，可见有很多土地后来丢掉了。有很多糊涂账到现在还没有算清。清朝末期那些不平等的条约割让的那些土地我们不去算它，就拿当时康熙跟俄国人订的条约——现在拼命宣传的《尼布楚条约》来说，这个条约还比较公正。但是俄国人当时采取了一个办法：竖立了一个界碑，冬天没有人的时候，他就把界碑挖起来，派匹马拖着往中国方向跑，跑到一个地方往那一竖。第二年清朝人过去到那界碑一看，糊里糊涂，外边就不算了。这样几次以后，被捞了多少土地，我们也不知道。

　　我们现在从明朝的万历年间讲到清朝的康熙，这一段在政治上应该是一个非常复杂的时期。中国不仅经历了内战，经历了内部的造反，当时的大明帝国也经历了外战，主要是明朝和它的属国满洲之间的战争。满洲人进来以后，又经历了长期的内战，实现了统一。这个统一应该说在中国历史上是空前的。当然，为了实现统一而发生的战争也是残酷的，比如李自成、张献忠杀的人就不计其数。

　　康熙这个人比起他的儿子雍正和孙子乾隆，要宽容一点。这个人没有后人说的有那么高的文化，不过他的政治头脑还不错。如果他像乾隆后来那样腐化，满洲绝对不可能完成所谓的统一，更不用说开疆拓土了。

他们之所以能够开拓那么大的版图，完成统一，正因为他们野蛮。所以历史上文明人和野蛮人打，常是文明人吃亏得多。现在还有类似的情况，像美国人，文明程度那么高，在阿富汗还到处吃亏。因为野蛮和文明是一个相对的概念，并不是一个绝对的东西。

我讲的这一段历史大约有一百二十年，现在我们来讨论这段历史中的文化问题。文化问题不仅是当时的大明帝国和大清帝国版图内部的事。明帝国在版图上要远远小于清帝国，明帝国的北疆就是现在的长城，它的势力范围从来没有越出长城以外过。现在的新疆、西藏、青海也从来不在明帝国版图之内，所以我们现在看谭其骧先生编的《中国历史地图集》，明帝国的行政统治范围就那么一小块。当然南京还包括在其中，而且这里一直到明朝亡，都是明朝的南都。

我说的中国不等于明朝，也不等于清朝，就是指现在的九百六十万平方公里范围内的中国。在当时中国的范围内，其实存在不同的政权，当然也存在不同的民族、不同的传统、不同的文化。在这个阶段里，中国跟世界的交往增加了。事实上，中国从来没有跟世界隔绝过，任何时代都没有做到这一点过。以前有人提出，"鸦片战争以后，中国人才睁开眼看世界"，一直到二十世纪八十年代这句话还在流行。我在任何场合都要批评这一观点。我就反问，难道在鸦片战争以前，所有中国人都闭着眼睛吗？我不需要举政府的例子，也不要讲什么文化交流，我就举一个例证，《圣经》里记载过丝国，那个丝国就是中国。这就证明在《圣经》的时代中国的丝绸已经从东方传过去了，东西方的交流一直都存在。我也不要讲西汉时张骞通西域，张骞副使的足迹一直到了现在的黑海边上。我也不要讲东汉班超通西域。我也不要讲后来唐朝有人跑到西方，跑到非洲——他是和韩愈、柳宗元同时代的人，名叫杜环，他回来以后写了旅行见闻，这部书叫《经行记》，记载了他到非洲目睹的东西。我也不讲唐朝的时候有那么多的国家来跟中国通使。我也不要讲宋代，宋代的版图很局促。北宋王朝是很可怜的，要知道宋代除了去求和的使节以外，没有人到过现在的北京。当时的北京在契丹手里，后来在女真人手里，就是辽、金，再往后就变成元朝的大都。如果把中国传统文化理解成汉族的传统文化，那么现在的北京就不能代表中国传统文化，它倒是代表当时的许多少数民族的特色，契丹的、女真的、蒙古的，他们的这些文化传统。所以北京人到现在还有点野蛮，有点那时候风俗的遗留。在孔夫子的家乡山东，现在的人都变种了，因为那里混血儿很多。你们这儿有山东人吗？不要生气，混血儿没有什么——混血儿聪明。你看现在的山东人，他们后脑勺突起，这是阿尔泰系人种的体质特征，跟现在的南方人，就是所谓的藏汉人种不一样。所以现在山东人要夸耀"我是孔子的后代"，我就说："看看你的脑袋。"

中国和域外的交流一直存在，并不是一直到鸦片战争，英国的炮把中国打了五个窟窿，就是所谓的"五口通商"，然后中国才开始从那个窟窿里望出去——噢，外面还有个世界真精彩，然后才睁开眼睛看世界。哪有那么回事！我就举一个例子。我们常常说中国地大物博，但是我们忘了一条，中国在金、银、铜、铁、锡五种元素里唯独缺少银。中国是贫银国，银矿极少，品位很差，产量又小。中国本土的银的产量，最高的是康熙年间，一年产量是五十二万两。八国联军打进来的时候，一赔偿，全国每人一两，是四万万两，这就是大家知道的"庚子赔款"。与这个相比，五十二万两算什么！但是我们知道，直到一九三五年，中国一直是以银为主币，以铜为辅币，在货币上叫"银本位制"。一九三五年时，国民政府在南京下了一道命令，全国从明年开始，废除银元和铜币，一律改用纸币。当时闹得非常厉害，后来终于成功了。当时国民党乘机捞了很多银圆，变成他的库藏。铜板收集起来，熔化了，也很有用。一九三五年改掉的"银本位制"在中国已经实行了多少年呢？我们往前追溯，可以追溯到明朝英宗的时候。明英宗正统年间，一四三五年，他下了一道谕旨，以后征税都要征银，当时叫"金花银"。这位明英宗被蒙古俘虏过，后来又放了回来。据说他非常喜欢银子，每天回宫，就对着那些银子看，越看越有趣，于是就想征税时应该全部征收银子。开始只是在南方实行，后来推广到全国，所以全国的税收就是以银来计算。全国的大宗交易也开始用银子作为标准的计量单位。

我们知道银子的特点：第一，它可以储藏；第二，它可以转化。转化成什么？首饰啊。你看现在的苗族，妇女头上的银首饰越来越多，都有几公斤。这就是转化。储藏也很普遍，现在你们把人民币埋在地下，过几年就烂掉了，银子在地底下就不会烂掉。我小时候，那是抗日战争末期、解放战争初期的时候，我在山西的一个城市里读小学，有人告诉我，某个人叫"李八缸"。我说什么"八缸"啊？他说，你看，他家里藏银有八缸，都埋在地下。我看那个人却是山西的土老财，穿着光板棉袄，底下一个光板裤子，腰间一根麻绳一束，脚下没有袜子，拖了一双老棉鞋。这个人竟然那么有钱啊！这就是北方土老财和南方财主的不同了。后来我回到家乡无锡，发现南方地主，穷得叮当响，但是每天要穿一件绸的长衫，提个鸟笼去坐茶馆，他要装富。我举这个例子当然不是为了作南北比较，我是想说明中国有这样的人。这种财主很典型，有了银子就储藏起来。除了要征税、要商业流通以外，有很多银子被公开或暗中储藏起来，还有的转化成首饰。此外，银子在熔化的时候还要有消耗。所以清朝征税，每两银子都要加附加税。因为碎银子熔化以后有消耗，所以叫"火耗"。成年累月积累下来,中国的银子需要多少万两才能流通啊!过去一年中银子最高产量才五十二万两,而按照我刚才的计算,大概在近代中国经常保存的用以流通的银两,起码超过五亿两,甚至五点二亿两还不止。它是中国本土产量的多少倍?一千倍。还得再加上被埋起来不流通的银子。《聊斋》里写过一个故事,有人储银八缸,没有告诉他的子孙,临死的时候,说不出话来了,要想指出银子藏在哪里已经不行了,结果含恨而去,他的子孙就变成了穷光蛋。可见这些流通的银子被埋起来,或者损耗了,还需要源源不断地补充。补充从哪里来?这是对历史学家提出的问题。

好些年以后,我才逐渐弄清楚这些银子是从哪里来的。这五百多年的银子,经过中外学者不懈的努力追查,发现是从美洲来的。哥伦布发现新大陆以后,西班牙人、葡萄牙人占领了中美洲、南美洲产银最多的地方。在美洲产银最多的是秘鲁,第二位是墨西哥,这些地方都落到了西班牙人手里。它们怎么会转到中国来的呢?当时中国的经济相当发展,是世界第一位。中国输出丝绸、茶叶、陶瓷,还有其他的一些所谓的珍品,与世界其他地方做交易。这些东西现在我们都非常熟悉了,那时的西方人却热衷于与中国交换这些东西。十八世纪初期的时候,法国宫廷领导西方的时装潮流,也领导西方的时尚。那时候法国人最时髦的就是穿用中国绸缎缝制的长袍,然后一起到中国茶馆里泡一杯茶,就像现在的上海青年跑到衡山路的咖啡馆,认为那就是西方的时尚。再有,英国人本来不喝茶,因为茶叶从采集到烘制变成能泡的茶叶,是中国的产物,在其他地方没有。从十七世纪起,英国人开始输入中国的茶,然后英国人就喝茶上了瘾。一直到现在,英国人喝下午茶还是非常重要的。我曾去过英国,那边每天喝下午茶,是不能更动的固定时间,当然据说现在也在改变。英国不出产茶叶，只有通过辗转的对外贸易，才能从中国把茶叶弄过去。那时候中国茶非常昂贵，英国人还没有想出办法来让他们非洲的或是亚洲的殖民地种茶叶，只能够用大量的银子到中国来换。英国人曾经想用他们的生产的东西跟中国交换，他们大概选错了交易的地方。比如他们听说中国地方非常大，人口极多——在明朝的时候，纳税的人口大概就有五千多万，假如一家有四口人，明朝晚期中国应当有两亿人口了——他们听说中国是这么个大国，想假如能说服中国人把他们的长衫或者是裤子加上那么一寸，英国的呢绒厂开工几辈子都做不完。于是在清朝刚建立不久，就有英国人运了一船呢绒来。那个时期只准在广州贸易，他们到了广州，想跟中国人做生意。他们原想把呢绒卖出，然后换成中国的丝绸、茶叶回去，没想到那一船呢绒一寸也没卖出去。怎么回事？广州太热，没人穿。所以当时一个随船的人非常伤心地记载："我们到了广州，除了白白地抛出八千西班牙银币，一分钱也没赚到。"这八千银币用在哪里了呢？主要用来购买中国的丝绸和茶叶。所以，当时双方的贸易是不平衡的。

前两年纪念哥伦布发现美洲五百周年。纪念他的时候，我就说有一个事实很多人都忘记提了，哥伦布发现美洲，头三百年得利最大的是谁？不是欧洲，是中国。因为他们很快就发现，与其把银子运回欧洲，再从欧洲运出来去购买中国货物，还不如直接把它运到中国来，跟中国交易，把白银换成货物运回欧洲去。于是，他们发现了两条航路，一条是经过菲律宾的马尼拉中转，还有一条经过现在的印尼中转。当时中国表面上禁海，实际上走私贸易非常厉害。中国商人把中国这些东西运到马尼拉，或者印尼，然后换了他们的银子回来。这些银子进入中国，有时候海关征一点税，有时不征，总之，大量白银实际上流通到中国国内来了。

在这个时候，西班牙人、葡萄牙人占领了美洲，大量美洲的白银通过这条线，输入中国。过去一位非常有名的经济史家，是专门研究明清时代的经济史，特别是物价史，叫全汉昇，这位老先生现在很老了，住在香港。八十年代初我到香港去开了七天的会，专门去找这位老先生，跟他谈了三天，请教他那些银子是哪里来的，是怎么流通过来的，到底跟外国贸易了些什么东西。后来这位老先生在台湾开了一个讲座，也专门提到这些问题，人口问题、物价问题还有白银问题。他在香港出版了一本《明清经济史稿》。他送了我不少材料，包括外国人的研究成果，我才知道，我们的银子原来就是靠对外贸易支持的。根据全汉昇先生的介绍，欧洲有人研究过，哥伦布发现美洲的头三百年里，美洲所生产的白银有三分之一到二分之一运到了中国，所以中国的白银才能够源源不断地得到补充。

为什么后来发生鸦片战争呀？就是因为他们想不出拿什么东西来换中国的产品，只好一直向中国输入白银。英国人吃了亏，就老想打破这个局面。后来他们忽然发现，中国有一种东西叫水鸦片，很多人在抽。中国人本来不抽鸦片，中国人抽鸦片要怪康熙和雍正禁烟。烟草也是美洲过来的，到了明末大家已经吸烟成风了，所以王士禛的笔记里就讲到，在明朝末年，三尺童子无不吸烟。没有想到碰到康熙、雍正这两个特别反感烟草的皇帝，特别是康熙。康熙在位六十一年，实际掌握权力也有五十多年，他很憎恶烟草。他憎恶烟草并不是因为吸烟有害健康，而是因为吸烟使得中国沿海的几个产粮大省变成缺粮省，比如福建。因为烟草种下去以后，就使土地有毒，即使重新改种粮食，也要经过六年到七年才能够恢复到原来的质量，所以他讨厌烟草。中国向来有个风气，像个钟摆一样，上面偏一点，下面偏一大片。那个时代的富家子弟们本来总是拿烟草互相比较，我的烟怎么好，我的烟草怎么高级，斗富夸耀。这时候烟草被禁了，他们就找代替品，于是找到了鸦片。鸦片作为一种中药，有一千多年的历史，从唐朝开始就躺在中药铺里没人理睬。鸦片本来是用来止痛的，在这以前，只有一个人有鸦片上瘾的记录，就是等会要讲的万历皇帝。康熙禁烟草的时候是在康熙二十年（一六八一）左右，雍正继承下来——雍正在位十三年，大概总共禁了半个世纪。这半个世纪里，那些纨绔子弟就想出一个办法，用鸦片作为烟草的代替品。起初鸦片不是抽的，是吞的，因为是生鸦片，用来止痛。后来他们发现鸦片可以熬汁，熬成汁以后可以浇成膏，变成膏之后里边加入香料，还有偷偷弄来的高级的烟草，制成我们讲的鸦片膏，然后采用过去抽烟草的方法来抽它。不是直接吞下去，而是用烟枪烧了以后，吹成一个泡，然后吞下去，整个人会有飘飘欲仙的感觉。一九四九年中华人民共和国成立以前像我家这种破落家族里抽鸦片的人很多，我常常看他们抽，但他们要我尝尝，我从来不敢。我问他们抽鸦片的感觉，他们就这么告诉我。禁了烟草以后，抽鸦片马上时髦了，到了康熙末期、雍正初期已经传到宫里，许多太监、宫女都在抽。英国人发现这个东西可以打开中国市场。当时中国的鸦片主要来自土耳其，他们从土耳其找到了种植鸦片的地方，后来又在印度找到了最合适种植鸦片的环境，强迫那里的农民种鸦片，把它弄成一团一团的生鸦片运到中国，果然大获其利。你们要知道为什么英国人会种鸦片，为什么鸦片流毒最厉害是在清朝的乾隆以后，可以看看马克思的《鸦片贸易史》，收在四卷本的《马克思恩格斯选集》里。里面就讲到东印度公司的几个家伙怎样居心险恶地鼓励印度人种鸦片，然后来掠夺中国的市场。所以到了后来中国就从白银内流变成白银外流。这是后话。

现在我们回到前面去，讲前面提到的一百二十年。这一百二十年中，中国实际上不仅经济上发达，并且文化上也很发达。那时候已经在欧洲引起一股所谓的"中国热"，许多人向往中国。在向往中国的人里面，有一批在欧洲反对宗教改革，并且主张天主教内部实行改革的人。这些人以一批留法的西班牙大学生为核心组织起来，叫作"耶稣会"。他们自称为"上帝的连队"，有非常严格的纪律，完全采用清教徒的那种生活。宣誓进入耶稣会要经过十年的考验，才能够被耶稣会正式承认为会员，比我们入党的考验要严格多了。这批人在欧洲反对新教改革。当时新教有两派，一派叫"抗罗宗"，就是德国的路德派，因为他抗击罗马教廷，所以叫抗罗宗；另一派叫"归真宗"，就是卡尔文派，他们的口号不是抗罗马，而是回归正统的天主教义，其实就是原教旨主义。耶稣会反对这两派，认为他们根本不是原教旨。耶稣会向往的是回到中世纪的早期传统，有点像现在我们有些人要回到中世纪的时候，恢复儒学的光辉，就是所谓的"新儒学"。可是新儒学没有出一个像罗耀拉那样的人物，能够把他的十二个大学同学组织起来，组成一个强大的核心。这十二人后来扩展到全世界，到现在耶稣会还在不少地方活动。我有一次在美国旧金山就看到耶稣会的信徒还是住在同一幢大楼里，过同样的生活，互相监督。当时耶稣会感觉在欧洲碰壁，他们看到了教会内部的腐败，想改革这个腐败的机构，但是在教会内部又碰到阻挠，所以他们就想找到一个地方能发展他们所谓的"真教真知的基督教"。他们中不少人就出来寻找一个能够发展真教的基地，认为东方有一些地方还是很纯朴的，而且基督教还没有传播过去，可以作为传播真教、发展真教的基地。

于是有个叫沙勿略的耶稣会士就到东方传教。他是耶稣会十二个原创人之一，从欧洲步行，到了印度，总共步行十万里。后来他也到过日本。到了日本他觉得日本已经很不错了，后来日本人告诉他，这些东西都是从西边的中国学来的。他说，中国能够感化日本、感化朝鲜，这个地方一定很了不起。于是他就想到中国来传教。他千方百计，花了几年时间，最后在一六五二年想办法准备从一个岛上偷渡过来，就是现在广东珠江口外的上川岛，但是仍然没有办法进入中国大陆。他孤身一人到了上川岛没多久，就病死了，始终没有实现到中国大陆传教的愿望。这个人很了不起，罗马教廷最后追认他是圣人，所以现在沙勿略名字前面要加一个"圣"字，叫"圣沙勿略"。

沙勿略没有想到，他没能实现的遗愿被一个在他死的那一年才在意大利出生的一个小孩子继承，在三十年以后实现了，这个人就是利玛窦。利玛窦生在意大利，他父亲是个商人，但是他违背父亲要他去做律师的愿望。商人通常对律师能够提供法律保护很感兴趣，所以希望自己的儿子做律师。可是利玛窦参加了耶稣会，又在耶稣会学院里受到极好的教育。当时耶稣会学院的教育非常严格，有语言、哲学、数学、物理等一共七门课程，所以耶稣会学院培养出来的传教士在中国人看来学问都非常好。利玛窦本来在印度传教，他在印度又学到了一手本领。别人在那里昏昏欲睡的时候，他到处乱跑，干什么？请教工匠，做仪器仪表。这对他后来到中国来传教极为有用。他做了很多简单的日晷、简单的测偏仪，还学会了一套绘图技术，能够制作地图。这些都是后来利玛窦到中国来的本事，学到利玛窦这类玩意最多的是南京人。利玛窦一六八二年到澳门，在那里学习中文，一六八三年进入广东首府，从此走上在中国传教的不归路，因为他最后死在北京，直到死都没有回过故乡。

一六八三年很重要。这一年为什么重要呢？因为从这一年开始，有一个叫作天主教的东西在中国传播了。以后从清代的康熙晚年到雍正、到乾隆，一直颁布命令禁教，都没有把它禁掉，一直延续下来。刚才我说了，有人讲魏源是睁眼看世界的第一人，那是不对的。为什么呢？因为利玛窦进来以后，不但以耶稣会士为主的传教士一直在中国活动，而且到康熙朝的时候，康熙的宫廷教士里有相当一部分人是法国的耶稣会士。法国的外方传教会的比较有名的有白晋和张诚。张诚还参加过《尼布楚条约》的谈判，做翻译。白晋写了一部著名的《康熙帝传》，献给路易十四。此外还有一大批传教士在中国活动。譬如有些传教士奉命第一次按照西方的办法为中国测绘全国地图，第一次使得中国的政府知道中国有多大。他们计算方位、经纬度，计算面积，分成多少个行省，有哪些河流。比较准确的中国地图，最初就是一批传教士奉康熙之命绘制的。

　　另外在中国还有一件非常重要的事，就是制定皇历。你们知道今年农历是什么年吗？你们大概最多知道是马年，那是生肖，是蒙古人的办法。今天我们不太在意历法，可是在中世纪的历史环境下，一部准确的皇历是非常重要的。所谓皇历就是由皇帝颁布的历法。在古代，中国那么大，天高皇帝远，你怎么知道皇帝圣明呢？你怎么知道皇帝是真命天子呢？特别是在广大的农村里，你怎么知道这个皇帝做得好还是不好呢？就是通过皇历知道的。这个皇历每年由皇帝颁行给地方官，地方官颁行到民间去。地方上县官以下的地方官吏每年要做一件事情，就是按期宣布到什么节气了，你们该干什么。耕种、收获都要按照节气来，才能有好收成。另外，皇历上还规定吉凶，特别是规定日食、月食，这是大事。日食、月食就证明天要警告你，这个时候一定要有准确的预报，才可以准确地抢救。上海前几年还有人在日食时大放鞭炮，认为天狗吃太阳，要把它救出来。江南的农村里，凡是碰到日食、月食，农民把家里响器全拿出来，勺子、锅乱敲。原来月食了，天狗吃月亮，要把天狗吓跑，让它把月亮吐出来。准确预报是很重要的，假定说没有准确预报日食、月食，老百姓不是说你历法不准确，而是说这证明皇帝太坏了，所以老天爷不预告就发生了。还有的时候，明明说今天是朔，应该完全无月，或者今天是望，应该有团团的月亮，忽然天上怎么出现月牙了？或者今天应该是望，怎么天上圆月亮缺了一块了？老百姓不认为这是历法计算的失误，而是把这看作上天的警告，警告地上皇帝没有管好地方官，或者本人荒淫无耻，太坏了。所以过去历法跟皇帝的形象和威望有极大的关系。从晚明开始，修订历法的主要就是传教士；清朝初年重新颁行的新历法也是传教士参与修订的。康熙以后，御前天文官钦天监监正一个是满人，一个是西洋传教士。因为清朝是满汉双轨制，正职是满人，满人是毫无学问的，不过放在那里做领导；另外一个副职通常是汉人，汉人在满人领导下处理具体的工作。只有钦天监到了康熙以后是特例，一个满监正，一个西洋监正，没有汉监正。西洋人做监正，说明康熙的御前首席天文家是西洋人。这个情况一直持续到鸦片战争前两年最后一个西洋钦天监监正退休回国，这时钦天监监正才完全改由汉人掌握。制定历法这样重要的事情掌握在西洋人手里，这是耶稣会士进入中国以后对于中国文化的公开影响的一个部分。

另外，我们知道康熙在历代的皇帝里边是最留心外界事物的。他不像别人传说得那么有学问，他读西方的书籍、学西方数学的时候，发表过的言论，被他的大臣们记下来，现在还存在。从中可以看到，没有像过去传教士在西方渲染的，说康熙这个人真是英明得不得了，领悟能力那么好。他讲的有些东西在我们今天看来是普通常识，有的还犯常识错误。不过在那个时候，他确实是有点了不起，起码比别的皇帝要高明一点。他的儿子雍正除了对拳脚功夫与和尚辩论有兴趣，还有对搞阴谋有兴趣以外，对外界这些事物完全没有兴趣。当然还有一件事他有兴趣，就是西方的享受，圆明园是他开始建的。康熙的儿子受过西方教育，雍正在整他兄弟的时候把他们有的放在北京，有的流放到青海，他们之间就秘密通信。信用什么写的？拉丁文。这就证明他们确实学过拉丁文，能够用它来通信。所以起码在满洲人当中还有几个懂西学的人。电视剧《康熙王朝》里面的太子是那么不堪，亵渎他英明的父皇，而且那个太子是多么一个浑蛋的家伙，糊里糊涂的，没有力量，羽毛未丰就想篡位。其实在历史上根本不是那么一回事。他的太子有没有想代替康熙的位置的想法？当然有，两岁做太子到了四十二岁还没当成皇帝，他耐烦不？因为历史不可以讲"假如"，现在按照某些人的习惯"假如"一下：假如这个太子当了中国的皇帝，那么跟雍正相比怎么样？太子是二儿子，雍正是四儿子。康熙有十七个儿子，实在太多了一点。儿子多了，如果不是一母所生就是大问题。在中国中世纪，所有的皇子都有同一个父亲，但都有自己母亲的家族，这就使得当时的政治问题变得非常复杂。那个太子叫胤礽，根据西方人留下来的记载，他不仅懂拉丁文，满文、蒙文、汉文都很好，并且这位太子对世界事物非常感兴趣，一直向那些传教士了解西方的历史、地理、政情、人文，跟雍亲王完全两样。看雍亲王当了皇帝以后，把他的王府变成雍和宫，就知道他的真实信仰是什么了。

这时候确实有一批人带来了外国事物，这些外国的事物传入中国以后，西方的文化起码在中国的宫廷里、在中国的上层发生了很深刻的影响。那么，对学者文人有什么影响？我曾经有一个说法，这个说法近年来也得到一些学者的认同。我认为清代的汉学从本身来讲是对传统进行解构的一个产物。经典本来是只许信仰不许怀疑的，但是，清代汉学的基点就是对传统经典的怀疑。他们一会考证出来这部经是假的，一会考订那部传是假的，一会考出来这个不是孔夫子写的，一会考出来那个是汉人的东西，一会考出来这是某人为了阴谋野心伪造的东西，把经典弄得支离破碎。再有，中国人的思维方式向来是线性的、代数性的，没有一个空间感觉，没有立体的感觉。但是从晚明以后，中国人开始注意空间了，我刚才讲到的对全国地理进行测绘就是一个非常重要的事。另外中国人开始懂得过去所谓"天圆地方"的讲法不对，天也不是像中国人所描绘的那样，大地也不是四方的——大地是个球。利玛窦刚进中国的时候还主张地心说，后来有些传教士开始宣传哥白尼的日心说，说地球不仅不是方的，而且地球也不是宇宙的中心，宇宙的中心应该是太阳。当然现在我们知道太阳也不是宇宙的中心，太阳在银河系的边缘，银河系像一个盘子一样在那里旋转，太阳带着它的家庭就在银河系的边缘，在那里滚动，滚动一圈是十亿光年。由于传教士带来的新知识，中国人对天地的观念、对宇宙的观念、对人生的一些看法，都在转变。

那么这些转变是哪里来的？那时候的汉学家大部分人不愿意直说自己看过西洋的东西，但是他们整天骂西洋人，这就证明他们恰好看了人家的东西。比如乾隆末到嘉庆初文坛领袖阮元，扬州人，当时非常有影响。他作了一本书《畴人传》，我们现在可以把它叫作科技史，主要是中外数学家列传，里面就有利玛窦的传。在利玛窦的传里，他专门讲到日心说。其实利玛窦不是主张日心说的，利玛窦主张地心说。他把日心说加给了利玛窦，然后批评地球围绕太阳转的说法，说这是"上下移位，动静倒置"。地球是中心，那么太阳当然东升西落，经常到地球下面。现在把它上下移位，太阳倒不动，地球在那里动，这简直不可原谅。不管怎样，这一条还说明阮元蛮开明的，知道西方天文学的新发现，他其实是最早提倡西学的人。我们现在认为魏源是"睁眼看世界的第一人"，他主张"师夷长技以制夷"，而第一个真正提倡西学的人是阮元。阮元虽然这时还在坚持地心说，但已经不再讲地是方的了。他们已经知道西方有人转了地球一圈，麦哲伦环游地球，知道地球确实是圆的。虽然中国人一直到清末还没搞清楚为什么地球是圆的，地球那一边也有人，为什么我们头朝上站着的时候，他们能够头朝下站着呢？想不通。我到欧洲去的时候，突然想到这个问题，我现在头朝下站着呢。清朝末年也没有人搞清楚地球上有所谓的"万国"，其实也没有一万个国家。晚清的时候有个做过军机大臣的大学士徐桐，是个汉军八旗，义和团运动中的顽固派，后来被他的儿子逼得自杀了。徐桐就讲过，外国列强要来订条约，一会出现一个丹麦，一会出现一个荷兰，一会又出现一个比利时，他就想一定是英国、法国经常向中国要东西，要得不好意思，他们另外造了几个国家来，派了几个洋人来向中国要东西。

　　虽然一直到晚清，还有徐桐这样完全不懂域外事物的人，但在十八世纪中国已经有一批人相当了解西方了。除了我们在晚明见到的徐光启、杨廷筠，还有起码一百多个人，都是当时的大学者、大官员，对于西方比较了解。清朝前期，包括有些道学家也很重视西方的知识。这也可以理解，因为顺治非常相信传教士汤若望的话。顺治快死的时候，还没有确定由哪一个儿子继位，最后请汤若望来决定。汤若望选了康熙，因为顺治死于天花，而康熙出过天花没死，就证明他有免疫能力，那么他如果做皇帝一定做得长。于是就决定了由顺治的第三个儿子来继承皇位，后来叫康熙。现在演康熙的演员都不对。康熙是个大麻子，现在演员脸上一点麻点都没有，显然是冒牌货。这就证明当时的传教士带来的东西中，当然有宗教的内容，但是也有早期的西方科学。

　　明清之际中国有一个大变动。在天崩地解的这些年里，中国出现了思想上的一个很大冲击。现在我们有些人爱讲"实学"，也是这个时代出现的。我今天不讲这些。为什么呢？因为真正说到这个时代变动的话，它里边还有一些别的东西在，这些东西可能对我们中国以后的历史影响更大。如果我们今天如实地看待历史，这一百二十年需要特别重视。我今天讲中西文化问题，只是提出问题。我没有答案，就是有答案我也不想说。你们各位学习理工科的居多，我倒希望你们从科学技术史的角度能够对这一问题研究研究。当然纯科学、纯历史是相当乏味的，而技术和人有密切的联系。马克思曾经说过，工艺学指技术、技能这些学问，工艺学能把当时的社会关系能动地表现出来。我还是大学生的时候看了马克思《资本论》里边这一段话，想了好久，工艺学到底怎么样把人类的各种社会关系能动地表现出来？到了我自己也去了解西方科学史，了解中国科学史并且尝试从科学与思想、科学与文化互相关联的角度进行考虑，我才知道马克思这句话说得真对。马克思有许多话我不赞成，他有许多东西也是幻想，有许多东西只能适合于某一个部分。比如马克思讲的五种社会关系，那是他以西欧历史为原型考证出来的，对西欧完全合适，但是不是能普遍适用到东方社会，他自己也没有把握。马克思的全集里现在有留下来反复修改的五个信稿，这封信是致当时俄国社会民主工党的一个女领袖，叫薇拉·查舒里齐。她问马克思，我们俄国的公社到底在你的五种社会关系里处于什么样的地位。马克思为了回答她的问题，一封信起草了五次，那五个稿子都存在，里边最犹豫的一点就是东方社会到底属不属于他的五种社会形态。最后他专门提出来，说东方、俄国的公社，包括印度，等等，叫作亚细亚生产形态。什么叫亚细亚生产形态，到现在为止国内外的学者还在争论，我们不去说它。但是马克思显然已经意识到他的那个五种社会形态的结论有很多地方不适合东方。我们现在讲中国奴隶社会、封建社会，是苏联的教条。我从前也是这样子说，但发现并不符合历史事实。后来我想，还是回到古老的办法，按照时间来划分，古典时代、中世纪，这样子虽然糊涂一点，但有的时候反而更好。比如现在讲中国的封建社会，中国有没有马克思所讲的封建社会？有，那就是西周，封邦建国。中国在秦以后出现的形态在马克思的经典里是没有的；如果有，是昙花一现的东西。马克思讲到封建后期有个统一的倾向，那在欧洲是昙花一现，但是在中国长期延续两千多年。这样一个社会，你把它简单地叫作马克思所说的封建社会，就是错误的。

　　二十世纪八十年代我写过一本书叫《走出中世纪》，有人问我：你为什么不叫封建社会？为什么讲中世纪？你所谓的"中世纪"难道一直延续到清末吗？我说：第一，我这个中世纪不过就是一个时间的界定；第二，我讲的中世纪并不是否认中国有封建社会，而是否认秦以后的中国社会形态可以跟马克思所说的封建社会相比附；第三，我讲到的中世纪是一种政治体制，作为一种个政治体制，秦朝建立的政治体制是不是到辛亥革命才推翻？有许多概念我们恐怕得重新考虑，这不是反传统。历史学家的责任就是从历史本身说明历史，不要先设定一个框框来说明；如果先设定一个框框来说明，那么一定会扭曲历史。当年提倡的"历史为无产阶级政治服务"，我就想不通怎么服务。当年我服务过，越服务越失败。我当年几十篇文章，自己都不忍收进我的集子里边，因为都是错的。这些话是一个服过务的人觉悟以后说的话。最可悲的是像我那一代人，花了那么多的力气写书、写论文，到最后发现只有进纸篓的价值，真是太可悲了。我这个人觉悟得很迟，到了三十来岁的时候，才发现自己应当有一个自己的脑袋，才发现不应当让别人的脑袋来代替我，所以没有人能够来支配我的脑袋。你们有本事把我关起来，哪怕把我宰了，但是有一条，现代的科学技术还没有办法把我的脑袋里我的思想、我的知识、我的学问转移到你那里去，所以你最多能够消灭，但是你不能够盗去，这是唯一属于我的东西。所以我对我那些学生讲，离婚也不可悲，失恋也不可悲，什么事都不可悲，最可悲的就是你没有属于自己的东西。

我刚才讲到的这一段时间，提出了许多问题，不仅向历史学家提出，也向每一个关心中国命运的人、每一个关心中国过去的人、每一个关心中国在历史上怎么和世界交往的人提出。我们有不同的思想，各种各样的文化，我们现在把它叫作多元化。怎么样互相交流、互相影响？为什么有一些好的传统在今天没有了？为什么有一些东西过去没有的，在今天反而变得严重起来了？或者过去萌芽期间的东西在今天变得严重起来了？这些恐怕需要我们各行各业的人来研究，才能够搞得比较清楚。

二〇〇一年是利玛窦入京四百周年，香港一个出版社要求我编一本书，我后来编了一本《利玛窦中文著译集》，香港和上海复旦大学出版社同时出版。这个中文著译集，我就是想展示一下四百年前利玛窦的思想。利玛窦死在一六一〇年，他在中国一共二十七年半。他死在北京，现在他的墓还在北京，在北京市委党校那个园子里，所以北京市委党校也借他发一笔财，想把它辟成一个游览点，专门卖票。利玛窦的遗迹在南京不少，但是我想现在大概都没有了。他二度在南京活动，特别是最后在入北京以前，他主要在南京上层社会活动。他虽然只是一个人，但是他表征的是一种文化。他来到中国，两种文化相遇、碰撞、发生矛盾，怎么样互相起变化，我想这是一个很有趣的课题。

房龙曾经写过《人类的艺术》，中间有几章就是讲欧洲人怎样以模拟中国的东西作为时髦。如果你们各位想知道当初利玛窦为什么到中国来，到中国来了以后和中国传统的东西发生了怎样一种冲突、怎样一种矛盾，他为什么会采取那种形式来进行所谓的传教，为什么要在中国传播科学技术，为什么要借这些东西来跟中国士大夫广泛交往，请你们看看我最近在复旦大学出版社出版的《利玛窦中文著译集》的导言。另外，收进这本书的每一篇东西，我都给它写了一个简介，我以为写得还不错，至少我以为比现在国内外其他介绍利玛窦中文著作的人要好。二十世纪九十年代初，我曾经在复旦大学举行过一次"基督教与近代文化"的国际研讨会，后来编成一个文集在上海人民出版社出版，名为《基督教与近代文化》。如果各位有兴趣的话，可以看看我给它写的前言。刚才我提的一个问题，为什么中国五百年间会实行银本位制，这个问题我第一次书面提出，就在这个前言里。

讨论：

　　问：从您的角度，怎么看章学诚的"六经皆史"？他的观点对今天的学界有什么现实意义？黑格尔对于历史研究有负面性，他拿时代精神或者民族精神来掩盖历史的丰富性，您怎么看？

　　答：关于章学诚，我简单介绍一下，因为这个问题我想大多数人不会感兴趣。如果你感兴趣，请你看一看二十世纪六十年代初我和我的老师周予同先生共同编的一本大学文科教材《中国历史文选》。请你看一看《中国历史文选》下册里《文史通义》的解题，其中有我对你关心的问题的解答。另外你说梁启超在《中国近三百年学术史》里对他有一个评论，你问我对这个评论有什么看法。梁启超的《中国近三百年学术史》和他的《清代学术概论》现在国内外通行的最好的本子是我整理的校注本，你可以看一看我对梁启超的有些文章的批评。假如你没有时间的话，看看上海古籍出版社前几年出版的《清代学术概论》，我重新给它校注，并写了一篇很长的前言。这个前言里就有我对梁启超的批评。梁启超很敏锐，有很多见解，但是他赞美章学诚的话并不是他自己的，当时一般人都这么说。因为梁启超文章写得很好，但是有时候比较爱夸张，所以他对历史的评判，至少在价值判断方面，我们不能够全信。

再有你刚才提的另一个问题，黑格尔主义，我昨天已经讲了一点关于黑格尔的看法，我不知道你讲黑格尔主义是怎么一回事。因为黑格尔对历史的有些见解是相当深刻的，后来的新黑格尔主义有一个著名的论点：一切历史都是现代史、当代史。这一个论点我是不赞成的，我曾经写过文章批评它。你说到黑格尔整体上面的历史见解，我想在今天看起来，黑格尔关于哲学史的见解还是蛮值得敬佩，但是我不知道你读过多少黑格尔，我现在无法和你讨论。

问：明清以后社会不断融合，这样走到了今天，中国的文化发展究竟走向了一条什么样的道路？

答：你问了一个非常大的问题。现在的中国文化跟过去一样，是多元的，有不同的东西，不能够以某一个人的说法来代表中国文化。现在是一个没有权威的时代，任何学术领域，随便谁讲一句话，必定有人跳出来批评一通，一锤定音的时候已经过去了。当然我也不赞成有些后现代主义者的说法，说现在中国已经进入一个众声喧哗的时代，我想还没有到。众声喧哗不见得是好事，但是在一片寂静或者一片独断的声音中间，或者是在一片想用一种圣土的假象来掩盖某些真实的时代的中间，有一点众声喧哗闹一闹还有好处。鸦鸣雀噪不好，但是没有鸦鸣雀噪，世界太寂寞。所以我经常讲百鸟朝凤少不了乌鸦一家，少了乌鸦一家就不成百鸟。所以有人说朱维铮是鸦鸣雀噪，我同意。

问：史与论的关系是什么？历史应该是包罗万象的吗？

答：法国的年鉴学派早就讲过，要写普通人的历史、普通社会的历史。我以为历史应该写普通的人的历史、写普通社会的历史，但是不应该把它规定成为唯一的任务。因为既然在社会生活里我们受帝王将相的影响那么大，他们给中国历史提出来那么多问题，我们如果不清理，又如何知道当时普通人是怎么样的处境呢？最好不要从一个极端跳到另外一个极端，偏废了帝王将相的研究。至于你的第一个问题，我想不只是一个艺术史的问题，因为史和论的问题是一个历史研究的普遍问题。我很早就写过文章谈史与论的关系，当时主要批评在中国的一种历史研究的倾向，就是以论带史，后来就变成"以论代史"——代替历史。我赞成另外一种说法，这个说法最早是由翦伯赞首先提出来的，就是"论从史出"。用这个办法或许仍然不能得到历史的真相，或者不能完全得到历史的真相，但是比所谓"以论带史"的研究结论会更接近历史的真相。

问：您提到中外交流的经验，对今天跟美国等打交道有什么借鉴？

答：很可怕的问题。因为我只研究历史，我不研究现代政治。现代政治里边有很多的东西在历史上从来没有出现过。比如在历史上从来没有发生过一点大的小岛上出现强势的经济和文化来跟你抗衡，我们也没有碰到过像美国人那样什么事情都要对你指手划脚一通。昨天我讲了，中国是一个充满智慧的，或者说很会搞权术、很会搞阴谋诡计、很会搞战略战术的这样一个地方，而这些智慧就不是我们用历史能够解释的。比如我们今天跟美国的关系，在中国的历史上面很难找到相似的对等物。要找到一个，那就是宋金关系，或者是宋辽关系，或者是明朝跟满洲的关系，可是这些关系都是属于今天的中国版图以内的事情。再找到晚清，晚清跟列强打交道也不能相比，那些列强国土都不大，可是晚清每战必败。晚清跟列强打交道的经验不能够用到今天，今天中国不是晚清，今天的世界——欧美、日本也不是当年的列强。还是那句话，就是昨天我引过的黑格尔的话，人们喜欢拿历史经验来教训各国的统治者、各个王朝、各个政府，但是历史的经验证明没有一个王朝、没有一个政府、没有一个统治者是按照历史经验办事的。然后黑格尔说了一句很不错的话："一个灰色的回忆不能够代替现在的生动和自由。"

评"刺激—反应"公式 *

时间：不详

地点：不详

　　说起晚清中国对于西方冲击的回应，就难免令人想起那个著名的"刺激—反应"公式。

　　所谓"刺激—反应"，被中国人当作科学法则接受，并被用来解释鸦片战争以来的中国社会历史，时间不早于一九四二年中共延安整风之后。

　　有了巴甫洛夫的"刺激—反应"公式充当科学护法，有了斯大林牌的所谓历史唯物主义充当理论盾牌，二十世纪五〇年代开始的官方史学，将晚清中国思想文化界对于西方冲击的回应，纳入"被现代化"的伪历史框架，便是顺理成章的。

　　所谓被现代化，意谓中国不可能自行进入现代化，只能由西方资本主义列强通过暴力打破中国传统的社会结构，或者由西方先进思想引导中国从思想解放走向政治改革，中国才能被动地实现所谓现代化。

　　很明显，用这个模式去解释中国历史，需要默认两个前提：第一是中国社会亘古不变，即毛泽东所说的"长期停滞"，以及它的变型"超

---

　　*　标题为编者所加。

稳定结构"之类说法所描绘的图景；第二是西方列强用政治的、军事的手段将中国变成半殖民地，强制中国按照所谓西方模式实现社会转型，才能与现代西方同质化，也都实现工业化、都市化、市场化，等等。

中国社会是否亘古不变？或者说从周秦起便在一个模式中停滞已达二千多年？那是另外的问题。这里只说被现代化论的另一前提，例证可举大陆主流史学将鸦片战争和五四运动分别说成近代史和现代史开端所依据的逻辑。

那逻辑可称"两炮论"，都见于经典作品。一八四〇年英国炮舰不是将清朝海疆打穿了五个窟窿吗？从此中国便被打成半殖民地，表征中国由古代进入近代。一九一九年五四运动不是因为中国在巴黎和会上的失败所激起的吗？非也，是因为"十月革命一声炮响，给我们送来了马克思列宁主义"，所以才有了五四反帝爱国运动。

假如"两炮论"的逻辑合乎历史实相，那当然可以承认，中国无论走入近代，还是跨入现代，都是外来因素决定的被动过程，可惜历史都与逻辑相悖。

怎样界定某个社会已由中世纪形态转入近代形态？不同学派各有各的衡量尺度。按照斯大林的机械决定论，经济基础决定上层建筑，那末鸦片战争非但没有改变清帝国的权力结构，也没有导致中国生产方式出现更多变化。——研究者早指出，直到十九世纪三十年代，中国 GDP 仍居世界第一，怎可谓"落后"？更休说十八世纪欧洲上流社会争相模仿清朝都市生活。更说直到英国炮舰游曳珠江口，中国才有人"睁眼看世界"，岂非于史无知？所以，被现代化论以为英国侵华桅帆战船一发火炮，便将中国由中世纪的荒野打入近代世界，乃臆说。

再说中国人已在十九世纪末，便由在华欧洲传教士介绍，得知马克思的学说，数年后同盟会的机关刊物《民报》，以及时在东京、巴黎的无政府主义者，都曾大讲中国应行社会主义，乃至争论未来中国该用马克思还是巴枯宁的社会改造论，并且屡举《共产党宣言》。因而所谓中国人知道马克思主义，是十月革命后俄国人介绍的，宣称一九一七年彼得堡红色水兵那一炮，也在中国打出了五四运动，从此中国跨进了现代史，岂非同样是睁着眼睛看不见历史……

　　略举二例，就表明用被现代化论，解释清末民初中国面对西方冲击愈演愈烈的回应历史，多么扞格。但被现代化论出现虽晚，却依仗斯大林主义以及斯大林断为科学真理的"刺激—反应"公式的气势，在中国政界学界大行其道，从某种程度上已成朝野各派改革论者的共识。为了考察清末民初思想文化史涵泳的历史实相，先作以上说明，自有必要。

　　中外思想文化史研究，都曾注目于本土的和世界的现代化进程，与内外思潮的相关度。

　　冲击本是力学概念。如用斧锤砍击他物，使其断裂、受损或遭反弹，就物质层面较易判断。但事涉精神层面，譬如来自内外异端的知识体系、宗教信仰或者风尚习俗，引发承受者怎样的回应，就往往难以辨识。

　　中国哲人早就注意到，在知识、信仰或风俗领域中，冲击和回应是相反相成的。所谓用夷变夏与用夏变夷的争论，由周秦一直延续到明清。清朝君主深恶"非我族类，其心必异"的传统分别夷夏理念，动用易服改制、诛心禁书、篡经删史等手法，泯灭民族意识，将夷夏之辨解释成文明差异，所谓夷狄而华夏则华夏之，华夏而夷狄则夷狄之。

　　源出韩愈的这一尺度，强调夷夏区别不在种族而在文化，颇有"后殖民主义"气味，不能说没有道理。问题是清朝统治建立在一个少数民族压迫多数民族的基础上，以满洲为核心的八旗早成赖武装支撑的寄生族类，君主贵胄唯恐丧失"以满驭汉"的征服者特权，因而从来不肯放弃保存满洲殊风异俗的努力，并不断严惩要求朝廷消除内满外汉成见的汉臣，凸显帝国统治者声称夷夏之辨在文明先进后进，不过是"以汉制汉"的口实而已。

倘说清统治者用文明论冲击夷夏大防的传统心态曾经取得某种成功，那末他们面对十九世纪日趋猛烈的西方冲击，企图故技重施，以中华文明的化身自居，要从精神上显示超胜于"西夷"，这样的回应效应如何？姑举外交礼仪一例。

一八四二年清廷被迫与英使订立城下之盟，接着又与法、美签订同样的条约。各约都同意对方向清廷派遣外交使节，然而清廷顽强拒绝各国公使入驻北京，原因就在英法美诸使坚持与皇帝分庭抗礼。这本是清康熙帝都了解并尊重的欧洲国际惯例，况且英国虽属战胜国，在公使驻京问题上，并没有超出邦交惯例的要求。倒是清道光帝背离"祖训"，竟在向侵略者屈尊求和以后，又违反自己认可的条约，要战胜者服从本朝对待藩属的礼仪，岂非出尔反尔，拿缔约当儿戏？也许满洲权贵认为保全体面比割地赔款更要紧，但即使中国三国鼎立或南北朝对峙时代，也找不出战胜者肯为顾全战败者面子而反过来自居臣妾的先例。因此清廷对待西使驻京的抗争，可算面对西方冲击的一种回应，却是匪夷所思的荒谬反弹，只能招致更大的冲击。

果不其然，从道光到咸丰，单为西使驻京要不要履行江宁条约一事，清廷与英法便僵持了十八年，成为英法合组联军侵占北京的借口之一。侵略必须谴责，但清廷对待非侵略行为的正常邦交所采取的虚骄蛮横举止，该不该否定，算不算祸国，恐怕更值得反思。

满洲权贵对于西方冲击的如此回应，没有随着英法公使踩着圆明园劫灰强行入京而中止，紧接着又为西使觐见小皇帝行不行跪拜礼而闹腾数年。当国者愚昧如此、僵化如此，怎会不走向灭亡！

与帝国权贵形成反比的回应，来自民众。

晚清的社会结构十分复杂。正如统治层面既分满汉，又分主奴，世袭的八旗驻防因寄生资源分配而两极分化，被征服诸族因科举入仕和拥兵割据而利害殊异，所谓四民同样不像中国主流史学描绘的那样，阶级利益和追求简单一致。

清末思想家章太炎，曾从民族意识、生存状态和道德伦理的关联的角度，解析过汉人对于"排满革命"的迎拒态度。他将汉人依据职业分出十六类，认为职业体现经济地位等生存状态，而生存状态影响群体心理；群体心理表现为对于变革现状的渴望、犹豫、畏惧或抗拒，并有程度不同，而这正是不同职业的群体面对革除满洲"天命"之际，在道德上持有非常不同的态度的由来。章太炎的解析依据是近世历史，即从太平天国、戊戌维新、庚子事变（义和团和自立军），到拒俄运动、同盟会成立，那半个世纪的中国社会变革史。结论呢？据章说，从督抚到府道的文武官员及其幕僚等，权益已与满洲一体，最无道德；从绅商到下级官员，权利缺乏清廷保障，又畏惧底层造反，道德倾向摇摆；下层的文士、商贩、工匠和农民，属于较有道德到最有道德的群体，是排满革命的动力。有趣的是章太炎认为左右革命的最关键群体，在于"通人"，即知识精英，因为这个群体多有功名，富于见识，能鼓动人心，所以依附督抚则败坏革命，动员民众则可倒清廷。由百日维新失败，自立军起事不成，乃至参与清廷假立宪以对抗"排满革命"，都出于"通人"的不道德，表明要实现同盟会建立民国的纲领，必须防范"通人"的误导。

用不着指出一九〇七年章太炎已是民主革命的理论柱石。他从一九〇〇年上海国会之后，便取代康、梁，成为鼓吹中国应该进行根本性改革的号手。作为有学问的革命家，他对中世纪儒道互补传统的批判，他对包括进化论、民权论和各类西方政论在内的外来思想被中国吸纳可行性的思考，在清末均无出其右，影响曾延续到五四运动。还有必要指出，那个"走向共和"的开端十年，由章太炎、蔡元培、陶成章领导的光复会，其所进行的反清革命的实践活动，就动摇清朝经济文化重心的长江下游地区的社会基础来说，效应远过于孙中山一派在南粤绩效。

我曾多次讨论过十七至二十世纪中间的思想学说的历史变动过程，以为从明末清初思想界感知"天崩地裂"开始，中国文化便呈现走出中世纪的取向。满洲的征服全国，使走出中世纪的文化历程遭到遏阻，但由康熙晚期到雍正、乾隆二朝变本加厉的文化专制，迫使几代知识精英退居书斋研经讨史，反而导致了传统学术受到无微不至的总体清理和解构。一旦进入清朝统治的第五代嘉庆时期，权力腐败已达危及权力持续的程度，似乎突然喷发的"自改革"吁求，便由向来主张为学问而学问的汉学家们首先提出，那并非历史的偶然。

若干中外学者通过比较，都曾感觉所谓乾嘉汉学，与欧洲文艺复兴以后的启蒙思潮有相似特色。前述章太炎和追随他的"国粹"学派，在清末便以绍述乾嘉汉学，提倡意大利式的文艺复兴为己任，而与康有为一派打着经今文学旗帜，模拟德国宗教改革，要在中国发起建立孔教运动的追求，相映成趣，殊途同归。

但我以为十九世纪吁求帝国"自改革"的进程，尤其值得探究。第一，它证明否定中世纪文化传统的改革追求，因思成潮，时在鸦片战争以前的半个世纪，因而属于中国文化突破传统的内在要求。第二，它证明这一要求起初寄希望于清帝自上而下地主动实行有序的改革，因而龚自珍将其定性为"自改革"，但龚自珍已忧虑：假如"天公"不听劝说，重新抖擞，便会有"他者"奋起取代目前王朝。这话说于嘉庆二十年（一八一五）或嘉庆十六年（一八一一），岂知四十年后太平天国崛起而不幸言中。第三，正是从拜上帝会受清廷镇压，由造反而建立的太平天国，可称中国受鸦片战争后西方冲击的首次回应，而这首次回应就来自底层民众。一九〇三年章太炎在上海西牢里为日本宫崎滔天的《孙逸仙》一书题解，首先把孙中山比作当世洪秀全，"揽迹郑、洪为民辟"。可知在慈禧集团绞杀戊戌年"自改革"实践以后，反而引发了下层民众通过革命摆脱中世纪帝国体制的激情。

所谓武器的批判不能代替批判的武器。中外古近的民众造反或革命，无不有知识分子充当谋士或号手。尽管章太炎和他的朋友学生，多为穷书生，个人生活潦倒，却不妨碍他们的思想意识属于民间为现代化而求变的那些群体的共同表征。

而近代"向西方寻找真理"的三大先驱，评价则遭质疑。

洪秀全的身价一再跌落，甚至被以今律古者斥作"邪教"前辈。严复的"天演"理论，原来是庸俗进化论，不过近年又被当作引进自由主义的先驱。康有为的市价浮动最大，忽而随《古史辨》派同贬，忽而因"告别革命"获平反，忽而又成"儒学复兴"的先知先觉，唯罕见论者承认他本人自封的新孔教的教主地位。

问题不在价值判断。如果认同文化的多元性，如果坚持从历史本身说明历史，那么"评价"应属厘清历史实相以后的判断，并且应随研究角度差异而见仁见智。洪秀全创立的拜上帝会，的确不算"向西方寻找真理"的产儿，却未必比康有为模拟马丁·路德宗教改革而"建立孔教"

的行为更荒谬，也未必比孙中山重建"中华革命党"而强迫同志打指印表明奉他为救世主的做法更可嗤。同样，关于严复、康有为，也应做深一度的历史考察，因为他们不仅是时代的某种表征，而且是同时代一个数量日增的英才群体中间的成员。这个群体的共同特色，就是为了改变现状而观照西方，或者因观照西方而期求改变中国现状。这个群体的成员个人经历很不相同，但一类如严复那样，曾经有在西方世界生活的经验，如曾任清廷驻外使领或随员的郭嵩焘、曾纪泽、薛福成、马建忠、容闳、黄遵宪、杨文会等，以及做过"洋学生"的何启、辜鸿铭等；另一类如康有为那样，起先没有涉足欧美，但或通过和欧美在华传教士等人员交往，或通过熟读西书、西刊并观察外国租界，而从知识到心态都发生畸变，如李善兰、王韬、马良、郑观应、夏曾佑、梁启超、汪康年、宋恕，以及前已论及的章太炎等。随着庚子事变后各省竞相派遣学生留日，这个群体的成员猛增，改变现状的呼喊也越发激烈，曾经与章太炎同道的邹容、陈天华、刘师培、宋教仁、汪精卫、胡汉民等，都堪称清末的"全盘西化"鼓吹者。这里没有提及孙文、黄兴、陶成章、蔡元培等，不是因为他们没有思想，而是因为他们在清末致力于"排满革命"的实际活动。

可见，考察晚清中国回应西方冲击的历史，不应盲从政治权威的武断，而应自主地观察历史实相。观察不妨集矢于胡适所谓"箭垛式的人物"，但选择谁为靶心，却受制于视角。没有广阔的视野，便不自知视角的偏颇。况且譬喻终究只是譬喻，况且树立洪秀全、严复和康有为三人作靶心，令人不知不觉地以偏概全。

虽然出入明末清初到清末民初的历史文献已近三十年，也曾主持编校或注释有关著作，累计已逾上百种，可是每当被迫命题述史，仍惶悚莫名，唯恐贻讥大方。

　　这回也同样。因张灏教授评议在前，而我的回应是否苍白无力？唯待诸君指正。

爱国教育家马相伯与土山湾*

时间：二〇一〇年七月十八日

地点：上海图书馆

主持人：各位来宾，各位听众朋友，下午好！首先，欢迎大家来到上海图书馆，参加由上海市徐汇区文化局和上海图书馆讲座中心一同主办的"我看上海世博会"系列讲座。

马相伯是我国著名的爱国教育家，他成立了我国历史上第一所私立大学——震旦学院，并且建立了"复旦公学"。一九一七年马相伯隐居徐家汇土山湾，著书谈道。土山湾位于徐家汇南端，肇家浜在此拐弯。也因"疏浚河道，积土成山"而得名。徐家汇是马相伯成长的乐园，也是他精神上的避难所，同时他也为这片土地留下了弥足珍贵的精神财富。

今天，我们也非常荣幸地邀请到了复旦大学历史系教授朱维铮先生，做客我们上图讲座，向大家来谈一谈马相伯与土山湾的故事，让我们一起以掌声有请。

朱维铮：承蒙徐汇区文化局、上海图书馆讲座中心邀请，要我给各位谈一下"马相伯和土山湾"。马相伯上面给了他一个徽号，叫作"爱国教育家"，他当然爱国，但是他不爱清朝政府，也不爱北洋政府，也不爱民国政府，所以说他爱国是可以的。

马相伯生于一八四〇年，按照现在的说法，这一年是鸦片战争正式发生的一年，所以他是鸦片战争以来中国近代历史的同龄人。他活得很长，一九三九年去世的时候，按照中国人计算年龄的办法，正好是一百岁。马相伯是复旦大学的创始人，复旦大学凡是当校长的都活得比较长，大概和马相伯带了一个好头有关系。我们现在有好几位校长、副校长都活过一百岁，打破了马相伯的纪录。

马相伯的家族在江苏丹徒，现在的镇江。他的家族世代信天主教，如果要追说上去的话，他的家族可能是利玛窦来到中国以后开始信奉天主教的。他十二岁自己跑到上海，进了当时刚刚开办的徐汇公学。当然很勇敢，因为那时候所谓的十二岁，实际上只有十一岁，他不告诉家里，一个人跑去徐汇公学。他在徐汇公学学习非常努力。当时的徐汇公学的校长，一位意大利人，名字叫赵德利，很欣赏他。马相伯读书不到三年，就在徐汇公学兼职做“文言文汉语言”助教，教他们读文章，那时才十四岁。马相伯在徐汇公学很快参加了耶稣会，他又进了地址在徐家汇、比耶稣会高一级的耶稣会初级学院。毕业时他拿到了“神学博士”。于是，他开始做传教士，到过南京、安徽，以后又回到上海。耶稣会是在欧洲宗教改革时期成立的，反对当时路德的新教改革，同时也反对天主教内部的腐化倾向。成立时候的那批“耶稣会士”定了非常严格的纪律，每个人入会都要求发誓。第一道誓言就是“神贫”，为了上帝忍受终身的贫困，所以“耶稣会士”不能做官。利玛窦来中国以后，接受明朝万历皇帝的生活津贴，就必须经过耶稣会总部的批准。汤若望被清朝政府任命为“钦天监”，就是皇家的天文台首席占星学家，都要经过耶稣会的批准。

　　过去我们对耶稣会的宣传有很多误解，这几年稍稍有一点改变，我本人不信任何宗教，但是我以为，我们对于宗教的信仰需要懂得一点，人家为什么要跑过来。利玛窦是马相伯毕生最崇拜的耶稣会士。利玛窦及随利玛窦进来的耶稣会士都是欧洲人，个人节操非常严格，道德自律性很强，也能够吃苦，这批人的学问也都非常好。利玛窦写回意大利耶稣会总部的一些信，要求派人到中国传教，除了本身对自己的道德很高以外，还特别要求要有学问。

　　我们过去的宣传，有一点是不符合历史事实的，就是把传教士进来都说成所谓的"精神侵略"，这话不能够用在一八四〇年以前进来的这些传教士身上，特别是耶稣会士。利玛窦一干人，不单单道德要求很高，而且学问极好。他们带进来的科学，包括天文学、历法、数学、物理、生物，应该讲在欧洲都是比较先进的。我上一次的讲座《文汇报》登过，其中我特别指出，利玛窦和徐光启合作翻译的《几何原本》，不仅仅介绍了西方的数学，而且对于中国人的思维方式改变有很大的影响。

　　中国人自古以来都是"代数的思维"。线性的，只知道时间是匀速的、直线的运动，不知道空间的重要性。中国这样一个大国，一个省等于欧洲一个国家，认识到时间和空间的差异，认识到时间和空间的相互关系，非常重要。四百多年前，利玛窦和徐光启翻译《几何原本》，对中国传统思维的冲击应该说是比较大的。马相伯最重视的学问是数学，他翻译过西方的数学，据说有一百卷之多。我在编《马相伯全集》的时候，寻找他的数学稿子，找了很久没有找到，只有一些零碎的东西。马相伯懂的西方语言很多，比如法语、英语、拉丁语、希腊语，这些都是我们要了解欧洲的历史和社会非常重要的语言功夫。

　　马相伯的弟弟叫马建忠，他比哥哥小七八岁，因为哥哥进了徐汇公学，他也跟着进来。马建忠比马相伯先退出耶稣会，因为鸦片战争以后重新进来的耶稣会由法国人控制。他们有一些下层的神父或者修士相当有献身精神，在徐家汇建立了耶稣会总院，支配在中国传教的耶稣会士，但总院的院长染上了欧洲侵略者的习惯——瞧不起中国人。耶稣会总院的神父没几个人愿意学中文的，和当年的利玛窦不一样。从利玛窦开始，到清朝的汤若望、南怀仁，这些人把学习中文放在第一位，在宫廷里服务的耶稣会士都懂满文，为中国和俄国人的边界谈判充当翻译。后来进来的耶稣会士，特别是高层的人，这些人歧视中国人。这就是马相伯和弟弟马建忠后来与耶稣会当局起冲突的一个很重要原因。从这点上说，马相伯当然是爱国的。

马相伯还不到十八岁的时候，最早来上海的法国总领事要聘请马相伯到领事馆做翻译。马相伯回答，我学法文，是为了中国，而不是为法国。他拒绝了。那么好的一个机会，做法国领事的翻译，这不是一般的翻译，等于是法国领事馆的官员，他不做。他讲得很对，为了中国。同样，他后来退出耶稣会。他要还俗，也是有选择的。马相伯当时选择了靠镇压太平天国起家的淮军首领李鸿章，这当然和马相伯本人的家族有关系，他的哥哥做过淮军的"粮台"——用现在的话说，是后勤部部长，所以马相伯兄弟还俗以后，都和淮军系统有联系。马相伯还俗了就可以做官，但是他做官主要是做当时所谓的洋务。

马相伯到山东担任山东布政使的顾问。布政使管一省的民政，现在的潍坊的击剑场，最早就是马相伯办起来的。他弟弟马建忠退出耶稣会后，到福建船政局去学习。原来他想去海军学校，李鸿章挑中他，派他到法国留学。他在法国改行念政治学，成为中国第一个在法国取得政治学博士的人。后来李鸿章重用马建忠，也因此很看中马相伯。经过李鸿章的提拔以后，马相伯做了外交官，做过清朝驻日公使的参赞，做过驻神户领事，另外做过弟弟马建忠的替身，到朝鲜做过国王的顾问。

马相伯家族和上海早期的资本家有密切的关系，因为他姐姐嫁给了上海的一户姓朱的人家，所以他的外孙叫朱志尧，当年上海非常成功的企业家。作为一名耶稣会士，马相伯受过耶稣会的教育，他本人是一个虔诚的基督徒。一方面，他批评教会当局；另一方面，他希望在中国做一些改革。他所代表的主要是江南地区有新思想、有新想法的一批师生。这就要说到马相伯后来为什么要办教育，因为他发现中国很多问题跟传统教育有关系。到了清朝，我们的传统教育还是守着明朝的"科举制度"体系，从小念四书五经，其他什么也不懂。念了半天，去考出身。考中秀才就有特权，可以穿长衫，冒充秀才穿长衫要挨揍。《儒林外史》里描写的知识分子要分等级，秀才还有一个特权，见了县官不用下跪，只要作揖，最大的好处是本人还可以免税。享受免税特权很重要，除了不交公粮，也不用服劳役。很多造反都是忍受不了劳役。中国第一个造反的叫陈胜、吴广，秦朝末年的时候，从江苏走路去长安服役。现在我们看到秦始皇的陵墓，就是这批人造的。因为不堪虐待，所以他们造反。

要做官的话，就要继续考试，考到举人，就有候补文官资格了。再往上考，考中进士，通常就可得到一个官。在马相伯的时代，还是一级一级考。《儒林外史》里，范进原来穷得要命，中举之后，有人送房子、土地，有人投靠他家，愿意做他的佃户、奴仆。中了举人，就有这么大的特权。用这个办法诱惑一些人拼命读书，我们现在的教育在某种程度上没有摆脱明清时代"科举制度"那一套。

我讨厌报纸上宣传"高考状元"。在科举时代，全国考试三年才出一个状元。现在我们宣传省城的"高考状元"，我觉得非常奇怪。难道我们中国又变成好多国家了？什么叫状元？人家三年才有一个，状元没有什么学问，在中国有那么多的状元吗？从我研究历史的角度看起来，明朝到清朝几百个状元，真有学问的状元却不到十个。状元本来没有什么稀奇，但是现在，报纸上鼓吹状元，在我看起来是很糟糕的。如果是这样，还不如学马建忠。马建忠在法国，人家告诉他东方人学法律和政治是不行的，他偏要学，而且他的成绩比别人好。马建忠在法国也不能忍受别人的歧视，他的房东太太瞧不起中国人，所以他经常找出房东太太违法的地方，把房东太太气得发昏。这就是他们兄弟共同的特点。他们之所以学这一套东西，是因为我要了解你，但是我了解你的结果是希望改变中国。我觉得这是马相伯和弟弟马建忠共同的特点，不能因为兄弟两个做过李鸿章幕僚，我们就指责他们。从前我们的历史学界把马建忠和马相伯定义为虔诚的天主教徒：为什么要信天主教？你一定接受人家精神侵略的一套东西。本来信仰是个人行为，信仰应该自由，你不信天主教，那信哪一个教比较好？

清朝的皇帝到最后的慈禧太后，都相信萨满教——原始的巫术。那个迷信不知给中国带来多少灾祸。他们相信这些东西，你为什么不批评？他相信基督教，你就指责他！在我看，这是非常奇怪的一种心态。我读大学的时候，正好中国在学苏联。一九五〇年初期，什么都要学苏联，都是斯大林的指示。一九五三年斯大林死时，全国哀悼。农村有句俗话，"莫名其妙把别人的棺材抬到自己的家里来哭"。我上大学时，正好复旦大学改制学苏联。当时有个口号——"苏联的今天，就是我们的明天"，要彻底全面学习苏联。所以我们很倒霉，我在中学里学了一点英语，进了大学之后，除了外语系，全部的人改过来学俄语，结果造成了我们这些从二十世纪五十年代一直到"文化大革命"，一九六五年以前的大学生，变成外语盲。我们学俄语极为辛苦，三年俄语学出来了，能够看书看报了，结果我们和苏联闹翻了。理科还好，数学及其他一些学科政治性不强，我们学文的就倒霉了！闹翻以后，一张报纸也不允许进口。

当初马相伯退出耶稣会，但是他赞赏耶稣会的那种教育，他自己特别强调利玛窦的教育。利玛窦在意大利的神学院学七科。七科里面，除了神学，主要是语言文学，再有数学、物理。马相伯家里遗产很多，他家分的土地主要在上海松江一带。后来他决定要创办一所学校，按照耶稣会早期的教育传统办一所学校，这学校就是一九〇三年成立的震旦学院。原来上海教育局档案里还存有马相伯亲笔写的字据。过去讲"毁家兴学"。他把所有的财产，都捐给耶稣会当局，成立震旦学院。一共三千亩土地，还有其他财产。签约后，马相伯担任震旦学院的监督，也就是后来所谓的校长。他说这笔财产交给耶稣会总会管理，用在兴办教育、用在震旦学院上。他的生活费由耶稣会当局从这笔财产里提出来，这个决定很不容易。马相伯要求他办的震旦学院主要学习科学、逻辑、语言，特别强调一条，不要求学生一定要信基督教，也不要求在学校里开神学课。但是震旦学院刚刚开办不久，管理教务的法国耶稣会士违背了承诺，强迫震旦学院学生学神学，强迫他们按照教会的规矩做弥撒祷告、念《圣经》。二十世纪初期中国人追求民主和自由的氛围已经非常强烈，主动去震旦学院学习的人，除了要学外语，还有就是仰慕马相伯的品格。因为，他主张思想自由、言论自由和信仰自由。耶稣会当局违背了他的要求，马相伯对他们也没有办法，学生就开始闹起来了。现在念大学一般都是十七八岁的小孩，当时念大学的人情况非常复杂，最大年龄已经四十岁了，在故乡已是绅士，有的还做过官，有的是举人。这些人来念书，学校违背诺言，强迫信教、读经，他们开始闹起来了。

一九〇三年正好是中国闹学潮比较厉害的时候。震旦学院一闹学潮，马相伯无计可施展，只好回家了。他信耶稣，他同情学生，但是没有办法管耶稣会当局。结果闹学潮的一个领袖人物，后来在中国非常有名的宣传民主和革命的一个人物——于右任，经过他的鼓动，和一个姓叶的上海人，提出学校要是不改变强迫读神学和读《圣经》的决定的话，大家就签名退学。当时一百一十一个学生，最后只有一个人没签名！几乎全体退学！这批学生找到马相伯，鼓励他："你既然曾经退出耶稣会，你虽然信教，他们又是这么出尔反尔，你为什么不办一个自己的学校？"马相伯被感动，得到社会上的支援，包括得到当时一些清朝地方官员的声援，于是有了一九〇五年成立的复旦公学，这也就是我现在服务的复旦大学的前身。

马相伯后来对复旦也有一些失望，他想办一所真正按照当年耶稣会刚成立时候的三百年以前的传统大学。他后来和《大公报》的创始人英敛之劝说梵蒂冈同意，又在北京办了一所大学——辅仁大学。马相伯一辈子提倡教育，办了三个大学。辅仁大学出力最大的是英敛之，可是没有马相伯的支持，恐怕也得不到天主教会的支持。马相伯确实是教育家，他办教育的目的是为了改变中国，当然他最后很失望。一九三九年时，他虚岁一百岁，于右任已是重庆国民政府的监察院院长。他发起给马相伯祝寿，重庆开了规模很大的大会，各党派写信向他祝贺，包括在延安的中国共产党也写信给马相伯祝寿。

因为逃难，马相伯先在桂林。后来日本人打到广西，他就跑到越南。在越南的谅山，他身体实在衰弱，不能再跑了，但他坚决不肯住在外国，当时越南是法国的殖民地。家人骗他，告诉他已经在云南了，至死他都不知道住的是越南。听说人家给他祝寿，他讲了一句话："我是一只狗，叫了一百年，还没有把中国叫醒。"现在狗变宠物了，那个时候中国人很瞧不起狗，但是马相伯不管这个，他认为狗的职能是把主人叫醒！这就证明一点，一直到他去世，他没有放弃唤醒中国的希望，呼求中国进行改革。当然后来他也反对革命。反对革命的一个很重要的理由，就是革命一定会搞武装、搞暴力，这个损失太大。和那些激烈的革命论者比起来，他的政治主张是温和的。但是我不赞成有人说，他是帮助清朝或其他人渡过难关的一个所谓改良主义者。其实他是一个相当坚定的改革论者。他本人有信仰，但是他不强迫别人改变信仰；他自己追求民主，但是他希望民主是大家都能够参与到中间的一个活动。在复旦大学百年校庆的时候，我主编了一本书，由复旦大学出版社出版的《马相伯传略》。

在马相伯的时代，土山湾变成了一个地名，其实没有土山，也没有湾。马相伯晚年住在土山湾，这是当年他和震旦学院签订的协议——他的生活由震旦学院来供应，所以后来安排他住在土山湾的孤儿院。那里环境并不见得好，但是马相伯愿意，为什么？因为土山湾孤儿院在教育历史上很重要，它不仅是慈善机构，还是教育和培养机构。各位可以去看一下徐汇区文化局建的土山湾博物馆，是一个非常好的博物馆，提供了一个范例。

在中国，一百多年以前，曾经有一个跟我们的教育体制相当不同的教育机构，收养的是一些孤儿。现在怎么评论太平天国是另外一回事。当时的太平天国的行为是很糟糕的：那些封了王、封了天王的可以有好多的老婆，但他们实行男女分营，平常哪怕是夫妻，也不允许同居，非常不合人道、不合人情。一些太平天国的人特别喜欢收养小孩子。太平天国的造反无法无天，因为他们自己没有孩子，所以他们对这些被收养的小孩子很宠爱，弄得这些小孩子无法无天。太平天国失败后，一些小孩子成了孤儿，也收到土山湾孤儿院。这些孩子相当难教育，改变他们要有很大的耐心。我觉得土山湾是对的，不强迫这些孩子信教，但是规定他们必须接受教育，学习一种技能，将来自食其力。应该说在晚清的时候，这样的教育体制是相当先进的，为什么？欧洲近代特别提出一条，就是教育不仅仅是知识教育、道德教育，而且强调技能教育，从小养成动手能力。养成动手能力，也就养成独立生活的能力。土山湾的这种精神值得我们的家长学习。

后来有人仿效，把杜威的一套带回来。在美国留学的陶行知，他在南京办晓庄师范，他也提倡土山湾的教育模式。当时土山湾办了很多工厂，有木工的，有金工的，图画也是他们进行教育的一种技能。虽然说马相伯是爱国教育家，但是现在教育史上研究马相伯的极少。马相伯希望在中国办起一个像法国最高科学院那样的机构，他在辛亥革命之后花大力气要在中国办一个科学院，包括文科、理科、工科的综合性的科学院，后来他失败了。

我们现在的科学院，尤其是社会科学院，基本上是按照苏联模式办起来的。在我看来，苏联模式是极蠢的一个模式，因为我自己吃了苏式教育的苦头。从我高中开始，我们就学苏联，然后到大学，后来到大学教书，我们基本上按照苏联模式去做。我以为中国的教育体制很成问题，从幼儿教育开始，到小学、中学，很早就要培养全能的人才，有道德、有知识、有技能、有生活能力，结果恐怕会背道而驰。

如果一个人受教育程度越高，生活能力越差，在我看来，这个教育就是不合格的。我们现在培养的一些所谓人才，正好朝着这个方向走。土山湾的优点是从做人开始。对于街上的那些弃儿、太平天国那些无法无天的小孩，教育他们掌握生活技能已经很困难，还要教会他们懂得道德，会处理人和人之间的关系，怎样有同情心，怎样有爱心，这是相当困难的一个过程。大体上讲，土山湾孤儿院的教育做到了。所以当时从西方来的人，包括驻中国的外交官，都要参观土山湾。那时的土山湾还是一个非常荒僻的地方，但他们觉得这是中国办教育成功的范例。但鸦片战争之后入华的耶稣会有很大的缺点，不鼓励孩子独立思考，他们害怕所谓的造反精神，所以比较强调顺从的一面，从而导致土山湾教育的一个缺点。这和日本人的教育差不多，日本人模仿性极强，创造能力很差。

土山湾教育也有这样的问题，没有鼓励孩子的想象力、创造力。可是有一点外国人非常钦佩这些小孩子，模仿能力极好，给他一个雕刻，让他学习雕刻，他模仿得惟妙惟肖，很难分辨哪个是原型，哪个是仿制。西方人非常欣赏土山湾的东西，在中国的很多的外国人都知道，要买土山湾孤儿院的产品。我们现在正在办世博会，徐汇区文化局——包括宋局长、包括《重拾历史碎片》的主编王树林——他们统计了一下，土山湾从一九〇〇年到一九三九年曾经七次参加世博会，并且多次获奖。我们在讲世博会的时候，想到清朝派了谁参加了世博会，还有世博会第一次在伦敦得奖的是蚕丝，后来宣传我们的茅台酒很好，为此还编出了很多神话，在我看来是根本没有的事。在美国参加世博会的一个人，急中生智，故意把茅台酒摔碎，酒香四溢，大家就非常欣赏，据我考察，是没有的事情。

土山湾孤儿院所制造的物品，特别是它的木雕，送到世博会展览，大概是获奖最多的。据说金工很有名，但是好像金工产品没去展览过，主要展览的是木工产品。比如一九〇〇年巴黎第五届世界博览会上"徐家汇"的木雕模型得奖了。在越南开的法兰西世界博览会，它的"圣像木雕"也获了奖。还有轰动美国的在旧金山举行的巴拿马太平洋博览会上，

　　法国教师们搜集了中国所有存在的宝塔的模型，一共八十六个，都由土山湾的孤儿雕刻出来，在会上引起轰动。这是土山湾教育成功的佐证。

　　土山湾的成功，给我们提出了很多的问题。第一，我们的教育，恐怕还是要从小教会他们怎么做人，包括道德方面、生活能力方面，也要有知识教育。根据土山湾设立的课程来看，它要求孤儿起码达到初中毕业的程度。我自己所受的教育，小学是在国民党时代，刚考进中学就解放了。我在初中受的教育是比较传统的，应该说那时候的知识教育，比后来我的孩子这一辈接触到的知识教育是不一样的。现在到高中要文理分科，我觉得愚蠢：学文的不知道自然界是怎么一回事，不知道科学的原理是怎么一回事；学理科的只知道数学和外语，不知道世界和社会到底是怎么一回事。现在我们教育的功利主义太强，追求升学率，要改也难。我比较主张复古，复古到二十世纪五十年代，那个时候起码在知识教育上比较全面。

　　当时的道德教育，还是比较严格的，但有一点我不太赞成，就是整天开会。现在我们的会议比较少了。不管土山湾当初办学的目的是什么？它把一群很难管教的流浪儿童、经战争变得怪异的青少年，把他们培养成比较重视公德、比较有生活的能力、比较有知识、能够自立的人，这就需要我们研究。这就是我为什么愿意说一点土山湾的原因。当时马相伯住到土山湾，他非常关心教育，不仅仅关心成人教育，而且很关心青少年教育，尽管那个居住环境并不见得好。我在"文革"期间被发配到车间干活，金工车间是很可怕的，声音震耳欲聋。马相伯住在那个地方，肯定也不得安宁。因为他感觉到这个环境和他原来的教育理想有相契的地方，所以他愿意住在那儿。

　　徐汇区文化局做了一件非常有意义的事情，经过很多努力，把土山湾的原有的东西搜集过来，非常辛苦地搜集到流落在海外的牌楼——这是十几岁的孩子雕刻出来的。它是知识教育和技能教育成功结合的证明。

我今天简单介绍了马相伯和他的兄弟，包括他们的想法，介绍了土山湾的一个特色。如果各位要了解具体，请你们看看《重拾历史碎片》这本书和土山湾博物馆。谢谢大家。

主持人：谢谢朱教授给我们带来的精彩讲座，接下来的时间留给在座听众。所有提问者都将获得《重拾历史碎片》一书。

观众一：朱教授，马相伯和陶行知的教育方式有什么区别？

朱维铮：当然有区别。陶行知是杜威的学生，他在美国强调"实验主义教育"。因为美国的"实验主义教育"是从欧洲发源的，所以它跟欧洲早期教育理想有相通的地方，当然也有区别。但我认为，马相伯希望改造中国的教育，改造科举制度的教育，他在理论上不像陶行知那样有比较全面的看法。我不是研究教育史的，但我认为马相伯的教育思想和理念值得研究。

观众二：我听过朱老师的两次讲座后，受到的影响很大。中国什么都有了，但就缺影响力。一百八十年以前，为什么有这么多的传教士到中国来奠定了我们的教育基础、医学基础？老师您再介绍几个比较有影响力的传教士，让我们子孙懂得教育的重要性。

朱维铮：在中国的传教士，不管是旧教天主教，还是新教基督教，他们都有不同的派系、不同的会——比如"修会"，还有新教的"差会"。在中国的传教士最多大概几百个人，里面三类人：一类是专门传教的，希望感化别人去信天主或者基督，这是比较多数的；还有一类侧重于做社会救济，这类已经比较少了；还有一类人希望参与中国的改造，这类人就更少了。比如说在马相伯的时代，在天主教里面，在土山湾代教的那些人里面，有神父，有修士，那种人已经很典型了。新教的这些人更多希望进行改革，这些人在马相伯的时代不到二十个，影响很大。他们参与过戊戌变法的一些策划，参与过中国"开民智"的一些工作。他们编过书，办过报刊。你想了解这些其实不难。假如你有兴趣，可以看一看，和马相伯同时代、对中国影响很大的《万国公报》。我编过里面的选文，主要编者是我的学生李天纲教授。

观众三：我向您请教一个问题，同时商榷两个观点。第一，马相伯从六十岁到九十八岁居住在土山湾，一九三七年抗战爆发、上海沦陷以后，他从越南谅山移居桂林，最后一九三九年十月四日病故于谅山，我的问题是他离开上海和抗战有关，那他去桂林是否和国民政府有关，因为他的好多弟子是国民政府要员。我想请朱老师介绍一下。

朱维铮：在他晚年，抗战将要爆发的时候，他和上海的耶稣会当局起冲突，后来于右任发火了——于右任非常关心他的老师，因为马相伯的生活费是靠耶稣会当局从震旦的经费里支取，所以于右任说不要用他们的钱。他鼓动天主教总主教于斌，向蒋介石建议，给马相伯一个头衔——国民政府委员，一个九十多岁的老人，什么也做不成了，还做国民政府委员。希望了解这方面知识的可以看我主编的《马相伯传略》，其中马相伯的政治传记最后一部分，就谈到这个问题。

观众四：我不太同意您的说法，想商榷一下。您讲社会科学院的体制是"苏式体制"，表示不赞成，但是社科院为我们制定远大光明的政策。我想咨询一下，你们文史地理专业和社科院有什么关系？还有你说土山湾的教育方法和日本人是一样的，我也不同意。因为土山湾是法国、意大利的传教士组织的一个机构，这个机构按照现在来讲，只不过是半工半读中专、职校之类的，它不是做学问的，它怎么和日本人混为一谈，我也不太理解。

朱维铮：关于我们的教育体制和中华人民共和国成立新规定以后所谓的社会科学体制，恐怕不能同日而语。我们的教育体制从晚清开始，已经和文史分开来。我们的中国科学院是一九五一年建立的，到一九六五年开始分学部，建立社会科学学部，在"文革"以后变成中国社会科学院，这个体制是怎么来的？我只能说是当年学苏联的结果。我知道我一讲这个问题，马上有人要跳起来。我还是不赞成这个体制。至少现在的教育领导人中间对我们当年学苏联的恶果认识还不够，只要有可能，我还是要讲（掌声）。至于您刚才讲的土山湾的那个问题，他们在教育儿童方面跟日本人的不鼓励独立创造，而是鼓励精致模仿，这一点上面有共同点，而不是说他们的教育和日本人一样（掌声）。

观众五：谢谢朱老师的讲座，深入浅出，我受益良多。讲座中有两个细节，我还不太了解，希望您能阐发一下。第一，关于耶稣会，您对明清之际来的耶稣会士个人的操守和学问都做了高度的赞扬，同时您指出了一八四〇年后来的耶稣会存在的不足之处以及他们观点上的一些错误。但众所周知的是，耶稣会成立之后就卷入欧洲上层的权力之争，甚至一度被罗马教廷取消。您把来华的耶稣会士分成前后两批，略显简单。第二，您谈到土山湾的教育体系，没有强制规定大家学神学，也没有强制他们成为教徒。我访问过一些在土山湾住过的老人，三十年来他们的神学课程，已经是一个重要的组成部分。他们非常重视孤儿的受洗，包括一些非常小的孤儿。您说的可能是马相伯在一九一〇年或一九二〇年的情况，在一九三〇年受洗的情况发生了一些变化。主要是这两点，谢谢。

朱维铮：第一个问题你讲的耶稣会，你的观点就是我们六十年以来不断宣传的耶稣会是精神侵略的代表。这个官方的观点，我不赞成，我很早表述过了。如果你有兴趣，可以看一看复旦大学出版社出版的、我所主编的《利玛窦中文著译集》，前面有一篇长篇序言，就是讲耶稣会在欧洲表现和中国表现的区别，还有利玛窦所开创的东西对后代的影响以及和后来的耶稣会之间不同的地方。至于你说到的土山湾的问题，土山湾收的孤儿都要求他们受洗，希望他们每个人在病死以前都能够受洗，这是土山湾一贯的做法。我刚才讲的是马相伯办的震旦公学不要求大家信教，不强迫神学教育。可能刚才我没讲清楚，这和土山湾不是一回事（掌声）。

观众六：朱教授，您好！由于时间的关系，您的讲座有点意犹未尽的感觉。在您的讲座中，我了解到马相伯的爱国情操，以及对他的教育活动方面的介绍，后来您谈到了土山湾在参加世博会取得的成功。我想问的是，马相伯与土山湾的关系，除了他晚年居住在土山湾，是否还对土山湾的教育产生了影响？如果他没有对土山湾的教育产生影响，把爱国教育家马相伯和土山湾放在一起，是否有点牵强？

朱维铮：马相伯在土山湾那么多年，到底有什么影响，过去就有疑问。马相伯在晚年，他对天主教的舆论影响很大。他晚年到了土山湾以后，当时经常会有反基督教运动，这对于马相伯的冲击很大，过去很少有人谈到这一点。我曾经在讲马相伯宗教历史的时候，讲过这个问题。他在一九二〇年反基督教运动中，坚持自己信仰的同时，又不得不承认，五四运动之后，反基督教运动的人确实是有憎恶帝国主义的因素在里面。我们现在的研究不够，当时上海耶稣会当局办了《天民报》，就请马相伯当《天民报》的总主编。所谓的宗教信仰不是我一次演讲可以讲完的，也不是用一两篇文章可以说清楚的。

我们现在关于中国基督教的研究很差，一个很重要的原因，是我们忌讳太多。刚才我讲，把所有的传教士当成精神侵略者，这个观点在官方教科书中传播了很多年。好在最近这几年可以讲一点了，今年中央电视台开始讲一点利玛窦了，那是六十年没有的……您刚才提出马相伯与土山湾没有关系，其实他住在那里就有一种关系。王树林编写的这本书，我仔细看了，我希望找到一点关于马相伯在土山湾孤儿院和孤儿接触的状况，发现他记载的很少。后来有一些记者对此进行了采访，我不知道今天在座有没有当时进行采访的女士们、先生们。但你们的采访在我看来是不太成功的，因为你们在采访之前功课做得比较少，所以把于右任的名字全部写错，三个字没有一个是对的。另外，采访肯定有口音，但如果你们采访的时候注意一点，就不会把比如说梵蒂冈派在中国的总主教于斌写成李斌。如果将来我们做研究，恐怕不能完全根据你们提供的内容来研究。而且，当时的孤儿有个人的体会，他未必能站在很高的层面上看马相伯对土山湾所起的作用。你刚才问我，马相伯住在孤儿院，是一个住客呢，还是其他的原因，我只能这样回答（掌声）。

"聋子的对话"
——关于域内外中国传统研究的沟通困难（提纲）*

时间：不详

地点：不详

稿本一

一

话题老了。早在十七世纪晚期在华欧洲传教士的"中国礼仪之争"，便见端绪。利玛窦堪称近世沟通中西文化的先驱，但《中国札记》表明，他绍介"天主实义"，期待"易佛补儒"，令他也很难避免阳示"俯就我范"，阴实"用夷变夏"的批评。曾著利氏传的艾儒略，在闽被叶向高等誉为"西来孔子"，但看他与闽中士大夫的对话录《三山论学记》，便可知这位有汉语著述三十余种的意大利汉学家，对中国传统的理解，仅限于晚明的王学和朱学的争议；较诸后来黑格尔将清朝权力结构当作中国自古传统，固然高明，却无从证明他真对中国自孔子以来的传统文化有稍系统的认知。

---

* 演讲有两个稿本，第二稿的副标题为"关于域内域外中国史研究的沟通困难"。

二

十九至二十世纪交替之际，围绕着康有为力倡的"人类公理"，在中国学者的内部引起争论。照玄学语汇，结论可谓"将毋同"，即貌似一致，都不否定全人类必有"公理"，但实则大异，即对如何达到"大同"境界有不同意见，显示对文化沟通问题存在着很大的歧解。谭嗣同是乐观的，"苟不以眼见，不以耳闻，不以鼻嗅，不以舌尝，不以身触，乃至不以心思，转业识而成智慧，然后'一多相容'、'三世一时'之真理，乃日见于前"。章炳麟是悲观的，"夫物各缘天官所合以为言，则又譬称之以期至于不合，然后为共名也"；"今沦事不下于簟席，不出于屏摄，其不能从大共以为名者，数也"。严复则一如赫胥黎，徘徊于真理有无之间，结论也是有真理，但我不知，因而对文化沟通也抱着不可知论的态度。由《天演论》到《群学肆言》，其意日彰。

三

西方或欧洲的"汉学"，始于何时，尚有争议。但英人理雅各、德人尉礼贤，相继翻译中国传统的儒家"经传"以后，西方汉学才找到重心，也是事实。就翻译经传而言，从利玛窦起，都必须依赖中国学者的诠释，犹如明清科场习见的"枪手"。理雅各的"枪手"是王韬，尉礼贤的"枪手"是辜鸿铭。王韬的中国学功底，优于爱丁堡大学文学硕士辜鸿铭，毋庸置疑，但优长的程度，由今存弢园文和辜氏文录可资比较，未必超过五十步。因而，以理雅各、尉礼贤为起点的中国学，有没有超越王、辜的眼光，已属疑问。

四

时至二十世纪中叶，美国的汉学家群体崛起，其领袖是费正清。费正清从事中国研究达六十年。他与赖世和（Edwin O. Reischauer）合著的《东亚文明史》，他所著的《美国与中国》《伟大的中国革命》等书，对于转变美国人的中国观，即由敌对变为友好，起了何等巨大的作用，也许只有历史学家才能明白。

稿本二

一

经验不能代替理论，否则便是经验主义。问题是历史理论与哲学、社会学不同。形上的哲学，毋需历史经验的支持，所论可能一如前哲，"头头是道"。社会学虽同属形下，但观察小小的江村，便可宣称那是现状的唯一模式，犹如毕生研究蚊蝇的区域品性也可称动物学大家一样。

历史理论则不然。它既称理论，当属形上，却界定于已消逝的过去的范围之内，则过去者无论是伟大的秦始皇、唐太宗还是近由考古发现的西汉时代的垃圾堆，都属于形下。于是，在历史理论的领域，一是纯哲学必碰壁，因为在这里"道"不可离"器"；二是实践社会学必狼狈，因为在这里"孤证不足为据"；三是未来学必无用武之地，因为如我所云，"历史学的终点便是未来学的起点"，就像奥林匹克运动会中的径赛，无论距离有短中长乃至马拉松，起跑领先绝不意味冠军到手，而历史学或历史理论也决不相信什么"发展研究院"或所谓"思想库"的报告，亦同其例。

　　本文旨在考察中国历史的时空连续性，即据文献文物提供的实证，尝试如清钱大昕首倡的"实事求是""二重证据法"，为目前中国大陆和大陆以外的中国史研究或者说中国史诠释的歧异，增添一解。

二

　　不待说，本文的正题，也属于经验。

　　人类的沟通，如《荀子》所谓，"缘天官"，或如古印度因明学所说的必通过眼、耳、鼻、舌、身五识。

　　异域人士的沟通，语言文字尤其重要。十七世纪入华的欧洲耶稣会士，编有汉语和拉丁语的形音义对照的辞典，题作《西儒耳目资》，强调汉语能听会说、汉字能读会写，是天主教士来华传教的初步。能读写、会听说，意味着眼、耳、舌三"天官"的解放，反之便等同于盲、聋、哑，虽说非生而残废，但入异域便具此三证，离真正的残废人有多远？只有天知道。

　　然而，汉族人能说外语识外文，反之非汉人能说汉语看中文，便能互相沟通么？未必，至多可谓具有了互相沟通的主观条件。

　　据说华人学者怕揭短，其实非华人学者也一样，因而我不妨自揭己短。我入大学适逢行政命令全盘苏化，于是为拿全五分（苏制大学毕业全优），朝夕诵习俄文三年，至可畅读专业史书。岂知才拿到最后一个五分，中苏交恶彰显，校图书馆俄文报刊一夕全部消失，目睹犹不可，何况耳闻口说！荒疏二十年，竟连俄文报刊标题也难理解，更何况沟通。反而是青少年时代学习的简易英语，重拾不太困难。但这仅略便于在域外旅行，毫无助于学术交流……*

---

* 编者按：此稿后面文字已佚，以省略号代之。

从广东出发
——由利玛窦到梁启超的历史一瞥（提纲）[*]

时间：二○○七年

地点：广州

一　东西相遇在粤海

耶稣会士登陆明嘉靖卅一年（一五五二），沙勿略

葡萄牙商人入居濠镜嘉靖卅六年（一五五七），范里安重心转移

隆万间王学解禁隆庆为王阳明平反，万历初郭应聘督粤

罗明坚首建肇庆仙花寺万历十一年（一五八三）

利玛窦由僧变儒在韶州得瞿太素启发，万历廿四年（一五九六）入赣，途中易服

踏着王学的足迹陈献章在江门（新会），湛若水入南昌（卒于嘉靖卅九年），章潢、焦竑、李贽（刘东星）至北京，利氏交往均王门学者。此后耶稣会士均沿利氏北上路线

---

* 演讲稿残页作为附录附后。

二　禁海与禁教

满洲南征在广东遭到抵抗南明隆武、永历二政权

永历政权得到西洋商人教士声援初都肇庆，瞿式耜、金声桓等均教徒，向罗马教廷请援，加深满洲对洋教乃至洋商的疑忌

降人复叛令满洲提防由李成栋到三藩

顺治禁海与康熙迁海顺治十三年（一六五六），严申海禁，对付郑成功；康熙继位，顺治十八年下迁海令，涉及闽、粤、江、浙四省，对付台湾郑氏政权

割不断的经贸联系美洲白银输入与明清财政支柱，迁海令导致银荒；康熙十七年（一六七八）平南王尚之信请开海禁，"自迁海以来，民田废弃，赋税日缺，国用不足，尚之信以军需用船，请开海禁"，遭拒，或为尚藩反清一由。康熙廿二年（一六八三），闽都姚启圣以台平，疏请开沿海六省海禁，"洋贩船只照例通行，税宜从重，禁宜从宽"，遭康熙训斥。然银贵钱轻，迫使次年即准许海洋贸易

清朝切割东西文化的双重政策康熙卅九年（一七〇〇）与索额图的意识形态讨论（由白晋《康熙帝传》透露）；满洲于思想一统由无所偏袒而"吾从众"；"中西礼仪之争"；满洲对西教禁格而对西学利用的双重政策形成；由康熙到雍乾

雍乾禁教和广东地位禁教声中的广州，引进科技传教士与遣返反"利玛窦规矩"传教士的中介点。粤越人置身事外

三　贸易垄断和鸦片走私

由四海关到粤海关康熙廿三年（一六八四）谕设江浙闽粤四海关。英国商人宁选宁波而致乾隆帝疑忌；乾隆廿二年（一七五七）由谕满内务府控制浙海关，而只允开粤海关，政治考量战胜经济利益

粤海关由满人垄断造成的持续腐败

鸦片由药品怎样变成毒品康雍"禁烟草"

马克思揭露鸦片贸易由来

满洲权贵控制粤海关为鸦片走私渊薮

四　以垄断反垄断的政策效应

雍、乾二朝的"柔远"政策

经济怀柔能使"西夷"帖服吗？

"国富"未必"君强"，异教的崛起

阮元督粤的成功与失败_{重文化教育，由学海堂及《清经解》等效应是正}面的，然欲加强海防以制夷，是失败的

五　林则徐、洪秀全和叶名琛

林则徐不理解龚自珍的"自改革论"

"忠君亲上"呢，还是"师夷长技"？林则徐在广东禁烟运动中的思想政治矛盾

那个失意的花县秀才洪秀全怎会信梁发？

"天国"怎会脱离广东？

叶名琛的悲剧替清廷守住广东，却成为帝国牺牲品

六　天国的失败和帝国的分裂

假如太平天国没有脱离两广

假如咸丰帝没有听从肃顺的建议

假如曾国藩没有听从冯桂芬的献策

假如李鸿章没有从冯桂芬议与戈登合作

假如李秀成没有被天主信仰所欺

假如曾、李或左不将爱国等同于忠清
那么会有满洲慈禧集团专政四十年吗？

七　由粤海再出发

同光间陈澧对传统经学的挑衅

朱次琦的礼山草堂和张鼎华的中原文献

康有为出山看香港、上海

同光清流的覆灭

公车上书中的康、梁

八　康、梁与戊戌百日维新

万木草堂与《孔子改制考》《春秋董氏学》

自改革根据地的失去或转移

与黄遵宪的一丝联系

九　孙中山由失败致失败

附录：演讲稿残页

从广东出发——由利玛窦到梁启超

倘若注意历史的时空连续性，那就不能否认广东在中国引人注目，不过是近五〇〇年的事。从学术文化史的角度来看，转捩点要属明孝宗弘治十三年（一五〇〇）去世的新会人陈献章。

　　号白沙的陈献章，是明中叶复活南宋理学异端陆九渊"心学"的第一人。朱熹的"道问学"，虽遭南宋庆元党禁，被政敌打成"伪学"，但在他死后不久，对峙的金、宋二朝，便展开尊朱竞赛。而一统全国的元世祖，欣然接受朱门后学所上"天下儒教大宗师"的尊号。于是其后裔为笼络金朝的汉人、宋朝的南人，恢复科举制，便以朱熹及其门徒的"四书五经"解说，当作官方教科书。明承元制。特别发动军事政变而破坏其父太祖接班体制的成祖，篡权得手后即命御用学者胡广重编"四书""五经""性理"三部"大全"，规定全国士人应试必读，而且规定谁敢怀疑钦定的朱子学解说，就属"离经叛道"，最轻惩罚为枷号示众。

　　用不着指出，自永乐初到弘治末（一四〇三——五〇四）那百年，君主已历六世七帝，但以永乐钦定三部"大全"为意识形态指南的"帝学"，僵化日甚，连皇帝本人也憎恶经筵讲官关于本朝太祖推荐的《大学衍义》的说教，甚至把坚持讲授此书的讲官关进天牢。

　　陆九渊生前反对朱熹，其死也先于朱熹，因而他的学说，历经宋、元、明时代，处于在野地位，连在南国民间的传授系统也难厘清。但有一点可以肯定，即陆学没因改朝换代死亡，证据就是陈献章。他在明成祖四世孙宪宗成化年间中进士，却拒绝同乡大学士丘濬（海南琼山人，一四一八——四九五）的拉拢，辞官返新会白沙镇讲学，而所讲正是反朱熹的陆九渊的"尊德性"学说。

　　十五世纪的广东，仍属明帝国的"化外"，任地方官者仍如北宋末的苏轼，属谪官即在政争中失败的官员。这类人一则政治失意，二则原较开明，或被贬后心灰意冷，因而多半尸位素餐，鲜有主动过问主管地区的意识形态。陈献章辞官返乡，收徒讲学，没有任何长官过问的记录，可知他在思想专制氛围的边缘找得了言论相对自由。

由清初黄宗羲的《白沙学案》(《明儒学案》卷五、六)，可知陈献章在故乡讲学，除本省学子外，门徒还来自赣、皖、川、闽诸省，实已成陆学小中心。但他复活陆学，得以越出广东，北传长江流域，一要归功于他的及门弟子、广东增城人湛若水；二要归功于他的私淑门人、浙江余姚人王守仁。尤其是晚号阳明先生的王守仁，在晚明将陈白沙复活的陆九渊学说，传播得如此广泛，以致在他去世半年后，黄宗羲著《明儒学案》，不仅撇开明代官方朱学史，还将王阳明的先驱都列为附庸，而将全部明学史描述成王学史。

当然，由陈白沙到王阳明，以至晚明号称泰州学派的彻底反朱子学者，那历史过程应该仔细研究。但这已超出本文命题，当另论。*

---

* 编者按：此稿后面部分已残佚。

庚　读近代

谈谈近代中国的历史（提纲）

时间：二○○五年十一月二十八日晚

地点：上海体育学院

一 "近代"的时空界定。这里仅谈一九四九年之前的百年中国。

二 中国并不陌生的陌生人。文化交往已有二千年，通过陆海两条"丝绸之路"。郑和远航在达·伽马之前，然而达·伽马开辟了自西徂东的新航路。从此白银输入中国，比白银对中国更具影响的，是物种输入：番薯、土豆、玉蜀黍，促使中国人口爆炸，烟草则曲折地引来了鸦片。

三 "闭关"说纠误：帝国垄断，由半合法（因需白银）的海上走私贸易补充。由传教士东来开始的文化交流，使"睁眼看世界"成为臆说。

四 近代中国为何落后？李约瑟问题不可无限拓广。鸦片战前中国国内生产总值总量仍居世界前列，至后来外贸仍保持出超。所谓落后是要挨打的，只在政治体制方面有道理。

五 从鸦片战争后，特别是甲午战争后，政治体制改革，成为中国的头号问题，绝非偶然。辩论焦点是"自改革"是否可行。所谓维新、立宪和革命，闹了百余年。

六 百年中国变了没有？生产方式、生活方式、消费方式、思维方式（聚焦于现代化的心理期待），都不断在改变，却未能冲破或根本冲破传统体制的外壳。

　　七　政治体制外壳，色彩有变化。"君主立宪"限于"预备"，"民主共和"徒具形式……

　　八　相应的政治观念，起初接受社会达尔文主义，未能由弱转强，于是接受列宁的落后通过革命超胜论，国、共均如此。继而蜕变为训政论……

重读近代史的几点疑问（提纲）

时间：不详

地点：不详

一 质疑中国近代的开端

半世纪前的近代史分期讨论

延安整风的旧论题

范著《中国近代史》的出版（一九五三）

全盘苏化在史学界的回应

怎能腰斩清史

对尚钺"修正主义分期论"的批判

二 质疑"落后挨打"论

道咸以来的"挨打"史

逻辑的悖论

《世界经济千年史》的数据

重商主义在中国市场碰壁

清朝腐败导致内外战争困境

体制的僵化与国力的反差

三　质疑谁先"开眼看世界"

　　范著《中国近代史》的命题

　　中国的"天下"与"天下"的中国

　　何以忽视陆海两大"丝绸之路"？

　　贫银的中国实行银主币制五百年

　　利玛窦和徐光启

　　圆明园史证明雍乾并不闭塞

　　鸦片怎样由药品变作毒品？

　　林则徐和"星斗南"（新豆栏医局，伯驾设）

　　《海国图志》自诩"以西洋人谭西洋"

　　《瀛环志略》和《校邠庐抗议》

四　质疑"长期停滞"论

　　所谓自秦至清长期停滞论

　　日本马克思主义者说中国资本主义

　　"李约瑟问题"的前提

　　《河殇》与"超稳定结构"论

　　晚明的王学与西学仅属一例

　　资本主义"萌芽"怎么老长不大？

五　质疑"两炮论"

　　斯大林的中国革命论

　　谁是中国的斯大林？

中国只能“被近代化”？

中国人何时知道马克思？

“十月革命一声炮响”的误解

“五四”反传统的历史实相

“被现代化”与全盘苏化

没有解决的历史三题

二○○八年四月五日夜草

帝制中国的黄昏——清朝在十九世纪 *

时间：二〇〇九年六月十五日晚

地点：复旦大学光华楼

我做的是历史研究，这个历史学严格说起来是属于人文学科。我别的不会讲，只会讲一点历史。今天跟各位谈的题目呢，叫作"帝制中国的黄昏"。我实际上讲的是晚清史。

大概地说，"帝制中国"从公元前二二一年到公元以后的一九一一年。在这两千一百多年里，中国出现的大小王朝有一百多个，出现的各种各样所谓的皇帝、国君，到现在为止还没有人能够统计出来。有很多人对帝制中国是否在辛亥革命后就结束了有不同的看法，这需要未来的历史学家来评论。但是，我在这里假定：一九一二年中华民国成立，帝制中国就结束了。

照这个说法，满洲人——也就是中国东北边疆、以契丹女真他们自己后来改称"满洲"所组织的"满蒙汉八旗联盟"，在一六四四年占领了当时大明帝国首都北京，从此开始了在中国两百六十六年的统治。这一统治经历了好几个阶段，在起初的五六十年里，还是处于征服过程中。

---

* 此为复旦大学社会科学高等研究院"世界社会科学高级讲坛"所准备的演讲稿。另附录该演讲的提纲。

在明朝灭亡以后，还继续有南明好几个小王朝，在南方抵抗；曾经做过三天皇帝的李自成，他的一批造反派在西北坚持了若干年；还有自称皇帝的张献忠，在西南也坚持了若干年；最后，有一个实际上是独立的、但一直到最后还自称延续南明的郑成功，他在台湾建立了一个政权。它是清朝征服的最后的一个，他自称延平王，也算一个小王朝。

在这以后，清朝又继续向西北方向组织军事活动，因为有一批从中亚来的入侵者——噶尔丹，占领了新疆，还有蒙古的一片地方，某种程度上说，也是入侵者。康熙自己亲征所谓准格尔部，使得中国的新疆这一块地方被统一；另外，现在的西藏和青海，这一块地方从元朝开始到明朝、清朝接受北京中央王朝的封号。而在清朝的前期，清朝对付西藏和蒙古，主要利用喇嘛教。所以，西藏喇嘛教跟中原王朝的关系由来已久。

一六四四年一个六岁的小孩子当上皇帝，他的年号叫顺治。顺治二十四岁死了，他的一个八岁儿子继位，年号康熙，他一共在位六十一年。康熙六十九岁不明不白死掉，谁也没有料想一个黑马继位，年号雍正，一共在位十三年。雍正也是死得不明不白。他的二十五岁的儿子继位，年号乾隆，这个乾隆至少是从汉朝以后在位时间最长的皇帝，他当了六十年皇帝，然后又当了三年太上皇。因为他改元在即位以后，他即位以前已经登基，如果算上，他在中国实际统治了六十四年之久。

他的遗产就是一个腐烂的帝国。清朝有过盛世，康熙以后是雍正，雍正以后是乾隆，乾隆是真正奠定后来清朝所谓祖制的一个人物。现在我们讲起来就只有"康乾盛世"。我曾经问过，干嘛要把雍正删掉？雍正是十八世纪中国政制的真正奠基者。没有他，清朝混不到那么长久。

我今天不讨论"康雍乾盛世"，我的讨论从一七九九年——乾隆以八十九岁的高龄死掉——到一九〇〇年。在一七九九年以前，因为乾隆登基的时候向他们萨满教的神灵发过誓：假定神灵保佑他活到他祖父的年龄的话，他到六十年一定让位。他居然活到那个时候。清朝前期皇帝的生育能力都不错，康熙有三十几个儿子。康熙不像我们电视电影上颂扬的那样爱民，这家伙是个色鬼。一大堆的妻妾，所以噼里啪啦地养了一大堆的儿子和女儿。雍正生育能力比较差。乾隆生育能力也不错。他后来立了一个已经三十多岁、做了祖父的儿子做继承人，就是嘉庆。这儿子也很厉害，甘当三年傀儡，乾隆自称太上皇。乾隆突然死了，尸体还放在大殿上，嘉庆立刻处置了主持丧事的首席军机大臣——那时候叫"首辅"——和珅。从乾隆死后到抓捕和珅一共才五天，这很不简单。然后就把和珅弄死了。

　　和珅是乾隆晚年最器重的满人。他被抄没的家产只有四分之一已经估价，根据已经估价的家产来看，他所拥有的家产值九亿两白银。中国最大的一次向外赔款是庚子赔款，和珅的家产相当于两次庚子赔款的总和。那时国家每年财政收入才七千多万两。以前，我们总认为严嵩是中国历史上最大的贪官，现在看起来和珅已经超过了他。当然，我不知道，之后有没有人超过他。嘉庆亲政是一七九九年，过了一百年，到一九〇〇年，八国联军攻进北京，慈禧太后挟持傀儡皇帝光绪跑到西安，一九〇一年中国签下了《辛丑条约》。过去我们讲，一八四〇年以后中国沦为半殖民地。这个说法是不准确的！实际上，中国成为列强共管的殖民地，严格地说起来，应该是《辛丑条约》的规定。所以，我的考察主要是从一七九九年到一九〇〇年这一百年。这一百年我把它叫做晚清。在往后的十年，我把它叫做清末。这一百年里，清朝爱新觉罗氏皇室又经历了四世五帝：嘉庆、道光、咸丰、咸丰的儿子同治，还有就是咸丰的一个侄儿光绪。这两个人——同治和光绪——是同代人。他们统治时期中国已经烂到表面了，因为乾隆生前最不爱听各个地方闹事的消息，所以他到死也不知道，在河北、四川、河南、陕西已经闹起白莲教的造反。可见，说皇帝什么都知道也未必——那要看底下的那些人愿意不愿意让他知道。他死了以后，造反已经闹得很大了。

他死了以后，清朝再也没有太平过。先是白莲教，后来天地会，后来又有天理教，再往后又是边疆到处在闹事，少数民族地区也不太平。最大的一场闹事，叫作太平天国，差一点颠覆了清朝。太平天国以后，各地的造反、闹事还在继续，还有捻军也在继续。一直到光绪时代，又掀起了一股势力，就是大家所熟悉的义和团。

本来义和团的口号叫"反清灭洋"，慈禧太后集团把义和团收编了，支持他们，结果义和团就把口号变成了"扶清灭洋"。以后，就来了八国联军，很快侵占了北京。这不是第一回侵占北京，前面一回是在咸丰九年，英法联军占领过北京。所以我曾经说，慈禧太后和她的亡夫咸丰皇帝共创了清朝帝国两次丢失首都的纪录。当然这个纪录并没有变成独占的纪录，因为蒋介石也演过一回，他也丢了首都——把南京丢了，跑到了重庆。

这一百年所谓的"民变"——我愿意称为"民变"，过去我们喜欢叫"农民起义"。虽然说十八世纪的清朝各地不是那么太平，但是相对于欧洲来说，当时中国算是世界上非常稳定的一个地方。十九世纪从拿破仑战争以后，欧洲各国之间不断发生战争和革命。尤其是一八四八年，欧洲几乎出现普遍的革命。但讲起来，中国的乱不像欧洲我们叫作资产阶级革命性质的那种东西，我们这里是反抗君主独裁，反抗地方官吏的贪污，都是所谓"官逼民反式"的闹事。

十九世纪中国闹了一百年，很多人开始要求改革。第一个是常州人，叫洪亮吉。他观察嘉庆皇帝的行为，在处理和珅案以后，一下子就没有声音了。和珅的家产还有四分之三没有登记，他就不准再登记。当时民间有句顺口溜叫"和珅跌倒，嘉庆吃饱"。就是说那么庞大的财产，都被他拿去了。所以洪亮吉上了一个奏章，要嘉庆宣布咸与维新，应该开放言路，改革官制。结果嘉庆大怒，把他抓了起来。本来要处死的，后来流放新疆，结果北京地区大旱，地都裂开来了，嘉庆害怕起来：是不是我处理了这样一个人，惹恼了上天？他去祈雨，老天还是不下雨，最后想来想去，还是承认处理洪亮吉案错了，就下命令赦免洪亮吉，赦免的诏书一发布，北京就下起大雨。古人喜欢讲天人感应，偶然性一来，就以为它是真的，所以嘉庆皇帝自此尝到甜头，以后出现问题，他就下罪己诏。他是清朝皇帝里下罪己诏最多的，在这以前他的五世祖顺治皇帝下过一次罪己诏，以后的那些皇帝都没有过自我批评，而嘉庆很会自我批评，所以当时一些人敢于讲话。嘉庆皇帝的谥号就叫"仁宗"，"仁者爱人也"，好像这个人很爱人。他在位二十五年，一会儿白莲教造反，刚刚压下去，天地会又闹事了。

　　清朝皇帝唯一被人行刺过的就是这个嘉庆。有一个厨师要趁嘉庆回宫的时候把他刺死。结果案子闹得很大，之后嘉庆又下罪己诏。再以后呢，河南的天理教的一支叫八卦教，首领叫林清，把宫里的太监收买了，趁嘉庆到热河打猎，林清联合宫里一批太监差点占领了皇宫。这是嘉庆十八年，案子闹得非常大，幸亏嘉庆的第二个儿子，就是后来的道光皇帝，据说很勇敢，拿着鸟枪在宫门的楼上抵抗，外边的援兵赶来，总算保住嘉庆的宫廷和妃嫔。嘉庆又下罪己诏，他不肯承认自己皇帝做得不好，说天天为国家和百姓着想，就是你们这帮大臣，玩忽职守，贪污腐化，结果把国家搞糟了。这是皇帝自我批评的典型。

嘉庆并没有挽救清朝的腐败态势。道光时期不仅有内忧，而且有外患，这个外患，就是鸦片。走私鸦片大量流入中国。从经济学、统计学、政治学角度写得最好的文章，还是马克思的几篇文章。当然，他有些判断未必确切，譬如说当时的清廷把中国搞得像一个密封棺材一样，那就是我们后来讲的"闭关锁国"的由来，但这一判断至少是不符合历史事实的。

我刚才也讲了，嘉庆亲政那一年洪亮吉提建议。在洪亮吉以后，还有一个安徽泾县人包世臣写了一篇有名的东西叫《说储》，提了一个非常有趣的建议：说现在要进行政治改革。他建议在内阁之外设置一个审官院，审查官员，允许全国人民上书，陈述自己的本事。审官院审查以后，发给路费，让这些人到北京去接受审查。如果审查合格，就让他做官；如果审查不合格，发给路费，让他回家。这个建议提出是在一八〇四年，这样的建议，大概"五四"以后就没有再提过。当时有三亿人，如果说男人有一亿人，中间有一半报名的话，那比我们今天报公务员还要多一点。

十九世纪初期，已经有一个改革家这样设想，证明中国人不是没有意识到体制的缺陷。在嘉庆十四年、十五年或者十六年吧，杭州有一个年轻人叫龚自珍，他二十岁开始写了一系列的政论。他警告清朝，说自古以来没有八百年不灭的王朝，相传周朝延续了八百年。他说，现在清朝分明是一种衰世。他对衰世有一个很好的描述。他说衰世和治世是很难区分的，衰世没有声音，大家好像都安分守己，不关心政治，看起来好像是个太平盛世，实际上朝廷里边没有能干的宰相，没有能干的将军，底下的各级官员都没有能干的，士、农、工、商都没有能干的，大家都非常平庸。最惨的是，城市里没有能干的小偷，野外没有能干的强盗，看起来整个衰世很平和，很稳定。可是仔细一看，离乱世已不远。

龚自珍的这两篇文章都很短，不到一千字，那个描述在我看起来是很惊心动魄的！

　　他说，如果要走出这一个衰世，避免乱世，只有一个办法，就是从上而下自行改革。这是在鸦片战争以前的二十四五年。有人说，一直到清朝被英国侵略了，中国才感觉到改革的必要。这个说法是不对的。也有一种说法，直到英国人把清朝打了一顿，这时候才有人睁开眼睛看世界。有一个说法，从一八四〇年鸦片战争以后，不论是对内的还是对外的战争，都具有民主主义革命的性质。这个说法对不对？根据这个说法，鸦片战争就成了中国近代史的开端。一八四〇年是清朝的道光二十年，道光一共在位三十年，那就是道光前二十年的中国在古代，道光后十年的中国忽然就跑到近代了。这种腰斩清史的说法非常荒谬。第一，它说落后是要挨打的，但根据这些年来中外经济史家的研究，在十九世纪，中国还是世界首富。我们现在喜欢讲 GDP（国民生产总值），根据设在巴黎的经济合作与发展组织首席经济学家麦迪逊的研究（《世界经济千年史》），从一八〇〇年到一九〇〇年，中国的经济总量还是世界第一位。一八〇〇年，也就是嘉庆王朝开始的时候，中国的经济总量还超过西欧十二国的总和。所谓西欧十二国指英、法、德等，就是我们现在所谓的西方先进资本主义国家。那就证明一条：这时候中国的经济并不落后。第二，拿破仑当时尝试征服欧洲，他非常留心中国的体制。他认为中国很多的体制，包括文官制度，还是比欧洲的世袭制要先进。第三，从社会稳定的角度来看，虽然当时中国到处造反，但是这个政府还在延续下去，跟欧洲这地方被颠覆、那地方被推翻是不一样的。所以从稳定的角度来说，中国比欧洲十九世纪（起码比十九世纪前期的欧洲）要强得多。所以，说落后是要挨打的，在我看来不符合历史事实。

另一个判断：到鸦片战争之后，中国才有人睁眼看世界。关于谁是睁眼看世界的人，我也不想参加争论。有人说是林则徐，有人说是魏源等。但在我看来，都严重违反史实。从 2008 年开始，上海又在纪念徐光启。徐光启在明朝末年，也就是鸦片战争前将近二百年，已经在努力地了解西方。他本人和他的一些朋友，也改宗天主教。在徐光启以前，中国人了解西方多不多？再往前推，郑和下西洋，他比所谓地理大发现还要早几十年，这算不算是中国人睁眼看世界的一个表现？

以前我还举过一个例子。我说中国是贫银国，但中国从明英宗正统元年，也就是公元一四三五年，从赋税到后来在流通领域用银元币制。那么银从哪里来？有一部分从日本来，后来哥伦布发现美洲，跟中国做生意，用白银换中国的丝绸、瓷器、陶器、工艺品等。以前台湾"中央研究院"的院士全汉昇的研究及欧洲一些汉学家的研究就发现：在哥伦布发现美洲之后的头三百年，他们从秘鲁、墨西哥等地掠夺的白银，起码有一半左右运到了中国。白银源源不断地流入中国，才能支持中国实行银主币制，一直实行到国民党统治以后的一九三五年，前后整整五百年。这当然证明中国的对外交往一直很活跃。假如到了鸦片战争中国人才开始睁眼看世界，那中国人以前的对外交往，只有一个解释，就是中国人都是见钱眼开。我不讲班超通西域，也不讲张骞通西域，我也不再讲佛教文化的交流，不讲玄奘西行求法，我就讲明清以来是不是这样子。所以我特别不赞成"睁眼看世界"的说法。

还有像太平天国和义和团，是不是旧民主主义革命的一部分？有些人这样认为，但无论如何都无法说通一点：太平天国刚刚起义就热衷于恢复等级制度，它封王封了多少？刚刚起义，就开始在新名义下面恢复旧制度，后来到了南京不是这样吗？从太平天国的体制来看，它到后来跟清朝有什么区别？名号不一样，但它整个的体制是不是希望建立一个君主专制体制？它和以前所谓的农民造反有什么区别？比如说刘邦，还有完全从赤贫变成皇帝的朱元璋，他如果参加土地改革的话，肯定是最赤贫的雇农。清朝的顺治皇帝曾说，历代皇帝里面朱元璋当得最好，应该向朱元璋学习。应该说朱元璋是农民造反，或者说好听一点，是从农民革命起家的。他起家后，他的那套制度，废除君相共治，变成纯粹的君主独裁，把所谓的功臣全部杀光。

这就是大家说的"清沿明制"。当然，清朝还有一个特殊问题：它是一个少数民族统治汉族和其他民族的王朝，如何保持一个占少数地位的统治民族的特权？它搞了一整套朱元璋没有搞的东西，比如"满汉双轨制"（在中央政府里，所有官员都是两套，在上面的是满洲人，在旁边的是汉族人）。另外，它特别强调以满驭汉，特别不允许被征服的汉族掌握军权，这一直到太平天国时才被打破，没有办法了，才允许他们办团练。这一系列的体制，应该说它继承了明朝，但又有自己的创造。

这给我们提出一个问题：为什么这套体制到十九世纪撑不下去了？有人说中国内部本来存在着资本主义因素的萌芽，因为外国侵略，这个过程被打断了，中国成为半殖半封社会了。这套理论叫作"长期停滞论"。有一些学者说，中国很早就建成了一个超稳定系统。有一条我们可以肯定，就是雍正、乾隆以后，形成一个所谓的组织，这个组织的归宿是追求君主个人独裁。雍正和乾隆不断在讲：国家的历史是我们的家史，别人不用来管。

我们讲清朝没有法制是不对的。清朝的法制非常严密，除了《大清律例》以外，还有礼制。但如果法制没有民主作保障而为专制服务的话，一定会出现无数个例外。法制如果没有跟民主相结合，而是跟专制相结合，就会给专制带来一个非常可怕的结构。真正跟民主相结合的法制，就不可以有例外。既然皇帝可以例外，可以不受惩罚，那么底下呢？底下凡是第一把手都可以例外。

我曾说过这样的话，让新儒家都跳起来了。我说中国实际从明朝、清朝以来形成了一个等级制度，它可以有成文法作保障，也可以有不成文法作保障。但是，既然皇帝可以例外，那么皇帝以下凡是第一号人物都可以例外，一直到村里面。所以，中国实际上是大大小小的皇帝，或者叫土皇帝，我们过去不是把村里的霸王叫土皇帝吗？所谓的法，所谓的律，所谓的例，就成了一个自上而下的特权保障体系。

按照政权结构的设计，中国确实有一个司法监督体系，孙中山搞五权宪法，多了一个考试院，多了一个监察院，他不是三权分立，叫五权公立。孙中山讲，考试院参考了科举制度，监察院参考了御史制度。过去的御史是有奉旨说话的特权的。可是从乾隆以后，连奉旨说话的特权都没有了。一个例证是：在乾隆晚期，一个御史，上海人，他弹劾和珅的一个家奴，就被严厉处罚。连一个人的家奴都不能弹劾，那所谓的谏官还有什么用？

清朝的内务府是皇帝私人服务机构。有两套：一个是皇帝的私库；另一个是公家的国库，由户部管。这时国库经常出现财政紧张，解决办法就是卖官，这就是清朝的"捐纳制度"，就是公开地开出价钱来。给多少钱，我给你一个什么功名；再加多少钱，我给你一个候补缺；再加多少钱，我给你一个实缺。还有的人，有了某种功名，要换一个缺，就是捐纳。晚清一些所谓的改革派，他们弄到的官，也是靠捐纳。这等于是皇帝主持卖官鬻爵，当然这个制度在汉武帝时代就有，可是在清朝变得非常严重。买官无利可图的话，干嘛要买？买了官一定要取得报偿，取得报偿以外，他还希望能够将本求利。清朝卖官从顺治开始就有了，到康熙经常卖官，到以后变成一个体制化的东西。在这样一个体制之下，能够制止贪污吗？能够制止行贿吗？能够制止拉关系、走后门吗？所以整个体制就是一个腐败的体制。用美国学者费正清的话来说，清朝建立起了一个集体贪污体制。

他有些观点我不太赞成，但是他讲的这句话，真的点出了问题的症结。这个体制一定是很腐败的，要想叫那些官员卖命，他干吗？我买了官本来是为了发财来的，你要我去替你卖命，我头没了，钱哪里来？所以这种体制下一定不会有所谓的忠臣。因此，奇怪的不得了的事情就是：鸦片战争时清朝军队的人数是世界第一，其实武器也不见得落后，但我们还是失败了。后来，我们说英国船坚炮利，那其实是托辞。第一次鸦片战争英国侵略中国的军舰，其实是中世纪的帆船，还是要靠桨手来划的，一共能用来作战的部队就是四千多人，中间大部分还是印度人。就是这四千多人打破了中国的万里海疆啊！到底这是因为他的船坚炮利呢，还是中国整体的体制性腐败造成的失败？想不通啊：就那么几艘当时的富尔顿汽船（它只能在浅水里航行，不能用于作战），主要的还是中世纪的帆船，就打败了中国。

因此说我们武器不行，当然说不通。那么，只有一个答案：当然是体制不行，整体上腐败，一定输。输的原因不在于船不坚、炮不利，即使拥有全世界最庞大的军队，但还是要败。

曾国藩办湘军的时候，分析当时官员和军队的最大问题是寡廉鲜耻。为什么？整个的体制就是鼓励你贪污。在这种情况下，要廉、要知耻，当然都是不可能的。不仅官员如此，后来的太平天国、捻军也是一样的，打败了，赶快投降，给我一个官，明天我不满意了，我再造反。若要官，杀人放火受招安。这是一个历史实相的描写。

清朝对外战争的失败加剧了内讧。有一个人是非常值得注意的,这个人在晚清百年里起了莫大的作用,这就是咸丰皇帝的遗妾叶赫那拉氏,后来的慈禧太后。咸丰死了以后,她联合小叔子,在一八六一年发动辛酉政变。从那以后,她和一个东太后——实际上是一个傀儡,叫慈安太后,两个人"垂帘听政",但决策是慈禧。

她先在头二十年巩固地位和政权,在觉得地位巩固以后,就把她小叔子收拾了,就是恭亲王奕䜣,变成独裁制。她一生立过两个皇帝,就是她的儿子同治和她的小侄子(也是外甥)光绪。她一生三次出面干政,所谓垂帘听政,说等同治成年了,她要还政给他;没几天同治死了,她又垂帘。后来立了光绪,光绪成年了,她说要还政光绪;结果没多久,光绪支持戊戌变法,慈禧一句话就把光绪变成了囚徒。她说,你大了,就背叛我了。后来马上又出面,这次不叫垂帘,叫"训政"。"训政"这个字眼是乾隆发明的,乾隆在当太上皇的时候,对外国使节讲,大事还是我办。他当太上皇监督嘉庆皇帝的时候,就叫"训政"。

慈禧太后"训政"最后的结果是训出来义和团的盲目排外,训出来满洲权贵利用义和团排外,再最后训出来八国联军。八国联军进军北京以后,慈禧太后挟持光绪皇帝很不光彩地逃跑。她不知在哪里弄了一套菜场上卖菜的老妇人穿的服装,化妆成一个卖菜的逃走了。从那以后,清朝就名存实亡了。

再就是《辛丑条约》了。翦伯赞有个形容:慈禧太后非常在意跟着洋人的脚步跳舞,列强的代表要她伸出左脚,她绝对不会伸出右脚。因此,最后八年的慈禧是个傀儡。清朝末年的一套东西应该重新加以认识。

我的讨论是讨论一百年,为什么我把它放到一九○○年八国联军攻进北京以后告一段落？我们知道,费正清主编过一部《剑桥中国晚清史》,他的上限跟我讨论的上限是一样的,从一八〇〇年开始,他的下限讨论到一九一一年。在我看起来,一九〇〇年到一九一一年的十一年的历史属于清末,实际上属于另外一个系统。这时候,名存实亡的满洲主要对付的已经不是它原来要对付的那批人了,而是一批真正的新式人物。在这一点上,我和现在有些人的看法不太一样。

一直到十八世纪,中国还是世界强国,不论物质文明上、社会稳定上还是政治文化方面,都曾经是域外世界称道的对象。当然在十八世纪的时候,欧洲已经有一批人对中国历史实相是怎么一回事发生过争论。后来我们又重新出版了孟德斯鸠的《论法的精神》。孟德斯鸠和伏尔泰不一样,伏尔泰对中国崇拜得不得了,孟德斯鸠则认为中国的体制是一个独特的专制体制,他不欣赏。但是十八世纪的时候,总的来看,欧洲还是在仔细研究中国的历史和政治,没有人敢瞧不起中国,当然根本没有后来的"东亚病夫"观念。欧洲舆论的突然转向,尤其在拿破仑战争以后,重新组合的欧洲各国不仅对清朝统治的中国开始由蔑视到鄙视,而且这时居然有人说它应该是我们下一轮的征服对象。一直到拿破仑,他不敢说要侵略中国。拿破仑虽然已经判断中国是一头睡狮,他警告别人最好不要去触动它。可是,在拿破仑以后就有人开始说,不仅要触动中国,而且要把中国当作下一个要征服的印度,这是十九世纪欧洲舆论起的变化。所以,由英国的鸦片商开始,先是鸦片走私,最后鼓动英国议会,决定用炮舰来试探中国的情况。配合英国的沙俄和法国没有想到:就那么几艘中世纪式的军舰,那么四千多个作战士兵,一战就把这个天朝上国打得门户洞穿。

下面的历史就是:中国内战不断,而且外战总是屡战屡败。曾国藩

检讨自己跟太平天国打仗总输，他的幕僚写"臣屡战屡败"，曾国藩把
那两个字眼勾过来——"臣屡败屡战"，就是说失败了还要再打，一下
子就把他的精神给弄出来了。清朝不断打败仗，这个败仗在很大程度上
是政治斗争的反映。在我看起来，中法战争就是慈禧的阴谋而已。她开
始利用清流那一派人，后来她讨厌他们了，就把这些书生弄到前线去，
由他们葬送了南洋舰队，这样就导致了中法战争的失败。甲午战争时，
明明是她把建设海军的银子拿去造颐和园，人家说要打，她就是不想，
结果李鸿章知道要打非败不可，但是迫于光绪皇帝和他们的压力，还是
打了，这样一下子北洋舰队也完蛋了。

慈禧倒也老实，她从西安回到北京以后，在检讨为什么跟英国打仗
老是失败时用了一个字眼（这个字眼我们后来经常用），她说"纸老虎
拆穿"。我以前看了吃惊非凡，原来"帝国主义和一切反动派都是纸老虎"
的说法是从慈禧那里来的！

十九世纪的清帝国，实际上就是帝制中国的黄昏。这个黄昏当然是种
比喻。北京以前是有沙尘暴的，下午三点睁眼看太阳不要带眼镜，昏天黑
地的样子，我指的就是那样的一种黄昏。在这一百年的历史里边，我们讨
论很多了，不过我们恐怕要从综合的角度——从政治史、经济史、社会史
或者文化史综合考虑的角度。如果对一七九九年到一九〇〇年一百年的晚
清史再作一番反思的话，对我们自己的认知的提高恐怕会有一点好处。

好，我就讲到这里，谢谢各位！

附 录

帝制中国的黄昏——清朝在十九世纪（提纲）

自从八国联军侵占北京（一九〇〇），清帝国已名存实亡。上溯百年，清嘉庆四年（一七九九），满洲统治中国的"盛世"，随着乾隆死、和珅案发，而白莲教造反已蔓延至鄂、豫、川、陕诸省，光景不再，犹如夕阳西沉，余下大气备受污染的黄昏。那百年，史称晚清。

晚清百年，满洲爱新觉罗皇室又历四世五帝。实则嘉庆朝初期，清廷已难以控制来自朝野的东南士人对它腐朽专制的讥谈。常州人洪亮吉、泾县人包世臣，呼吁体制改革最早。杭州青年龚自珍，还在鸦片战争前四分之一世纪，就断言清朝已入"衰世"，如不"自改革"，则改朝换代的宿命必不可免。

倘说晚清列帝没有感受统治危机，那不确切。嘉庆帝亲政伊始便抓捕和珅，以后年年御经筵以示尊孔重儒，又因天灾人祸屡屡下诏"罪己"，如五年（一八〇〇）因京师大旱赦免以言获罪的洪亮吉，八年（一八〇三）处理陈德刺帝案，十八年（一八一三）"遇变"即天理教八卦派首领林清与宦官多名内外呼应进攻皇宫案，都下罪己诏，却都诿过内外大臣"因循怠玩"，并严厉斥责大小官吏贪污腐败成风。但他和其子道光帝、其孙咸丰帝，历三世六十三年（嘉庆亲政二十二年、道光三十年、咸丰十一年），始终拒绝对"祖制"做改革。

因而晚清的积弊日趋严重。自乾隆晚期的川楚白莲教造反，到嘉庆间继发天地会、天理教、湘黔苗民造反，道光朝边疆各族和内地秘密会党的闹事，史不绝书，就是底层民众对清朝统治普遍绝望的体现。所谓物必先腐而后虫生之。奇怪的是既往近代史常作相反的解释。

通行的近代史教科书，恪守六十年前一种假设，说是中国内部早有资本主义萌芽，只是外来帝国主义入侵，打断了中国的近代化进程，于是由清道光二十年（一八四〇）与英国的鸦片战争失败，中国便进入半殖民地半封建的"近代"社会。这种"被近代化"的说法，在逻辑上自违其倡导者所谓"内因是变化的依据，外因是变化的条件"的矛盾论；在史实上腰斩清史的解释不通，更与资本主义在欧洲发育的实相不合，后一点顾准的驳论值得参照。

问题还在于指导主流近代史的三说，均背离历史实相。其一说落后是要挨打的，但世界经济史多种研究，已证明直到嘉道二朝，中国在国民生产总值上仍列世界首位，超过西欧各国的总和；社会的不稳定程度，在总体上也较总处在各国间战争状态的欧洲为弱。其二说明清以来中国长期闭关锁国，到鸦片战争才有人"睁眼看世界"，我曾据白银内流、欧人东来及对外贸易等方面的中外学者研究所彰显的历史事实，以为此说乃主观臆说。其三说道咸同光列朝的内外战争，内如太平天国、义和团，外如对英、法、日、俄及八国联军的战争，均属旧民主主义革命，此说不断受史家质疑，以为反清不等于反君主专制，反外国侵略也不等于走向民主革命。

自秦汉至明清二千多年，中国绝非长期停滞，也非"超稳定系统"。即如清帝国，对实现中国的空前一统，也有巨大的历史贡献。然而在十八世纪，尤其在雍乾父子实现君主个人独裁的七十七年（一七二三——一七九九），政经财文无不以高度的中央集权为旨归，国事被说成皇帝家事，法律依等级有无数例外，连言官奉旨说法也视作"狂吠"，包括满汉权贵都唯求自保而自肥，捐纳即君主卖官鬻爵成为惯例，政以贿成闹到达官小吏均寡廉鲜耻，统一变成全面统死，而主流史学仍在不倦地讴歌"康乾盛世"（不知为何将关键的雍正除外），令人诧异。

正如"嘉道守成"，是以乾隆全面专制的成法为尺度，咸丰面对内外危机，被迫做出的政府机构的调整，如设置总理各国事务衙门及南北洋通商大臣，在观念上仍强调天朝对待藩国的"祖制"。"辛西政变"（一八六一）的实际效应，是君主专制权力的转移，由爱新觉罗皇室转移到咸丰遗妾叶赫那拉氏之手，也就是慈禧重组的满洲权贵集团之手。所谓"同治中兴"，其实是叶赫那拉氏和奕䜣"同治"的过渡形态。待叶赫那拉氏终于再立光绪而慈安死去，便整肃奕䜣而大权独揽。她越背离不许太后临朝的"祖制"，却越强调自我作古即守护"祖制"，同样她本人越贪婪腐败，又越凭借权力挑动满汉官僚互斗，尤其是"清流"与"洋务"的政争。

慈禧太后实际君临清帝国四十七年（一八六一——一九〇八），其中与恭亲王"同治"二十年（一八八一年慈安死，即剥夺恭亲王权力），个人独裁十九年（一九〇〇年逃亡西安），作为列强傀儡八年。有人称道她做了不少顺应潮流，有利于社会进步的好事。这里不谈动机，但看她独裁期间的效应。她利用清流实现权力独断，随后便将这班书生送上对法战争前线，不惜毁灭南洋舰队，导致中法战争失败。她利用洋务派筹建海军经费营造颐和园，最终导致甲午战争惨败。她不顾光绪帝反对割地，指示李鸿章接受割台湾、辽东的《马关条约》。她自作聪明地要联俄制日，给沙俄扩展在东北的权益大开方便之门。她绞杀了戊戌维新，又向反对废光绪帝的列强泄愤，而支持满洲权贵利用义和团"扶清灭洋"，迅即招来八国联军入侵北京。她为免当"祸首"，对《辛丑和约》全盘接受，"量中华之物力，结与国之欢心"，从此中国沦为欧美列强共管的半殖民地，而她仍为充当列强奴隶总管忻忻得意。清末的帝国名存实亡，整个中国进入黑暗状态，固然根本原因在于清朝体制腐烂得不可救药，但这个专制女主能辞其罪责吗？

直到十八世纪，中国仍是世界强国，无论物质文明、社会稳定还是政治文化，都曾是域外称道的对象。虽说当时欧洲思想界对这个帝国的体制及其历史已有争论，却无人敢将中国列为"东亚病夫"。然而从乾隆到嘉庆之间，欧洲舆论突然转向。尤其在拿破仑战争以后，重新组合的欧洲诸国，不仅对清朝统治的中国，由藐视到鄙夷，而且生觊觎之心。终于由英国鸦片商人先以走私试探，继以炮舰侵犯，沙俄法国紧随其后，没想到一次战争，便将帝国打得门户洞穿。如慈禧所说"纸老虎拆穿"，以致十九世纪成为帝制中国的黄昏。这百年的晚清史，论者虽多，是否还有再反思的必要呢？

二○○九年六月十三日再作

晚清至民初的在华外人（提纲）*

时间：二〇〇八年十一月十日

地点：复旦大学史带楼

小　引

被忽视或被扭曲的历史课题。三十年来，相关认知，更清楚了，还是更迷茫？

界　定

时：清嘉道之际至民北洋时期

地：否定不平等条约的中国版图

人：华人即全体中国人，洋即在华外人

事：涵泳此时期全部中外交往史

一　被限制的在华外人

帝国的外籍雇员：宫廷数学家的退出，皇家历算师，宫廷画师和医师。

传教士如躲猫的老鼠。

---

* 为复旦大学 MBA 班讲。

受管制的洋商，不尽是鸦片商。

二 开放口岸的头二十年

香港沦为英国殖民地，澳门随之

"五口通商"与上海租界

"番鬼"仍受"天朝"官绅蔑视

"天国"对外人的宗教认同

仇洋又惧洋的咸丰帝丢掉首都

"杀"进北京的列强使节

"洋枪队"和洋务运动

三 "同光新政"与在华西人

第二次鸦片战争后在华西人的结构

（1）列强的驻华官员；（2）控制海关的洋雇员；（3）同文馆和译馆的洋教习丁韪良、林乐知、傅兰雅等；（4）各租界的洋行和西商；（5）合法化的传教士天主教修会重返中国，新教各差会的三派（基要派的内地会，社会福音派的欧美差会，自由派的广学会）；（6）形形色色的冒险家、考古家、人类学家、旅行家及俄日间谍等。

慈禧训政与清流"排外"与旗人讲理学的倭仁、徐桐等呼应，专攻"洋务小人"

用洋人建海军与兴造颐和园

光绪十年甲申（一八八四）南洋舰队被歼，"清流"成为替罪羊

四　甲午战败谁之过？

势均力敌的"洋务"较量

夹在帝后阴谋中间的李鸿章

"纸老虎拆穿"

慈禧乃丧师失地辱国的祸首

驳唯武器论的艾尔曼谬说

五　"外人与戊戌变法"

同治五年（一八六六）赫德、威妥玛建议清廷"借法兴利除弊"遭拒"自强之道，不待外求"

同光之际来自西学界的变革声音冯桂芬写《校邠庐抗议》，王韬讲自强用英式，李善兰"一以美国为法"，马建忠学法国"人人有自主之权"

《万国公报》激励中国改革林乐知、傅兰雅、花之安、艾约瑟、李佳白等，尤其是李提摩太，予康有为以直接影响

甲午战争将政治改革推上议事日程，特别得到李提摩太的支持强学会甚至用《万国公报》为刊名

百日维新议改制，要光绪帝聘李提摩太、伊藤博文为顾问

维新失败了，思潮在继续

六　辛丑合约前后

慈禧与义和团

"上海国会"与知识分子觉醒

辛丑和约的另一面效应用惩办祸首逼迫清廷承诺"革政"

"排满革命"成为时代思潮

七　列强与辛亥革命

关于晚清历史的几个问题

时间：不详

地点：上海图书馆

谢谢各位到这里来！我在"非典"以前曾经答应上海图书馆王世伟先生的要求来开讲座，当时定的题目是关于晚清的几本书，像康有为、章太炎、梁启超，等等，讲讲他们每个人的一本书。过了两个半月，我想如果专门讲几本书，可能太专门了，妨碍我和各位的探讨。所以我就把题目改成了"关于晚清历史的几个问题"。

就在"非典"那两个半月当中，中央电视台播过一个电视连续剧《走向共和》，恰好大家都关在家中，据说收视率相当之高。这以后上海有几家报刊要我讲讲"走向共和"是怎么回事。我对电视剧向来不感兴趣，特别是那些清宫戏。不过这部电视剧还是看了一遍的。

这部电视剧被称作"要恢复真实历史"的电视剧。的确，里面人物的姓名都是真的。汤因比曾经挖苦说：小说家写的东西里只有名字是假的，历史学家写的东西里只有名字是真的。本来在近几年我们的历史研究中，已经出现了"后现代思潮"。到底有多少人能够懂得"后学"，我不知道。但有一点，"后现代思潮"中有一个很片面的说法：历史是人编造出来的，历史就是个人主观的解释。从前的新黑格尔主义者就这样讲过。现在出现了一部自称是很严肃的、完全恢复历史真相的电视剧，我看了以后，实在看不到历史真实。"上图"邀请我来讲讲《走向共和》，因此我利用这个机会，谈谈我对晚清这段历史的看法。

首先，说一下题目。这几年史学界比较多地接受了"晚清"概念。从前比较多的是把"晚清"和"民国初年"包含在一个笼统的概念里，叫作"近代"。"近代"这个概念在中国史学界的历史并不长，始于二十世纪五十年代，还不到半个世纪。当时史学界有五大问题——所谓的史学界"五朵金花"——的辩论，中国近代史的分期问题是"金花"之一。争论中国近代开端始于何时最主要的依据是毛泽东在延安时期作的《中国革命和中国共产党》一书所提到的，鸦片战争以后，中国就进入半殖民地半封建社会——这就是所谓"近代"的概念。五十年代的争论之后，大家也就习惯了这种说法，但问题本身并没有得到解决。

还说中国在鸦片战争以前是"闭关自守"，鸦片战争后中国才有人"开眼看世界"。我曾经问过最喜欢讲这句话的学者们，中国所谓"地大物博"，唯独极端缺乏银子，中国是贫银国，但中国从明英宗正统年间实行银本位制，到一九三五年国民党政府废除银本位转而实行法币，正好是五百年。这些银两从哪里来？中国产银最多的康熙年间，曾经达到过每年自产白银五十多万两，而每年税收有八千万两。这些银子只有一个来源——对外贸易。在发现新大陆的头三百年间，西班牙人抢占了美洲的秘鲁、墨西哥等产银地。开发美洲白银的最大受益者是谁？是中国。最早那些银子运到欧洲，再用它们和中国换丝绸、茶叶、瓷器、陶器等商品。后来他们找了条捷径——从美洲直接运到菲律宾、现在的印尼，然后直接同中国人交易。西方和中国港台的一些学者提出这种见解，我以为他们的说法是正确的。如果说中国人"开眼看世界"始于鸦片战争之后，那么是不是说，在此之前唯一能够让中国人睁开眼睛的就是银子？是不是说我们的老祖宗都是见钱眼开的人？绝对不是。

…………

我受的教育是马克思主义的唯物史观，我相信它不是因为迷信，而是因为它正确。如果要说马克思主义，我建议大家看一看恩格斯对马克思的盖棺定论——那就是《在马克思墓前的演说》。他说到马克思的两大贡献，其中一个是唯物史观。恩格斯说，马克思发现了人类社会一个极其简单的事实，那就是人类必须首先解决吃喝住穿。社会政治经济发展了之后，才能在那上面高高地开出哲学之花，也就是意识形态。这才是唯物史观的马克思主义的标准解释……

我认为恩格斯《在马克思墓前的演说》所讲的是解释历史比较正确的观念。当然我们不排除其他的，比如韦伯所讲到的新教和资本主义伦理的关系，比如欧洲的诠释学，都可以吸取。从这个角度看，我们姑且把某些有争论的问题放在一边，比如中国近代的开端到底在哪里。我很不赞成英国破舰上几门炮对中国一打，打出了"五个窟窿"——五口通商，这就是中国近代的开端了。我解释一下为什么不用"近代"，而用"晚清"，这纯粹是一个时间观念。一个帝国和一个人一样，有其年轻时期，也有中年和晚年的时候。

…………

《走向共和》从整体上曲解了晚清历史。把李鸿章弄成一个完全的"洋务派"，以为"洋务派"出场就要抽烟斗，用西洋的玩意儿，缺乏根据。我讲一个小故事：李鸿章早期和戈登在镇压太平天国运动中合作过，后来李鸿章游历欧洲，到了英国。那时戈登已死，他的家人认为李鸿章和戈登交情很好，决定送给李鸿章一对英国最名贵的狮子狗。过了几天，戈登的家人见李鸿章没有反应，于是趁一次招待会问李鸿章，是否喜欢那对狮子狗。李鸿章想了想说："噢，味道不错。"他对洋务知道多少？如果真的要还原历史，这个场景比拿个烟斗之类出场恐怕要真实得多。

把中国走向共和的开端说成是一八九四年的甲午战争，这本身就很值得商榷。甲午战争给中国造成很大的震动。为什么？最重要的一个原因就是不久以前，日本还在向中国学习，比如魏源的《海国图志》，日本人据此研究怎样"以夷制夷"、如何"师夷长技以制夷"。明治维新后，这个向中国学习上千年的学生突然就把中国打败了。中国处于危机之中，当然不是以甲午战争为分界。第二次鸦片战争对中国造成的震动更大，清朝两百年来第一次丢掉了首都，慈禧和她的亡夫咸丰皇帝两人共创两次丢掉首都的纪录，共创中国历史上罕见的耻辱。奇怪的是在剧中慈禧回銮后，再三强调"我们要长点记性"，而最没有记性的，恰恰是她自己。义和团之后，海外保皇党出现分裂，有一批人对帝国政府感到失望，其中最有名的就是梁启超。他在一九○一年到一九○二年感到保皇没有希望，所以倾向革命。他给康有为写了封长信，陈述对保皇主张发生动摇的原因。梁启超是康有为的大弟子，如果梁启超背叛的话，万木草堂的弟子就要跑光了，所以康有为给梁启超写了非常长的信来申斥。康有为给梁启超的两封公开信酿成上海有名的"苏报案"，章太炎在上海写了长文批判康有为——《驳康有为论革命书》，恰好是梁启超给康有为写信的时候，正是慈禧说要长记性的时候。这批家伙已经把过去全都忘光了，又在醉生梦死了，政治制度比过去更加腐朽，这个政权不"革"怎么办？

保皇的理由，除了赞美光绪皇帝是所谓的"圣主"之外，还有个推论，就是光绪皇帝比慈禧年轻得多，年轻的总是死在后头。所以他们在海外对华侨宣传时说，慈禧死后，光绪复辟，肯定会大兴改革，振兴实业，大家现在应该拿钱来"投资"。所以"保皇会"正式的名称叫"保救大清皇帝公司"。康有为还算有些市场经济的眼光。他骗了华侨不少的钱，有些钱有秘密用途。比如该剧根本没有涉及的一个问题，就是除了革命党以外，康有为也很起劲地用钱收买所谓"侠士"，在北京伺机刺杀慈禧。康有为没有识人的本领，相信了几个骗子的话，把从华侨那里得来的钱大部分给了这几个骗子去海外"投资"，去墨西哥城建设有轨电车，结果人不见了，钱当然也没有了。这在《走向共和》中连影子都没有。

甲午战败是清帝国内外危机再深化的表征，它凸显了以慈禧为核心的清帝国权贵根本拒绝接受所谓历史教训。历史是有教训的，但能不能接受历史教训，又是另一回事。慈禧就是最不能够接受所谓历史教训的人。《走向共和》把她描写成接受历史教训的人，而她底下的那批人不愿意接受历史教训。在我看来，恐怕有些荒唐。

李鸿章在那批大臣中间应该算是有比较清晰的头脑的人。他很早就接受了苏州人冯桂芬在太平天国期间在上海时写的一本书——《校邠庐抗议》，这本书对李鸿章影响相当大。根据这本书，他后来提出了自己的治国设想："外需和戎，内需变法。"能够做的就是所谓的洋务，不能说他的洋务没有成绩，比如剧中讲到的张之洞办的汉阳铁厂。其实办洋务最有成绩的是在上海，江南造船厂的前身江南制造总局比汉阳铁厂的成绩大得多，还有上海招商局。但中法战争、甲午战争都证明了李鸿章的"外需和戎，内需变法"都是幻想。你想和，但人家不肯怎么办？你想避免同日本打仗，但日本硬要打，又怎么办？李鸿章的"和戎"是建立在主观立意上的。

所谓的"变器不变法"，光是办一些新式工业，而体制不改变，这些东西就一定变成所谓的"官督商办""官商合办",就一定变成官僚化的东西,变成由权力操纵的很腐败的企业。比如上海招商局,它存在了很久,但里面都是些极为腐败的家伙。李鸿章手下最得力的幕僚是马相伯的弟弟,马相伯参与了他们的活动。马相伯在甲午战争后就曾经查过招商局内部的腐败问题,留下了不少记录。这种可以说明真实历史的东西在《走向共和》中没有反映出来。

甲午战败恰好暴露出一个很大的问题,那就是美国著名中国问题专家费正清在《美国与中国》第四版中说的一句话:(从雍正、乾隆以后)清朝的统治集团基本上变成了一个有组织的贪污集团。如果以史为鉴的话,那么鉴一鉴那时候整个官僚阶层怎么样变成一个有组织的贪污集团。清朝的俸禄是很低的,想不贪污也不行。清军刚入关时,贪污就很厉害。到雍正以后,想出一个办法,贪污可以,但赃款必须拿出来,大家按照等级分赃。这不是一个有组织的贪污集团吗?清朝把这个办法叫"养廉",养廉银比正式的俸禄多得多。这种措施止住贪污没有呢?那时的谴责小说如《二十年目睹之怪现状》《官场现形记》等里面的描写,我们只能用四个字形容——触目惊心。这当然暴露出体制的问题。慈禧本人就是个大贪污犯,她不仅把海军的军费六千万两白银挪去造颐和园,使海军腐败得一塌糊涂,她还对收藏珠宝银两非常感兴趣。

从甲午的公车上书,到戊戌的百日维新,其宣传和组织的重点在上海。在上海的一些外国人,包括传教士、商人、中国政府的洋雇员如赫德等人,他们组织过一个"广学会",除了出版以外,还支持中国其他的活动。比如广学会的总干事李提摩太,在山西大灾荒时前往赈灾。如果没有他,不知道山西要饿死多少人。广学会的著名刊物叫《万国公报》,它是"公车上书"的那群中国知识分子、开明官员认识世界和改革必要性的一种资源。康有为不通西文，他的外国知识是哪里来的呢？我很早就考证过，自李提摩太接手办报以来，《万国公报》只有一个私人长期订户，就是康有为。戊戌维新以前，梁启超就给李提摩太当过秘书，替李提摩太润色公文。这种情况下，要反映走向共和的历史，不能把当时在华的外国人都描写成野兽，他们也许有些人确实居心不良，有些人确实想操控中国，但不能否认，他们从各方面给中国新派的人物以支持。康有为逃出来，是英国人救他；梁启超的出逃完全是日本人的救助。如果没有他们的援救，康、梁两人不是一样被杀头？中国已经融入世界体系，《走向共和》把这条线给抹杀了，这是不是算曲解历史？

剧中的另一个历史人物孙文，后在日本改名中山樵，所以我们叫他孙中山。关于孙中山这说来话长，我也不想在这里展开讨论。我想指出一点，义和团以后，南方有个"自立军"，活动遍布长江流域，从四川到江苏，后来被张之洞镇压了。自立军的宗旨要比义和团清晰得多，因为它不承认清朝政府，但最后还是接受了康有为的"保皇"主张。他们的活动在《走向共和》中一点都没有反映。

真正早期的开明人物，包括知识分子、学者、政府官员，他们有一次非常重要的民主实践，即一九〇〇年七月在上海举行的"上海国会"，又叫"上海议会"。八国联军攻陷北京后，北方（主要是北京、天津）的民主人士，如严复等人到了上海，江浙一带的民主人士也到了上海，广东的如容闳也来到上海，出席"上海议会"的八十多人都是当时中国杰出的人物。他们在愚园举行了一次自己组织的真正的"议会民主"的尝试。讨论宗旨，鼓掌通过。不提候选人，没有等额选举的票选，选出会长、副会长、总干事。最后容闳当选议长，严复当选副议长。暂且不管这是不是一次资产阶级的会议，这是一次真正的民主选举。上海议会中有辩论，有争论，大家充分发表意见，讨论清政府的未来。这次会议并不像有些人所讲的仅仅是为自立军张目。章太炎在会上发表了有名的意见，他说不能够既认为清朝是伪政府，又要保皇，这是一对矛盾。他愤怒之极，把自己辫子割掉了，从此章太炎穿着一身类似于和服和僧袍的服装。但在《走向共和》中，一点都没有反映出来。

孙中山有个逻辑：中国为什么革命搞不好，就是威不够，他的权威不够。这点在《走向共和》中倒是有所提及：革命党要打手印，黄兴不肯。孙中山由此发展出一套理论，在"五四"前形成他的《建国大纲》：中国必须分三步走，第一步是军政阶段，即用武装推翻旧政权，建立新政权；但中国人不懂得怎么实行民主，必须狠狠地被教训几年，这是训政阶段——蒋介石训政一直训到跑到台湾之前，才匆匆忙忙弄了个假"国大"，把自己也训完了——这是第二步；第三步是行宪。

孙中山的排满革命很对，提出"民族、民权、民生"的"三民主义"设想也是对的。"民权"就是民主；"民生"就是要搞经济；"民族"后来他自己修改了，本来是"驱除鞑虏，恢复中华"，这本来是朱元璋的口号，现在变成了同盟会纲领中的两句话。辛亥革命后，他提出"五族共和"，这也是对的。但后来他要用一个新的权威来教训中国人，有点违背了他开始时的许诺。

我希望通过文艺的形式使观众获得真的历史，那些"戏说"我是不看的。在知识爆炸的时代，通过通俗刊物或媒体的形式，给读者提供真的历史，在我看来还是很有必要。我们大学的历史教学太欠缺了。我去过美国多次，发现他们很重视美国历史的教育，不管什么专业，美国史是美国大学中的必修课。这值得我们学习借鉴。

讲一些清朝的"真历史"，很有必要。我们流行过一句话——"落后就要挨打",但当时中国从经济或者生产水准、生活水平上面来说,绝不落后。我举两个例子:一是前些年国际工业合作组织(国际工合组织,其驻中国代表路易·艾黎后加入中国籍)曾经对十九世纪前期的世界经济状况作过研究,结果发现以一八二五年——即鸦片战争前十五年——作为尺度,中国的人均国民生产总值位居世界第一。克林顿政府时候的美国商务部部长专门到中国来过,他回到美国作过一个演说,肯定十九世纪三十年代——即鸦片战争前十年——中国人均国民生产总值仍然是世界第一。

英国和中国的贸易始于清初,他们装了一船呢绒来到广州,很乐观地估计,如果每个中国人的裤脚管加长一寸,英国所有的纺织厂全年开工也来不及做。但没想到广州天热,人们不穿呢绒,他们白白地折了八千枚西班牙银币,装了些中国的陶瓷、茶叶回去。后来他们才发现鸦片是能够打开中国国门的好东西。

鸦片在唐文宗开成年间就摆在中央药库里作镇痛药用,为什么到清朝突然流行开来呢?康熙和雍正两代皇帝统治了七十多年,两代皇帝都是禁烟草的。但万万没想到的是,禁了烟草,却导致鸦片流行。雍正和乾隆年间鸦片越来越流行。东印度公司发现,很多中国人都抽鸦片,他们究其源头,查到土耳其,最后发现印度的阿萨姆邦最适合种鸦片。于是雇用当地农民种植鸦片,做成生土,运往中国。

此前中国历史上只发现一个人鸦片成瘾,那就是明朝的万历皇帝。他太胖了,胖得站不起来,可能有痛风,需要吃鸦片来止痛。到后来中国的纨绔子弟把鸦片生膏变成熟膏,再加入高级烟草、各种香料,调制成泡泡,用烟具来抽。原来鸦片从土耳其运往中国贩卖,价格昂贵。东印度公司在阿萨姆邦种植之后运往中国,鸦片价格掉了下来,一下子在中国流行开来。马克思《鸦片贸易》里专门做了揭露。

为什么鸦片流毒泛滥？这也和中国贸易处于"出超"地位、白银大量内流有关。中国是个贫银国。我们常常讲一句话——鸦片流毒导致中国白银外流。没有内流，怎么会有外流呢？从鸦片战争后一直到清末，中国贸易还是"出超"，虽然大量白银外流，用"落后"来解释，至少从生产力、从经济关系上是解释不通的。如果要说"落后"的话，恐怕只有从政治体制上解释了。英国已经建立君主立宪制，工业革命发生，十八世纪末十九世纪初法国大革命后，建立民主共和政府，而中国还在坚持君主独裁和专制，并且是最坏的君主独裁，实行"满汉双轨"的官僚制度。明朝六部尚书各一人，两个侍郎，清朝时变成了一个满尚书、一个汉尚书，两个满侍郎、两个汉侍郎。满人不做事，监督汉人做事，领导一切。这不单单使体制相对于西方来说越来越腐朽，而且由于内部有组织地贪污，这种体制到晚清在应对内外问题时完全丧失了力量。假定只从这一点来讲中国落后就要挨打，应当有道理。一八四〇年鸦片战争，英国派来的舰队就是中世纪的桅帆船，那时富尔顿汽船刚刚发明。到第二次鸦片战争时，英国才用了两艘富尔顿汽船传递消息，打仗还是用桅帆船，靠风力，靠人划。英国一共派来了几千个兵，就把中国万里海疆打得门户洞开。阻碍中国走向共和并且导致屡次改革失败的原因，要从清朝体制上面寻找。

其实中国的改革思潮很早就存在。套用龚自珍的话来说，就是"自改革"，即自上而下的改革。中国要求自行改革的思潮，其句号画在了戊戌变法。戊戌变法失败以后，那就是另一个阶段了。

现在研究得不够的是义和团和自立军以后中国出现的所谓的"立宪运动"。过去笼统地把清末的立宪运动叫"假立宪"，从清末统治者方面来说，我赞成这个说法，但从当时运动的参与者——比如各省著名士绅、学者的角度来看，不能用"假立宪"把它抹杀掉。《走向共和》在这方面完全没有反映。

下面我再说说"重修清史"。过去有"二十四史"，民国年间又修订了清史，是为第二十五史。不过这部清史遭到反对，说是清朝遗老修的，不能客观反映清朝的历史，后来勉强出版，叫作《清史稿》。现在要重新修订清朝历史，"非典"前夕，在上海开过重修清史的会议，我也应邀出席。国家投入很多钱打算重修清史，至少不能让这些投入白费。晚清的许多真相都在外交官的档案中、传教士的书信中，应该把这些真相都搜集起来。否则，重修清史会不会成为《走向共和》的文字版？

听众提问：

问：在所有的清史专家中，对于雍正的秘密立储问题在总体上是肯定的，但我现在不觉得这是值得肯定的。它在局部、微观上有其历史作用，但在清朝的皇位继承上，相对于皇太极朝、顺治朝、康熙朝，这都是一次倒退。像以前的几位皇位继承人，虽然最后都当上皇帝，但都是由大臣讨论选举出来的。雍正开始一个人说了算，暗箱操作。封建帝王的独裁和雍正有很大的关系。请教朱老师。

答：立储，就是确定接班人，谁是下一个皇帝。雍正创立了一个先例，把写有下一个皇帝名字的纸放在正大光明匾的后面。待他百年以后，大臣们再取下拆看。雍正这样做到底起了什么作用？恐怕要从不同的角度分析。一是避免了过去为了争夺储君地位的恶斗。同时，因为不预立储君，也减少了别人对储君的监督。所以立储问题在君主制度下，不管是公开立储还是秘密立储，可以用章太炎的一句诗"专制依旧属爱新"来归纳。

问：在目前的中小学生教科书中，历史观的问题是否有所体现？仍旧是像我学历史时的样子，还是有所发展？目前史学界如何评论义和团运动？

答：中小学教科书中如何叙述历史观问题，很抱歉，我不知道。但在大学里，统一的教科书已经不起作用，大家对于历史观各有各的说法。我比较倾向于恩格斯说的马克思的唯物史观。也有人认为马克思的唯物史观已经过时，还有人认为仍要坚持马列主义，当然也有部分人信"后现代"主义，要"制造一个众声喧哗的时代"。还有些人曲解新黑格尔主义者的说法，认为"一切历史都是现代史"。我所以说他曲解，因为这种说法不符合克罗齐的原意。一切历史都是现代史，如果照此推论下去，那么就变成只要现代需要，就可以随便改造历史。我很不赞成。但我以为各类不同的见解，都有它充分发表的自由。我同意大家都认为是英国著名历史学家阿克顿勋爵说的一句话——实际上是伏尔泰最早说的。伏尔泰在写给他论敌的信中写道："我不同意你说的每一句话，但是我坚决捍卫你发表它的权利。"我们最需要的就是这样的精神。

至于您说现在史学界对义和团的见解，我不太想讨论这个问题。义和团是个自发的民众运动，后被清朝统治者利用。八国联军以后，义和团的余波把口号从"扶清灭洋"改成"扫清灭洋"。北方民众对事物认识有个过程，我不赞成把义和团说成是邪教，虽然他们崇拜的神稀奇古怪。但不能因为清政府利用过它，义和团信仰混乱，就去抹煞它。

问：小学历史就谈到，中国近代史上中国社会矛盾主要是两大矛盾：中国人民和帝国主义的矛盾以及封建主义和劳苦大众的矛盾。但最近我读到邹容的《革命军》，他字里行间认为当时最大矛盾是满汉矛盾。请问，对于这段历史，这仅是邹容的一家之言，还是现在为维护国内民族团结而避免了提这段时间的民族矛盾的事情？

答：这不是邹容的一家之言，而是当时一批"排满革命论"者的共同意见。我刚刚讲到同盟会纲领十六个字，头八个就是"驱除鞑虏，恢复中华"，这是朱元璋在驱赶元朝皇帝时的北伐檄文里面的话。朱元璋所说的"鞑虏"指的是蒙古人，而在晚清的革命者而言，指的是清朝统治者。当时的革命就叫"排满革命"。当时所谓的"民族主义"，这群革命论者理解就是"排满复汉"。章太炎不赞成"革命"的说法，而叫作"光复"。

清朝的满汉分裂政策不是汉人搞出来的，而是他们自己搞出来的。清军入关后，强迫剃发易服，把汉人的宽袍大袖改成窄窄的马蹄袖。这本是马背上民族方便采用的服饰，但为什么要汉人也这样改动呢？湮灭民族区别，湮灭民族生活习惯的区别，以暴力的方式进行，本来就证明了他是以征服民族的姿态，把汉族和其他民族作为被征服民族来看待的。这一姿态一直保存到清朝灭亡。"八旗"由满、蒙、汉组成，严分主奴。汉族臣子在皇帝面前自称为"臣"，而满族臣子则自称为"奴才"。

有次我打开电视，看到一部有关清朝的电视剧中演员自称"我孝庄"。"孝庄"本是谥号，是死后所封，她却生谥。还有一部电视剧，里面未来的皇后说："我还没有登基，不能叫我'皇后'。"皇后是册封的，而不能叫"登基"。又有："我和你从小一起长大，你还是叫我'隆裕'吧。"殊不知"隆裕"正是皇后册封的封号。类似的错误比比皆是。希望各位了解一些真历史，起码要有些历史常识。这些都是中央电视台里播出的电视剧中发现的错误，有些是在上海拍摄的。

我们中国是历史遗产最丰富的国家，结果倒是表现得现在整个一代人都不懂得中国的真历史，我感到非常遗憾。

问：《走向共和》以正剧的形式在中央电视台黄金时段播出，朱教授对这部电视剧持否定态度，并且不同意"一切历史都是当代史"的说法。请问《走向共和》是不是也是在"一切历史都是当代史"这么一种大环境下拍出来的？

答：您所提的问题已经属于我不了解的范畴了。编剧的主观意识我不了解，但有一点，我刚刚讲到的"曲解历史"，作为一名研究中国历史，并且专门研究过中国晚清历史的历史从业人员来说，我应该表示我对它的效应的不同意见。

问：有这样一种观点：中国独特的文化、历史、思维方式决定了中国很难自发地过渡到民主的社会。甚至有种极端的说法——如果没有西方的地理大发现和殖民，中国可能就这样一代一代改朝换代下去。您个人对这样的观点持什么态度？

答：刚刚您说到"中国人没有办法自己走向民主"，我不赞成这个观点。您看看中国两千多年以前的思想界何等活跃？什么思想都有。这就证明我们曾经有过一个思想非常活跃的时期。中国一旦出现一个权力控制削弱的时代，思想界就非常活跃。又如明末清初，我不同意有人把明末清初比作中国的第二次"百家争鸣"，但当时确实思想界是非常活跃的，什么思想都有。这证明中国人不是没有这种理念，也不是没有这种能力，不要把中国人说得不堪。在我看来，造成某些不堪的现状的原因，可能要从元明清以来越来越集权到一个人或者几个人的体制这方面去找。

辛　求文明

从戊戌到五四 *

时间：二〇〇四年十一月六日下午
地点：凤凰卫视"世纪大讲堂"（北京）

——

主持人：人类的历史非常漫长，但是对人类的历史真正起作用的，往往是那么几个阶段。在中国漫长的历史中间，其中对我们今天影响最深远，也最深刻的一个历史阶段，就是从清末的戊戌到民国的五四。短短二十余年的历史，对于中国的过去、今天和未来都至关重要。前不久曾有过一个有争议的电视片叫《走向共和》，这一段历史，实际上对我们今人来说，是一段"剪不断，理还乱"的乱麻。今天我们请到了复旦大学著名的历史学家朱维铮教授，给我们重新解读这段历史——"从戊戌到五四"。朱教授，您为什么会对这种特别偏的和冷门的历史这么感兴趣呢？

朱维铮：可能在别的学科看起来，我所研究的比较冷门。其实，我所研究的题目，在近代中国是相当关键的一个问题。那就是我们要理解

---

* 所收三篇文章，第一篇为现场演讲之整理；第二篇为演讲之文字稿，有残佚；第三篇为此次演讲之"跋语"。

今天，非要理解昨天，也要理解前天。我希望了解的正好是中国从前天跨到昨天，还没有走到今天的一个过程。

主持人：前天、昨天、今天，是非常有意思的三个概念。前不久美国有一部恐怖片叫《后天》，有些未来学家、科幻学家关心的是后天，政治家关心的是今天，历史学家当然关心的是昨天和前天。从前天走到昨天这一段历史，并不是一段和我们无关的时空。顺便说一句，五四运动中有一个著名事件"火烧赵家楼"，当时的北京高等师范学校的学生周予同先生，就是点燃"赵家楼"的人，也是后来朱维铮先生的老师。

朱维铮：周予同先生以后长期从事教育研究。他从一九二六年开始就抱着"解剖尸体"的愿望，来研究中国经学的历史，也就是中国中世纪统治学说的历史。他是一九八一年去世的，至今他的经学史领域研究成果仍属前列。

主持人：欢迎朱教授今天的演讲，题目是"从戊戌到五四"。

朱维铮：大家都知道，鸦片战争以后，中国的命运开始有些改变。有一个通常的说法：鸦片战争为什么中国败了呢？因为"落后是要挨打的"。这句话现在看起来要做限定，中国在什么地方落后？从经济上说，当时中国并不落后。如果一个强盗要去抢人家，他旁边有两家，一个是富户，一个是穷人，他去抢谁？当然要抢富人。当时的中国，在世界上就是这样一个"富人"。在鸦片战争前夜，中国的 GDP 是世界第一。要说中国文明落后，也不见得。那中国落后在什么地方呢？大家都在寻找原因。早在鸦片战争以前很久，有一个大学者叫阮元，在晚清非常有名。他在做两广总督时说："我们现在中国太平的时间太长了，如果不加强海防的话，很可能被人家打破。"因为他已经看到英国及其他国家的军舰都比中国好。所以船坚炮利，最早是阮元提出来的。

鸦片战争后，是一连串的失败。十九世纪晚期发生了一件大家都意想不到的事情，中国人最瞧不起的日本经过"明治维新"，没有多少年，居然反过来把中国人打得落花流水。那件事件发生在一八九四年。于是乎到一八九五年，中国就出现了在历史上——至少在清朝历史上从来没有过的——一个大规模的学生运动，这就是大家所知道的"公车上书"。他们提出来的一个问题是拒和、迁都、变法，核心是变法。就是说，中国如果法不变，也就是制度不改变，这种惨相还可能再度重演。从一八九五年到一八九八年三年里，中国的一些学者，特别是一些年轻的学者，如《时务报》的主编、全国影响最大的宣传家梁启超才二十多岁，他提出中国再不改变的话，一定要亡国。他们的精神是不是感动了光绪皇帝，我不知道，因为对光绪皇帝赞成变法的举动有不同的解释。至少在一八九八年农历的四月开始变法，一共进行了一百零三天。光绪在后期任命的军机四章京（皇帝的机要秘书）——谭嗣同等四个人，一共在朝廷工作了多长时间呢？半个月。但是他们留下来的非常强烈的痕迹，就是对中国政治体制的批判和改变的一个吁求。

比如谭嗣同后来发表的遗著，里面有一段话非常激烈：中国"二千年来之政，秦政也，皆大盗也。二千年来之学，荀学也，皆乡愿也。唯大盗利用乡愿，唯乡愿工媚大盗"。秦始皇是中世纪第一个专制王朝的建立者，荀子是中世纪经学的鼻祖，乡愿即表面上看起来是老好人，但会非常随俗地改变自己。他说中国两千年以来没有别的，政治是大盗的政治，学问是乡愿的学问，他们互相利用，把中国搞成这个样子。谭嗣同说，各国变法，无不流血；中国变法呢，要流血从我开始。所以慈禧太后发动反变法的政变，他不肯跑，被杀掉了，这使大家很敬佩他。但是对于他的激烈反传统，反而大家在历史上注意得不多。这样的一批变法的中坚，虽然从政时间很短，可是证明了，当时参与变法的人把目光的焦点放在什么地方。

当然变法失败的原因很多。慈禧太后当权快三十七年了，经验非常多，只一句话就把光绪皇帝变成了瀛台的囚徒，然后开始第三度垂帘听政。可是她的垂帘听政，遭到了中国和外国——包括一些西方国家驻中国使节——的质问，他们不相信慈禧说光绪病重，他们要派西医到宫里去帮助检查，看看真假。这时候，慈禧觉得这些人来干预我大清的家事，实在是可恶。正好那时北方闹起了义和团，慈禧本来是要镇压的，可是她底下一批满族贵族，都支持义和团。慈禧没有办法。一方面，她对外国人干预她倒行逆施表示愤怒；另外一方面，义和团越闹越大，她没法控制了。她就采用中国统治者惯常的一个办法，那就是孟子早就说过的"无敌国外患者，国恒亡"，她要把祸水移到人家那里去，她调头支持义和团，去攻打东郊民巷的驻华使馆。这样引进了八国联军，当然她很快就失败了，慌忙化装成农妇，挟持光绪皇帝，仓惶逃出北京，一直奔到西安。清朝历史上两次丢失首都，一个是慈禧的亡夫咸丰皇帝，一个是慈禧本人。这对夫妻创造了清朝历史上前所未有的两次丢失首部的纪录。现在中国人看着被英法联军烧掉的圆明园遗址，或者被八国联军抢去的大清的财宝，都知道这是他们造成的耻辱。

慈禧集团到西安变成了流亡政府，拼命想求和，外国列强的要价就越来越高。全中国当时四亿人，要求每人出银一两替慈禧的愚蠢负责。但是还有一条我们现在不太说，那就是在议和的时候，列强翻来覆去提一条，你中国以后要改变。他们倒是希望你变得跟他的政治体制比较地接近，以后好对话。

慈禧受到压力，当《辛丑和约》终于签订以后，这个时候她的朝廷有两句话在传诵，"量中华之物力，结与国（友邦）之欢心"。这是我们中国人一直认为非常恶劣的奴才语言。当然，这回挨打以后，她也似乎开始要做一些改革。在她从西安回北京途中，就说要设立一些新的部门，譬如设巡警部，要求改革官制，并且许诺要废除科举制度。有一批人相信，有一批人不相信。相信的说，你看她不是改了嘛！其实他们心里也知道，比如当初表示相信的梁启超知道，慈禧那一套东西都是戊戌的产物，戊戌时候他们全都提出来了。所以我说，义和团以后的慈禧变成了戊戌变法的遗嘱执行人。当然她都是朝自己有利的一方面加以执行。

不相信的人里非常著名的代表，除了孙中山，就是章太炎。孙中山在这以前，只是说要革命。理论上有所创造的是浙江人章太炎。《辛丑和约》以前，这两部分人已在上海开会，中国近代史研究者极少提到这个会议，或没有充分地估计它的意义。南北的士绅领袖，特别是新派士绅领袖，一九〇〇年集中在上海举行了一个会议，会议名称叫"中国议会"。这是中国的知识精英们在二十世纪开端想要改革旧体制、实行民主制度的一个尝试。他们特别强调五条纲领，第一条是不承认流亡在西安的伪政府；另外有一条提出一定要全面变法。但就在这个过程中两派出现了分歧，一派人要把光绪救出来，让他来主持变法；另外一派人认为清朝政府闹到这个样子非推翻不可。两派提出的问题早就存在，但以前的争论，没有这样激烈。在以前总是说，中国要被瓜分了，或者中国受侵略了，必须设法挽救。但设计的方案，只涉及具体的问题，说这个地方要改，那个地方要改。比如说像镇压太平天国以后的自强运动，主要想实现国防现代化，要在技术上现代化，所以要办新式工厂，特别是兵工厂之类。自强运动在一八九四年甲午一战就被打败了。甲午战争，中国的军力不比日本差，在某些地方比日本还要强，为什么打败了？戊戌时期要求"变法"，已接触问题的根本，但很含糊。

到了一九〇〇年，中国议会正式提出来，中国的政治制度必须改造。以后，还出现第三种取向，是慈禧搞出来的。她在一九〇六年颁布诏书，叫"预备立宪"，答应在中国实行议会政治，但因为中国人程度太低，一定要预备。要预备多少年呢？起先没说，后来人家逼迫。逼迫到后来，她答应十二年，再改成九年，再改成五年。当然它根本没来得及实行，慈禧和光绪就都死了。

以后呢，满洲的那些接班人立刻就显示，所谓的"预备立宪"是愚弄人民的一个计谋。当时各省成立了咨议局，要求正式召开国会。结果他们弄了一个国会，名额一半是指定的，还有一半说是各省咨议局推选，还要经过当地地方官僚同意。结果弄出来一个钦定国会，由这个钦定国会定出来一个皇族内阁，主要成员都是满洲亲贵。国人大失所望，最失望的一群人，就是当时中国地方上很有影响的士绅们。他们都参与了咨议局，支持清朝的"预备立宪"，结果发现自己被耍了，被出卖了，就要求清朝实行真立宪。这群人一转向，使得底下的平民力量，意外地获得了中国传统中间的一群领袖人物。当时清朝也要改革军队，一些文化较高的年轻人，到军队里充当新军。正是这批地方士绅和文化较高的新军们结合起来，最后推翻了清朝政府。

清朝政府一下子垮得那么快，大家都以为革命成功了。以前的一些革命者相信，中国所以"积弱"，都是由于满洲以一个少数民族征服大多数民族实行的统治搞坏的。推翻这个落后体制，中国就会变得好起来。所以当时流行一种幻想，叫作"满洲一倒，万事自好"。他们没有想到，清朝一倒，中国不是万事自好，而是出现了另外一个问题。正是在戌戌时支持慈禧集团、出卖维新志士的那一批人，虽然他们后来叛卖了清朝本身，但是革命以后，最大的果实被他们抢占了，这就是袁世凯的北洋军阀政府。这些人表面上也讲民主，比如袁世凯刚刚当总统时，很留心。虽然目的是要为他自己谋利益，却会问这个事情合不合法。到后来他自以为看穿了，民主不过是那么一回事，他就想当皇帝。可有一点他低估了，多少年来中国人争取政治改革，成立民国，民国虽然变成了一个招牌，但是这个招牌要不要换，会是一个大问题。当时很多人都不能接受他复辟帝制，于是发动讨袁战争，所以袁世凯做了八十三天皇帝就死了。那么是不是还有人要这样做呢？特别是被推翻但没有被全部剥夺财产，也没有被剥夺在中国政治影响的某些人，他们和清朝权贵遗老组成宗社党，想再搞一次复辟，那就是一九一七年张勋与康有为合搞的丁巳复辟。这次复辟的时间更短，十一天就完了。

这就证明了一点，光是推翻一个君主体制，赶跑皇帝，还不行。要想改变中国制度，非要从根本上进行改造。这是一九一五年在上海出版、一九一六年搬到北京出版的《新青年》的声音。《新青年》提的问题，好像是道德问题，好像是白话文问题，好像是中国要科学的问题，到后来就把中国的问题归结成三条：第一条是民主，第二条是科学，第三条是道德。要用民主代替旧的体制；要用科学精神扫荡过去愚昧的东西（当然今天还有些人认为，那个时候不愚昧）；还有一条呢，大家不太注意，就是除了德先生（Mr. Democracy）、赛先生（Mr. Science）以外，还要有一位穆小姐（Miss Morality）出来改变中国人整体上的道德面貌。

这三个问题，比辛亥革命以前大大地进了一步，那就是除了政治体制必须搞民主以外，还要在思想方法、考察问题的方法方面，遵循科学的精神和原则。他们提出，旧的道德不扫荡，新的道德不建立，中国的改革也不能够从根本上完成。戊戌维新应该从一八九五年"公车上书"

开始算起,但是五四运动的终结呢,应该算到北伐战争开始的一九二四年。

回顾这段历史,可以看到中国从近代化走向现代化的历程中,这些基本问题在一百年前已经以相当尖锐的形式提出来了。为什么在这一百年里,同样的问题反复地被提出来?这正是我们研究二十世纪历史时很大的薄弱点。这个薄弱点除了像我这一批老家伙要研究以外,还很希望有一些年轻人来关注。

我不赞成一些提法,比如历史的经验值得注意。这一百年里同样的问题反复提出来,证明我们的历史经验从来没有被人好好注意过。在中国影响很深的一个话叫"以史为鉴",也是荀子最早提出来,唐太宗发扬过,把历史当作现实的一面镜子。在我看来,这句话不符合马克思的唯物史观。

黑格尔说过一段话:人们惯以历史上经验的教训,特别介绍给各君主、各政治家,以及各民族国家,但是经验和历史所昭示的,却是各君主、各民族和各政府没有从历史方面学到什么,也没有依据历史演绎出来的法则行事。他说的理由是很积极的:因为当重大事变纷呈交迫的时候,去想历史上的先例和道德教训,一点好处都没有。他有一句关键的话说,一个灰色的回忆不能抗衡现在的生动和自由。这时候的一切问题都要你自己来决定,所以他说,在法国大革命的时候,人们时常称道希腊罗马的先例,真是浅薄无聊极了。列宁的《哲学笔记》把黑格尔这一段话整个抄下来,旁边批了一句话——"聪明极了"。不是说历史对人没有启发意义,但这意义在另外的地方,不能够简单把它抄过来。从戊戌到现在,大概五代吧,这五代人是怎么走过来的,怎样在改变世界的过程里改变自身,……都值得三思。

历史是非常奇怪的。我们经常看到,历史上的统治者,他们跌跤的地方,恰恰都是在别人所跌倒的地方。为什么?显然不能够用简单的理由，所谓不注意历史经验来加以解释，问题在哪里呢？我们今天对从戊戌到五四的这一段历史发生点兴趣的话，恐怕还要对这一段历史的真相再加以追究。重新认识是有好处的。尤其是现在以今律古的电视片泛滥成灾，许多东西基本上是扭曲历史的。这一来，倒是历史学家多了一重责任。我们要不厌其烦地向非专业领域的读者去讲讲，历史是怎么一回事。我们本来应该仔细把中国历史研究清楚，再把中国的昨天和前天的实相，呈现给读者。现在我们被迫到一些公共场合来说历史是怎么被以各种形式扭曲，变成反历史的妄想谬说。今天就是"世纪大讲堂"把我"逼"到这里来说一说。谢谢各位！

主持人：无论是戊戌还是五四，都是今天知识界绕不过去的话题。二十世纪八十年代的时候，知识界有一种比较激越的、激进的重温五四的情怀。进入九十年代后，好像知识界又出现另外一种声音，就是要反思这一段历史，认为从戊戌到五四是中国社会，特别知识分子不断走向激进的过程，最后导致革命，所以要告别革命。有人认为，革命作为遗产也必须清算，所以现在知识界更多地要有一种告别革命的、理性的、平和的精神。您对这种观点怎么看？

朱维铮：这种观点起初发表的时候，我就认为有问题，因为革命是客观存在，不是谁想发动就可以发动得起来的。假定说把辛亥革命或者五四运动也看成革命，或者是把戊戌维新都看成革命，那么，这些都不是哪几个人想发动就能够发动起来的，它的内外因素非常复杂，不能够简单归罪于慈禧的狡诈，或者说慈禧死了以后她的继承人无能，所以就发生了辛亥革命。我常讲，辛亥革命是在当时人们最没有想到的地方，以最没有想到的方式爆发的，到后来变成一个中华民国。我们需要研究它是怎么一回事，而不是主观地说，我不想革命了，我就不革命了。你不革命也不行啊。告别革命可能是一个好的愿望，但是从历史上讲，每一次革命都不是由愿望引起的，它是由当时解决不了的实际问题引起的。当然从主观愿望讲，我们不希望革命。但是要讨论历史上的问题，只能够根据它的具体历史条件来看，不能够用好的愿望来代替实际的历史。

主持人：从戊戌到五四，是我们历史上最关键的时期，是离我们今天最近的一个传统，也是中国历史上变化最大、最动荡不宁的一个时期。这个遗产有什么样的东西值得我们汲取的？

朱维铮：这又涉及是不是汲取历史教训的问题了。我们不从遗产继承的角度来看，而只从当时支配人心、支配社会运动的主要方面来看，在今天中国需要提的问题都提了，这就是它的意义所在。在辛亥革命前，很多文章都提到马克思的社会理想、社会主义的问题。这个时期我们中国需要改造的，从技术的层面或者说器物的层面，到自然学科的层面，到政治制度的层面，一直到我们所谓的价值观的层面的问题，基本上都提出来了。当年他们提的问题，有些很浅薄，但回顾他们提的问题以及为什么当时没有解决这样一些问题，就使得我们在今天起码增长辨别能力。这些问题不是新问题，是老问题，当年人家栽倒在何处，我们希望今天不要再在原地栽跟头，这应该说是有一点启迪吧。

主持人：从戊戌到五四的这段历史，我们认为是一段屈辱史和血泪史。然而有人认为，这段屈辱史跟血泪史，对推动了整个中华民族历史文化的进程，有着不可磨灭的影响。也有人认为，这段屈辱史和血泪史对中华民族有着阻碍作用。我们大学生应如何批判地、辩证地看待这段历史？

朱维铮：说这一段历史是屈辱史或者血泪史，要看从什么角度来说。

比如中国老是被打败，当然可以这样说。但是这一段时期，是中国人极大的思想解放和政治解放的过程。这大概就不能够算是一段屈辱史或者血泪史。有些人说这段历史对今天中国造成了阻碍，这种意见的根据，就是这批家伙要把过去的东西全都反掉，搞白话文，可见那个时候批判白话文的人跟今天批判反传统的人的论调基本一致。还有一些人激昂得不得了，五四时期鼓吹道德改革的吴稚晖就主张，把线装书通通丢到茅坑里去。像这样一些激烈的东西，在一些认为传统什么都好的人看起来，当然是个很惨痛的记忆。可是你要看一看，如果没有这样的活动的话，大概我们今天还在念文言文，还在认为外国的任何新东西都是洪水猛兽。所以我很同情现在提倡复归传统的先生们的意见，但是我不赞成他们的说法，不同意他们认为中国后来的文化变得糟糕，都是从戊戌到五四，特别是五四彻底反传统搞出来的。

主持人：最后，请您用一句话，把今天这么复杂的讲演总结一下。

朱维铮：希望我们写历史的、各位读历史的以及能够诠释历史的人，都做到一点——坚持从历史本身说明历史。

二

世纪大讲堂主持人给我出的这道题目，令我踌躇很久，从何说起呢？

"学术"的涵盖面极广，包罗自然的、人文的、社会的一切已知未知的研究领域。很多课题固然与社会变迁有密切联系，更多课题却从古至今一直在困惑着学人，例如宇宙的起源、生命的发生、人种的分化，乃至中国人的祖先来自哪里，等等。今人的认知未必胜过古人，很难据以论证近代社会变迁。

…………

直到鸦片战争前夜，中国的国内生产总值仍在世界上数一数二。甚至鸦片贸易合法化以后半个世纪，中国由外贸出超吸纳的白银，还多于外流的白银，因而能够继续实行货币的银本位制，可知中国经济没有教科书渲染的那么落后。从中西文化交流史来看，十七、十八世纪不是中国仰慕欧洲，倒是欧洲出现"中国热"，从宫廷时尚到文官制度，都以为中国"先进于文明"。倘说那时欧洲已进入"近代"，那么中国难道还处在"前近代"？

所谓"近代社会变迁"，在我看来就是中国走出中世纪的过程。日本早有学者，从经济决定论的角度，认为中国在南宋即十二世纪，社会已出现资本主义因素。李约瑟的名著《中国科学技术史》，似乎倾向这一判断，因为该书将自然科学主要领域的"近代化"的转折点，都说是在两宋已显源头。由此引发二十世纪八十年代中国有些学者关于"中国科学技术为何落后"的讨论，并归因于中国社会机制是一种"超稳定结构"。我不敢认同此说，因为我们的教科书早有"封建社会长期停滞"论，然而它的非历史性，已由历史本身彰显。

当然，短短四十五分钟，不可能全面讨论从明末清初到清末民初那近四个世纪的学术史，更不可能讨论这四百年学术如何映现并影响社会历史进程。这里只能截取一个短时段，即从戊戌维新到五四运动那三十年（一八九五——一九二四），从思潮史的角度，略陈拙见。

一八九八年，即清光绪二十四年，农历戊戌年八月，清朝发生宫廷政变。自一八六一年策划辛酉政变而垂帘听政的慈禧太后，再度从幕后走向前台，结束了仅演出一百零三天的"新政"，也结束了从乾隆去世（一七九九）旋即出现并历时百年的帝国"自改革"运动。关于这段思潮史，拙撰《维新旧梦录》的导读《晚清的"自改革"与维新梦》,已有描述。

戊戌百日新政,是一六四四年清朝入主北京两个半世纪以来,首次政治体制改革的实践。它的前奏应从一八九五年"公车上书"算起。这次学生运动,是对清朝在清日甲午战争中表现的直接回应。奇怪的是,运动的中坚康有为、梁启超们,没有如中英、中法战争失败后那样,谴责外来侵略者,相反佩服起敌人,以为小日本能打败"我大清",全靠"明治维新",因而憎恨朝廷不争气,一再拒绝"自改革",并且溯源中国积弱的原因,认为根由在于慈禧集团的腐化。康有为和他的同道,自居为日本"倒幕运动"士人,却希望中国的皇帝比日本的明治天皇更强有力,像俄国的彼得大帝那样孤行己意。

然而康有为本人,长期购阅在华自由派传教士主办的《万国公报》和他们的译著,特别崇拜德国宗教改革家马丁·路德,并模拟路德的原教旨主义,通过讲学和编书,宣传"建立孔教"。如梁启超、谭嗣同所透露的,他自居为孔教的马丁·路德。当他敏感到清廷出现改革动向,集合门生急速编成并印出《孔子改制考》《春秋董氏学》二书,配合他的上帝后书,争先表明"变法"的首倡权,便不奇怪。

戊戌四月光绪"诏定国是",无疑与康有为第五次上书有关。这回康有为越发危言耸听,通过工部堂官转呈的奏疏说,"职不忍见煤山前事也"。相传皇帝见信,竟一反常态,胆敢要求慈禧放权,让他品尝做真皇帝的滋味。狡诈的慈禧,也许没有读过《老子》,却深知欲取姑与的诀窍,故意"大权旁落",如她的亲信荣禄所说,放手让傀儡皇帝"乱闹数月,使天下共愤"……岂知光绪真想学习彼得大帝的"心法",变法先拿礼部即意识形态总管开刀,又任命四大秘书,剥夺军机处枢密大臣的权力。如此等等,在慈禧和满汉权贵看来,意味着他们的世袭特权被削弱、被剥夺。所以，一旦谭嗣同他们想从清朝"新军"中拉出袁世凯，企图依仗武力逼迫慈禧退休，这就碰到了慈禧集团的生命线。于是戊戌变法便以新派全盘失败告终。

可以说，戊戌变法是"新学"与"旧术"的较量。从"公车上书"起，提倡帝国"自改革"的群体，组学会、办报刊、译西书、讲维新，已使"新学"在舆论上呈现压倒优势。上海的《时务报》、天津的《国闻报》、湖南的《湘学报》、澳门的《知新报》，以及遍布南国诸省的中小报刊，都激动着不同层面的文士文官。尽管"新学"内部也出现分化，但作为清朝帝王术辩护士的正统理学，已无力挽救败局，也是事实。问题是新学家们普遍过高估计了言论的力量，以为能说动皇帝和帝师，便可实现"改制"。谭嗣同便是显例。他的遗著《仁学》，宣称秦以后二千年的政治都是"大盗"窃国，而汉以来经学都是"乡愿"替专制帮凶，可谓彻底反传统。就是这位最坚定的改革志士，在戊戌七月入京就任军机章京，起初绝对不相信皇帝无权，但仅过半月，就同意密友梁启超的意见，皇帝真的没有实权，于是起意拉袁世凯发动"兵谏"，不料袁世凯叛卖，反而使兵权在握的荣禄用禁军支持慈禧取消了光绪皇权。

以往的近代史研究，论述戊戌八月政变之后的清朝政治态势，大多着眼于慈禧集团如何对义和团先打后拉，又如何对西方列强由主战到求和，而把逃亡海外的康、梁看作已陈之刍狗，致力于论证孙中山等革命派如何战胜保皇派，而赢得辛亥革命成功。

历史事实却给我们提供了另一种观察角度。首先，戊戌八月政变，终结了自上而下"自改革"的幻想，并使改革者付出了血的代价，却没能消除"新学"在民间的流播影响。其次，康、梁逃亡海外，利用伪造"衣带诏"等手段，成立"保救大清皇帝公司"，蛊惑海外华人社会，反而促使保皇党与海内外民众力量结合，一度扩展了反专制而不反体制的资源，自立军以"勤王"号召，便是明证。再次，如何估计一九〇〇年的"上海国会"？

庚子年京津著名士绅被迫南下上海，与东南各省及归自日本的同道汇合，经过唐才常、汪康年等串连，举行了"国会"。或许援引北美十三块英国殖民地于一七七六年举行代表会议的先例，参与上海国会的数十位名流，都以国民代表自居，在两次集会中按照欧美议会的民主程序，通过票选，推举容闳、严复任正副议长，并决定唐才常、汪康年等分任政经事务。廖梅、桑兵等的研究，表明国会背后有保皇党和日本人插手，但看国会命名及其程序，却不能不说这是中国人的破天荒之举。由民间学者自主，建立近代意义的议会民主，在前有先例吗？没有。反过来证明，戊戌维新失败了，追求近代政治机制的努力，非但精神不死，还通过上海国会证明自己的存在。

参与上海国会的清末名流，有八十多人，如今姓名可考的，有三四十人，都属于晚清活跃在学界的知识精英。他们的学问政见，差别很大，但推举的正副议长，容闳是早期留美学生，倡导"西学东渐"，严复是留英学生，曾译《天演论》，宣传中国必须按照社会达尔文主义，实现进化。这两种"西化"主张，获得上海国会成员的认同，当然表明中国社会变迁，至少在社……*

---

* 编者按：此文稿后有残佚，以省略号代之。

附　录

昨天的中国梦——跋拙讲《从戊戌到五四》

我很少做梦，却常看古今先哲说梦。从孔夫子梦周公，到康圣人梦维新，从思想史的角度来看，都很有趣。

二十世纪九十年代初，因为主持编纂《中国近代学术名著》丛书，用了两年重读戊戌维新以前百年清代学者的论著。读来读去，发现由一七九九年乾隆帝驾崩，随着他的接班人嘉庆帝，突然出手打击巨贪和珅，名利双收后又突然住手，引发期待刷新政治的官员洪亮吉等，公开上书批评，那以后直到一八九七年康有为第五次上书打动光绪帝下决心要"变法维新"，时间恰好一百年，而这一百年帝国朝野种种争论的主题，可用三个字概括，就是"自改革"。

"自改革"是清嘉庆二十一二年间（一八一五—一八一六）江南青年才子龚自珍首创的术语。他在题作《乙丙之际箸议》的组文中，揭露帝国上下已经全面腐化，向清政府发出警告："一祖之法无不敝，千夫之议无不靡。与其赠来者以劲改革，孰若自改革？"他提醒清朝统治者重视历史的教训："抑思我祖所以兴，岂非革前代（明朝）之败耶？前代所以兴，又非革前代（元朝）之败耶？"

这当然不是龚自珍的独见，在他之前之后，同样的声音早有无数有识之士发出过。但在他死后半个多世纪，帝国已经历过三度对外战争（两次鸦片战争和中法战争）、两度对内战争（太平天国和捻军），每次不是丧权辱国，便是权力分割。然而危机甫过，仍然满朝文恬武嬉，上下腐败更甚，以致费正清论及晚清史，只能形容这时期清政府，是个"有组织的贪污集体"。

不是说这百年"自改革"的吁求没有停息过吗？是的。但需要说明，这类吁求，尽管在鸦片战争失败以后愈来愈强烈，即使"上达天听"，也总被清朝权力核心置若罔闻。

南海狂生康有为，很有点孔子说的"进取"精神。他藐视科举，科举也拒绝他，年过"而立"还不曾中举，虽然以为在上海租界可作保救帝国的秩序楷模，奈何进不了庙堂。正巧在广州遇到同传统汉学作对的今文学家廖平，便立刻把廖平的书稿据为己有，宣称二千年来中国人信奉的都是"伪经"，必须回到孔子的原教旨，像德国路德革新基督教那样，重建以"自改革"为宗旨的新孔教，"我大清"才能得救。于是他从三十三岁（一八九一）就以"阳尊孔子，阴祖耶稣"的未来教主现身，赢得粤海众多莘莘学子的追随，其中就有梁启超。他又顽强地以布衣身份向皇帝上书吁求"改制"，尽管被盘踞朝堂的满汉大臣斥作"离经叛道"，也博得有类似的政见的官员们私下喝彩。

清光绪二十年（甲午，一八九四），帝国海陆二军被"维新"不到一世的日本，在实力相等的情形下打得全军覆没，证明单靠西方技术救不了帝国。而日本的勒索，除了割取台湾、赔款高达白银二亿两，竟要把满洲"龙兴"的辽东也变成殖民地，这激起举国愤慨。正在首都会试的成千举人，要求清廷"拒和、迁都、变法"。成了运动领袖并已中进士的康有为，又接连上书皇帝，要他学习沙俄的彼得大帝和日本的明治天皇，主动变法，否则不免重蹈前明崇祯皇帝覆辙，国亡自缢。这使青年光绪帝怵目惊心，伸手向慈禧太后要权。专制朝政已达三十七年的慈禧，眼见众怒难当，于是欲取姑与，佯装放权。于是就有了我们熟悉的戊戌（一八九八）"百日维新"。

　　我在《维新旧梦录》（与龙应台合作编著，台版名《未完成的革命》，一九九八）的导读和选文提要中，曾指出"百日维新"的短命结局，已在开端注定，因为要一个腐败已极的老大帝国的权力核心，实行自上而下的体制改革，无异要他们自掘坟墓来埋葬自己。于是老太后发现才任"军机章京"（皇帝的机要秘书）仅半月的谭嗣同们，已在策动新军将领袁世凯剥夺她的太上皇权力，就像彼得大帝用禁卫军搞掉其姊苏菲娅公主那样，登时发威，仅用一句话便将皇帝变成了瀛台囚徒。那一百零三天的过程，茅海建的《戊戌变法史事考》（北京三联书店二〇〇五年版），已有颇翔实的逐日陈述。

　　"维新旧梦已成烟"，这是流亡海外的康有为悼念谭嗣同成仁周年的悲吟。但他拒绝与主张"排满革命"的孙中山们合作，坚持"保皇"，企图趁八国联军侵占北京的机会，用武力劫出被慈禧挟往西安的光绪皇帝，在列强支持下实行变法，都表明他才惊旧梦，又做新梦。于是毫不奇怪，由梁启超、唐才常组织的"自立军"，还没举义，就被英国支持的鄂督张之洞一网打尽。从此康有为声名扫地，连梁启超也起意与孙中山共谋了。

　　岂料慈禧又出纾困新招，就是迅即扮作戊戌变法的遗嘱执行人，对外"结与国（友邦）之欢心"，对内笼络思变的人心。尚未还都，她就宣布"变官制"，改掉政府部门的名称，又宣布"废科举"，改掉阻碍英才做官的八股取士旧制。然后乘火车重坐龙庭，又效法西俗搞"大人外交"，常在宫内宴请列强使者的女眷。更惊人的是宣布"预备立宪"，仿佛真下决心"自改革"了。

　　效应呢？也有也没有。比如科举废了，大批读书人"学优则仕"的出路也堵掉了，由士绅候补者变作现状反对者了。又如"预备立宪"，反而鼓动地方士绅要求"自治"，摆脱传统独裁体制的利益垄断，尤其限制贪官污吏的刮地皮的不法特权。于是梁启超们迫使慈禧集团假戏真做的反制招数，即用"民意"敦促清廷制订立宪的"预备"时间表，尤其获得南国士绅的响应。

虽说孙中山整合"排满革命"三股力量（两广的兴中会、两湖的华兴会、江浙的光复会）的努力，仍以同盟会的内讧告终，但"革命"一词已如此深入人心，连各省咨议局的士绅，也拿它来对抗满汉官僚侵害地方权益。

尤其使帝国权贵不及料的，是他们组建来对付民众造反的"新军"，竟变成革命的潜在火药库。我曾指出，引爆辛亥革命的武昌新军起义，正是以四川咨议局士绅反抗清朝"铁路国有"政策为前奏，在谁也没料到的地点，谁也没料到的时间，由谁也没料到的力量，突然改变历史的。

辛亥革命推翻了清帝国，建立了中华民国，在中国史无前例，不料敏感的革命诗人，很快又呻吟了："无量金钱无量血，可怜换得假共和。"原来，清末的多数革命青年，都曾向往"满洲一倒，万事自好"。谁知民国建立了，第一个公选总统，便被孙中山"禅让"；第一次民选国会，便被袁世凯一枪打掉；第一部革命"约法"，又被袁世凯一语取消。在革命后首先被枪毙的，是拥护革命的赤贫雇农阿Q；首先得意的，是有枪的旧军阀和有势的老政客。最不可思议的，是民国年仅六岁，就发生了两度帝制复辟。尽管复辟一次比一次短命，但执政可以自封，总统可以贿选，而遍地皆是"有枪就是草头王"，以致日本趁欧战之机，出兵侵东北、占胶东，北京政府没有任何抵抗。

因此，当民国四年（一九一五）陈独秀在上海创办《新青年》（初名《青年》），次年移至蔡元培出掌的北京大学出刊，很快由鼓吹文学革命，转向提倡民主与科学，要求用新道德代替旧道德，谁说不是为了完成从戊戌维新到辛亥革命的未竟之业呢？可见，五四的新青年们，其实是从救亡走向再启蒙。启蒙是为了消除愚昧，特别是从明初到清末所有权力者都唯恐民众脱出纲常名教规范的传统愚民政策。如果说不可否定这样的统治文化传统，岂非只能嫌其不"彻底"？如果说这样的启蒙，被巴黎和会后日趋高涨的救亡运动"压倒"，是历史的错误，岂非只能嫌中国知识界太注重"国家兴亡，匹夫有责"？

　　我从业历史教学和研究，接近半个世纪了，越来越相信坚持从历史本身说明历史，是职业赋予我的起码义务。因而，凤凰电视台要我讲点近代历史，盛情难却，只得继续《维新旧梦录》没能续说的历史，就"从戊戌到五四"那四分之一世纪的历史，说点己见。是耶非耶？尚祈海内外方家指正。

二〇〇六年季秋于复旦

儒教与现代文明（论纲）

时间：二〇〇一年三月八日
地点：香港中文大学宗教系

壹　传统儒学呢，还是儒教？

甲、西来的尺度，利玛窦《天主实义》谓非宗教。徐光启谓其意在"易佛补儒"，似为传教策略。

乙、继利氏任在华耶稣会士监督的龙华民，反对中国信徒拜孔祭祖。多明我会士告至教廷，"中国礼仪之争"遂起。

丙、教廷干预引发康熙禁教。"儒教"问题政治化。

丁、欧洲的回应：莱布尼茨、伏尔泰同情儒学，索邦神学院判"儒教"为异教。神学与政治纠葛不清。

贰　清末民初的"孔教"问题

甲、经今文学重现儒学的教化功能，康有为欲仿路德"改革"，"建立孔教"。谭嗣同谓此举可剥夺君主的教主地位，将中国导向民主。

乙、经古文学认为孔教已成历史，可作儒学研究而不能"致用"。章炳麟将孔教与西教等视（西教非教人拜上帝，实则教人拜西帝），主张改造佛教为"无神教"。

丙、晚清的争论,焦点即在传统儒学与"现代化"的关系。《新青年》一派均章门弟子或友人,故对"孔教"均持否定态度。

丁、康有为的孔教会与两度帝制复辟。孔教与宪法问题。陈独秀揭露孔教立即无宪法。马相伯议孔教会非拜孔子,乃拜财神(孔教会要求宪法规定儒教为国教,包括婚姻和财产继承均由孔教会批准)。

戊、鲁迅的《狂人日记》,吴虞的"吃人的礼教","非孝",胡适所称"打孔家店"成为思想运动。

叁　非基督教运动和反读经思潮

甲、少年中国学会(一九一六年六月李大钊、王光祈等发起),不准信仰宗教者入会,引发中外学者辩论。王星拱、李石曾等获罗素等支持,否定基督教及一切宗教;梁漱溟、周作人、屠孝实等反对,以为干涉个人信仰自由,梁特别在北大开设"孔家思想史",举十八条理由肯定"孔家思想"对于现代文明将起改造作用。

乙、世界基督教学生同盟决定于一九二二年四月在北京清华大学召开十一大,即引发"上海非基督教学生同盟"成立及攻击,指责宗教反科学,反自由平等,毒害中国青年学生,又引起北京"非宗教大同盟"成立,反对一切宗教。北大周作人、钱玄同等五教授发表"主张信仰自由宣言",声称"信仰自由载在约法"。因而反宗教就成新一代知识分子围绕宗教是否有利于科学和民主争论的课题。后者得到信仰宗教的学者支持,马相伯即认为"誓反教"将导致思想专制。

丙、与非基运动同时,有两种现象引起自由派学者警觉:(1)北洋政府教育总长章士钊等,主张全国学校恢复读经,此乃洪宪帝制、丁巳复辟之后第三度,虽因"三·一八"事件中辍,但随后仍然推行,并得到军阀支持，如湖南的何键、山东的张宗昌（刻十三经）等；（2）民间的宗教活动，如同善社、悟善社、红枪会等，扶乩、占卜、神功等风尚盛行，使自由派人士想起清末的义和团。

丁、非基运动起于上海，在南方城市响应尤多，得到民间企业界人士支持，显然有反日美欧资本入侵的背景，因而并非义和团式的盲目排外。由非基扩展到反一切宗教，包括"孔教"，则显然受俄国布尔什维主义和无政府主义的双重影响，也不具有特指儒教反现代化的内涵。

戊、然而因"三·一八"惨案引发的反读经和"古史辨"运动，则明显指向传统儒学中不值得发扬的文化遗产。反读经的名文《僵尸的出祟》作者周予同先生，结论是"如果我们民族的第一义是'现代化'的话，那末这发霉的经典已非大众必须的了"。古史辨运动的教父胡适，于一九三〇年代初在芝加哥听到一位美国学者赞他是儒教的真信徒之后，当场回应说："儒教死了，儒教万岁！——现在我也可以做一名儒教徒了。"然而，周、胡都是传统"迷信"的坚定批判者，周先生便感叹，他同情青年们的非基督教运动，不过以为他们攻错了地方，总不能因同善社、悟善社之类是"吾家的"，便放过了对那种土迷信的清算吧？

肆 "新儒学"

甲、由新佛学引发的文化取向。晚清杨文会随曾纪泽等使英，结识在英随缪勒习印度佛教史的南条文雄，共商重译佛教原典，因而起意恢复佛学原教旨，进而萌生反传教意愿，即纠正本土佛学的误解，将它反传回印度，再由印度传到欧洲乃至世界。这与唐玄奘的取经意愿，形相反而实相通。杨回国付诸实践，创金陵刻经处，其门徒欧阳渐（竟无）继创支那内学院，欲复兴玄奘的唯识学，讲究体用因果，破《起信论》《楞伽经》诸说，尤反对比丘压迫居士，反以居士佛教为正宗（赵朴初乃其末流）。然其中出一异端熊十力，认为欧阳竟无、王恩洋、吕澂、黄忏华等均不彻底，而以为中华佛教精义在融合儒佛。因为革出教门，熊因而自立门户，在北大任教时与梁漱溟、汤用彤、钱穆、蒙文通等结交；抗战时居北碚，收牟宗三、唐君毅、徐复观等为门生，讲义结为《读经示要》，乃成现代新儒学的真正开山。

乙、牟、唐于四十年代末流亡香港，成为钱穆所创新亚书院主干，并于一九五八年由张君劢（嘉森）为首发表《中国文化宣言》，"新儒学"由此诞生于海外。其中坚牟宗三谓："人存在的问题宗教可以消解，但是当我们面对家国天下与文化传统的问题时，我们才发觉宗教不能解决，因为我们不光是有苦难要解脱，而是今日中国文化要找到一个方向。"（引自王邦雄《从中国现代化过程中看当代新儒家的精神开展》，《鹅湖》一九八三年十月总第一〇〇期）又谓："信仰自由是一回事，然而生而为中国人，要自觉地去做一个中国人，这则属于自己抉择的问题，而不是信仰自由的问题。从自己抉择的立场看，我们即应念兹在兹，护持住儒家为中国文化的主流。"（牟著《时代与感受》，鹅湖出版社一九八四年版，第三二八页）可见第二代新儒学，是在超宗教口号下"护持"儒教。

丙、新儒家终成二十世纪后半期儒教的新形式，背景无疑是一九五〇年代大陆的全盘苏化，而苏化仍在马列主义中国化的名义下推行，并通过政治运动钳制反对口声，只有海外尚留批评空间。因此在守护传统名义下重建儒教，也必然如杜维明所说由边缘到中心。

丁、海外新儒学的取向并不一致，例如钱穆便不署名于张君劢、牟宗三等人的宣言，钱氏高足余英时否认自己是第三代新儒学，谓："我说儒家有宗教性是指安身立命，较之终极关怀，说法也许还好一点。因为终极关怀是西方的说法，安身立命是儒家固有的东西。"（《从传统迈入现代的思想努力》，《中国论坛》十五卷一期）余英时宁可以史学家现身，似与此有关。但牟、唐的门人就继续坚持推广新儒学，尤以杜维明最突出。我同情杜先生建立"文化中国"共识的努力，也同情杜先生寻求儒教和基督教、伊斯兰教、犹太教对话机会的努力，却不能不说对新儒学作为宗教是不能赞同的，但有信仰体系而没有相应的仪轨、仪式或教会，是信念而不是宗教……

伍　未来问题

甲、历史研究者不讨论未来，非不愿也，是不敢也。按说未来就是明天的历史，鉴往知来又是中国史家的孜孜追求，但史学史表明，史家预言未来犹如占卜，而这类占卜的成功几率小得近于零，反不如江湖术士。为什么？因为史家讲究无征不信，而所谓未来的征兆又是那样难以察觉，但凭现状推论，很难不陷于失败。

乙、就史论史，中国文化对世界历史做出过重大贡献。所谓四大发明，均非传统儒家或孔子学说指导下带来的贡献，相反都是发明者或应用者背离中世纪儒学精神的产物。至于十八世纪中国文化对于欧洲近代化的巨大影响，包括文官教育选拔体制和工艺技术及生活方式等，也很难说是儒教的直接影响。不过欧洲学者那时也惯于将中国文化与儒教传统等视，因而将西方近代化说成儒教的间接贡献，也未始不可。

丙、问题在于十九世纪中叶欧美用强权战胜中国，并迫使中国和东亚都接受"西化"，那以后儒教的式微已为举世公认，而近半世纪在儒教的本土，非但制度化的儒教已绝迹，而且它的社会基础即儒生，早已变得远离原型，因而儒学在大陆莫如余英时所说，成了"游魂"，它的价值如何体现呢？如何使人们相信它与现代文明的密切联系呢？如何让世人相信它在未来世界将起主导作用呢？"西方的没落"可能早成事实，但历史不是循环的，不是公羊学家所谓三世三统轮流转，因此儒教对于现代文明的未来相关度，至少在历史学家看来还是无法预测的。

"通识教育"质疑[*]

时间：二〇〇四年十一月

地点：广州

中国的大学改革史，由一九五二年院系调整到现在，已逾半个世纪。

我在复旦大学历史系，由做学生到做教师，如今正好五十年。可以说，半个世纪的大学改革各次浪潮，都赶上了。而从事历史的学、教、研的经历，使我对于这个"所见世"的记忆，尤其深刻。

清理记忆，我以为这半个多世纪的大学改革的"昨天"，大略分成四个时段，表征分别是：一，学苏联，或曰"全盘苏化"，由表及里，凡十五年（一九五二——一九六六）；二，破传统，包括"文革"及以后，凡十二年（一九六六——一九七八）；三，复近代，可称回归清末民初，凡十一年（一九七九——一九八九）；四，求稳定，所谓两手都要硬，直到去年（二〇〇三）尚在进行的高校合并、升格、扩招运动，已历十四年。

四个时段的改革，除破传统为主的一段，貌似否定而实未清算而外，其他几段都被时论说成改得有理，革得必要，成绩斐然。即有弊端，也只是一个指头，不能否认九个指头的运作正确。

---

* 在《开放时代》举办的"首届开放时代论坛"上的主题发言，《东方早报》二〇一四年一月一日首刊发言稿全文；另附发言提纲。

　　且不说牵一发而动全身之类逻辑，就看这五十来年的既成事实，即使一个指头的错误被否定，它的效应也会绵延数代。举一个例，提倡学苏联伊始，全国高校学生都必修俄文（外语院系例外），延续到"文革"，既因反修而憎恶俄文，更因破"四旧"而殃及古汉语。于是先造就我这一代的"外语盲"，再造就红卫兵一代的"双语盲"。又在稳定论鼓励大学生快快学成发财本领的新实用主义引导下，连人文学科的硕士、博士研究生，读古典文献也求助于错讹百出的白话译本，乃至完全不读繁体直排无句读的原著。类似例证，凡在大学任教稍久的人文学者，谁都可以随口举出一堆，当然不学有术的"体制内"人物例外。

　　于是就要说到"通识教育"。

　　所谓通识教育，应该祖籍在中国。孔子的私学尚分德行、政事、言语、文学四科，分别培养政工、行政、外交和经典教育四方面的新式官僚。这一古典教育体制，被秦始皇、李斯这对君相否定，"士有欲学法令者，以吏为师"，也就是恢复孔子以前"学在官府"的传统，而且将政教合一的通识教育，内容限定为当前政治服务。经过秦亡楚灭汉兴那场权力更迭，"所事者且十主，皆面谀以得亲贵"的儒者叔孙通，在用亡秦朝仪冒充"古礼"的掩饰下，帮助流氓无产者出身的汉高祖，尝到做皇帝的神圣滋味，从此成为识时务的当世"异人"，被汉代官方学者尊为"儒宗"。继起的师承不明的董仲舒，与冒牌的公羊学者公孙弘，在弘扬《春秋》教义的口实下，言行互补，使"以经术缘饰吏治"，即叔孙通的政治投机策略制度化。那以后，"通经致用"的实践取向，"学随术变"的趋时策略，便成为贯穿中世纪经学即所谓通识教育的主线。

　　尤其是在唐太宗恢复科举取士制度以后，历经自唐至明在道、学、政三方面留下各自足迹的达官名儒，诸如李林甫、陆贽、陆淳、韩愈、皮日休、冯道、赵普、胡瑗、范仲淹、欧阳修、苏轼、王安石、程颐、蔡京、李纲、吕祖谦、朱熹、陆九渊、真德秀、姚枢、许衡、吴澄、程端学、赵汸、刘基、宋濂、胡广、丘濬、陈献章、湛若水、王守仁、张居正、王艮、王畿、李贽，等等，所谓士绅官民应具备的通识，早就变成包罗政、军、财、文等所有方面的基础常识，泛称儒学。极端者如宋代，赵普宣称可以"半部《论语》治天下"；范仲淹却说应效法孟子，"先天下之忧而忧，后天下之乐而乐"；王安石卑孔尊孟，更把周公奉作经济改革的楷模，说是"一部《周礼》，理财居半"；程颐不顾孔孟都曾实践离婚自由，强调儒学主张"饿死事小，失节事大"；朱熹甚至批判死友吕祖谦"以史为鉴"，斥责读史如看人相打，特别提倡人生精义在于日夜不离"存天理，灭人欲"。反对朱熹的陆九渊，更宣称孔孟不过是四海皆有的心同理同的"圣人"，用不着将他们的说教当作绝对真理，相反对其经传应作后现代的理解，所谓"六经注我"。这取向到元末赵汸，以今律古，重评孔子，自称拿到了"《春秋》金钥匙"，那见解在明清经学研究中成为潜流，到十八世纪晚清戴震高足孔广森突然揭出，又被曾任翰林院庶吉士教习的庄存与剽窃，将其政治取向由现实批判篡改成为现状辩护，从而由家学因缘时会而成清代汉学异端的所谓常州今文学派，那奥秘早由龚自珍揭露。

由十四世纪初元朝恢复科举制度，到一九〇五年张之洞、张百熙合力取消八股取士，这一文官选拔制度持续了六百年。它的基础是由启蒙开始的应试教育，它的教材是朱熹及其门徒编定的"四书"和"五经"新注，它的解说是由列朝官方用皇帝名义颁行的钦定讲义，它的考试必须恪守明太祖以来列朝皇帝肯定的优秀文章的八股法式，它的模范是皇帝圈定的当科殿试前三名即所谓进士及第而特别是首名状元，它的效应就是举国士人把读书目的都定向于金榜题名，以中进士即做官为荣。假定一个人，五岁开蒙，二十进学为诸生，三十通过乡试中举，四十经会试、殿试终获两榜出身，三十五年里翻来覆去诵读的就是那几种教科书和八股范文，揣摩的只有帖括之道，岂非饱受"通识教育"？那效应早由明清的官僚政治所证明。

晚清闹了几十年的学制改革，要改的正是传统的通识教育体制。那时设想的改革方案，起初抄日本的，后来发现德国的教育似乎更好，因为德国重视培养专门人才。但专才教育既背离中世纪教育理念，更触犯文官考选制度保障的各种既得利益。一九〇三年癸卯学制颁行，各省举贡都争相奔赴开封去赶最后一次恩科会试。一九〇五年清廷下诏废科举，引发无数童生诸生痛哭流涕。其中许多人悲愤之余，转而同情或参与"排满革命"。武昌起义的发难者新军，策划造反的骨干，便是失去传统晋升之途的下层知识青年。

从清末到民初，中美文化接触日增。但直到"二战"前，包括留美归国的那些教育官员或大学校长，都很少有人提倡学美国大学做法。例外的，除美国人办的教会大学，只有几所私立大学。如复旦在李登辉掌校以后，就模仿美国东部一般大学建置，文理科设系都注重实用，因而有特色，如社会、法律、会计、农学、蚕桑、工商管理等，都是其他国立大学很少开设的，但长期不设人文学科如文史等，也不设数理化等纯自然科学的专业。这固然令江浙工商局和地方政权感兴趣，有利于获得政商资源和学生出路，却不利于博取大学教育主流派的认同。所以抗战期间复旦迁渝，失去上海财源，申请改国立，就曾遭在政府大学委员会有发言权的傅斯年反对，宣称复旦不正规，怎可改国立？其后经教育部部长朱家骅拍板，改国立了，于是开设文史诸系。但历史系虽聘到周谷城等名流任教，首届学生仅一名。

"一战"前后，美国就致力于吸引包括中国在内的异国英才。众多科学家、技术专家留在美国，不少政法、社会学者归国报效，为什么中国大学教育的主流迟迟不肯认同美国模式？台湾"中研院"已故院长吴大猷，于一九九七年在台大发表的系列演讲（详细摘要以《论中国的科学和教育》为题，刊于北大《燕京学报》二〇〇一年第十期），内有一讲，题作《不能降低教育标准》，便就以上问题作了历史回顾。在吴先生看来，关键在于中国人以为美国大学普遍推行的"通识教育"（liberal education）。

吴先生说："'通识教育'是什么意思？意思就是要把'系'模糊掉。换句话说，进入大学以后，不分系，一二年不分系。慢慢地要提倡通识教育，……这意思就是，不像在我们的大学里，如念的是数学，就有很多的数学课程。而在美国念大学，不管你是念什么系，仍需念很多基本的课程，其中，英文都很重要，差一点就不给及格。除了英文之外，非常注重美国历史，或是像历史等这种一般性的课程，也都很注重。反过来，他们对于专门性的科学科目，都看得比较轻。"（前揭刊，第三八—三九页）

不用说吴先生对这种做法是批评的。他认为这导致美国从中学到大学，基础教育不足，因而中国较好的大中学，水准比美国高；美国大学生只有毕业后进研究所，才真正开始念专业；一般聪明的学生多半选择念政治、法律、工商管理等，将来可做公司老板；美国的纯科学和应用科学发达，主要靠吸取国外人才。吴先生甚至认为苏联比美国先把人造卫星送上太空，也是这种教育机制使美国吃亏。

我们不必同意吴先生的判断，如通识教育体现美国教育系统的弱点等。然而他的批评，却可以促使我们反思大学改革的取径，应不应该首先把目光盯住美国式的通识教育？

如前所说，中国早有类似通识教育的体制，并且正是清末民初多次学制改革的冲击对象。民国元年临时政府明令废止全国学校读经，此后袁世凯、段祺瑞、蒋介石历届政府都曾为图恢复学校读经，在某种程度上也是中国传统的通识教育存废之争。

一九五二年院系调整，大学分综合性、专业性两类，内部系科越分越细。复旦历史系在我读书时已分三个专门化，如今更分成四个系所，每个系所又分若干专业和多个研究"中心"，课程设置各行其是，甚至没有共同的历史基础必修课。这是一方面。另一方面，全校任何院系，无论本科生还是研究生，可以不学中国语文和中国历史，但政治和外语（以前一律学俄文，现在主要学英文），不及格就不准毕业。这种五十年一贯的做法，是不是另一种通识教育呢？依我看没有疑问，却是苏联斯大林模式的通识教育，至今隐患未消。比起美国式通识教育在于激发学生自由选择和爱国主义的做法，斯大林模式在于束缚自由创造和制造狭隘民族主义，哪个更好？实在难说。

…………

目前听传达，说是复旦从第二个百年起，招生不再分院系，待学生进校一年后再自选系科。这表明吴大猷晚年反思的美国式通识教育，在我服务的大学，已成改革定向。作为史学从业者，我从来不敢预测明大，即使对现在进行时的今天，也不敢说三道四，因为它还没有成为事实无可改变而仅成诠释非常不同的昨天。所以，我尽管对于包括本校在内的全国重点大学的改革共同定向，心存疑虑，也只能静观其成。

…………

作为至今仍在职的专门史教授，仍连年带教中国思想文化史几个方向的博士研究生，我为海内学子普遍水准的急剧下降，困惑不已。我反复吁求当局重视人文学科的基础教育，特别是文言文、旧文献、历史地理等常识教育。我一再建议从事传统文史哲经教学研究的职称考核，应侧重专业必须的语言历史水准，而不强求政治须通时事、外语须精小说（复旦某校长曾蛮横规定研究生外语及格水准，为文科研究生熟知最新科技论文，理科研究生则应会译莎士比亚原著）。我也无数次要求历史学诸专业应设置中外古今一般历史的共同必修课。当然，不说白不说，说了也白说，被拒斥绝不乏充足理由。正因如此，我很赞同大学改革，应重视通识教育，但以为那不是改革的急务。

附　录

"通识教育"八疑
——大学改革与通识教育座谈会拟发言提纲

一、半世纪来中国大学不断"改革"，何以至今没有出现一所"世界一流"大学？

二、假如"通识教育"，意味着不分学科，在大学阶段把人文教育置于首位，那么自唐至清的科举教育体制，岂非堪称完形？而清末民初的历次学制改革，都把废止强迫性的经典教育当作重心，岂非自始便走入误区？

三、假如美国的大学教育，是"通识教育"的楷模，那么二十世纪前半期中国的教育家和主流大学决策者，越来越多是留美学人，却对美国式"通识教育"，普遍表示冷淡，在实践中不予采纳，又是为什么？

四、假如说现在需要在大学推行"通识教育"，旨在使大学"把国家利益放在第一位"，并看作"一流大学"的所谓标志，那么何必学美国？五十年前学苏联搞大学改革，强调任何院校都必须把当前政治服务定为方向和目标，至今统一规定的政治课程仍是所有学生必修的"通识"内容，又何必另行"改革"？

五、假如说为了建成社会主义市场经济，必须有相应的"通识教育"，那么美国岂是社会主义国家？无论美国的民主体制是否已经变质，它的市场经济遵循的仍是西方民主传统的基本逻辑，这能成为教育中国大学生的"通识"吗？

六、假如说为了弘扬中国独特文明，重倡中国传统美德，必须配合以"通识教育",那么梁启超早在清末便已概括其精义,即"开明专制",所谓"与君言仁政,与民言服从",可是百年历史不是也表明它始终止于理想吗?

七、假如说由于缺乏古典的历史语言文化的"通识教育",致使如今大学生的人文品质急剧降低,那么仅仅咎在大学教育吗?谁都知道影视报刊等大众传媒,早成民众接受文化教育的主要信息源……公然糟蹋历史、践踏传统、诲淫诲盗、污秽下流的什么古装片、清宫戏,乃至将历史公认的暴君独夫颂扬为"英雄",甚至使文科学生也对反清革命有没有必要发生怀疑,这不都是影视等媒体制造的效应吗?到底谁该替青少年一代数典忘祖,负有主要责任?

八、假如说由于大学教育过度专业化,不利于培养富有创造力的复合型英才,必须导之以"通识教育",那理由不也似是而非?每个大学老师,只要不用脚底皮思维,都知道从院系调整到高校合并、升格、扩招,真正的专家都缺少发言权,有关部门的长官意志不容违背。在这方面,美国倒值得称道,但可称道的不是它的"通识教育",而是它实践了"科学无国界"的精神。倘将它教育系统的缺陷,当作中国大学改革的取径,岂非舍本逐末?

二〇〇四年十月十七日夜草于复旦北隅

我所知道的复旦（提纲）

时间：二〇〇九年六月十三日

地点：复旦大学经济管理学院

一　从震旦到复旦

耶稣会的教育模式

南洋公学事件与震旦学院

马相伯和南从周

叶景莱、于右任和复旦的校董们

由公学、学院到大学耶鲁的李登辉用美国模式

二　创业者的教育理念

马相伯：中国的阿伽代米 L'Academic

叶于等：新式高等学堂

李登辉：美式文理法商综合大学

三　上海学生运动的据点

复旦学生的革命与参政于右任、邵力子

由五四到抗日国共两党的争夺，上海学联与复旦为首（何藻仁）

与江浙工商界的瓜葛实用主义的办学精神

四 由私立到国立

抗战初一分为二

上海租界内的"补习部"常德路五七四号，李登辉

内迁北碚成名校在重庆以中央大学及复旦著名，西南联大在昆明，浙大在广西

改国立之争傅斯年反对，陈立夫支持，章益（一九〇一——一九八六，滁县人，华盛顿州立大学教育硕士）

复员并校之后—一九四六返沪，先并暨南，文理法商农五院，凡十九系，教授二百人，学生二千人。（1）文学院（中文、外语、史地、新闻、教育），（2）理学院（数理、化学、生物、土木），（3）法学院（法、政、经、社），（4）商学院（会计、银行、统计、合作），（5）农学院（农艺、园艺）

五 院系调整

大教联奠基和学联张志让（一八九三——一九七八，武进人），哥伦比亚、柏林大学，七君子事件辩护人，内迁及复员的法学院院长，校务委员会主任

调整后唯一综合大学文理二院留（教育、土木出），法商农院分出

吸纳他校文理名家教会大学和浙大等

以列宁格勒大学为样板

六 从思想改造到"文化大革命"

"土改"和"洗澡"

"反右"到"大跃进"柯庆施和杨西光

坚持从历史本身说明历史 *

时间：不详

地点：安徽大学

非常感谢贵校文学院，命我承担历史系的兼职。安徽大学有悠久的历史。早在我出生前三年，周予同先生已在安大任教授，曾兼文学院院长、中文系主任和《安徽大学月刊》主编。如今我得以追步先师后尘，与诸位同仁，商量旧学，藉获新知，深感荣幸。

我在复旦历史系任教将近四十年，屡次被迫改变专业方向。初学中国古代史，方向定为北朝隋唐土地关系史，走的路由陈守实师指定。哪知随即被任命为周予同师主编大学文科教材《中国历史文选》的助手，尔后又被借调到中共中央华东局参与"反修"。及至备尝"文革"整肃滋味，被赶回学校重登教席，已在二十世纪七十年代后期。鉴于中华人民共和国成立后传统文化研究总遭扭曲，于是发愿在本系重建中国文化史学科。岂知从此误入迷途，凡与中国文化史相关学科，包括思想史、经学史、史学史、学术史以及断代文化史等，无不开课讲授，就是说治史愈来愈杂。

"杂家"在中国素非佳名。事实也证明务广必荒，所谓杂必不专。

---

* 在受聘担任安徽大学历史系兼职教授仪式上的演讲。标题为编者所拟。

上者如鲁迅所讥,"博识家的话多浅",等而下之如我,至今年逾还历,仍不知"博学多识",在此生可否企及?因此面对各位专家,我只有汗颜而已。

然而既承安大同仁不弃,命我来此献芹,也就不得不赧颜陈说若干浅见,期待指正。

近年我教书作文,很想集中探究历史的时空连续性。但我以为,历史属于过去,凡过去的人或事,既已消逝,便不可能随现代的主观史识而改变。因此坚持从历史本身说明历史,拨开前人诠释历史的重重迷雾,首先探明研究对象"是什么",才可能成为寻问"为什么"的前提。二十年前我检讨史论相关度的认识史,以为"以论带史"绝非唯物史观,"论史结合"也未必符合马克思主义,因而赞成"论从史出",以为这符合我在陈守实先生指导下通读《资本论》诸经典,并在周予同先生指导下遍读中国经史诸子名著,相结合而渐次积累的治学经验的一种愚见。

从这一愚见出发,我以为历史的本性之一,便在它总是既连续又间断。连续性决定了历史必有传统,间断性则决定传统必有变异。多年前,先在拙作《走出中世纪》中,继在拙论《传统文化与文化传统》中,都对我所认识的历史的时空连续性,有过粗略的讨论。

我赞同"论从史出",理由就在它向曾在我们的史学领域内广泛传播的斯大林伪历史教条提出正面挑战。在我看来,挑战表征着中国史学求"信"的传统,并没有屈从于"历史为现实政治服务"之类谬论,相反体现"实事求是,无征不信"的传统品格,因而当年挑战者虽败犹荣。*

---

* 编者按:此文后面内容有残缺。

新儒学与旧经学

时间：二〇〇四年十二月十二日晚
地点：华东师范大学

新儒学其实不新。一九四二年，抗日战争时期，流亡在重庆北碚的几位年青学人，牟宗三、唐君毅、徐复观等，请熊十力讲学。熊十力的讲义，由徐复观筹资印行，名曰《读经示要》。这是新儒学的开山作品。

熊十力早年研究佛学。在杨文会开创的金陵刻经处即后之佛学院，因提出"新唯识论"，用西洋心理主义阐释唯识宗即法相宗的佛学，主张绝对唯心主义（贺麟称之为泛心论），而与佛学院掌门人欧阳竟无冲突，被革出教门。王元化称他"早岁忿詈孔子，中期疑佛，最后归宗大易"（《思辨录》，页一六一）是确实的。

《读经示要》，便是熊十力中年的学说结晶。所谓"经"，并非汉唐的"五经"，而是宋明的"四书"，也包括朱陆所谓的"六经"。他特别重视晚明学说，以为从中体现了程朱理学和阳明心学某种一贯的精神，所谓"心，性也，名异而实一，即吾人所固有健动之本体"（《读经示要》卷二），强调历史的驱动力是作为历史本体的个人情趣。时值抗战，他特别强调"民族思想"，并推崇王船山，甚至替孔子的用夏变夷论辩护，说是它"为尊人道，贱兽行，伸正义，抑侵略，进和平，除暴乱，决非怀争心而与异种人为敌也"（卷三），同时认为挽救民族危机必须施行王、顾、黄都提倡的"民治"。他因而憎恶清朝治下的清代经学，说考据学始于朱熹，是宋学传统，晚明学者"复寻朱子之绪而盛宏之，考据学遂大行，亭林、太冲尤为一代学者宗匠"（卷二），并且力贱戴震以"欲"释"理"，导致"贪污、淫侈、自私、自利、伪诈、猜险、委靡、卑贱之风，弥漫全国，人不成人，其效亦可睹矣"（卷二）。他的方法就是"六经注我"，对明清学人及论著，每以主观好恶，进行价值判断，把历史当做建构个人哲学体系的砖石，很难被史学家认同，却能打动某些年轻哲人。

一九四九年后，牟、唐等在香港，与钱穆共创新亚书院，而徐复观则热衷论政。他们自谓"花果飘零"，既与台湾保持距离，也对大陆"毁灭"传统文化表示忧愤。熊十力没有跑，先在北京，后移居上海，挂着国务院"参事"衔，不断从"大易"哲学出发，著文（《乾坤衍》即一种）寄给毛泽东、周恩来、董必武等人，企图指导新中国建设，自然无人理睬。他还是坚持《十力语要》的说法："吾国人今日所急需要者，思想独立，学术独立，精神独立，一切依自不依他，高视阔步，而游乎广天博地之间，空诸倚傍，自诚自明。以此自树，将为世界文化开发新生命，岂惟自救而已哉！"于五十年代初说："学术思想，政府可以提倡一种主流，而不可阻遏学术界自由研究、独立创造之风气，否则学术思想界思想锢蔽，而政治社会制度，何由发展日新？"（《与友人论张江陵书》）这话岂是"谄媚当道"？

一九五八年，牟、徐与张君劢等在香港刊布了《中国文化宣言》，不指名地批评大陆历次政治运动摧残中国文化传统，要求保存文化传统，在海外甚有影响，在大陆却被封锁。那以后"阶级斗争"变本加厉，终于运动出"文化大革命"。熊十力也在一九六八年五月含恨去世。而蒋介石与大陆对着干，在台湾提倡"文化复兴"，牟、唐、钱等都去了台湾。牟、唐成为新儒学第二代中坚，徐复观因支持胡适、雷震等搞"自由中国"，受蒋打击，此后转入研究两汉思想史，著有《中国经学史的基础》。

第二代新儒家基本沿着熊十力的取向，但他们佛学修养都不如师，因而在调和朱陆（王）、办鹅湖学会同时，主要借助德国新康德、新黑格尔派哲学，要从宋明理学中"开出"一种新体系。那时台湾还在"戒严"，岂有思想言论自由？因而牟、唐等对所谓心性合一之类学说有深化，却淡化了熊十力的现实关怀，甚至道德淑世论也变成玄妙的空谈。牟、唐及钱穆，在港台都培养出一批学生，其中有的成为港台小的学术流派（蔡仁厚、唐端正等），有的赴美发展，接着新儒学旗帜，提倡"儒学第三期发展"，后者就是今称第三代新儒家的杜维明、刘述先等（成中英是另类）。

杜维明于一九八一年作为美国福布赖特学者到北京大学访问。他颇像明末清初的耶稣会士，不放过任何与大陆学人学官交往的机会，不放过任何宣传"儒学第三期发展"的机会。他使北京年轻学人首次听说海外新儒学，也首次重新记起十五年前在凄凉中去世的新儒学祖师熊十力。不久中共元老匡亚明获得往日属下谷牧、辛冠洁等支持，拉起孔子基金会，杜氏立即抓住这个半官方组织，以及中华孔子学会等组织，与研究孔子、儒学或理学的学者广泛接纳，而不问其倾向，包括我这个仅对经学历史感兴味的文化史学者。他获得了成功，到处受到欢迎，以至每出席一次研讨会，求见的年轻学者必须排队。我在复旦组织儒学国际研讨会，他是首位应邀的，此后复杂态势中组合的国际儒学联合会，其中原起中介作用的成中英很快退居次要，而由杜氏成为学术主导。迄今他仍在海内外被视作新儒学第三代领袖。

需要提及刘述先和余英时。钱穆有两大传人：首座严耕望是纯学者，治学严谨远过其师，但在专业领域之外，几乎无人知晓；余英时学政双栖，却善于区别论学和论政，如今名望超过乃师。他曾与杜维明同为新加坡推广儒家道德顾问，分明倾向新儒学，但通过与杜维明、刘述先论战，保持了崇尚史学的名声。刘述先是新儒学的斗士，从香港中文大学哲学系主任位置上退休，虽使新儒学失却一个重要阵地，但参与"世界道德公约"起草，并与任何冒犯新儒学基本教义的学者论战，包括最近痛批余英时新著《朱熹的历史世界》，那气势仍令新儒学非议者望而生畏。

然而近年新儒学还是每况愈下。原因很复杂。最大原因是新儒学第三代核心，杜、刘等将"儒学的第三期复兴"，定位于新儒学的"推广"。推广属于实践，实践需要基地，新儒学的基地选择首为中国台湾，包括第二代寄身的中国香港；次为新加坡，因为新加坡华人脱离马来西亚独立建国，饱受英国教育的李光耀政权，只能求助于重视传统伦理的"儒教"；其三是中国大陆，在经历"文革"晚期批儒评法的政治喧嚣之后，将拨乱反正比附于恢复在思想文化领域内的儒家教义，甚而否定五四时期"打孔家店"的历史意义。台湾蒋政权标榜"文化复兴"，不过是蒋介石当年在大陆搞"新生活运动"的袖珍版，骨子里仍是"正统""道统"之类的文化专制。一旦蒋经国晚年出于延续体制需党国优先于家族的考虑，遴选台湾"土著"并有美式教育背景的李登辉做接班人，并在死前宣布"解严"。他显然没料到言论、出版、结社自由的开放，首先冲击"一党专政"的体制；其次方便"土著"受压抑的政治势力的公开抗争；再次政治议题竟转化为本土和外省的族群冲突，不仅引起蓝绿分化，两阵营也内部互相冲突。"泛蓝"分出亲民党，导致国民党"下台";最后"泛绿"的民进党一再以党魁下台表明"台独基本教义派",在李登辉支持下,如何步步得势,登上"集权高峰"。由此可见,新儒学的"根据地"台湾,失却已无疑义。一九九七年香港回归,刘述先退休后即奔台湾,在"中研院"文哲所内苟活,可窥消息。

新加坡一度成为推广新儒学的基地,但一九八九年春,自身为新政府儒学顾问的余英时在儒学研讨会上,发表的论文居然论证儒学似为"游魂",且引五十年前胡适在美国演讲的结语:"儒教死了,儒教万岁!"可知他已不信新政府推广儒学的策略可获成功。

此前郑培凯在美国出版的《九州学刊》,已发表余英时对杜维明的回应,否认自己是新儒学一员,且辩其师钱穆也非新儒家。至此余、杜在新加坡的争论,给在场的我,印象极深。我与杜维明是"和而不同"的朋友,但对余英时的"游魂"说,又深有同感,"同而不和",颇有小人之嫌。怎么办呢?与其做伪君子,不如做真小人。但我的职业,是考察中国思想文化史。最终决定还是自认其是,坚持从历史本身说明历史,不管口碑将我划到君子和小人的哪一边。

不消说,对待熊、牟、唐、杜、刘境外相传的新儒学,我也尽可能把了解作为同情的前提。这很困难,如王国维面对西洋哲学诸流派,感叹"可爱者不可信,可信者不可爱",我从青年时代即有同感。

回忆做大学生的五年,四门必修政治课,唯"马列主义基础"为首选。此课必修二年,四学期,每学期二十一周,每周四学时,且在入学初规定此门有一学期不及格,便不可在本专业毕业。教材呢?是《联共(布)党史简明教程》,据说由苏共也是世界共运绝对领袖斯大林主编,据说书中最重要的理论,"辩证唯物主义""历史唯物主义"二节,都由斯大林亲撰。

一九五三年，斯大林死了。那时我还在读高中，犹忆那天学校广播此消息，全校活动顿时凝滞，班主任召集全班悼念，人人如丧考妣。两年后入复旦，赶上"反二胡"（胡适、胡风）的尾声，每门课程都需聆听任课教师对胡适反动思想的长篇批判，唯有周予同教授例外。他当时任副教务长，与教务长苏步青分管文理科，而校长陈望道照例超脱，由福建省委调来做复旦党委书记的杨西光，还忙于校内党建。因此，当时复旦文理二科，分系既少，正副教务科权责尤专。我糊里糊涂考进复旦历史系，原本是读《中学生》杂志，屡见周予同先生文章，好之慕之，心向往之，连复旦历史系培养方向也不清楚，便填报为个人志愿。不想竟以高分录取，但又不想竟在入学后悔恨当初填报志愿错误。周先生出现了。他给历史系一年级新生开设的"中国历史文选"，第一课没说一句话，便发下一篇先秦古文（篇目记不清了，或为《左传》某篇），命我们标点并施简注。没有料到，我竟在同年级九十人中拔了头筹，那以后两学期，周先生每以我的课堂作业，当作范文，命人用蜡版刻出，发给同学。

当时我思想肤浅，以为周先生赏识我，不过因我古文稍优而已。乃至我留系任教，从上命担任陈守实师助教，而周先生在次年，便提名我充当他主编的大学文科教材"中国历史文选"的主要助手，这使我非常感动。当时复旦文科尚无一名助教同时服侍两位名教授的先例。我大学毕业仅一年，便成为本系两大名师的助教或助手，而政治环境那样严酷，当然惧甚于喜。在熬过三年饥饿之后，"千万不要忘记阶级斗争"在本系回响，我这个非党员便成主要议题。矛头连年指向副系主任胡绳武和身兼中国古代史教研室副主任的党总支委员朱永嘉，批判他们右倾，依据都是两人"重用白专典型"朱某。我是非党员，已因"白专"被迫退团的前共青团员，留校后服务组织，叫上课就上课，命任专家助手就全力以赴。大学毕业前早卷铺盖准备赴边疆，不想有本系三大教授均提出愿留我任助手。由系党总支决定，留系任陈守实先生助教，次年又命我兼任周予同先生主编大学文科教材"中国历史文选"的助手。年方二十五岁，便同时服侍两位名师，压力之重可知。幸而体质顽健，每天工作十五六小时，不以为苦。坚持数年，到"文革"，虽任务倍增，也终于熬过。

没有料到辛劳的报酬，是扫进"牛棚"。九大前，我便被上海官方秘密立案审查。一九七一年一月就被拘捕，在王洪文设置的"上海文攻武卫指挥部"的地牢中度过一年。[*]

---

[*] 编者按：此文后面部分内容已残佚。

接受汉堡大学名誉博士学位仪式上的谢辞

时间：二〇〇六年七月十四日

地点：德国汉堡大学汉学系

我怀着极其感激的心情，接受汉堡大学赋予我以名誉博士的殊荣。

当本年初春，汉堡大学亚非学院院长傅敏怡教授莅临复旦大学，向我通知这一决定，那时我就认定，汉堡大学不仅是给我个人一项很大的荣誉，更凸显德国汉学界同仁们，对于中德人文学者增强互动和友谊的一种促进。

汉堡是欧洲同中国交往历史最为悠远的都会之一。远在十九、二十世纪之交，汉堡大学已是中德思想文化友好互动的一个重镇。一九一二年担任中华民国临时政府首位教育总长的蔡元培，在卸任后便曾来到汉堡大学，再度考察德国的教育理念和人文精神。他接着出任北京大学的校长，提倡思想自由和学术独立，促使北京大学成为中国新文化运动的发祥地。二十世纪晚期以来，中国大批青年学生重新涌向德国寻求新知，汉堡大学也再次成为中国未来的科学和文化的精英们众望所归的一个重镇。近年主持亚非学院汉学研究的傅敏怡教授，仆仆风尘地往返于中国各地，为增强汉堡大学与中国多所大学的联系和交流，贡献尤力。

作为中国史学的一名从业者，我想特别一提，近百年来中国史学和德国思想学说，早已结下不解之缘。迄今仍在中国史学界享有大师声望的王国维、陈寅恪和傅斯年等，早年无不间接或直接受过德国的哲学及史学的熏陶，已为人所共知。我这一辈的中国大陆的史学家，更是普遍接受过德国古近哲人的思想影响。

犹忆五十多年前，我成为复旦大学历史学系的一名新生，学习的第一门课程，唤作"马列主义基础"，首列的必读书，就是马克思、恩格斯的著作。正是通过后者，使我对马克思学说的德国哲学来源，发生强烈的好奇心。那时德国古典哲学的康德等名著，已有中译本，我读不懂。恰值本系王造时教授全译的黑格尔《历史哲学》出版。而后来成为我首位研究导师的陈守实教授，毕生致力于用《资本论》的方法诠释中世纪中国史。从此我对黑格尔和马克思的历史辩证法，从不知到略知，尝将它当作破解中国传统经典和历史文献的种种难题的一把钥匙。

其实我接受的中国史研究的传统训练，更使我倾向于力求从历史本身说明历史。因而我自始便不能苟同黑格尔以及谢林等的一个结论，即中华文明亘古不变，活像永远长不大的老顽童。这就使我在三十年前中国大陆走出"文化大革命"阴影伊始，便将研究重心转向中国传统的经史学说，特别是从晚明到晚清的思想文化史，以期证明"被现代化"的中国主流史学的所谓中国化马列主义的共识，背离由历史本身所昭示的辩证逻辑。

应该指出，二十世纪末叶以来，统称西方思潮的欧美各种学说，对中国学术界的冲击越演越烈，以致依仗意识形态权威支持的主流学说，只能勉强保持表面的"舆论一律"。其中源于德国的学说，韦伯、海德格尔、雅斯贝尔斯、哈贝马斯等，在中国都有真的或假的信徒。但从中国史学的研究现状来看，迄今仍对它具有实际影响的德国哲人，还是黑格尔和马克思、恩格斯。原因至为复杂，有一点是清楚的，那就是他们的历史辩证法，无论立足于唯心论或者唯物论，在方法论上共同具有的历史感，都同清代汉学以来的近世中国历史研究传统，冥契神会。后者如清代钱大昕所说，"实事求是，护惜古人"，正合历史辩证法的内在逻辑取向。我本人受专业限制，反对"以论代史"，反对史学沦为政治的工具，反对把历史当作照察未来的镜子，那都应该说是曾受德国哲人的历史辩证法的启迪。这可说是我这一代中国史学家的共同经验。当然，我不希望这种经验，变成包括我的学生在内的中国青年史学家的包袱乃至羁绊。正如陈寅恪所说，"独立的人格，自由的意志"，是中国史学家必须以死坚持的基本权利。我只希望，现在和未来的中国史学家，能够不忘人类文明的共同传统，认知学术无国界，真知无种族，随时汲取他人的智慧，来建构自己的历史认知体系。

也许正因如此，汉堡大学不计语言文字的"巴别塔"，不因我只能通过中文译作阅读德国汉学文献的局限，给我这样一个极高的荣耀。我个人受之有愧，但希望借此激励中国未来的人文学者，更为促进中德学术文化互动，增热发光。

再次向汉堡大学致以最大的谢意。向傅敏怡教授表示深切的感激。向吕森教授和拨冗出席这次盛会的同仁们表示发自肺腑的感谢。

留给我的，只有静候在座朋友们的批评。

二〇〇六年六月草于台湾大学，改于复旦大学